사회복지사 1급 대비 사회복지행정론

사회복지사 1급 대비

사회복지행정론

임정문 · 박선태 · 박지유 · 신미애 · 신용식 · 최용희 공저

동문사

머리말

사회복지학은 크게 사회복지행정론을 포함한 제도론 부분과 사회복지실천 영역으로 구분된다. 현대 우리나라의 사회복지 관련교육은 이러한 양대 영역과 관련된 전공교과목으로 이루어졌으며 국가고시과목으로 선정되어 있다.

사회복지행정은 정치 · 경제 · 사회 등 사회복지환경에 특히 영향을 많이 받는 영역에 속한다. 따라서 사회복지현장에서 이러한 사회복지환경이 요구하는 문제에 대처할 수 있는 휴먼서비스 이론과 사회복지현장에서 적용 가능한 실제적 기술의 습득이 필요하다. 이는 두 가지 영역에서의 교육과 학습이 필요한데, 사회복지사 개인의 능력향상을 위한 준비와 함께 사회복지기관 스스로 역량 향상을 꾀할 수 있는 학습이 필요하다.

이러한 관점에서 본서는 복지행정의 이론적 학습과 더불어 기관에서 필요로 하는 사회복지행정 관련 기술을 학습케 하는 다음과 같은 목표를 가지고 기술되었다. 첫째, 사회복지조직의 환경과 구조 및 관련 조직이론을 이해하고 사회복지서비스 전달체계의 특성을 파악한다. 둘째, 사회복지조직의 관리 운영에 필요한 기획과 의사결정, 인적자원 관리, 서비스 질 관리, 재정 관리, 정보 시스템 관리, 홍보 및 마케팅 등 기관관리에 관한 이론과 실제를 학습하고 응용방법을 연구한다. 셋째, 복지행정의 프로그램 기획과 사업평가에 관한 기초지식을 습득하여 사회복지 실무현장에서 효과적으로 활용할 수 있도록 한다.

본서는 제 1부 1장부터 4장까지는 사회복지행정의 일반적인 성격으로 일반행정과 사회복지행정을 비교 · 분석하고 있으며, 제 2부 5장부터 7장까지는 사회복지행정의 이론적 접근으로 행정에 관련된 이론 변화를 구체적으로 살펴보았다. 제 3부에서는 사회복지행정의 분야로서 8장 사회복지조직부터 13장 사회복지 전달체계까지 구체적이면서도 간단명료하고 쉽게 작성하였다. 마지막 제 4부 14장부터 15장까지 사회복지기관에서 중요한 영역으로 부각되고 있는 프로그램의 개발과 프로그램의 평가에 대해 살펴봄으로써 사회복지기관의 새로운 변화가 일어나길 바라면서 본서를 마무리하였다. 각 장별로 학습한 내용의 마무리를 사회복지사 1급 국가고시형태의 문제로 제시함으로써 학습에 대한 학습자 개인의 평가가 이루어지도록 하였으며, 향후 국가고시에 대한 문제해결 능력을 향상시키고자 하였다.

본서의 미흡한 부분은 앞으로도 꾸준히 수정, 보완해 나가도록 노력할 것이며, 학습하는 사회복지인들에게 많은 도움이 되기를 기원하면서 끝으로 본서를 출판하는 데 도움을 주신 동문사 이중수 사장님과 관계자 여러분께 감사를 드린다.

2020. 8월

저자 일동

차례

PART 01

사회복지행정의 일반적 성격

01 사회복지와 사회복지행정
02 사회복지행정의 정의
03 사회복지행정의 특성과 가치
04 사회복지행정의 역사

Chapter 01

사회복지와 사회복지행정

사회복지행정은 사회복지의 제반 활동들을 조직하고 관리하는 것으로, 사회복지이념이나 정책 목표들을 실천적인 서비스로 전환시키는 역할을 한다. 즉, 사회복지행정이란 사회복지정책과 서비스를 연결시키는 매개체로서의 역할을 한다는 것이다.

1 사회복지의 기능과 제도

사회복지의 기본적인 전제는 '인간은 서로 돕고 살아야 하는 존재'라는 것이다. 이것은 모든 사회에서 사회 존속의 기본적인 이유가 되는 것이기도 하다. 사람들은 생존을 위해 경제적으로나 심리적 혹은 정서적으로 다른 사람들과 '상호의존'된 상태로 살아간다.

이러한 조건은 한 개인의 일생을 통해 나타난다. 사람들은 출생에서부터 영·유년기, 청년기, 장년기, 노년기 등을 거치면서 '삶의 주기(life cycle)'를 완성하게 된다. 영·유년기의 시절에는 부모의 보살핌을 포함해서 전적으로 타인의 도움에 의지해 살아간다. 청·장년기에는 아동을 양육하고 노인을 부양하면서 도움을 베풀어야 한다. 이때는 삶의 주기 면에서 피의존적인 것으로 보이나, 그 안에서도 타인들과 기능적으로 혹은 정서적으로 상호의존되어 있다. 노년기에 들어서는 영·유년기와 마찬가지로 역시 타인들의 도움에 크게 의존하여 살아가게 된다.

한편 사람들은 다양한 '삶의 위험(risk of life)'에 노출되어 있다. 각종 질병이나 재해 등으로 인한 신체적 손실이나 정신적 장애, 의식주의 해결이 어려운 경제적 곤궁의 상태, 가족과 같은 일차집단의 상실로 인한 물질적, 정신적 고통 등에 빠질 수 있다. 사회 속의 모든 개인들은 예외 없이 누구라도 이러한 상태에 처하게 될 가능성을 가지고 있는 것이다.

이처럼 사람들은 일생을 통해 누구나 삶의 주기에 따른 자연스런 의존과 피의존을 반복하고, 경우에 따라서는 삶의 위험성으로 인한 예기치 않은 의존 상태에 처할 수도 있다. 인간이 사회생활을 영위하는 주된 이유는 바로 이러한 측면에서 비롯된 것이다. 인간의 삶에서 상호의존성 욕구란 필연적이며, 사회는 인간들이 갖는 이러한 욕구를 적절히 해결하기 위해 존재한다. 만약 어떤 사회가 상호의존적인 욕구를 적절히 충족시킬 수 없었다면, 그 사회는 존속 자체에 어려움을 겪었을 것이다. 따라서 현존하는 사회들은 이러한 욕구를 충족시키는 방법을 나름대로 갖추고 있는 것들이라고 할 수 있다(김영종, 2007: 17-18).

구조주의(structural functionalism)의 관점에서는 이를 사회적 기능과 사회제도의 관계를 통해서 설명한다. 한 사회가 유지되기 위해서는 그 사회구성원들의 욕구가 적절히 충족되어야 하고, 이를 위해 사회는 기본적인 사회적 기능들을 수행한다. 사회구성원을 계속해서 보충할 수 있는 재생산의 기능, 이들을 적절히 양육하고 기존의 사회문화가 전승되도록 하는 사회화의 기능, 사회구성원들이 비슷한 생각과 가치를 갖고 살아갈 수 있도록 하는 가치통합의 기능, 사회적 자원들을 생산하고 소비하는 기능, 그러한 과정에서 발생할 수 있는 갈등을 해결할 수 있는 사회통제의 기능 등이 주요 사회기능들로 인식되었다.

사회적 기능들이 오랫동안 안정적으로 추구되는 과정에서 일정한 형태의 틀을 갖추게 된 것을 사회제도(social institution)라 하는데, 이는 '특정한 사회적 욕구를 중심으로 가치, 규범, 지위, 역할 등이 적절히 안정된 군집 상태를 이루는 것'을 말한다.

표 1-1은 기본적인 사회적 기능들과 그것들을 주로 수행하는 사회체계를

제시해 놓은 것이다. 사회적 기능에서 마지막으로 소개된 상호부조(mutual support)란 '개인들이 주된 사회제도들을 통해 기본적인 사회적 기능들을 더 이상 수행할 수 없을 때 필요로 하는 것'을 말한다(Neil Gilbert & Harry Specht, 1986: 6-9). 상호부조의 기능은 가족이나 종교제도가 주로 담당해 왔던 것이다. 인간사회의 오랜 역사를 통해, 삶의 주기에 따른 의존과 피의존의 반복되는 과업과 삶의 위험성에 따른 의존 문제들을 가족이 주로 담당해 왔으며, 그것조차 여의치 않았을 경우 종교제도 등을 통한 구제가 나름대로 존재해 왔던 것이다. 이러한 가족이나 종교제도는 현대 산업사회의 등장으로 말미암아 그 기능이 급속히 위축되게 된다. 특히 제반 사회적 기능들을 통합하다시피 했던 가족제도의 약화는 상호부조의 사회적 기능수행에 치명적인 지장을 초래하게 되었다. 그로 인해 이들 제도에 의해 전담되어 왔던 상호부조의 기능을 보완하거나 대체할 수 있는 사회적 장치들이 필요하게 되었다. 현대사회에서 사회복지제도의 등장은 이러한 맥락을 통해 이해될 수 있다(Harold Wilensky & Charles Lebeaux, 1986).

표 1-1 사회적 기능과 사회제도들

사회적 기능	사회제도	제도 유형의 예
생산과 소비	**경제제도**, 가족제도	공산/시장경제, 사회/자본주의, 농경/산업경제
분배와 통제	**정치제도**, 가족제도	신권/왕권/민주, 권위/다원주의, 공산/자유주의
통합	**종교제도**, 과학, 가족제도	기독교/불교/유교/과학
재생산과 사회화	**가족제도**, 교육제도 대중매체	핵가족/확대가족, 공교육/사교육, 신문/방송/인터넷
상호부조	**사회복지제도**, 가족제도, 종교제도	보충적/제도적, 사회보험/공적부조계, 품앗이, 자선

자료: 김영종(2007). 사회복지행정론. 서울: 학지사. p.20 참조.

사회복지를 하나의 독립된 사회제도로 간주할 때, 사회복지제도의 대표적인 사회적 기능은 상호부조이다. 제반 사회제도들에서의 기능분화가 심화되면 될수록 그리고 가족이나 종교제도의 기능이 약화될수록, 상호부조의 기능을 수행하는 사회복지제도의 역할은 그에 비례해서 더욱 증대하게 된다.

2 현대사회의 사회복지

현대사회의 일반적인 사회복지의 특성은 첫째, 공식적 조직에 의한 활동(자선과는 다름)이며, 둘째, 사회적 후원과 책임이 필요하고, 셋째, 프로그램의 주된 목표는 이윤추구가 배제된다는 것, 즉 비영리성이라는 점과 넷째, 사회복지는 모든 기능을 다해야 한다는 기능적 일반화의 특성을 가지고 있다. 이러한 특성을 바탕으로 각 사회는 사회복지적 전제 — 인간은 서로 돕고 살아야 하는 존재 — 의 실현이라는 공동적인 필요성은 갖추고 있으나 그것을 실현하는 방식에 있어서는 차이를 보일 수 있다.

1) 현대사회의 문제

산업혁명 이전에는 의식주의 해결, 생산 및 분배의 기능, 아동의 양육과 노인부양 등의 사회복지의 기능들이 주로 가족이나 소규모 지역공동체 등을 통하여 수행되어 왔다. 이런 농경사회의 전원적 풍경들은 산업혁명, 도시화로 인하여 개인의 운명은 가족의 운명보다는 대규모의 거시적 사회 공동체의 운명에 의존하게 되는 부분이 커지게 되었다. 즉, 산업사회는 가족 내부보다는 외부로부터의 영향력들에 의해 사람들의 삶이 좌우되었고, 한 가족이 그 안에서 아무리 기능을 잘하더라도, 경기침체와 같은 거시적 환경에 의해 빈곤에 빠지기도 하는데 이는 산업자본주의가 가족과는 무관하게 이루어지기 때문이다.

또한 공중위생, 공해, 교통, 슬럼 등의 문제를 배출하고 도시 근로자들이 일자리를 찾아 떠돌아다니는 유동성(mobility), 도시사회에서 친분관계 없이 기능적으로만 어울려 사는 익명성(anonymity), 개인의 결정이 가족관계나 촌락 단위의 집단에 의해 규정되지 않고 개별적 성향에 따라 결정되는 개인성(individuality) 등에서 기인한 심리적인 문제들도 나타나게 되었다(김영종, 2007: 21-22).

2) 제도적 사회복지

도시산업사회의 등장은 사회복지적 전제에 대해서 이중적인 문제를 만들어

낸다. 공업화와 도시화로 인해 제반 사회문제들은 이전에 비해 급속히 증대하는 반면, 사회복지의 주된 자원이 되어왔던 가족과 지역공동체는 심각한 파괴를 경험하게 된다는 것이다.

현대사회는 이러한 딜레마를 해결하기 위해서 공식적인 사회복지제도를 필요로 하게 되었다. 새로운 사회제도를 통해 가족이나 지역공동체가 가졌던 사회복지적 기능들을 돕거나, 이들이 더 이상 감당하기 힘든 각종 빈곤, 고용불안, 범죄, 정신질환 등과 같은 사회병리 현상을 해결하기 위해서 현대사회는 공식적인 사회복지제도를 만들게 되었다(김영종, 2007: 23-25).

3 사회복지행정의 필요성

현대사회처럼 복잡한 사회에서는 사회적 목표가 설정되고 그 목표들이 구체화되어 개인들에게 서비스의 형태로 전달되기까지는 복잡한 과정들이 존재한다. 확대된 범주의 사회복지 기능을 실현하기 위해서는 공식적이고 체계적인 조직들을 통한 실천활동이 필요하게 된다. 그 결과 조직적 활동을 기획, 실행, 평가, 수정할 수 있는 체계적인 지식에 대한 요구가 사회복지의 실천에 등장하게 되었다. 또한 조직화된 사회복지는 그러한 과정들의 대부분이 조직들에 의해 수행되기 때문에 조직적 전달과정에 대한 이해를 필요로 한다.

사회복지행정이 왜 필요한가의 논의는 사회복지행정의 개념을 이해하기 위한 기초적 과제이다. 사회복지를 둘러싼 거시환경적 측면에서 본다면, 사회복지행정의 필요성은 사회복지와 관련된 다양한 요구의 출현과 그러한 요구를 충족시키기 위한 다양한 활동들이 나타났기 때문이다. 이러한 다양한 활동들을 조정하고 조직화하여 사회복지의 전체 목적에 부합하도록 유도하기 위한 노력의 일환으로 사회복지행정이 필요하다. 즉, 사회복지행정은 개별화되고 분화된 사회복지활동들을 전체 사회적 목표 추구에 기여하도록 조정하고 통제해야 하는 필요성에 근거하여 등장하였다.

티트무스(R. Titmuss)는 첫째, 사회정책에 대한 이해, 둘째, 이를 실천에 옮기는 운반체(machinery), 셋째, 대상인구에 대한 이해를 포괄적으로 연구하기 위한 사회복지행정의 필요성을 주장하였다. 또한 사회복지행정의 필요성은 사회복지활동에 담긴 특성, 즉 기관중심의 실천활동이라는 측면과 사회복지활동과정에서 행정이라는 방법이 없을 경우에 나타나는 현상을 추적함으로써 이해할 수 있다.

1) 기관중심의 사회복지활동

사회복지사가 수행해야 하는 원조활동에는 클라이언트에 대한 심리적인 지원 외에도 클라이언트에 대한 직접 서비스 혹은 정보에 대한 접근성을 제공하거나 클라이언트가 서비스를 제공받을 수 있도록 보장하는 것, 클라이언트의 사회적 지지망을 강화하는 것, 클라이언트의 사회적 환경을 변화시키는 것 그리고 클라이언트가 필요로 하는 서비스를 제공할 수 있는 여타 조직 및 요원들과 관련 업무를 조정해 나가는 것 등의 많은 활동이 필요하고 실제로 이를 수행하여야 한다.

따라서 대부분의 사회복지사가 원조자로서 이러한 활동들을 수행하기 위해서는 정도에 따라 다르다 할지라도 사회복지의 다양한 방법론에 대한 기초적 지식과 이를 활용해 나갈 수 있는 실천기술이 필요하다. 더욱이 사회복지와 관련된 행정지식과 기술이 필요한 것은 바로 사회복지실천이라는 것이 실천의 맥락 혹은 실천의 기본적 요소라 할 수 있는 사회복지기관(agency)에서 이루어지기 때문이다. 이것이 바로 기관중심의 사회복지실천(agency-based practice)인 것이다.

2) 행정 없는 사회복지활동의 어려움

사회복지활동이 수행되는 사회복지조직에서 행정이 없다면 어떠한 효과성 및 효율성, 책임성은 차치하고서라도 클라이언트의 이익 및 바람직한 사회의 구현은 불가능하지도 모른다.

사회복지행정의 필요성에 대하여 웨인비치(Weinbach, 1990: 19-20)는 다음과 같이 설명한다.

① 클라이언트와 직원들은 마음대로 나타나기도 하고 사라지기도 한다.
② 직원들은 매일 업무를 시작할 때 하고자 하는 것을 결정할 것이며, 그들의 업무는 다른 직원들과의 활동과는 어떤 유기적 관련 없이 이루어질 것이다.
③ 아무도 자신의 업무 또는 다른 사람의 업무에 대해 책임을 지지 않을 것이다.
④ 아무도 다른 사람의 업무 또는 어떤 프로그램 및 서비스를 평가하지 않을 것이다.
⑤ 아무도 지역사회 내에서 조직의 현재 역할에 대해 알지 못할 것이고, 조직의 미래에 대해서도 관심을 가지지 않을 것이다.
⑥ 아무도 다른 직원과 어떤 정보를 함께 나누려 하지 않을 것이다.
⑦ 어떤 확실한 지도자도 없을 것이며, 또한 직원들에 대한 분명한 역할기대도 없을 것이다. 모든 결정은 일방적으로 될 것이다.
⑧ 행동을 지도할 목표도 사명도 없을 것이다. 모든 행동은 제멋대로 될 것이다.
⑨ 직원들의 지식과 목표도 사명도 없을 것이다. 모든 행동은 제멋대로 될 것이다.
⑩ 과업의 위임도 전혀 없을 것이다.

이상에서 사회복지행정은 다양한 사회복지활동을 조정해 나가고, 조직활동을 중심으로 제공되는 사회복지서비스를 클라이언트에게 제공하고, 사회복지조직 자체를 유지하고 발전하기 위해 필요하다는 것을 알 수 있다.

기출 및 예상문제

01 사회복지행정의 필요성에 대한 웨인비치의 내용으로 옳지 않은 것은?

① 클라이언트와 직원들은 마음대로 나타나기도 하고 사라지기도 한다.
② 직원들은 매일 업무를 시작할 때 하고자 하는 것을 결정할 것이며, 따라서 성공적인 업무수행을 위해서는 유기적 관계가 필수적이다.
③ 아무도 자신의 업무 또는 다른 사람의 업무에 대해 책임을 지지 않을 것이다.
④ 아무도 다른 사람의 업무 또는 어떤 프로그램 및 서비스를 평가하지 않을 것이다.
⑤ 아무도 지역사회 내에서 조직의 현재 역할에 대해 알지 못할 것이고, 조직의 미래에 대해서도 관심을 가지지 않을 것이다.

정답 : ②

② 그들의 업무는 다른 직원들과의 활동과는 어떤 유기적 관련 없이 이루어질 가능성이 높다.

02 현대사회에서 나타나는 문제로 옳지 않은 것은?

① 산업혁명, 도시화로 인하여 개인의 운명은 가족의 운명보다는 대규모의 거시적 사회 공동체의 운명에 의존하게 되는 부분이 커지게 되었다.
② 산업사회는 가족 내부보다는 외부로부터의 영향력들에 의해 사람들의 삶이 좌우되었고, 따라서 가족 내에서의 완전한 기능이 우선되어야 한다. 이는 산업자본주의가 가족과는 긴밀한 관계가 있기 때문이다.
③ 공중위생, 공해, 교통, 슬럼 등의 문제를 배출하고 도시 근로자들이 일자리를 찾아 떠돌아다니는 유동성(mobility)이 증가한다.
④ 도시사회에서 친분관계 없이 기능적으로만 어울려 사는 익명성(anonymity)이 나타난다.
⑤ 개인의 결정이 가족관계나 촌락 단위의 집단에 의해 규정되지 않고 개별적 성향에 따라 결정되는 개인성(individuality) 등에서 기인한 심리적인 문제들이 나타난다.

정답 : ②

② 한 가족이 그 안에서 아무리 기능을 잘하더라도, 경기침체와 같은 거시적 환경에 의해 빈곤에 빠지기도 하는데 이는 산업자본주의가 가족과는 무관하게 이루어지기 때문이다.

03 사회제도들의 대표적인 예로서 옳지 않은 것은?

① 생산과 소비-공산/시장경제, 사회/자본주의, 농경/산업경제
② 분배와 통제-신권/왕권/민주, 권위/다원주의, 공산/자유주의
③ 통합-기독교/불교/유교/과학
④ 재생산과 사회화-핵가족/확대가족, 공교육/사교육
⑤ 상호부조-보충적/제도적, 신문/방송/인터넷

정답 : ⑤

⑤ 신문/방송/인터넷은 재생산과 사회화 제도이다.

Chapter 02

사회복지행정의 정의

사회복지행정은 지속적이고 역동적인 과정으로 공통의 목적과 목표를 달성하는 것이다. 공통의 목적달성을 위해 인적·물적자원을 동원하고, 인·물적자원 동원을 위해 조정과 협력을 수단으로 사용한다. 또한 사회복지행정은 수립된 사회복지정책을 보다 효과적으로 기획·실천·평가하도록 지원해 주는 사회복지의 중요한 방법 가운데 하나이며, 궁극적으로 사람들의 사회적 기능을 강화시키는데 목적이 있다. 사회복지행정이 우리나라에 도입된 것은 비교적 최근의 일이며, 사회복지를 비롯하여 이와 관련된 여러 분야의 행정을 다루고 있다. 이들 여러 분야의 공통점은 사회복지 및 의료·보건·심리적 서비스와 연관된 휴먼서비스(human services)를 제공하는 전문직이 중심적 위치를 차지하고 있다는 점이다(성규탁, 1993: 1-3).

1 사회복지행정의 정의

1) 사회복지의 범위에 의한 규정

사회복지의 정의에 대해서는 학자들의 관점에 따라 다양하게 접근된다. 첫째, 어의적인 측면에서, 사회복지는 사회(social)와 복지(welfare)의 합성어로 '사회적으로 평안하고 만족한 상태'를 이룩해 나간다는 사회복지의 관점, 둘째, 이념적 측면에서 인간의 복지를 의미한다는 관점, 셋째, 기능적 측면에서 잔여적

(residual) 혹은 제도적(institutional) 기능을 하는 것이 사회복지라는 관점이다.

(1) 잔여적 및 제도적 사회복지

다양한 사회복지에 대한 규정들이 존재하지만, 이를 기본적인 사회적 가치와 관련한 이념형(ideal type) 모델로서 구분할 수 있다. 대표적인 것이 윌렌스키와 르보(Wilensky and Lebeaux)가 제시한 두 가지의 대안적인 복지 유형으로서, 여기서는 사회복지를 잔여적 관점과 제도적 관점으로 구분한다(김영종, 2007: 30-32).

① 잔여적(residual) 사회복지

잔여적(보충적) 사회복지는 아담 스미스와 허버트 스펜서로 대표되는 자유방임의 사회철학에 근거하고 있다. 개인들의 욕구는 가족과 시장이라는 자연스런 제도에 의해 충족되는 것이 정상이라고 본다. 일시적으로 개인들이 이 기구로부터 욕구충족을 못하게 되는 경우도 발생하게 되는데 이 경우들에 대비해서 사회복지는 필요하다. 즉, 사회적 안전망(safety net)의 개념으로서 줄타기를 하며 살아가는 사람들과 그 환경은 지극히 정상적이며 어쩌다 그들이 실패해서 줄에서 떨어지는 경우를 대비해서 그물을 쳐놓는다는 것이다. 정형화된 사회복지적인 노력과 활동들은 일시적인 위기가 지나가면 존재할 필요가 없다는 생각이다. 잔여적 개념에서는 사회적 의존인구들은 비정상적인 집단으로 간주되기 때문에 서비스 대상 인구들에게는 스티그마(stigma)가 작용하게 된다. 시녀적 도구로 비정상적인 개인들을 치료하고 복구하는 데 주된 행정적 목표들이 주어진다.

② 제도적(institutional) 사회복지

제도적 사회복지는 현대 산업사회에서는 가족과 시장의 기능만으로 대부분 개인들의 욕구가 충족되지 못하며 이러한 상태가 오히려 정상이라는 것이다. 현대 산업사회의 개인은 전체 사회적 구조와의 밀접한 관련으로 인해 개인이나 가족의 잘잘못에 관계없이 전체 사회의 흐름에 강하게 영향을 받는다. 사회복지는 현대 산업사회의 복잡성이 증가함에 따라 나타나는 당연한 제도로서 인식되며, 개인들의 신체적, 심리적, 사회적 욕구와 문제들이 전 영역을 다루고 있다. 이는 개인들의 사회적 및 경제적 의존성이 집합적인 책임이라는 의식을 수용하는 것이다. 개인들이 사회복지서비스에 대한 필요성을 가지는 것은 정상적이며, 따라서 스티그마(stigma)의 개념도 존재하지 않는다. 시장과 가족제도를 포함한 제반 사회구조적 측면들의 근원적인 결함들을 문제의 초점으로 삼으며, 이들 제도들을 보충하고 대체하는 역할과 예방적 기능까지도 행정의 목표로 하게 된다.

(2) 이상적 및 실질적 사회복지

1970년대 중반에 터너(J. Turner)는 UN의 한 보고서를 통해 사회복지의 정의를 시도하였는데(John Turner, 1974: 19), 그가 내린 결론은 우리 사회의 현실과 관련해서도 매우 시사적이다. 터너는 미국에서 사회복지가 차지하는 영역은 관심 있는 사람들이 희망하는 것처럼 그리 폭넓은 것은 아니라고 보았다. 대부분 선호되고 있는 정의들에서는 사회복지의 영역이 사회적 조건의 개선과 관련된 보편적 서비스들을 포함하고 있는 것으로 나타났지만, 실천현장에서는 사회복지의 영역이 '보다 좁고 잔여적으로 지향되어 있으며, 그 결과 사회복지의 주된 목표는 문제적인 상황에 처한 특수한 인구집단들, 예를 들어 빈민, 장애인, 의존인구, 불우한 사람들, 일탈자들, 혜택을 받지 못한 사람들, 소외된 사람들 중에 주로 주어진다'고 보았다. 즉, '전체 인구의 사회적 안녕을 증진하기 위한 모든 조직화된 사회적 대응들을 의미하는 것'이라는 이상적 사회복지의 이념과는 달리 실천현장의 실질적인 사회복지의 규정들은 현저한 차이를 보이고 있다.

(3) 발전적 사회복지행정

한 사회가 갖는 사회복지의 이념이나 가치는 사회복지행정이 추구해야 할 목적이 된다. 사회복지행정은 그것들을 실천에 옮기는 과정적 역할을 수행한다. 사회복지행정이 다루는 사회문제와 인구집단 그리고 기본적인 실천방법들은 대부분 그 사회의 이념이나 가치가 허용하는 범위 내에서 결정된다. 그러나 사회복지행정의 관심이 현실적인 모델에만 너무 고착되어서는 안 된다. 발전적인 사회복지의 방향에 대해 관심을 가져야 하며 이를 실천에 옮기는 활동들을 계획함으로서 전체 사회의 발전에 적극적이고 능동적으로 기여해야 할 책임이 있다. 그래서 사회복지행정은 제도적과 잔여적, 이상적, 실질적인 사회복지의 가치 이념들을 동시에 염두에 두어야 하며, 그런 연속선상에서의 이동과 발전에 대한 인식을 명확히 해야 한다(김영종, 2007: 34).

2) 사회복지행정의 정의

행정의 범위에는 목표와 수단의 부분을 포괄하는 광의의 개념도 있을 수 있고, 보다 제한된 범위로서 수단만을 규정하는 협의의 개념도 있을 수 있다. 조직들의 성격과 그런 조직들 안에서 활동하는 행정관리자들의 위치에 의해서 행정이 각기 달리 정의될 수 있다는 점을 고려한다면 사회복지의 일반적인 정의는 포괄적인 것이 바람직하다.

(1) 사회복지행정의 개념

① 광의와 협의의 사회복지행정의 개념

사회복지행정은 '사회복지'와 '행정'이라는 두 개념이 합성된 것으로, 한 사회의 사회복지 이념이나 가치가 그 사회의 사회복지행정의 성격을 규정한다.

그러나 강조하는 대상이나 내용, 전달방식에 따라 다양하게 표현되거나 기술되고 있다. 예를 들어, 노인의 소득수준 향상이 정책이라면 그에 따른 빈곤노인 파악과 대책을 실행하는 것이 복지행정이라고 할 수 있다. 이러한 행정개념을 협의의 개념으로 본다면, '사회사업행정'(social work administration), '사회사업기관행정'(social work agency administration), '사회서비스행정'(social service administration), '인간서비스조직의 관리'(management in human service organization) 등으로 지칭될 수 있고(장인협·이정호, 1999: 3), 광의의 개념으로 보면 사회복지정책을 사회복지서비스로 전환시키는 복지조직의 총체적인 활동으로 정의할 수 있다.

표 2-1 사회복지행정의 개념

사회복지행정	주 체	대 상
사회사업기관행정 (협의의 사회복지행정)	민간복지기관	요보호자
공공복지기관행정 (광의의 사회복지행정)	국가 및 지방자치단체	전국민

사회복지행정의 광의와 협의의 개념을 살펴보면 다음과 같다.

첫째, 협의의 사회복지행정은 사회복지조직의 목표달성을 용이하게 하기 위해 관리자에 의해 수행되는 상호의존적 과업과 기능 및 관련활동 등의 체계적 개입과정이다. 일명 사회사업행정으로 불리는데 이는 전통적 개별사회사업, 집단사회사업, 지역사회조직사업과 같은 하나의 실천방법으로 보는 것이다. 사회사업행정은 사회사업서비스를 계획하여 전달하는 사회사업조직을 대상으로 변화를 초래하려는 과정이라 할 수 있다. 따라서 사회사업행정도 사회사업조직의 구성원에게 개입하여 사회복지서비스 전달을 촉진시키는 과정이라는 의미에서 사회사업의 중요한 하나의 방법이다.

둘째, 광의의 사회복지행정은 조직의 모든 활동과정에서 다양하게 기여하는 조직구성원들의 협동적·조직적 노력으로 볼 때, 사회복지행정은 사회복지정책을 사회복지서비스로 전환시키는 데 필요한 사회복지조직에서의 총체적 활동이라고 볼 수 있다. 오늘날 사회복지는 국가의 주요한 제도로 발전하고 있고, 이에 따라 사회복지서비스도 공적 및 사적 사회복지 조직을 통해 전달되기 때문에 사회복지의 행정은 협의의 사회복지행정보다는 광의의 사회복지행정의 개념을 취하는 것이 바람직하다고 할 수 있다.

② 학자의 개념

카이드네스(J. C. Kidneigh, 1957)는 '사회복지행정이란 사회행정을 사회서비스로 옮기는 과정이며, 사회정책을 평가하고 수정함에 있어서 경험을 활용하는 과정'이라고 하였다(Kidneigh, 1957: 75).

티트무스(R. Titmuss, 1974)는 '사회복지행정의 실제는 사회적 제반서비스를 대상자에게 전달되도록 기능을 수행하는 인적조직과 기구 및 서비스의 선택문제를 검토하는 것과 관련된다'라고 하였다(Titmuss, 1974: 57).

도니슨(D. Donnison, 1964)는 '사회복지행정이란 행정관리의 과정은 물론 사회정책의 결정과정과 전문적, 기술적 실천과정도 포함한다'라고 주장하였다(Donnison, 1964: 40).

스키드모어(R. Skidmore, 1983)는 '사회복지행정이란 사회복지기관의 사회적 정책을 사회복지서비스로 전환하기 위한 복지직원들의 활동'이라고 정의하고 있다.

성규탁(1993)은 '사회복지행정은 사회복지조직과 사회복지요원들이 효과적으로 서비스를 기획, 실천, 평가하도록 지원해주는 사회복지의 한 방법'으로 정의하고 있다.

현대사회의 특성인 다양한 사회문제가 속출하면서 공공중심의 사회복지서비스를 필요로 하게 되었고, 이에 사회복지행정의 중요성이 부각되게 되었다. 사회복지행정은 인간의 사회생활상의 기본적 필요에 대응하기 위한 새로운 행정분야이며, 새로운 행정작용으로서 '인간의 필요와 인격적 부적응을 치료'하는 새로운 사회질서의 형성자, 중개자로서 그 목적하는 바는 어디까지나 근본적인 인간생활의 질적 가치의 보장에 있다고 할 수 있다.

(2) 행정범위에 의한 사회복지행정의 규정

정책과 행정을 단순히 분리하면, '목적과 수단, 목표와 노정(路程), 근본주의와 점진주의, 유토피아와 여행수단' 등으로 표현된다. 정책은 일종의 방향 제시이고, 행정은 그것을 실천하는 수단이나 과정에 속하는 것으로 구분한다. 일반적으로 행정에서 정책과의 관련성을 어떻게 규정하느냐에 따라 크게 협의와 광의의 개념으로 나눈다.

① 협의의 사회복지행정

협의의 행정이란 정책과의 관련성이 배제되는 경우를 말하며, 행정은 수단으로서의 실천방법들에 국한된다. 즉, 조직 목표들은 이미 주어진 것이 되고, 행정은 이를 달성하기 위해 필요한 업무와 기능적 역할들을 수행하는 것이 된다. '관리'라는 개념이 이러한 행정의 정의와 영역을 나타내는 데 보다 적합하다.

② 광의의 사회복지행정

광의의 행정이란 목표 형성, 기획, 실행, 평가, 변화 등을 포함하는 조직의 전반적인 활동들을 포함한다. 즉, 광의의 행정이란 조직의 정책부분에 해당하는 목표 설정까지를 포함하고 있으므로, '경영'과 '관리'를 통합한 포괄적인 규정이라 할 수 있다.

사회복지행정은 사회정책을 구체적인 사회복지서비스로 전환하고, 정책의 수정을 권고하는 데 있어 경험을 활용하는 것이며, 보호를 필요로 하는 지역사회에 서비스와 프로그램을 제공하기 위하여 이용가능한 모든 자원을 활용하는 사람들의 활동과정이다. 이는 사회복지행정은 사회복지기관의 사회정책을 사회복지서비스의 전달로 전환하기 위하여 사회적 과정을 활용하는 요원들의 활동일 뿐만 아니라 행정관리의 과정과 사회정책의 결정과정 및 전문적·기술적 실천과정도 포괄하는 것이다(김영종, 2007: 35-36).

(3) 사회복지행정의 유사 개념들

사회복지정책, 기획, 지역사회조직 등은 사회복지행정과 부분적으로 유사한 성격을 갖고 있는 개념들이다(김영종, 2007: 38-40).

① 사회복지정책(social welfare policy)

정책 결정 과정을 주로 다루는데, 결정되어 있는 정책 결과를 나타내는 것이기도 하다. 정책은 보통 '무엇을 할 것인지'라는 목적 설정에 관심이 있으며, 경우에 따라서는 '어떻게 할 것인지'와 같은 방법에 대한 결정도 포함한다.

② **기획**(planning)

선택과 합리화를 통해 정책을 형성하고 실현하는 것으로 조사연구, 가치 분석과 가치들의 표출 유도, 정책 형성, 행정적 구조화, 측정과 피드백 등과 같은 내용들을 포함하는 것이다.

③ **지역사회조직**(community organization)

활동 내용들에 있어서는 역시 정책개발, 기획, 행정 등과도 중첩되나 주민참여에 대해 특별한 강조를 둔다는 점에서 차이가 난다. 여타 개념들과의 비교를 통해 사회복지행정을 폭넓게 규정하면, 사회복지행정이란 '사회정책과 계획들을 지역사회의 가치와 지지라는 틀 내에서 효과적이고도 효율적으로 수행하는 과정'이라 할 수 있다.

2 사회복지행정의 영역과 활동

사회복지행정의 영역과 관련하여 할란(A. Hanlan)이 제시한 세 가지 모델들을 비교하면 표 2-2와 같다. 표 2-2에서 볼 수 있듯이 사회복지행정은 앞의 구분에 의하면 사회사업행정과 사회행정의 중간에 위치한다. 사회복지행정의 관심은 전문직과 외부사회의 관점을 연결하고 조정하는 역할을 수행하는 데 있다. 단순히 사회사업 전문직만을 위한 것이 아니라 휴먼서비스의 제반 전문직들이 함께 사회복지적 목표를 달성하도록 사회복지조직이나 프로그램들을 운영 · 관리하는 것이 목적이다.

사회복지행정은 사회정책과 깊이 관련되어 있어 행정의 방법이나 서비스의 전달과정, 조직구조 등은 정책에 많은 영향을 끼치면서 정책과 행정은 상호 간에 영향을 주고 있다. 따라서 사회정책과 행정은 하나의 통합과제를 구성하는 것으로 받아들여져야 한다. 사회복지행정이란 정치권력을 배경으로 한 사회복지정책형성 및 구체화를 위한 합리적인 행동이다. 이상과 같은 견해를 배경으로 볼 때 사회복지행정의 주체로는 민간복지기관(각종 사회사업기관)과 공공복지기관(중앙 및 지방자치단체)이 될 수 있다.

표 2-2 사회복지행정의 성격 비교

구 분	사회사업행정	사회복지행정	사회행정
관 점	전문직(실천과 많은 관련이 있음)	전문직과 외부사회 시각의 혼합	전체사회적 시각
기 능	잔여적 기능	잔여적-제도적 기능 혼합	제도적 기능
지식과 기술	전문직의 기존3대 사회사업방법론에 기초	휴먼서비스 조직의 경영에 필요한 일반 사회과학적 지식	전체사회 욕구와 자원 배분에 관한 지식
개인과 환경	개인의 치료에 관심	개인과 환경의 상호작용	구조, 환경의 변화

출처 : 김영종(1998). 사회복지행정론. p.24.

사회복지행정을 이렇게 규정한다면 사회복지행정의 역할은 사회적 이념이나 정책을 해석하여 적합한 실행계획으로 바꾸는 일과 한편으로는 서비스활동을 조직하고 관리하는 일까지도 포함하게 되는데, 사리(R. Sarri)는 이를 구체화하여 그림 2-1과 같이 규정하였다.

그림 2-1 사회복지행정의 영역

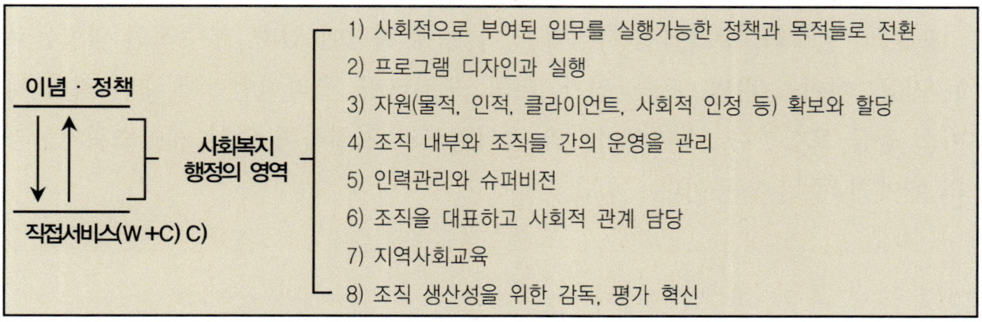

출처 : 김영종(2007). 사회복지행정론. pp.42~43. 참조.

위의 규정에서는 사회적 위임 사항에 대한 해석에서부터 조직적 과정의 진행 그리고 평가에 이르기까지 포괄적인 행정적 영역을 통해서 사회복지행정의 역할들을 잘 나타내고 있다. 이러한 사회복지행정의 영역에서 사회복지관리자들이 맡게 되는 활동들은 ① 기획, ② 정보처리, ③ 통제, ④ 통합 조정, ⑤ 평가, ⑥ 협상, ⑦ 모니터링, ⑧ 공급, ⑨ 대외활동, ⑩ 직접서비스, ⑪ 예산활동 등의 역할을 하게 된다.

행정관리자의 위치에 의한 구분으로는 다음과 같이 설명된다.

① 경영자급

행정관리자는 사회적이고 법적인 위임사항을 행동으로 옮기는 작업을 한다. 조직의 사회적 산출물과 이에 필요한 자원을 획득하는 것 등을 포함한다. 이러한 경영자급의 기능은 다른 기관과의 교환관계의 성격 — 협조적, 경쟁적, 갈등적 혹은 관계없음 — 을 좌우하게 된다.

② 중간관리자급

소비자와 조직의 기술적 하위부서들과의 중재가 중요한 활동이다. 이 차원의 행정관리자의 역할은 서비스의 조달과 할당, 프로그램의 구조의 디자인, 부서들 간의 조정, 직원들의 지휘 및 개발(모집, 선발, 훈련, 감독) 등이 포함된다.

③ 일선 관리자급

표준화, 일상화, 주기적인 사정과 평가 등에 관심이 있다. 부수적인 역할들로는 자문, 케이스 관리, 교습, 평가, 의뢰, 모니터링, 클라이언트에 대한 직접 서비스 등을 포함한다. 슈퍼바이저의 관리영역과 일치하며 일선 케이스워커들과의 관계가 주된 활동이다.

3 한국의 사회복지행정의 규정

한국의 사회복지행정은 사회복지행정의 학문적 분야가 외국에서 도입된 관계로 그 개념 규정이 더욱 어렵다. 상이한 사회적 배경과 사회복지발달 과정의 차이로 인한 문제가 다양한 행정적 접근방법들과 섞여서 정의에 대한 합의를 어렵게 만든다. 이런 경우에 복잡성을 줄이기 위한 목적으로 개념을 단순하게 규정하는 것은 바람직하지 않다. 복잡한 행정적 현실을 단순화시키는 것의 유용성이 크게 없을 것이기 때문이다. 그보다는 비교적 폭넓은 연속선상의 개념적 틀을 염두에 두고 다양한 조직과 행정관리자들의 관점에 따라 사회복지행정의 영역들을 상대적으로 이해하는 것이 오히려 바람직한 접근방법이다.

1) 사회복지서비스 환경의 변화

한국사회는 사회복지서비스를 비롯한 제반 휴먼서비스들에 대한 수요가 크게 확대되고 있다. 서비스의 수요 및 공급 확대와 더불어, 사회복지서비스의 운용방식에 있어서도 몇 가지의 주요한 변화들이 나타나고 있다. 자원동원방식에서의 변화, 서비스의 인력구성에서의 변화, 서비스 전달체계의 변화 등이 대표적인 것이다.

첫째, 사회복지조직들의 자원동원 양식들이 공공 의존에서 민간에 대한 역할의 강화 쪽으로 다원화되고 있다.

둘째, 사회복지서비스의 인력들이 다전문직화된다.

셋째, 제한된 사회복지서비스 자원의 활용에 따르는 효율성을 극대화하기 위해서는, 조직들 간의 연계와 통합에 대한 필요성이 커진다.

2) 사회복지행정의 발전적 규정

한국사회에서 나타나는 이와 같은 사회복지서비스 환경의 변화는 한국사회복지행정의 영역 규정에 다음과 같은 시사점을 제시한다.

첫째, 정책과의 관련성을 강화하는 것이 필요하다.

둘째, 사회복지행정의 관점을 폐쇄체계(closed system)에서 개방체계(open system)로 이동하는 것이 중요하다.

셋째, 사회복지행정의 영역을 사회복지전문직의 활동에 국한하지 않고, 다양한 전문직들이 활동하는 휴먼서비스 분야로 확대하는 것이 필요하다.

넷째, 사회복지조직들이 확대되면서 필연적으로 행정관리의 역할에서 분화가 나타나고, 행정관리자들의 역할도 점차 실천관리자, 중간관리자, 경영자 등으로 분화가 나타나게 된다. 그에 따라 사회복지행정관리의 기능과 지식들도 세분화 되어야 할 필요가 있다.

4 사회복지행정의 과정

사회복지행정의 과정은 기본적으로 기획, 조직, 인사, 지시, 조정, 보고, 재정, 평가 등으로 전개된다. 따라서 영어의 알파벳 약자를 인용하여 'POSDCORBE'로 표현하고 있다. 이와 같은 과정의 구체적인 내용을 제시하면 다음과 같다.

1) 기획

기획(Planning)은 행정가에 의해 수행되는 최초의 과정으로서 ① 목표설정, ② 과업활동, ③ 방법결정 등을 말한다. 사회복지기관의 목적에서 공공기관은 그 목적이 해당법령에 기술되고, 사적기관은 그것이 정관에 기술된다. 사회복지기관의 목표에 관한 일반적인 진술은 기관활동에 따라 분명해진다. 또한 과업수행을 위하여 필요한 방법은 변화하는 목표에 따라 달라질 수 있다. 따라서 행정가는 변화하는 목표에 따라 과업을 계획하고 목표달성을 위해 필요한 방법을 선정해야 한다.

2) 조직

조직(Organization)은 작업활동이 규정되고 조정되는 공식적인 조직의 설정을 필요로 한다. 사회복지기관의 구조는 일반적으로 정관의 규정이나 운영지침서에 기술되어 있다. 이에 조직에서 그 역할과 책임이 불분명할 경우, 구성원 간에 갈등이 초래되어 비효율적이고 비효과적인 결과가 나타난다. 따라서 행정가는 효과적이고 생동력 있는 조직을 유지하기 위해 구성원들에게 조직의 목표를 명백하게 이해하도록 하고, 기관목표의 변화와 능력, 과업과 수행방법의 변화 등에 적응하고 보조를 맞추어야 한다.

3) 인사

인사(Staffing)는 세 가지 활동으로 제시되는데, ① 직원의 채용과 해고, ② 직원의 교육과 훈련, ③ 협력적인 활동조건의 유지 등이다. 일반적으로 사회복지기관에서 행정책임자는 공공기관의 경우에 행정기관의 장이 선정하고, 민간기관의 경우에 이사장 또는 회장이 선정한다. 행정책임자는 직원의 임명에 대해 책임을 지며, 그들의 교육 및 훈련, 분위기 조성 등에도 책임을 진다. 특히 기관의 우호적인 분위기 조성을 위해서는 행정책임자가 조직 내 구성원 간에 개방적인 의사소통의 망을 유지하고, 대인간의 갈등을 해소해야 한다.

4) 지시

사회복지기관의 행정책임자는 기관을 효과적으로 지시(Directing)하는 지도자로서 자신의 능력을 발휘해야 한다. 이에 행정책임자의 능력을 몇 가지 제시하면 다음과 같다. 즉, ① 사회복지기관과 관련된 모든 사실들을 면밀히 검토한 후 합리적인 결정을 내리는 능력, ② 기관의 목적에 대한 적극적인 관심과 목표달성을 위한 헌신적인 능력, ③ 기관 내 구성원의 공헌에 칭찬하고 그들의 지위향상을 도와주는 능력, ④ 자신의 책임과 권한을 효과적으로 위임하는 능력, ⑤ 행정책임자로서 기관 내 개인과 집단의 창의성을 고취하는 능력 등이다.

5) 조정

조정(Coordinating)은 사회복지기관의 활동에서 다양한 부분들을 상호 연결시키는 중요한 기능이다. 즉, 행정책임자는 기관 내의 조정기능을 위해 여러 부서와 구성원들간의 효과적인 의사소통의 통로를 마련해야 한다. 예를 들어, 의사소통의 통로는 현재 가장 광범위하게 사용되는 위원회(committee)의 발족과 활용을 말한다. 이에 위원회는 상설위원회나 특별위원회가 있는데, 전자는 사회복지 프로그램, 인사, 재정 등과 같은 활동에 관한 문제를 취급하고, 후자는 사회복지기관의 긴급한 과업이나 단기간 내에 수행 가능한 임시적인 활동을 다루게 된다.

6) 보고

행정책임자는 보고(Reporting)의 기능을 수행하기 위해 기관의 직원, 이사회, 지역사회, 여타기관 등에 대하여 본 기관에서 일어나는 상황을 알려 주어야 한다. 특히 사회복지기관의 보고기능을 위한 세 가지 주요 활동은 ① 기록의 유지, ② 정기적인 감사, ③ 조사연구 등이다.

첫째, 기록유지는 인사기록, 위원회의 활동, 대상자의 케이스 기록 등 전반적인 기관활동의 보고를 말한다. 둘째, 정기적인 감사는 기관이 어떻게 기능하고 있는가를 살펴보고, 이에 따라 전반적인 이해를 얻어 새로이 요청되는 부분을 개선토록 한다. 셋째, 조사연구자는 기관의 서비스 수행여부, 현존 서비스의 필요성 여부, 새롭게 요구되는 서비스의 종류, 서비스 전달의 효과성 여부 등을 조사한다.

7) 재정

재정(Budgeting)은 사회복지기관의 운용에 있어 핵심적인 요소이다. 기관의 재정행정은 세 가지 요소로 구성되는데, 이는 ① 건전한 조직상의 계획, ② 재정계획, ③ 재정운영의 통제 등이다. 기관조직의 구조는 재정적 관점에서 건전해야 한다. 건전한 재정운용은 기관 내 모든 부서에서의 지출을 위한 권위와 책임의 기초를 분명하게 규정함으로써 목적을 달성할 수 있다. 기관의 재정계획은 장기적인 목표로서 예산정책에 기초하여 수립해야 한다. 이에 예산정책은 세 가지 측면에서 제시될 수 있는데, 이는 ① 급여 스케줄, ② 수입확보의 방법, ③ 지출통제의 방법 등이다.

8) 평가

평가(Evaluation)는 사회복지기관의 목표에 따라 전반적인 활동결과를 사정하는 과정이다. 기관의 목표달성을 정확하게 평가하기 위해서는 다음의 두 가지 척도를 적용하게 된다.

첫째, 효과성의 척도로써 복지서비스에 대한 욕구에 관련하여 기관의 서비스가 수행된 정도를 평가한다. 둘째, 효율성의 척도로써 기관의 가용한 자원과 관련하여 기관의 서비스가 수행되는 정도를 평가한다. 따라서 사회복지기관의 평가기능을 효과적으로 수행하기 위해서는 기관의 구성원들이 평가활동을 자유롭게 하도록 하며, 기관의 프로그램을 창의성을 갖고 제안하도록 분위기를 조성하는 노력이 필요하다.

기출 및 예상문제

01 사회복지행정의 정의 중 협의의 사회복지행정의 정의로 옳은 것은?

ㄱ. 사회복지조직의 목표달성을 용이하게 하기 위해 관리자에 의해 수행되는 상호의존적 과업과 기능 및 관련활동 등의 체계적 개입과정이다.
ㄴ. 일명 사회사업행정으로 불리는데 이는 전통적 개별사회사업, 집단사회사업, 지역사회조직사업과 같은 하나의 실천방법으로 보는 것이다. 사회사업행정은 사회사업서비스를 계획하여 전달하는 사회사업조직을 대상으로 변화를 초래하려는 과정이라 할 수 있다.
ㄷ. 사회사업행정도 사회사업조직의 구성원에게 개입하여 사회복지서비스 전달을 촉진시키는 과정이라는 의미에서 사회사업의 중요한 하나의 방법이다.
ㄹ. 조직의 모든 활동과정에서 다양하게 기여하는 조직구성원들의 협동적·조직적 노력으로 볼 때, 사회복지행정은 사회복지정책을 사회복지서비스로 전환시키는 데 필요한 사회복지조직에서의 총체적 활동이라고 볼 수 있다.

① ㄱ, ㄴ, ㄷ
② ㄴ, ㄷ
③ ㄷ, ㄹ
④ ㄱ
⑤ ㄱ, ㄴ, ㄷ, ㄹ

정답 : ①

ㄹ. 사회복지정책을 사회복지서비스로 전환시키는 총체적 노력은 광의의 사회복지행정 개념이다.

02 지시(Directing)단계에서 사회복지행정가의 능력에 해당하지 않는 것은?

① 사회복지기관과 관련된 모든 사실들을 면밀히 검토한 후 합리적인 결정을 내리는 능력
② 기관의 목적에 대한 적극적인 관심과 목표달성을 위한 헌신적인 능력
③ 기관 내 구성원의 공헌에 칭찬하고 그들의 지위향상을 도와주는 능력
④ 자신의 책임과 권한을 효과적으로 위임하는 능력
⑤ 행정책임자로서 기관 내 개인과 집단의 제시된 프로그램에 따라 처리하게 하는 능력

정답 : ⑤

⑤ 행정책임자로서 기관 내 개인과 집단의 창의성을 고취하는 능력

03 사회복지행정의 기능으로 옳지 않은 것은?

① 기획: 목표를 설정하고 구체적인 과업을 결정한다.
② 조직: 구성원들의 임면, 교육, 훈련을 포함한다.
③ 조정: 부서 간의 의사소통에 초점을 둔다.
④ 지시: 관리자의 관리, 감독이 이루어진다.
⑤ 평가: 서비스의 효율성, 효과성을 살펴본다.

정답 : ②

② 임면, 교육, 훈련은 인사기능에 해당한다.

04 사회복지행정의 정의로 옳지 않은 것은?

① 광의의 행정이란 정책과의 관련성이 배제되는 경우를 말하며, 행정은 수단으로서의 실천방법들에 국한된다.
② 협의의 행정은 '관리'라는 개념이 정의와 영역을 나타내는 데 보다 적합하다.
③ 광의의 행정이란 목표 형성, 기획, 실행, 평가, 변화 등을 포함하는 조직의 전반적인 활동들을 포함한다.
④ 광의의 행정이란 조직의 정책부분에 해당하는 목표 설정까지를 포함하고 있으므로, '경영'과 '관리'를 통합한 포괄적인 규정이라 할 수 있다.
⑤ 사회복지행정은 사회정책을 구체적인 사회복지서비스로 전환하고, 정책의 수정을 권고하는 데 있어 경험을 활용한다.

정답 : ①

① 수단으로서의 행정은 협의의 개념이다. 조직 목표들은 이미 주어진 것이 되고, 행정은 이를 달성하기 위해 필요한 업무와 기능적 역할들을 수행하는 것이 된다.

05 사회복지행정의 유사개념으로 옳지 않은 것은?

① 사회사업행정-개인의 치료에 관심, 잔여적-제도적 기능 혼합
② 사회사업행정-기존의 3대 사회사업론에 기초
③ 사회복지행정-전문직과 외부시각의 혼합
④ 사회복지행정-휴먼서비스 조직의 경영에 필요한 일반 사회과학적 지식
⑤ 사회행정-전체사회 욕구와 자원 배분에 관한 지식

정답 : ①

① 잔여적-제도적 기능 혼합의 관점은 사회복지행정의 관점이다.

Chapter 03

사회복지행정의 특성과 가치

사회복지행정은 그 성격 즉, 사회복지적 측면과 행정적 측면 둘 다를 포함하고 있는데, 이번 장에서는 사회복지행정의 이런 양면성에 대해 언급을 하고 사회복지행정의 특수성을 '휴먼서비스'의 개념을 바탕으로 설명한다.

1 일반행정과 사회복지행정

행정은 사회복지조직뿐만 아니라 기업조직, 정부조직, 교육조직 등 모든 유형의 조직에서 이루어진다. 따라서 모든 유형의 조직에 행정이 존재하게 되고 이때 각 조직에는 공통되는 일반적 · 보편적 행정원리가 적용된다.

사회복지행정의 개념을 규정하기 위해서는 먼저 일반행정에 대한 개념을 살펴보아야 한다. 왜냐하면 사람에 따라, 시대에 따라, 지역에 따라 일반행정의 개념이 다르기 때문이다. 또한 행정의 한계가 명확하게 규정되어 있지 않을뿐 아니라 최근 행정의 범위와 내용이 계속해서 확대되고 있다. 즉, 행정의 내용과 범위, 기능이 동태적으로 변하고 있기 때문에 일원론적인 통설로서의 일반행정의 개념규정이 어렵다는 것이다.

행정의 개념을 규정하는 것이 어렵거나 행정의 개념이 다양하다 하더라도 다음 단계의 논의를 위해서는 행정의 개념을 규정하지 않을 수 없다. 또한 각각의 개념이 다양하다 하더라도 각 개념은 공통되는 부분이 존재하기 마련이어서 공통점을 추출하여 행정의 일반적 개념을 규정해 볼 수 있다.

행정의 개념 중에 공통되는 요소를 추출해보면 다음과 같다.
첫째, 크든 작든 공동의 목적을 달성하려는 모든 조직은 행정을 요구한다.
둘째, 행정은 목표지향적이다.
셋째, 행정은 협동적인 활동이다.
넷째, 행정은 과업지향적이다.

이러한 공통요소를 종합하여 일반행정의 개념을 정의해 보면, 특정 조직의 구성원(협동적 집단)이 목표를 향하여 행동하는 과정이며, 진술된 목적을 달성하기 위해 계획, 조직, 지도, 통제 등의 과정을 통하여 모든 자원을 조달하고 배분하고 집행하는 활동이라고 할 수 있다. 일반적으로 협의의 개념은 정책을 배제한 개념으로 정책을 실천하기 위한 관리활동이라고 할 수 있다.

이러한 행정의 개념은 정책을 형성하는 기능은 없고 단지 정책을 수행하는 과정으로서의 조직의 부분적인 활동을 의미한다. 한편 행정의 광의의 개념은 정책을 포함한 개념으로 조직의 정책형성과 정책을 실현하기 위한 기획, 실행, 평가, 변화 등을 포함하는 조직의 전반적인 활동을 의미하는 것이다.

1) 유사성

행정은 사회복지조직뿐만 아니라 기업조직, 정부조직, 교육조직 등 모든 유형의 조직에서 이루어진다. 따라서 모든 유형의 조직에 행정이 존재하게 되고 이때 각 조직에 공통되는 일반적·보편적 행정원리를 적용하게 된다.

비록 조직들의 성격이 다르고 목표나 구조, 기술, 대상 인구들이 조직에 따라 다르다 해도 모든 조직들을 움직이는 행정의 궁극적인 기술과 방법은 일관적이고 유사하다. 즉, 사회복지조직들을 기업적인 효율성을 통제하는 것이 가능하다는 논리에 의해 뒷받침된다.

사회복지조직은 일반행정에서 형성되었거나 개발된 이론, 방법을 적용하여 사용하고 있기 때문에 일반행정과 사회복지행정은 공통점이 많다. 스펜서(Spencer, 1959: 21-22)가 제시한 일반행정과 사회복지행정의 공통점은 다음과 같다.

① 모든 행정은 문제의 확인, 문제의 제 측면 연구, 해결가능한 대안의 개발 및 선택, 선택된 결정을 집행, 그 효과성을 포괄하는 문제해결 과정이다.
② 행정은 상호관련 되고 상호작용하는 부분들이 모여서 이루어진 체계이다.
③ 행정은 대안선택에서 가치판단을 사용한다.
④ 미래지향적인 요소를 포함하고 있다.
⑤ 효율성과 효과성을 높이기 위하여 프로그램 및 지원들을 조직화 한다.
⑥ 행정은 개개직원들의 지위와 안정에 관심을 갖고 조직의 목표, 가치 및 방법에 직원들이 적극적으로 일체감을 갖도록 한다.
⑦ 의사소통, 직원 간의 집단관계, 행정에의 참여 등은 행정의 주요한 영역이다.

트렉커(Trecker, 1971: 26)는 사회사업(복지)행정의 정의와 관련하여 일반행정과 사회복지행정의 공통점을 다음과 같이 제시하고 있다.

① 행정은 계속적이며 역동적인 과정이다.
② 그 과정은 공통의 목적(목표)을 달성하기 위한 활동으로 이해된다.
③ 인적 및 물적 자원은 공통의 목적(목표)을 달성하도록 이용된다.
④ 조정과 협동은 인적 및 물적 자원이 이용되는 수단이다.
⑤ 정의에 내재하는 요소는 계획, 조직 그리고 리더십 등이다.

이러한 학자들의 견해를 종합하여 사회복지행정과 일반행정과의 공통점을 살펴보면 다음과 같다.

① 서로 관련되고 작용하는 부분들의 기능들의 집합이다.
② 개인 및 집단의 효과적인 기능을 위한 지원체계이다.
③ 미래지향적인 특징을 가진다.
④ 효율성, 효과성, 생산성을 위한 구성원들의 조직화 및 인적자원관리, 자원

동원에 초점을 둔다.
⑤ 조직의 가치 및 목표를 공유함으로써 조직문화를 만들어간다.
⑥ 공공의지(public will)의 실현에 주목한다.
⑦ 문제를 확인하고 해결방안을 모색하는 문제해결적 과정이다.
⑧ 대안을 선택함에 있어 가치판단적 관점을 가져야 하며, 창의적인 지식과 기술을 활용한다.
⑨ 구성원 간 의사소통이 중요하다.

2) 특이성

각 조직들이 추구하는 가치와 목표, 업무활동들은 각기 다르므로 각 조직의 특성은 행정의 본질을 규정하는 데 중요한 개연성을 가질 수밖에 없다. 그러나 사회복지행정은 일반행정과 구별할 수 있는 독특성을 가지고 있다고 보는 것이 보통이다. 중요한 것은 외부에서 차입된 행정적 지식들은 어떻게 사회복지적 고유가치들을 구현하기에 적절한 행정원리들로 변화시켜 나갈 것인가이다. 차이점을 강조하는 입장은 '행정'이라는 틀 안에서 기본적인 유사성을 강조하면서 부분적인 차이만 있다는 입장과 사회복지라는 가치로 인해 전혀 다른 특징이 나타난다는 입장도 있다.

사회복지행정과 일반행정의 차이점을 구체적으로 살펴보면 다음과 같다.
① 사회복지행정은 일반행정에 비해 투입과 산출이 명확하지 않다.
② 사회복지행정은 일반행정에 비해 환경적 요소에 크게 영향을 받는다.
③ 사회복지행정은 지역사회와 밀접한 관계를 유지한다.
④ 사회복지행정은 수평적인 특성과 비공식적 조직을 중요시한다.
⑤ 사회복지행정의 출발은 인간욕구의 변화에 따라 달라진다.
⑥ 사회복지행정은 양보다 질 그리고 비영리성에 기초한다.
⑦ 사회복지행정은 불완전성을 지니고 있다.

2 휴먼서비스와 사회복지행정

휴먼서비스(human service)란 인간에 대한 직접적인 서비스를 행사하는 의료, 교육, 복지 등의 부문을 포함하는 것으로 개인의 행동이나 속성 혹은 사회적 지위를 규정하거나 변화시킴으로써 그 개인의 안녕을 유지하거나 증진시키는 것에 기여하는 것이다. 휴먼서비스가 내포하는 독특한 가치와 실천방법들은 다른 서비스와 조직들의 운영원리들을 적용시킬 수 없는 독특함을 가지고 있고, 그래서 독자적인 가치와 실천방법들을 포함하는 행정적인 지식을 필요로 한다.

휴먼서비스의 특성에 대해서는 다양한 논의들이 있지만, 이러한 논의들에서 공통적으로 지적되고 있는 요소들을 크게 세 가지로 묶어서 설명하면 다음과 같다(김영종, 2007: 91-103).

1) 인간존재와 사회복지행정

휴먼서비스의 가장 중요한 본질은 인간존재를 서비스의 중심 대상으로 한다는 점이다. 즉, 사람과 함께 사람에 대해 직접적으로 일을 하는 것이다.

휴먼서비스에 있어서 인간은 곧 서비스의 '원료(raw material)'이자 '생산물(product)'이다. 즉, 사회복지서비스는 서비스의 대상이 되는 인간들을 직접적으로 변화 혹은 유지하기 위해 제공되며, 변화나 유지의 대상자인 클라이언트는 곧 서비스를 위한 원료이고 서비스 결과 발생하는 산출물이다. 그러므로 휴먼서비스를 실천하는 사회복지행정은 이러한 인간들을 다루는 서비스를 운영함에 있어서, 그 원료이자 산출물이 되는 인간존재에 대한 가치와 도덕성을 명확하게 전제하고 있어야 한다. 또한 인간존재를 전체성과 개별성을 통해 이해해야 할 필요가 있다.

(1) 인간존재의 가치와 도덕성

인간은 도덕성을 소유하며 존재 그 자체로서 고귀함을 갖고 있다. 그러한 인간이 휴먼서비스의 목적과 대상이 된다. 따라서 휴먼서비스를 실행하는 조직들의 기술과 과정은 인간이 갖는 도덕적인 본질에 의해서 영향을 받을 수밖에 없다. '인간존재의 가치와 도덕성에 대한 측면이 휴먼서비스의 가장 근원적인 특성을 형성하며, 휴먼서비스행정의 공통적인 가치는 이에 근거해야 한다'는 와이너(M. Weiner)의 견해는 이에서 비롯된다.

(2) 인간존재의 전체성과 개별성

인간존재란 항시 다면적(多面的)이며 복잡성을 띠고 있다. 따라서 이러한 인간존재를 바라보는 관점들 역시 다양할 수밖에 없다 인간존재를 어떻게 이해할 것인가의 문제는 끊임없이 대두되어 왔다. 와이너(M. Weiner)는 20세기 후반 이후의 세계적인 현상으로, 인간존재를 이해하는 관점들이 보다 종합적이고 통합적이라고 본다.

① 전체적 접근

개인의 제반 문제들은 서로 밀접하게 상호 관련되어 있어서 하나의 문제를 해결하기 위해서는 다른 문제들과 결부시키지 않으면 해결이 불가능하다는 입장이다. 한 개인을 전체적인 인간으로 다루지 않고 단지 쪼개어진 문제조작들을 소유하는 것으로 간주하는 것은 결코 바람직하지 않다고 본다. 이러한 개인의 파편화 현상으로 인해 나타나는 문제를 해결하기 위하여 이른바 전체적 접근이라는 새로운 접근이 필요하다는 것이다.

② 개별적 접근

인간 욕구의 개별성에 대한 강조는 표준화를 배격한다. 즉, 규격화된 욕구의 틀에 맞추는 식의 서비스 접근으로는 개별적이고도 독특한 인간 욕구를 해결할 수 없다고 본다. 이러한 접근을 구현하기 위해서는 고도의 기술이 필요한데, 그에 대한 가능성은 이미 존재하고 있다. 소위 말하는 주문자 생산방식으로 개인의 개별화된 욕구를 진단하고 그에 적합한 서비스 계획을 세우는 것이다. 이것은 궁극적으로 생산자의 관점에서 소비자 관점으로 이동을 의미한다.

2) 조직과 사회복지행정

휴먼서비스가 전달되는 과정은 본질적으로 조직적인 특성을 갖는다. 서비스들은 조직과정을 통해 생산되고 소비되는데, 이 점이 휴먼서비스를 여타 개인이나 집단들 간에 도움을 주고받는 과정과 차이 나게 하는 일차적인 조건이기도 하다. 사회복지서비스는 개인과 개인에 의한 관계가 아니라 개인과 조직 간의 관계로 이루어진다. 워커와 클라이언트의 관계에 있어서의 워커도 엄격하게 말하면 조직과 사회정책을 대변하는 공적인 존재이다. 이들 간의 대면적인 상호작용이 서비스 전달과정의 핵심이며, 서비스의 조직화도 여기에 초점을 두고 있다.

휴먼서비스의 또 다른 조직적인 특징은 인간문제를 통합적으로 해결하기 위해 조직들 간의 연계성이 중요하게 다루어진다는 것이다. 개별 조직과 서비스들을 연계하거나 통합하여 개인 욕구의 전체성과 통합성을 확보하기 위한 노력이 중요하다.

이러한 휴먼서비스의 조직적 성향이 사회복지행정에 미치는 영향은 다음과 같이 정리될 수 있다(김영종, 2007: 96-98).

(1) 전문직중심의 조직과 서비스 통제의 어려움

사회복지조직에서는 서비스의 핵심이 대변적인 관계에 있고 또한 그것을 유형화할 수 있는 기술개발이 힘들기 때문에 사회복지서비스 조직들은 서비스 과정의 대부분을 전문가에게 의존하게 된다. 소비자가 서비스 생산 과정에 적극적으로 참여해야만 효과적인 서비스 결과가 나타난다. 개별 서비스들의 목표를 조직이 일방적으로 결정하기 어렵다는 것은 조직이 서비스 과정에 대한 정형화된 평가를 어렵게 한다는 뜻이다.

(2) 조직들 간의 상호 관련성

사회복지서비스는 개별적으로 독자적인 기능들을 발휘하는 조직들의 단순 집합이 아니라 서로 보완적 기능을 발휘하는 전문직들 간, 분야들 간의 상호 의존적 조직망으로 이해되어야 한다(체계적 관점).

3) 환경과 사회복지행정

사회복지서비스에 있어서 외부환경은 자원을 제공하고 조직의 사회적 활동에 대한 합법성을 제공하고, 새로운 서비스 기술이나 행정기법들을 제공하기도 하고 각종 이해 집단들로서 존재하기도 한다(업무환경-일반환경).

표 3-1 일반환경에 대한 설명

일 반 환 경
* 경제적 조건: 자원공급의 절대량과 서비스 수요에 영향 예) 경기의 불황 및 호황, 자치단체의 재정 증감 등 * 사회인구학적 조건: 장기적 서비스 수요 변동과 예측에 영향 예) 연령별 인구 분포, 성별 분포, 가족구성, 지역·계층 간 분포 등 * 문화적 조건: 사회의 가치와 규범에 관한 것, 복지조직들의 목표와 방법들에 영향 예) 가족주의 가치, 빈고에 대한 사회적 인식의 변화 등 * 정치적-법적 조건: 자원의 흐름에 대한 통제 예) 정신보건법의 제정으로 인한 서비스 공급자와 수요자의 상황 변화 * 기술적 조건: 사회의 기술적 진보 혹은 변화가 초래하는 영향 예) 컴퓨터의 발달이 조직관리방법의 변화·압력. 신경안정제 개발이 탈시설화 유발

그림 3-1 사회복지조직의 환경

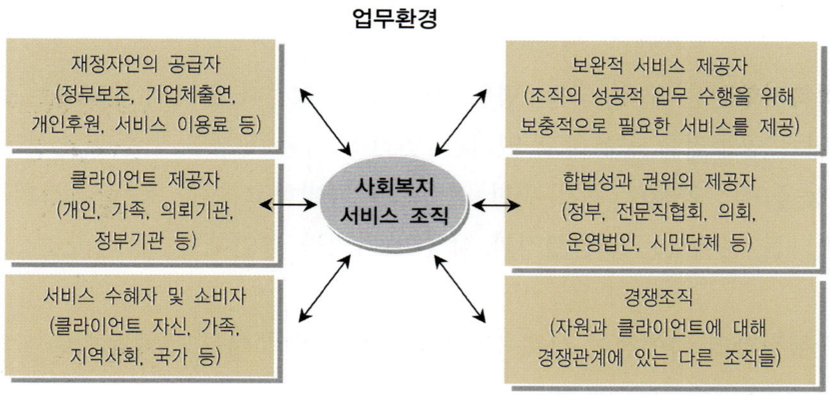

참고 : Yeheskel Jasenfeld(1983). Human Service Organizations. Englewood Cliffs, N.J.: Prentice-Hall, Inc. pp.50-93.

(1) 외부환경에 의존적이다.

서비스 생산에 필요한 자원들의 대부분을 조직이 자체적으로 해결할 수 없기 때문에 자원을 통제하는 외부환경에 대해 의존적이다.

(2) 환경은 역동적이다.

소비자로서의 클라이언트 집단의 성격과 구성이 변하고, 또 자원 제공자들의 성격도 변한다. 사회적 가치와 문화, 기술수준의 변화 등에 따라 조직이 다루는 문제와 서비스 대응양식들도 변한다.

(3) 대립적인 가치들이 상존한다.

클라이언트에게 제공되는 서비스가 클라이언트들에게 만족되는가만을 고려해서는 부족하고 공공의 이해와 관심에 얼마나 부합되는가를 동시에 고려해야 한다. 가치에 대한 해결이나 정답을 선택하는 것이 아니라 다양한 가치들의 조정과 이런 것들이 조직적 과정에 부정적 요소로 작용하지 않도록 이를 관리하는 것이 사회복지행정 관리자들의 과제이다.

3 사회복지행정의 특성 및 과제

사회복지행정은 교육, 국방, 병원, 기업 등의 행정과 조직의 관리라는 측면에서는 많은 공통점을 공유하고 있지만, 인간의 기본 욕구의 충족과 손상된 사회적 기능을 정상화시켜 주기 위한 서비스를 개발하고 이를 통해서 사회문제를 해결한다는 점에서는 일반행정과 상당한 차이를 보인다.

일반행정과의 차이점이 사회복지행정의 특성이며 이를 구체적으로 살펴보면 다음과 같다.

첫째, 사회복지행정은 서비스행정이기 때문에 서비스가 최종적으로 개인에게 직접 전달될 때 비로소 그 효과가 나타나는 것이다. 따라서 클라이언트와 직접적으로 대면하여 서비스를 전달할 전문적 지식과 기술을 지닌 다수의 사회복지 전문인(사회복지사, 의사, 간호가, 심리치료사 등)을 필요로 한다.

둘째, 사회복지행정에 의해 전달되는 서비스는 궁극적으로는 개별화되지 않으면 안 된다. 특히 개별서비스라고 불리는 영역의 중요한 기능은 직접적인 케어이기 때문이다. 이것은 서비스행정이 본질적으로 서비스의 전달과 전달된 서비스의 양과 질에 의해 개인의 문제가 해결되고 욕구가 충족되어야 함을 의미한다.

셋째, 사회복지행정은 사회복지에 대한 국가의 책임(헌법 제34조의 규정)에 따라 국민의 사회복지욕구를 충족할 목적으로 이용가능한 모든 자원을 동원하여 사회복지정책에서 설정한 목표를 달성하기 위한 수단과 방법인 것이다.

즉, 사회복지행정의 특성은 휴먼서비스의 기본적인 속성에서 도출된다. 휴먼서비스의 독특성이 곧 사회복지서비스의 독특성을 의미하며, 이러한 독특성이 사회복지서비스를 운영·관리하는 사회복지행정의 특성과 과제들을 결정하게 된다.

표 3-2 사회복지서비스의 속성과 사회복지행정의 특성 및 과제

속 성		사회복지행정의 특성 및 과제
인 간	• 가치와 도덕성	1) 몰가치적 행정 배격 2) 인간과 사회에 대한 휴머니즘적 가치에 입각한 행정 구현
	• 전체성과 개별성	1) 전체적 접근(holistic approach) 방식의 행정구현 2) 개별화된 클라이언트의 욕구를 구현하기 위한 행정
조 직	• W+C의 전문적 상호작용	1) 참여적, 수평적 조직 구조를 통한 창의성과 역동성 추구
	• 조직들 간의 체계적 관련성	1) '초조직적'이며 개방적인 조직 체계 구축 2) 조직들 간의 통합과 연계를 중시하는 행정구현
환 경	• 의존성	1) 환경요소들의 영향에 대한 지속적인 관심과 관리
	• 역동성	1) 환경적 변화에 대한 탄력성과 유연성 구비
	• 다면적 가치들의 상존	1) 혼합재 관리 2) 다양한 기준의 책임성 요구들에 대한 적응

최성재 · 남기민은 사회복지행정이 일반행정과 다른 점, 즉 사회복지행정의 특성을 다음과 같이 제시하고 있다(최성재 · 남기민, 2001: 24).

첫째, 사회복지조직에서 행정은 지역사회내의 인지된 욕구를 충족시킬 수 있도록 돕기 위해 존재한다.

둘째, 행정을 통해 사회복지조직에서 제공하는 서비스는 크게 3가지 범주로 분류되는데, 그것들은 손상된 사회적 기능의 회복, 좀 더 효과적인 사회적 기능의 발휘를 위해 사회적 · 개인적 자원 제공, 사회적 역기능의 예방 등이다.

셋째, 사회복지행정이 이루어지는 장인 정형적인 사회복지조직은 일반적으로 지역사회를 대표하는 이사회를 갖고 있다.

넷째, 사회복지조직의 크기, 범위, 구조 및 프로그램의 형태는 광범위하고 다양하다.

다섯째, 자원활용에 대하여 부단히 선택을 내릴 필요성이 있다.

여섯째, 사회복지조직은 생존을 위해 적자운영을 피해야 한다.

일곱째, 사회복지조직에 의해 수행되는 서비스는 전문사회사업적 성격이 점차 증대되고 있다.

4 사회복지행정의 가치

사회복지행정의 가치(이념)는 사회복지행정이 지향하는 최고의 가치와 사고를 의미한다. 이러한 이념은 사회복지정책을 서비스로 전환하는 행정과정의 기준이 되고 목표가 되며, 그 실천적 방향을 제시해 준다.

1) 사회복지행정의 주요 가치(이념)

사회복지행정이 가치는 학자들마다 조금씩 다르기는 하지만, 효과성, 효율성, 형평성, 접근성, 책임성, 대응성 등으로 설명할 수 있다.

(1) 효과성

효과성(effectiveness)이란 목적과 수단을 변경한 상태에서 현실적인 산출이 처음의 목표를 어느 정도 달성했는가 하는 개념이다. 그러나 사회복지행정 조직 내의 인력과 재정, 전달체계의 효율화 등이 극대화되고, 사회복지사업의 목표가 달성된다는 것은 그렇게 용이하지 않다. 따라서 사회복지행정의 효과성은 욕구의 충족이나 문제해결에 있어서 어느 정도 유효한가를 의미하는 것이다. 즉, 사회복지대상자의 욕구충족을 위해 선택된 서비스가 어느 정도 적합한가를 가늠해 볼 수 있다.

(2) 효율성

효율성(efficiency)의 개념은 투입과 산출 간의 합리적인 비율을 의미한다. 즉, 최소의 비용으로 최대의 업무효과성을 기하려는 행정과정의 절차가 효율적으로 수행될 것을 강조한다. 따라서 사회복지행정의 효율성은 최소의 자원으로 최대의 효과를 어떻게 거둘 것인가 하는 것이다. 이것은 자원의 희소성에 입각하여 항상 대두되는 문제로써, 사회복지서비스의 공급에 중요시되고 있다.

(3) 형평성/공평성

형평성(equity)이란 사회질서의 가치관을 반영하는 것으로, 자유와 평등을 종합한 개념이며 동등한 자유와 합당한 평등을 의미한다. 이에 따라 형평성은 사회복지행정의 모든 측면에서 기본적으로 가능하며, 개인의 자유를 최대한 보장하고 소득재분배정책 등을 통하여 합당한 평등적 분배를 이룩하려는 이념이다. 따라서 사회복지행정의 형평성은 동일한 욕구를 가진 사회복지대상자가 동일한 서비스를 받아야 한다는 것이다. 다시 말해, 특히 사회복지서비스에서는 욕구에 따라 형평성 있게 제공되어야 한다.

(4) 접근성/편익성

접근성(accessibility)이란 이용자가 충분한 설비와 기능을 쉽게 활용이 가능하도록 거리상 편리해야 한다는 의미이다. 특히 사회복지행정의 접근성은 사회복지대상자가 항상 서비스를 쉽게 이용할 수 있도록 해야 한다는 것이다. 즉, 대상자의 욕구충족에서 시설서비스가 요구된다면, 그 시설이 이용자에게 접근할 수 있는 위치에 있어야 한다.

(5) 책임성

책임성(accountability)은 효율성과 효과성을 포괄하는 동시에 조직의 활동 및 서비스 제공에 대한 정당성을 확보해야 함을 의미한다.

(6) 대응성

대응성(responsiveness)은 사회복지조직의 행정체계나 서비스가 외부집단의 욕구, 선호, 가치 등에 대해 얼마나 민감하게 반응하는가와 관련된 개념이다. 즉, 조직이 대상집단의 욕구를 제대로 파악하고 있는지, 제공하는 서비스가 그 욕구를 해결하기에 적절한 수준인지 등에 대한 내용이다.

2) 선별주의와 보편주의 관점

이상의 관점에서 사회복지서비스는 '보편주의'(universalism)와 '선별주의'(selectivism)에 따라 제공할 수 있다. 즉, 전자의 운영방법은 서비스의 공급을 사회복지대상자에게 특정의 자격 또는 조건을 부여하지 않는 것에 원칙으로 하며, 후자의 운영방법은 사회복지대상자에 대한 수급 자격이나 조건을 붙여 서비스 제공을 행하는 것이다. 그렇다면 보편주의의 서비스방법은 형평성과 접근성의 측면에서 적합하고, 선별주의의 서비스방법은 효과성과 효율성의 면에서 보다 우월한 특징을 갖고 있다.

표 3-3 선별주의와 보편주의

구분		선별주의(selectivism)	보편주의(universalism)
주요내용		• 대상자 선정에 있어 사회적 · 신체적 · 교육적 기준에 따라 요건을 엄격하게 제한하여 구분하여 서비스를 제공 • 자산조사를 통해 원조가 필요한 요보호대상자에 대한 서비스 제공	• 사회의 모든 구성원들에게 정부가 서비스 또는 재정적인 원조제공 • 별도의 자산조사는 없으며, 특정 인구범주(아동, 장애인, 65세 이상 노인 등) 또는 시민/국민이라는 사실 외에 별도의 자격요건을 두지 않음
장점		• 낮은 수준의 자원낭비(비용효과성) • 낮은 수준의 의존성 • 높은 수준의 소득재분배 • 높은 수준의 민간부문의 복지참여	• 수혜자의 수치심 부재 • 단순한 행정절차 • 급여의 공정성 · 사회통합(사회효과성) • 정치적 지지에 따른 안정된 운영
단점		• 수혜자의 수치심 • 복잡한 행정절차 • 급여의 불공정성 · 사회분열 • 정치적 불지지에 따른 불안정한 운영	• 높은 수준의 자원낭비 • 높은 수준의 의존성 • 낮은 수준의 소득재분배 • 낮은 수준의 민간부문의 복지참여
가치	장점	효과성, 효율성	공평성, 편익성
	단점	공평성, 편익성	효과성, 효율성
이념		잔여적 모형	제도적 모형
제도		• 공공부조 • 빈민을 위한 공공주택	국민연금제도, 가족수당제도, 노인수당제도, 의료공영제도 등
국가		미국	스웨덴, 오스트리아

기출 및 예상문제

01 사회복지행정의 특성에 관한 설명으로 옳지 않은 것은? (18회 기출문제)

① 조직들 간의 통합과 연계를 중시한다.
② 지역사회 욕구를 충족시키기 위한 조직관리의 기술을 필요로 한다.
③ 조직 내 모든 구성원들이 조직운영에 참여하며 조직의 일정부문에 영향을 미친다.
④ 사회복지조직 내부의 부서 간에 관료적이고 위계적인 조직관리의 기술이 필요하다.
⑤ 사회복지조직의 관리자는 조직의 운영을 지역사회와 연관시킬 책임을 지닌다.

정답 : ④
④ 사회복지조직의 운영은 관료적 혹은 위계적인 조직관리보다 민주적 운영이 필요하다.

02 일반행정과 비교했을 때 사회복지행정의 특징만을 모두 고른 것은?

ㄱ. 사회복지행정은 일반행정에 비해 투입과 산출이 명확하지 않다.
ㄴ. 사회복지행정은 수평적인 특성과 비공식적 조직을 중요시한다.
ㄷ. 사회복지행정은 양보다 질 그리고 비영리성에 기초한다.
ㄹ. 사회복지행정은 일반행정에 비해 환경적 요소에 크게 영향을 받지 않는다.

① ㄱ, ㄴ, ㄷ ② ㄴ, ㄷ ③ ㄷ, ㄹ
④ ㄱ ⑤ ㄱ, ㄴ, ㄷ, ㄹ

정답 : ①
ㄹ. 사회복지행정은 일반행정에 비해 환경적 요소에 크게 영향을 받는다.

03 사회복지행정에서 강조되는 주요 가치로 옳지 않은 것은?

① 클라이언트의 문제해결을 위한 서비스의 양과 질이 적절한가.
② 제한된 자원이 적절하게 분배되었는가.
③ 동일한 욕구를 가진 클라이언트에게 동일한 서비스가 제공되었는가.
④ 서비스제공을 통해 기관의 수익이 어느 정도 창출되었는가.
⑤ 클라이언트가 서비스를 쉽게 이용할 수 있도록 하였는가.

정답 : ④
④ 사회복지기관은 비영리기관으로서 수익성을 주요가치로 여기지는 않는다.

04 일반행정과 사회복지행정의 공통점으로 볼 수 없는 것은?

① 서비스의 생산과정에 클라이언트가 참여할 수 있다.
② 공공의 의지를 실현하는 데 목적이 있다.
③ 문제해결적 과정이다.
④ 구성원 간의 의사소통이 중요하다.
⑤ 교육, 훈련 등의 인적자원관리를 실시한다.

정답 : ①

① 사회복지행정에서는 클라이언트가 다양한 방식으로 서비스생산과정에 참여할 수 있다.

05 사회복지행정에서 요구되는 기본 가치에 대한 설명으로 옳은 것은?

① 효율성이란 목적과 수단을 변경한 상태에서 현실적인 산출이 처음의 목표를 어느 정도 달성했는가 하는 개념이다.
② 효과성이란 투입과 산출 간의 합리적인 비율을 의미한다. 즉, 최소의 비용으로 최대의 업무효과성을 기한다는 개념이다.
③ 형평성이란 사회복지행정의 형평성은 동일한 욕구를 가진 사회복지대상자가 동일한 서비스를 받아야 한다는 것이다.
④ 대응성은 효율성과 효과성을 포괄하는 동시에 조직의 활동 및 서비스 제공에 대한 정당성을 확보해야 함을 의미한다.
⑤ 책임성은 사회복지조직의 행정체계나 서비스가 외부집단의 욕구, 선호, 가치 등에 대해 얼마나 민감하게 반응하는가와 관련된 개념이다.

정답 : ③

① 효과성에 대한 설명이다.
② 효율성에 대한 설명이다.
④ 책임성에 대한 설명이다.
⑤ 대응성에 대한 설명이다.

06 사회복지행정의 관점에서 다른 하나는?

① 대상자 선정에 있어 사회적·신체적·교육적 기준에 따라 요건을 엄격하게 제한하고 구분하여 서비스를 제공
② 높은 수준의 소득재분배
③ 수혜자의 수치심
④ 사회복지행정의 가치의 장점은 효과성, 효율성
⑤ 급여의 공정성·사회통합(사회효과성)

정답 : ⑤

⑤ 보편주의에 대한 설명이다.

Chapter 04

사회복지행정의 역사

학문 분야로서 혹은 실천방법으로서의 사회복지행정은 일반 사회 환경과 밀접하게 관련되어 있다. 그 결과 사회복지행정의 역사적 전개과정은 그러한 사회적 상황에서 사회복지가 처한 현실들과의 관련성을 통해 보다 잘 설명될 수 있다. 복지국가를 지향하는 대부분의 국가들은 국민복지욕구의 효과적인 충족과 사회복지의 비용 효율화, 지역사회에 대한 책임성 확보라는 측면에서 사회복지행정의 중요성을 매우 강조하고 있다. 따라서 사회복지행정이 어떠한 시대적 상황과 사회복지전문직의 변화배경에 따라 발전되어 왔는가를 고찰해 보는 것은 중요하다. 이는 사회복지행정과 여타 다른 사회복지방법론과의 관계를 이해하고 장래의 발전방향과 과제를 파악하는 데 중요할 뿐 아니라 특히 급증할 것으로 예상되는 사회복지조직들의 프로그램개발과 이에 따른 비용문제, 효과적인 관리에 있어 많은 시사점을 줄 수 있을 것이다.

사회복지행정은 때로는 사회복지의 일반적 의미와도 혼용될 수 있을 정도로 넓은 범주를 가질 수도 있고, 사회사업기관이라는 좁은 의미로 한정될 수도 있다. 사회복지행정을 사회사업행정과 사회행정의 중간 영역에 위치하는 것으로서 보는 이 책의 정의에 따르면 사회복지행정의 핵심 영역들은 사회복지의 조직화와 서비스 프로그램들에 있다.

이러한 개념을 염두에 두고 볼 때 사회복지행정의 발달과정에 대한 예를 적절하게 보여주는 나라가 미국이고, 이에 따라 미국의 사회복지행정의 발달과정을 소개하고 짧은 역사를 가진 우리나라의 사회복지행정의 역사를 소개하고자 한다.

이러한 사회적 배경들을 토대로 미국사회의 사회복지행정의 발달단계를 시기별로 정리한 김영종의 성과를 요약하면 다음과 같다(김영종, 2007: 67).

1 미국의 사회복지행정

1) 사회복지행정이 지체된 원인

미국에서는 오랫동안 사회복지행정에 대한 인식이나 관심이 그다지 높지 않았다. 이것은 서유럽과 캐나다 등이 일찍부터 사회행정을 사회복지의 주요한 방법으로 인식해 왔던 것과 대조적이다.

미국의 사회복지행정의 역사는 현실적 요구에 대한 '지체된' 발달 과정이었다. 일반사회 및 사회복지의 환경들은 점차 조직적인 개입의 필요성을 높여왔다. 그로 인해 행정 개입의 필요성이 강하게 요청되었던 것에 비해서, 사회복지행정의 발달은 이러한 필요성을 따라가지 못하고 지체되어 왔다. 1970~1980년대를 거치면서야 비로소 사회복지행정에 대한 관심이 본격적으로 높아지게 되었다.

이렇게 발달이 지체된 원인은 크게 두 가지로 요약된다.

첫째, 보수적인 정치성향으로 자유방임과 개인주의 철학에 기초하여 다수가 관료적, 조직적 성향에 대한 거부감을 가졌다.

둘째, 사회사업 전문직에 의한 주도로써, 개인과 환경이라는 사회복지의 이중적인 관심에서 주로 개인의 치료에 관심을 가짐으로 인하여 환경적 변화를 통한 구조적인 접근방법들은 전문직에 의해 받아들여지기 힘들었다.

2) 시기별 사회복지행정의 발달과정

(1) 전문직의 발달(19세기 중반~1920년대 전후)

미국사회에 근대적 의미의 사회복지가 등장한 것은 19세기 중반 이후이다. 남북전쟁 이후 가속화된 공업화로 인해, 사업들이 집중되던 북동부 지역에서부터 사회복지의 수요가 급속하게 나타나기 시작한다. 공업화로 인한 인구의 도시 집중, 구대륙(유럽)으로부터의 이민, 경기변동 등과 같은 사회구조적 요인들이 섞여서, 이와 관련된 다양한 사회문제들이 나타나게 되었다. 빈민과 실업자들의 대량 발생, 도시의 슬럼화와 열악한 공중위생, 범죄의 증가, 정신질환의 급증과 같은 사회문제들은 전통적인 안전망으로부터 가족이나 지역사회가 해결할 수 있는 범위를 대부분 벗어나는 것들이었다.

이러한 시기에 각종 사회서비스기관들이 민간의 자발적인 노력에 의해 탄생하게 된다. 그 대표적인 것이 헐하우스(Hull House)와 같은 인보관 운동이다. 주정부들에 의해 운영되는 각종 수용시설들도 이시기에 본격적으로 등장하였는데, 오늘날처럼 재활과 보호가 목적이라기보다는 사회적 약탈자들에 대한 통제의 목적이 보다 강한 것들이었다.

사회복지서비스의 증가는 결과적으로 사회복지서비스 조직들의 증대를 초래하게 된다. 또한 이들 조직의 운영에 대한 관심도 자연스럽게 등장하게 된다. 당시에는 사회복지서비스 조직들의 운영이 대부분 기업가나 그 가족들에 의해 이루어졌다. 워커들이 자발적으로 참여하여 조직운영의 전반을 책임지던 인보관 운동은 조금 예외적인 것이었다. 초기 사회사업 관련기관들의 리더십은 민간이나 공공 모두에서, 자원조달과 배분에 있어서 대부분의 핵심적인 역할을 맡고 있던 기업가 집단으로 구성된 이사회에 의해 좌우되었다. 자선행정의 효율성을 높이는 것이 주된 목적이었던 COS(Charity Organization Society, 자선조직협회)의 조직 리더들은 대부분 개인 기업가였다는 사실에서 이 시기 미국 사회복지행정의 성격을 엿볼 수 있다.

그럼에도 초기의 사회사업가들이 행정에서 전적으로 배척되어 있었던 것은 아니다. 오히려 이들은 인보관이나 각종 사회사업에서의 개인적 경험을 토대로 대규모 사회 프로그램의 행정을 맡게 되는 경우도 많았다. 미국 최초의 연방정부 구호 프로그램의 책임자였던 해리 홉킨스(Harry Hopkins), 헐하우스의 창시자였던 제인 아담스(Jane Adams), COS에서의 활동경험을 토대로 직접서비스의 원리를 최초로 종합한 메리 리치몬드(Mary Richmond), 헐하우스의 레지던트였다가 나중에 미연방아동국(Children's Bureau)의 초대 국장을 지낸 줄리아 래트롭(Julia Lathrop) 등 이외에도 많은 사회사업가들이 대형 사회 프로그램을 개발하고 집행하는 데 참가했었다. 그러나 이러한 수많은 사회사업가들의 노력이 대부분 교육적인 준비 없이 수행되었으므로, 통합적인 전문성의 가치에 기반을 둔 사회복지행정의 노력이었다고 보기는 어렵다.

미국사회에서 사회사업의 전문화는 20세기 초에 들어서야 본격적으로 진행되었다. 비록 19세기에 다양한 사회사업 활동들이 등장했지만, 그러한 활동이 특별한 교육적 경험을 공유하는 사람들에 의해 수행되지는 않았다. 이들은 특정한 유대관계도 맺지 않은 다양한 자발적인 참여자들로 자원봉사자, 시민지도자, 사회개혁가, 직장인, COS, 인보관, 이동복지조직 관리자 등과 같은 '느슨한' 집합에 불과했었다. 20세기 초반에 들어서야 전문화가 시작되어 병원, 법원, 학교, 정신과 등에 사회사업이 도입되게 된다. 사회사업방법론의 전문적 기초를 제공한 리치몬드의 책 「Social Diagnosis」(1917)는 이러한 노력이 집결되어 나타나나 결과이기도 하다.

20세기 초에는 지역사회공동모금회(Community Chest)와 지역사회복지기관협의회(Council of Social Agencies)의 창설로 행정가의 역할이 증대되었으며, 1914년 사회사업 교과과정에 최초로 사회복지행정이 등장하여 1923년 미국사회사업대학협의회가 채택한 교과과정에 사회복지행정이 선택과목으로 포함되었다. 사회복지행정은 이후 1929년 밀포드(Milford)회의에서 개별사회사업, 집단사회사업, 지역사회조직, 사회복지조사 등과 함께 기본적인 실천방법으로 인정되었다.

이 시기에 미국의 사회사업에 대한 인식은 의료 및 정신치료 분야에서 활동

했던 서비스실천가들의 영향에 의해서 전문적 수준까지 인정받게 된다. 한편 이러한 전문직으로의 발전에 영향을 받아, 초기 미국의 사회복지계를 지배했던 가치와 방법론들이 대개는 대인적 인과론과 직접서비스에 치우치게 되었던 것도 사실이다. 이것이 이후에 구조와 시스템의 개입을 통한 사회복지의 실천이라는 사회행정적 접근방법들에 대해서는 지속적으로 장애요인이 되어왔다.

(2) 사회복지의 팽창(1930년대~1970년대)

1935년 전후로 미국의 공공 사회복지는 대규모의 변화를 겪게 된다. 1935년에 제정된 사회보장법(Social Security Act)은 공공 부문에서 사회복지행정의 기반을 마련하였다. 사회보장법으로 인해, 주·지방정부들은 빈민이나 노인, 장애인 등에 대한 공적부조 관련 프로그램들을 집행하기 위해 공공복지조직/기관들을 급작스럽게 증가시켜야 했다. 이러한 정부기관들의 초기 책임자들이 기존의 민간 '가족서비스' 기관들에서 선발되는 경우도 많았다. 사회보장법으로 인해 빈민에 대한 구호·구제역할을 공공기관이 주로 담당하게 되면서, 민간기관들은 이와 관련되었던 활동들을 점차적으로 축소하게 된다. 그로 인해 빈민구호사업보다는 보다 전문화된 서비스 모델에 집중하게 되는 계기가 되기도 했다. 즉, 사회서비스의 제공에 있어서 민간과 공공기관의 역할들이 분리되기 시작한 것이다.

새로운 공공복지기관들은 연방정부의 규제에 의해서 보다 위계적이고, 관료적이고, 규칙에 의해 통제되는 유형으로 조직된다. 이것은 이때까지 대부분의 주정부나 지방정부들에서 나타났던 정치성향의 '엽관주의적' 경영방식에서 탈피하기 위한 노력이기도 했다. 이러한 과정에서 어떤 자격을 가진 사람들이 조직을 운영해야 하는가에 대한 논란이 발생했다. 일차적으로는 기관의 운영자가 일반행정직이어야 하는가 혹은 전문적으로 훈련받은 사회사업가들이어야 하는가의 문제였다.

1935년을 전후해서 급격히 창출된 공공 프로그램들은 사회서비스 분야에 엄청난 인력을 요구하게 된다. 사회사업가들은 연방정부의 자금지원에 의해 창출되는 공공부조 프로그램의 기획·전달·감독 등을 위해서, 공적 부문 활동들에 대한 대비가 필요하게 되었다. 이로 인하여 연방정부적 지원의 연방긴급구호청(FERA: Federal Emergency Relief Administration)의 설립(1934)과 사회보장법의 제정(1935)을 통하여 사회복지행정의 실천영역이 생겨나게 된다. 이전까지 사회사업가들은 주로 직접서비스를 민간부문이 수행하는 데 따른 준비가 필요하였지만, 공공복지 분야의 급팽창으로 인해 공공행정에 대한 관심과 준비의 필요성이 생긴 것이다.

전통적인 케이스워크(casework)방법론에 기반을 두지 않은 사회복지행정실천에 대한 관심도 이 시기에 나타나기 시작하였다. 그러나 전반적으로는 전문가 내에서 사회복지행정에 대한 관심은 극히 미약하였던 것으로 보인다. 그러다 2차 대전 이후에야 행정을 사회사업의 가치와 규범에 맞추는 작업이 시작되었는데, 사회사업행정으로 불리는 것들이 여기에서 비롯된다. 이러한 환경적 요구와 그에 따른 몇몇 노력들에도 불구하고, 행정에 대한 관심을 전문교육과정이나 전문직 내에 고취시키는 데는 성공적이지 못했다.

1950~1960년대는 공동모금 기구가 전국적으로 확산되고, 서비스요금 징수 등의 방법을 통해서 서비스기관들의 수입이 증대됨에 따라, 민간사회서비스기관들의 수가 늘어나고 규모도 커지게 되었다. 그에 따라 기관관리자들의 역할과 책임들이 더욱 복잡해지게 된다. 1960년대에는 연방정부에 의해 선포된 '빈곤과의 전쟁'(War on Poverty)과 관련해서 각종 시범 프로젝트들이 지원되었으며, 주 · 지방정부 후원으로 도시 중심에 설립된 지역사회행동(community action) 기관들과 같이 비전통적이고 대안적인 서비스기관들이 나타나기 시작하였다. 이들 지역사회에 기반을 둔 기관들을 관료제적 구조를 최소화하기 위해 노력했고, 기관의 의사결정에 서비스 이용자들을 대폭 참여시키는 것을 전제로 하고 있었다. 이러한 프로그램 특성으로 인해 사회사업 배경을 가진 기관관리자들이 많이 참여하는 계기가 되었다.

또한 정부가 지원하는 정신보건지원센터(CMHC: Community Mental Health Centers)의 시작으로, 사회사업가들을 포함하는 다양한 분야의 배경을 가진 관리자들이 조직의 발전과 프로그램 혁신 등에 관한 경영리더십이라는 새로운 영역에 참여하는 기회를 갖게 되었다. 이들 프로그램에 지원되었던 자원들의 성격상 기업가적이고, 성장지향적이고, 정치적으로 활발한 유형의 조직관리 리더십이 요구되었다. 이러한 경향은 전통적인 사회 케이스워크실천방법에 입각한 지식이나 기술들의 범위를 벗어나는 것이었다. 그래서 사회사업전문직 내에서는 행정이 과연 사회사업실천의 한 전문적인 형태가 될 수 있는가에 대한 논란을 낳게 했다.

1960년대는 미국의 사회복지계에 있어서 행정이론과 실천의 발전에 좋은 토양을 제공했다. 급속하게 증가하는 사회서비스 프로그램들로 인해, 전문가들이 새로운 프로그램들을 기획·관리·평가할 수 있는 기회가 많았던 것이다. 그럼에도 불구하고 행정에 대한 관심은 여전히 낮게 나타나고 있었다. 1971년에 미국의 사회사업대학 학생들 중 행정을 전공하는 학생이 단지 271명으로서 전체 석사 과정 학생의 2%에 불과했다. 1970년까지는 미국 전체에서 단지 7개의 학교에서만 행정전공과정이 개설되고 있었다. 이것에 대한 이유를 알기 위해서는 당시의 미국사회가 갖고 있던 행정에 대한 일반적인 불신 내지는 무관심에 대한 이해가 필요하다.

미국사회에서 이 시기는 베트남 전쟁 등과 함께 새로운 세대가 기성세대에 대한 반감을 강하게 표출하던 시기였다. 정치경제제도가 빈곤이나 인종문제에 대해 무관심하다는 것이 비판의 대상이 되고 있었으며, 풍부한 자원들을 전쟁과 각종 비인류적인 방법 등에 남용하는 데 대한 성토와 반감이 주류를 형성하고 있었다. 이러한 반감에 대한 표적이 마치 그것들을 주도하는 것처럼 상징화되던 각종 대규모 조직과 제도들에 주어져, 제도와 조직전반에 대한 불신이 팽배해 있던 그런 시기였다. 이러한 분위기에서 사회문제들에 대한 행정과 접근방법들은 오히려 스티그마로 작용하는 결과를 낳게 되었다. 그래서 사회사업전문직에서는 행정적 발전보다는 오히려 전통적인 사회사업의 전문적 가치에 더욱 충실하려는 경향을 낳게 되었다.

(3) 사회복지행정의 본격적 등장(1970년대~1980년대)

1970년대 이후 미국에서는 사회사업전문직이 겪게 되는 위기상황과 함께 사회복지행정에 대한 관심이 본격적으로 등장하게 된다. 뉴딜(New Deal)정책에 기반을 둔 정부가 다양한 사회 프로그램들을 증대시켜 온 결과, 1960년대 들어서는 사회 프로그램들의 폭발적인 신장을 가져오게 된다. 1962년에 개정된 사회보장법의 공공부조 관련법들로 인해서 공공부조와 관련한 서비스 프로그램들이 급속하게 팽창하게 된다. 한편 이러한 서비스의 팽창은 이에 대한 반사작용으로써 사회적 우려도 커지게 하는 결과를 초래했다. 예를 들어, 클라이언트들의 복지에 대한 의존성이 심화되는 것은 아닌지와 같은 우려였다. 이러한 이유들로 인해 사회복지 프로그램들의 팽창억제를 위한 시도들이 1960년대 말부터 서서히 나타나기 시작했으며, 사회복지자원의 절대부족 현상까지 예측되기 시작했다. 1970년대 들어서는 중대한 사회복지 프로그램들에 대한 공공의 관심 증대로 말미암아, 이들 프로그램의 효과성과 효율성에 대한 사회적 책임성이 강하게 대두되기 시작했으며, 사회복지조직들은 이에 적극적으로 대처해야 할 필요성을 갖게 되었다.

여태껏 프로그램의 확장과 유지에 주된 관심을 두었던 것을, 이제부터는 효율성과 사회적 책임성을 강조하는 조직과 서비스의 운영으로 행정관리의 관심을 전환해야 했던 것이다. 그래서 비용–효과분석이나 프로그램평가와 같은 재정적이고 기술적인 경영부문으로 사회복지조직들의 관심이 집중되던 시기였다. 효율성에 대한 증대된 강조로 말미암아, 일부 공공사회서비스 조직들은 경영관리직으로 승진하는 직접 서비스 실천가와 슈퍼바이저들을 상대로 경영관리 기술에 대한 재교육이나 직원개발 프로그램을 만들기도 했다.

한편, 이러한 새로운 요구들에 대처할 수 있는 역량이 사회사업 전문직에서 급작스럽게 형성되기는 어려웠다. 전문직이 오랫동안 행정적 지식을 갖추기를 외면해 온 결과였다. 또한 이러한 경영관리 지식들은 전문적 성향의 리더십을 강조하는 사회사업 교과과정들에서보다는 기업행정이나 공공행정의 교과과정들에서 더 많이 다루어진 것들이었다. 그 결과 1970~1980년대 사이에 민간이나 정부기관의 사회사업행정가들을 공공행정이나 기업행정의 배경을 가진 관리자들로 대체하는 것이 가능한지에 대한 관심이 등장하게 된다. 또한 기관운영에서의 자원감소, 감축경영, '탈구분화' 등에 대한 논의도 등장한다. 즉, 일반행정직들이 사회사업행정가들을 대치하게 되는 현상은 사회사업전문직이 오랫동안 행정을 등한시한 결과이며, 이것은 사회사업전문직 자체를 위협하는 요인으로 등장하였던 것이다.

1970년대 초에 사회사업가들에게 행정에 대한 훈련이 필요하다는 공감대의 형성은 바로 이러한 맥락에서 발생하게 되었다. 단순히 사회사업가들이 차지했던 자리를 박탈당하는 위협 때문이라기보다는, 사회사업이 추구해 온 가치와 목적조차도 잠식당하게 되는 위험성에 직면하게 되었던 것이다. 그 결과 1975년 전체 84개의 사회사업 대학들 중 19개가 사회사업행정에 대한 교과과정을 갖게 되고, 1977년에는 35개로 급격하게 늘어난다. 1976년에는 「Administration in Social Work」라는 교과서가 출판되고, 각종 대학 및 전문직 협회에서 사회복지행정에 대한 관심이 증대되는 현상이 나타났다.

1980년대 들어서는 레이건 행정부에 의해서 사회복지 역할축소에 대한 시도가 가속화되고, 이 시기에 사회복지서비스 전달체계에서 '사유화'의 시도가 본격화되었는데, '사유화'(privatization)란 공무원의 수를 늘리지 않으면서 서비스의 다양성과 범위를 확대하기 위한 것으로, 세금자원으로 공공조직을 운영하지 않고, 대신에 프로그램 보조금(grants)이나 서비스 구입(purchase-of-service) 등의 방법으로 민간부문의 서비스 역량을 활용하려는 것이다. 이러한 결과로 서비스 구입 계약과 보조금에 의해 유지되는 많은 민간사회서비스기관들을 만들어냈다. 아동과 노인인구를 겨냥해서 이윤추구를 목적으로 하는 사기업들까지 서비스에 가담하는 결과를 초래했다. 양로원, 가정의료 케어, 알코올중독 치료 등과 같은 분야에 있어서는 이윤추구의 목적의 서비스 조직들이 실질적으로 팽창했고, 다양한 기업과 산업체들에서는 산업복지 프로그램들을 팽창시켰다. 많은 민간기관들이 보조금과 서비스구입 계약으로 재정적 지원을 확보하게 되었고 다양한 재정 자원을 찾아 나설 수 있게 됨에 따라, 이러한 민간기관들에서는 행정적 전문지식을 갖춘 관리자들의 능력이 더욱 필요하게 되었다.

이러한 변화들로 인해 사회사업가들이 행정관리자로서 활동할 수 있는 기회와 폭을 넓히게 되었다. 기존에 사회복지기관들의 관리를 사회사업가들이 일정 부문 전담해 왔음을 감안하면, 사회사업 교육에서 행정적 지식을 다루어야 할 당위성은 실질적으로 높았다. 그럼에도 여기에서는 한 가지의 모순점이 존재한다. 대학에서 전문직의 교육을 받고 사회복지 분야에 채용되는 인력들의 대부분은 직접서비스를 담당하는 케이스워커(case worker)로서의 역할을 맡게 된다. 이들 중에서 능력을 인정받은 워커들이 후에 조직 내에서 능력을 인정받게 만드는 지식과 기술들이 대부분 직접서비스에 관한 것이라는 점이다. 반면에 이들이 관리자로 이동한 후에 맡게 될 역할들은 행정에 관한 지식을 필요로 한다. 관리직으로 발탁되게 만드는 지식과 기술이 관리직으로서의 역할수행을 위한 지식이나 기술과는 별다른 관계가 없다는 모순점을 만들어내는 것이다. 이 시기에 많은 사회사업 교육자들이 미국사회사업 교육에서 행정지식의 강화가 필요하다는 점을 역설하게 된 계기도, 이러한 전문직의 욕구와 밀접하게 관련되어 있었다.

1970년대 후반 이후로는, 이러한 사회 환경적 요인과 사회사업전문직의 상황들로 말미암아, 이전과는 다른 사회복지행정에 대한 실질적인 관심이 나타나게 되었다. 행정은 사회사업방법으로서 중요한 위치를 차지하게 되었고, 교육 및 실천에서 행정의 사회사업에의 접목 노력들이 가속화되었다.

(4) 현재(1990년대~)

1980년대 이후 미국사회에서 나타나고 있는 보수적인 성향은 사회복지 프로그램들의 지속적인 긴축을 예고하고 있다. 1990년대 들어서도 미국에서는 대형 공공부조 관련 사회 프로그램들의 감축이 진행되고 있다. 1996년의 대통령선거에서 이슈가 되었던 '가족'(family)과 '공동체사회'(community)에 대한 논쟁[1)]에서 볼 수 있듯이, 더 이상 사회복지의 목적과 프로그램들이 막연한 논리와 정당성으로 유지되기는 힘들게 되었다. 또한 비록 외부로부터의 공격이 없더라도, 주어진 사회적 자원의 활용에 따른 책임성은 사회복지 전문직의 당연한 관심으로 기정사실이 되어왔다. 이것은 곧 사회복지행정 지식의 필요성을 강화하는 것이다.

1990년대에는 사회사업가들의 영역이동이 하나의 특징적인 현상으로 나타난다. 영리목적의 건강보호관리(managed health care) 조직들의 출현으로, 사회사업가들이 일반 혹은 정신보호 부문으로 이동하는 현상이 나타난다. 또한 지방이나 연방정부에서 사회사업행정관리자들이 사회복지 관련 고위관리직에 임명되기 시작했다는 것도 중요한 특징으로 나타난다.

서비스 전달체계에 있어서는 공공과 민간조직이라는 전통적인 구분을 파괴하는 복합적인 조직들이 등장하는 변화를 보인다. 1990년대 초기에 나타나기 시작한 새로운 형태의 조직들은 전통적인 민간서비스기관, 관립민영기관, 공공기관 등 구분을 점차 희미하게 만든다. 전통적인 중앙집중식 공공관료조직들은 점차로 기능적 혹은 지리적으로 탈집중화되고 느슨하게 연결되는 공공서비스 조직들로 대체되기 시작한다. 이들 조직의 특징은 개인서비스 제공자, 비영리서비스 조직, 영리기업 등과 같은 다양한 조직들과의 계약이나 서비스구입의 방법으로 서비스를 제공한다. 즉, 자신들은 실질적인 서비스를 직접 제공하지 않고, 다양한 차원의 서비스 제공조직들을 연결하는 역할만을 담당하는 것이다. 1980년대에 추진되었던 '민영화'의 결과가 본격적으로 나타나기 시작한 것이다.

1990년대에 들어 나타나는 또 다른 현상은 전통적인 민간기관들의 규모가 점차 커지게 된다는 것이다. 민간 사회복지서비스기관들이 다양한 프로그램과 복합적인 자원제공처를 갖게 됨으로써 이러한 결과가 나타나게 된다. 이러한 민간기관들 중에는 회장이나 이사장 등으로 지칭되는 경영진을 가진 조직 구성을

---

1) 보수적 성향의 공화당이 내세운 '가족의 가치' 회복을 통한 사회복지적 문제해결접근과 비교적 진보적 성향의 민주당이 내세운 '공동체'를 통한 문제해결의 방안이 대립하게 되었다. 비록 다른 많은 요인들이 선거과정에 결부되었겠지만, 이 선거는 민주당의 승리로 끝났으며, 클린턴이 대통령에 재선된다.

갖추고서 영리회사처럼 운영되는 곳도 있다. 또한 정부기관과의 관련성이 점차로 증대됨에 따라 이들의 역할이 마치 공공기관과 같은 유사성을 띠는 성향도 증대하게 된다.

서비스 네트워크(network)에 대한 관심도 높아지게 된다. 제각기 다른 유형의 후원처와 자금줄을 가진 기관들이 차츰 복잡한 서비스전달 네트워크에 함께 연결된다. 많은 서비스 부문들에서 정부나 비영리 조직들은 상당한 자금을 동일한 제3자 자금지원 메커니즘을 통해 지원받고 있다. 그래서 민간과 정부기관들은 유사한 컴퓨터 시스템을 공유하고 있으며, 급격하게 변화하는 정보교환 기술에 대해 합의를 이루려고 노력 중에 있다. 클라이언트 옹호집단들의 요구나 다양한 법률적 요구들이 프로그램 변화에 대한 압력으로 작용하고 있다. 이러한 현상은 공공이나 민간 할 것 없이 마찬가지로 나타난다. 서비스조직들은 또한 복수의 자금지원처를 갖게 됨에 따라, 복수의 책임성에 대한 요구들을 수행해야 하는 압박을 받게 된다. 이러한 변화들로 인해서 사회복지기관들에서는 행정과정에 있어서 책임성을 나타내는 절차들이 필수적인 것으로 받아들여지고 있다.

요약하자면, 1990년대의 미국의 사회복지행정과 관련한 사회복지 환경은 ① 기획에서 서비스 전달까지 직접 담당했던 거대 공공관료조직들의 퇴조, ② 계약이나 서비스의 구입 등의 방법을 통한 민간부문의 직접 서비스 전달에서의 역할 증대, ③ 민간과 공공의 엄격한 조직적 구분의 퇴조, ④ 서비스의 목적 실현을 위해서는 느슨하게 연결되어 있는 다양한 서비스 조직들을 연계할 서비스의 전달체계의 통합이 필요하다는 인식 확산, ⑤ 사회복지서비스의 책임성에 대한 구체적인 행정실천 등으로 사회복지행정에 대한 필요성들을 더욱 증대시키는 것들로 나타나고 있다. 이러한 환경변화는 한마디로 사회복지행정의 중요성을 한층 강화하는 것으로 요약될 수 있다.

1990년대 나타났었던 이러한 사회복지의 환경변화로 인해, 미국의 사회복지행정관리자들의 전형적인 역할에서도 많은 변화가 일어나고 있다. 미국 전역의 사회복지행정관리자들을 대상으로 1990년대에 실시한 조사연구에서, 사회복지행정관리자들의 주요 역할이 단순 내부관리에서부터 전략적인 차원으로 옮겨가고 있음이 확인됐다. 사회복지행정관리자들은 이전에 비해 보다 많은 역할을 수행하고 있으며, 그로 인해 서비스 전달의 전반적인 맥락에 보다 많은 관심을 두고 있음을 보여준다. 이처럼 한 조직 영역 내에서의 역할보다는 조직들 간의 관계를 관리하고 네트워킹 하는 등과 같은 조직의 '경계 잇기'(boundary spanning) 역할이 사회복지행정관리자들 사이에서 점차 중요하게 다루어지고 있다.

사회복지조직을 바라보는 관점도 1990년대 들어 급격하게 변화한다. 실천현장의 변화들을 적절히 뒷받침하기 위해서는 사회복지행정 체계의 관점도 변화될 필요가 있다. 특히 행정지식의 근간을 이루는 '조직에 대한 이해'에 있어서는 관점의 전환이 절실히 요구되고 있는 상황이다. 휴먼서비스 행정관리자들에게 협력과 네트워크를 통한 서비스전달체계에 대한 요구가 점차 강해지는 상황에서 폐쇄체계적 관점에 의한 행정관리의 방법들은 명백한 한계를 가질 수밖에 없다. 사회복지행정관리자들이 조직상호 간의 과정이나 본질을 이해하고 실천하기 위해서는 개방체계로의 관점 이동을 통해 새로운 행정지식과 기법들을 개발해 내는 것이 필요하다는 점들이 계속적으로 강조되고 있다.

2 한국의 사회복지행정

한국사회복지행정의 역사는 그리 길지 않다. 사회복지의 일천한 역사에 기인한 탓도 있지만, 사회복지행정적인 개입의 필요성이 크지 않았다는 데서 비롯된다. 따라서 한국사회복지행정의 역사를 체계적으로 논의하기는 대단히 어려운 문제이다. 왜냐하면 무엇보다도 사회복지행정의 역사와 관련된 문서자료들이 매우 부족하기 때문이다. 이러한 자료의 부족은 공공복지기관이나 민간복지기관 모두 해당자료 축적과 보관에 대한 인식부족과 관계자의 책임회피심리에서 비롯될 수 있다(신복기 외, 2002: 36).

우리나라에서 사회복지행정의 중요성을 실질적으로 인식한 시기는 1980년대 이후부터이다. 1980년대는 사회보험법을 비롯한 공적부조법 및 사회복지서비스법이 완비되었고, 공 · 사 사회복지조직 등이 대거 설립됨에 따라 사회복지행정의 필요성과 중요성을 새롭게 인식하게 된 시기였다. 1950년 이후 사회복지행정의 발전과정을 3단계로 구분하여 각 시기에 있어서 특징을 분석한 최성재 · 남기민(2001: 53-59)의 연구는 다음과 같다.

1) 사회복지행정 미인식 단계(1950년대 및 이전)

1950년 이전 시기에 있어서 사회복지행정을 실천하기 위한 조직으로 조선총독부 내무부 지방국에 사회과(1921)가 설치되어 사회복지행정을 수행하였지만, 시혜적인 활동에 국한되었기 때문에 공적인 사회복지조직으로 보기는 어렵다.

해방 이후 미군정 기간 동안의 보건위생부(1946-1948)와 정부수립 이후 사회부(1949-1955), 보건사회부(1955년 2월 이후)에서 사회복지행정이 수행되었는데, 주로 월남피난민과 전재민을 대상으로 한 긴급구호 위주였다. 1950년대 이후 민간기관과 외원기관의 사회복지활동이 있었지만 이 또한 고아, 미망인, 무의탁노인, 빈민들에 대한 긴급구조활동이었으므로 사회복지현장에서 사회복지행정의 필요성은 거의 인식되지 못하였다.

사회복지의 다른 방법론의 제반지식과 기술이 사회복지실천의 현장에서의 필요성에 의해 개발되고 발전한 것과 마찬가지로 사회복지행정의 지식과 기술도 실천현장에서의 필요성에 의하여 발전되었다. 그러나 한국에서는 미국적 사회사업 교육을 도입한 관계로 사회사업적 지식의 개발과 발전은 사회사업 또는 사회복지의 현장에서 필요성을 느끼기 전에 이루어졌다고 할 수 있다. 1947년 이화여자대학교 기독교사회사업학과가 설치된 것이 전문적 사회사업 교육의 출발점이라고 할 수 있다. 그 후 1953년 중앙신학교(현 강남대학교 전신)에 사회사업과가 설치되었고, 1958년에 이화여자대학교의 기독교사회사업학과에서 사회사업과가 분리되어 독립학과가 되고, 1958년 서울대학교 대학원에 사회사업학과가 설치되었고, 1959년에 서울대학교의 학부(당시 문리과학대)에서도 사회사업학과가 설치되었다. 이리하여 1950년대까지 대학 학부수준의 사회사업 교육이 3개 대학에서 개설되었지만, 이 당시 대학 교육에서 사회사업행정 또는 사회복지행정이라는 과목이 있었는지의 기록이 명확히 남아있지 않다.

다만 1958년과 1959년에 서울대학교에 사회사업학과 개설과 관련된 기록을 참조하면 사회사업행정은 대학의 교수과목에 계획되었던 것이 확실하다는 점에서 사회사업학계의 일부에서 그 중요성이 인식되었다고 할 수 있다. 그러나 당시의 다른 2개 대학의 교과과정에 대한 기록을 확인할 수 없어 대학 교육에서 사회사업행정에 대한 중요성 인식은 확실히 알 수 없다. 이렇게 보면 사회사업 교육이 처음 실시되었다고 할 수 있는 1950년대에 있어서는 사회사업행정의 중요성에 대한 인식은 거의 없었다고 할 수 있고, 있었다고 하더라도 대단히 미약했을 것이라고 추정된다.

2) 사회복지행정의 명목상 단계(1960년대-1970년대)

1960년대 한국의 시대적 배경은 6 · 25전쟁의 복구에서 벗어나 경제발전 정책을 시행하던 시기이다. 정부의 사회복지정책은 보건사회부의 주도로 저소득층 중심의 공공부조(시설, 거택보호 위주)였고, 123개의 민간외원기관의 서비스도 사회복지적 긴급문제를 해결하고자 하는 저소득층 중심의 원조위주의 사업이었다. 이러한 상황에서 공적 사회복지행정조직의 역할은 단순한 정책적 계획과 비전문적 활동이 위주였으며, 사회복지서비스의 효과성과 효율성을 생각할 수 있는 정도가 되지 못하였다. 1960년대는 토착적인 민간복지기관은 거의 없는 상태로, 활동하던 민간기관은 거의 전부가 민간외원기관이었다. 민간외원기관의 일부는 미국적인 사회사업의 방법론을 적용하려는 노력을 하였으며, 사회사업의 전문성을 보이려는 노력들도 있었지만, 이러한 노력이 사회사업 행정의 연구 및 실천과 연결되지는 못하였다. 따라서 사회복지실천의 현장에서 사회사업행정의 필요성은 거의 인식되지 못하였다.

1960년대에 7개 대학에 새로이 사회사업학과가 설립되어 총 10개 대학에서 사회사업 교육이 이루어졌다. 1961년에 서울대학교에서 사회사업행정을 가르치기 시작하면서 기존 대학의 사회사업학과 및 새로 신설된 대부분의 대학의 사회사업학과에서도 사회사업행정을 가르쳤다는 사실에서 적어도 사회복지학계 또는 교육계에서는 명목상으로나마 사회복지행정의 중요성이 인식되고 있었다고 볼 수 있다.

3) 사회복지행정의 실질적 중요성 인식단계(1980년대~1990년대)

1980년대 이후는 산업화의 급속한 진전과 경제발전 위주의 국가정책 추진의 결과 다양한 사회문제가 나타나기 시작하였고, 이를 해결하기 위한 여러 가지 제도적 뒷받침이 이루어지기 시작한 시기라고 할 수 있다. 아동, 노인, 장애인을 위한 사회복지서비스 관련법들이 제정되기 시작하였고, 이에 따라 공적 사회복지조직인 보건사회부 조직과 지방자치단체의 조직도 사회복지대상자 및 문제별로 분화되기 시작하였으며, 정부의 지원을 받는 국내의 토착적 민간사회복지 기관들도 많이 설립되었다. 이러한 사회복지적 욕구의 다양화와 이를 해결하기 위한 사회복지정책 및 프로그램이 다양화됨으로써 공적 행정에서 사회복지의 분야가 확대되게 되었다.

(1) 1980년대

경제성장 우선 정책에 밀려 정체되어 있던 사회복지적 욕구들이 급속히 분출되기 시작하고, 이런 욕구들을 충족시키기 위해 사회복지적 자원들의 할당 우선순위가 높아지게 된다. 다음과 같은 변화 요구가 이루어졌다.

첫째, 외국으로부터의 원조가 거의 중단되어 여태껏 외원에 의존해왔던 사회복지기관들은 이를 대체하는 새로운 자원들을 필요로 하였다. 재정자원의 변화(외원 → 공적 자원)는 기존 조직의 운영방식의 변화를 요구하였는데, 이것이 공적 자원의 활용에 대한 책임성과 투명성을 보장하기 위한 요구가 증대되고, 관리와 행정에 대한 필요성을 인식하는 계기가 되었다.

둘째, 새로운 형태의 전문 사회복지조직(종합사회복지관, 각종 상담 및 치료

전문 사회사업기관)의 등장으로 자원의 관리와 서비스 전달을 위한 행정관리의 필요성이 증가하였다.

셋째, 공공부문에 있어서의 변화는 사회보장과 관련한 공공부조 서비스의 전달 인력을 사회복지 전문인력으로 대체하여 공공부문에 있어서의 사회복지행정에 대한 새로운 필요성을 인식하게 되었다.

넷째, 1980년대에만 전국적으로 사회복지학과 또는 사회사업학과가 30개 대학에 설립되었다. 이러한 현상은 사회복지 욕구의 다양화와 사회복지에 대한 국민적 및 학문적 관심의 고조를 반영하는 것으로 볼 수 있다.

(2) 1990년대

지방자치의 전면적인 실시는 민간과 공공에 있어서의 사회복지 서비스 전달이 보다 체계적으로 되어야 함을 강제했다. 이에 따라 1994년까지 공공부문에서 3,000명의 사회복지전문요원이 채용되었고, 사회복지관을 중심으로 각종 민간 사회복지조직들이 증가하면서 사회복지행정에 대한 교육 및 연구가 활성화되었다.

또한 공공과 민간의 구분이 점차 희미해지고, 민간서비스 조직에게는 공공부문의 복지에 대한 투자의 신중성이 새로운 도전으로 작용하게 되었다. 즉, 공공부문으로부터의 자원 제공이 억제되고 있는 상황에서 민간서비스기관들은 각종 민간자원들을 유치해야 할 필요성들을 강하게 갖고 있다. 다원화된 자원의 출처와 다원화된 책임성 구현의 상황도 사회복지행정에 대한 지식을 요구하게 되는 계기가 되었다.

1997년 8월 사회복지사업법 전면개정과 뒤이은 IMF 구제금융체제의 진입으로 인해 사회복지환경은 급변하였고, 이에 따라 사회복지행정의 중요성은 크게 확산되었다. 시설신고의 신고제, 설치주체의 다양화와 평가제 도입으로 민간사회복지 서비스의 참여기회가 확대되었으며 아울러 시설의 설치 및 운영상의 개방성과 투명성을 제고하기 위한 제도적 장치가 강화되었다.

(3) 2000년대 이후

2000년대에 들어오면서 사회복지행정은 전달체계의 개편, 지역사회복지계획 수립, 지역사회복지협의체 운영 등 지역중심의 복지가 강화되고 있다. 이러한 기조로 바우처, 노인장기요양보험 등 사회서비스의 민영화가 가속되고 있으며 이에 따른 사회복지행정의 책임성이 고조되고 있다. 이에 따른 우리나라의 사회복지행정의 변화는 다음과 같다.

첫째, 시설평가의 강화이다. 기관의 효율성 · 효과성, 시설 및 서비스의 적절성, 재정의 투명성 등에 관한 요구에 관련하여 시설평가가 점차 강화되고 있다.

둘째, 지역중심 강조이다. 우리나라는 한국전쟁 이후 수용시설, 생활시설을 중심으로 발전하여 왔다. 이후 경제발전과 사회복지 관련 법률들이 제정되면서 사회복지관 등 이용시설이 발전하기 시작하였으며, 1990년대 지방분권화 이후 지역중심의 사회복지가 강조되고 있다. 지방분권화는 사회복지 영역에도 영향을 미쳤는데, 지역사회만의 문제와 욕구를 담아내야 한다는 요구와 함께 민 · 관 협력, 네트워크를 통한 자원 및 정보의 공유가 강조되고 있다.

셋째, 경쟁조직들의 활성화이다. 복지법인 수의 증가, 유사활동을 하는 여타 비영리법인들이 증가하였다. 경쟁 조직들이 증가함에 따라 재정적 어려움을 겪거나 클라이언트의 부족 등을 겪는 조직들은 경쟁에서 밀려날 수밖에 없는 구조가 되었다. 이에 따라 조직들은 다양한 홍보, 마케팅에 대한 방법, 더 나은 서비스 및 프로그램 제공을 위한 노력, 유사 목적의 조직 간 네트워크 형성 및 합병 등의 또 다른 전략을 구상하기도 한다.

넷째, 사회복지사의 전문성 강화이다. 사회복지서비스를 제공하는 데 있어 사회복지사의 역량이 매우 중요하다. 이로 인해 사회복지사의 전문성과 역량강화는 매우 중요하다.

다섯째, 클라이언트(소비자, 수요자)중심으로 전개된다. 조직 및 서비스는 결국 클라이언트의 문제해결을 위해 존재한다는 인식이 강해졌고, 이에 따라 서비스의 기획, 제공, 홍보, 평가 등 모든 차원에서 클라이언트중심적 관점이 강조되고 있다.

표 4-1 한국사회복지 행정 발달의 주요 역사

구분	주요 내용
1900~1945년	• 1906년 반열방 설립, 1921년 태화여자관 설립 • 일제시대에는 조선총독부의 식민통치 전략의 일환으로 사회사업 전개 • 외국인들의 선교활동에 따른 민간사회복지기관 설립 • 1944년 조선구호령 제정
1945~1970년대	• 해방 이후 민군정에 의한 긴급구호 차원의 공공복지 제공 • 6.25전쟁 이후 외국원조기관들에 의한 긴급구호 및 시설보호 활성화 • 1960년대 들어 사회복지행정에 관한 대학 강의 마련 • 1970년 사회복지사업법 제정
1980~1990년대	• 1980년대 각종 사회복지 관련 법률의 제 · 개정 및 관련 시설 증가 • 1982년 사회복지윤리강령 제정(1988년 공포) • 1987년 사회복지전문요원제도 시행 • 1992년 사회복지전담공무원 규정, 복지사무전담기구 도입 규정 • 1997년 시설평가제 도입, 시설의 설치를 신고제로 변경 • 1999년 사회복지행정학회 설립
2000년대 이후	• 2005년 시 · 군 · 구 지역사회복지협의체 운영 • 2006~2007년 주민생활지원서비스 전달체계 실시 • 2010년 사회복지통합관리망(행복e음) 마련 • 2012년 희망복지지원단 출범 • 2013년 사회보장정보시스템 완전개통 • 2016년 읍 · 면 · 동 복지허브화

참고〉 사회복지교육연구센터(2020). 사회복지행정론. p.58.

4) 사회복지행정의 전망

작은 정부론을 통해 국가의 기능을 축소하려 할 때, 일차적인 축소의 대상이 되는 것은 사회복지부문이 된다. 현재의 한국적 상황에서 사회복지부문의 축소가 타당한지는 의문이 든다.

(1) 민간부문의 활성화

지방자치의 실시로 인한 영향은 중앙정부의 사회복지서비스에 대한 책임의 약화를 의미하며, 지방 정부의 역할 증대와 민간에 의한 민간으로의 직접투자 등의 사회복지자원의 흐름에 대한 변화를 의미한다. 이를 위해 사회복지조직들의 지역사회와의 관계개선, 명목적인 참여가 아니라 적극적인 시민 참여의 보장, 다양한 이해집단들의 참여 유도 등이 전제되어야 한다.

(2) 책임성과 행정지식

다원화된 사회복지 서비스 전달체계에서 조직들을 유지하고 관리하는 사회복지행정 지식들의 기반이 더욱 요청될 것으로 보이므로 사회복지 전문직으로서는 이런 사회복지 환경의 변화에 대비해야 한다.

만약 이에 대한 대비가 없다면 외부 전문직들에 의해 사회복지기관이 운영되는 등 사회복지 전문직으로서의 사회적 책임성에 대한 실패를 불러올 것이다.

기출 및 예상문제

01 우리나라 사회복지전달체계에 관한 설명으로 옳지 않은 것은? (제 16회 기출문제)

① 최근 민간 통합사례관리의 중요성이 높아지고 있다.
② 희망복지지원단을 시 · 군 · 구에 설치하였다.
③ 2016년에 맞춤형 통합서비스를 목적으로 읍면동 복지허브화사업을 시작했다.
④ 국민기초생활보장법상 생계급여의 집행체계는 읍 · 면 · 동이다.
⑤ 희망복지지원단 설치 후 사회복지통합관리망(행복e음)을 구축하였다.

정답 : ⑤

⑤ 사회복지통합관리망(행복e음)은 2010년 이후 운영되었고 이후 사회보장정보시스템이 개통된 후 현재 사회보장정보시스템(행복e음)으로 운영되고 있다. 희망복지지원단은 2012년에 출범하였다.

02 다음에서 설명하고 있는 것은?

- 시·군·구 단위에 설치되어 통합적 사례관리를 제공한다.
- 지역 단위의 통합적 서비스 제공을 위한 중추적 역할을 수행하는 전담조직이다.

① 사회복지사무소 ② 지역사회보장협의체 ③ 사회보장정보원
④ 행정복지센터 ⑤ 희망복지지원단

정답 : ⑤

03 미국 사회복지행정의 발달단계에 있어서 1990년대 이후 경향으로 볼 수 없는 것은?

① 기회에서 서비스 전달까지 직접 담당하는 거대 공공관료조직들의 확대
② 계약이나 서비스의 구입 등의 방법을 통한 민간부문의 직접 서비스 전달에서의 역할 증대
③ 민간과 공공의 엄격한 조직적 구분의 퇴조
④ 서비스의 목적 실현을 위해서는 느슨하게 연결되어 있는 다양한 서비스 조직들을 연계할 서비스의 전달체계의 통합이 필요하다는 인식 확산
⑤ 사회복지서비스의 책임성에 대한 구체적인 행정실천 등으로 사회복지행정에 대한 필요성들의 증대

정답 : ①

① 기회에서 서비스 전달까지 직접 담당했던 거대 공공관료조직들이 퇴조하였다.

04 2000년대 이후 우리나라 사회복지행정의 변화에 대하여 옳지 않은 것은?

① 시설평가의 강화
② 지역중심 강조
③ 경쟁조직들과의 비경쟁성
④ 사회복지사의 전문성 강화
⑤ 클라이언트(소비자, 수요자)중심의 전개

정답 : ③

③ 경쟁조직들의 활성화이다. 복지법인 수의 증가, 유사활동을 하는 여타 비영리법인들이 증가하였다. 경쟁 조직들이 증가함에 따라 재정적 어려움을 겪거나 클라이언트의 부족 등을 겪는 조직들은 경쟁에서 밀려날 수밖에 없는 구조가 되었다. 이에 따라 조직들은 다양한 홍보, 마케팅에 대한 방법, 더 나은 서비스 및 프로그램 제공을 위한 노력, 유사 목적의 조직 간 네트워크 형성 및 합병 등의 또 다른 전략을 구상하기도 한다.

05 레이건 행정부의 사회복지행정에 대하여 옳지 않은 것은?

① 사회복지 역할축소에 대한 시도가 가속화되고, 이 시기에 사회복지서비스 전달체계에서 '사유화'의 시도가 본격화되었다.
② 프로그램 보조금(grants)이나 서비스 구입(purchase-of-service) 등을 제공하는 민간기관보다는 공적기관의 역할이 중요해졌다.
③ 아동과 노인인구를 겨냥해서 이윤추구를 목적으로 하는 사기업들까지 서비스에 가담하는 결과를 초래했다.
④ 양로원, 가정의료 케어, 알코올중독 치료 등과 같은 분야에 있어서는 이윤추구의 목적의 서비스 조직들이 팽창했고, 다양한 기업과 산업체들에서는 산업복지 프로그램들을 팽창시켰다.
⑤ 많은 민간 기관들이 보조금과 서비스구입 계약으로 재정적 지원을 확보하게 되었고 다양한 재정 자원을 찾아 나설 수 있게 됨에 따라, 이러한 민간기관들에서는 행정적 전문지식을 갖춘 관리자들의 능력이 더욱 필요하게 되었다.

정답 : ②

② '사유화'(privatization)란 공무원의 수를 늘리지 않으면서 서비스의 다양성과 범위를 확대하기 위한 것으로, 세금자원으로 공공조직을 운연하지 않고 대신에 프로그램 보조금(grants)이나 서비스 구입(purchase-of-service) 등의 방법으로 민간부문의 서비스 역량을 활용하려는 것이다.

PART

02

사회복지행정의 이론적 접근

Chapter 05

조직이론

사회복지행정의 실천이론과 원칙들은 공공행정, 병원행정 경영 및 산업관리 이론 그리고 조직행동에 관한 사회과학 및 행동과학이론으로부터 도입되었다. 이에 따라 사회복지행정에 관하여 다양하고 때로는 상호 모순되는 이론들이 존재한다. 그러나 대부분의 문헌들은 사회복지행정을 보다 일반적인 조직이론이 적용되어야 하는 실천분야로서 다루고 있다.

행정을 개념화함에 있어, 역사적으로 상당히 많은 변화가 있어 왔다. 여기에서는 막스 베버(Max Weber)에 의한 관료제이론, 금세기 초 개화된 테일러(Taylor)와 그 후계자에 의한 과학적 관리론, 메이요(Mayo) 등에 의한 인간관계론, 체계이론 그리고 구조주의 접근법으로써 시몬(Simon) 등에 의한 의사결정, 새롭게 등장하는 현대조직이론을 중심으로 사회복지행정의 이론적 기초를 살펴본다.

1 고전 모형(합리-합법적 모델)

합리-합법적 관점에서 조직을 이해하자면, 조직이란 특정한 목적을 추구하기 위해 정형화된 구조를 갖는 사회집단으로 규정된다. 조직은 명확하고 구체적인 목적들을 갖추고 있으며, 조직의 구조와 과정은 그러한 목적을 성취하기 위해 합리적으로 디자인된 것으로 본다. '합리적'(rational)이란 조직의 내부 분업이나 역할 및 지위 규정, 권한의 배분 등이 매우 정형화되고 위계적이며, 이러한 것들이 조직의 목적 성취를 위해 가장 효과적이고도 효율적인 수단이라는 것을 의미한다.

'합법적'(legal)이란 지위의 배정, 권한의 배분, 각 지위에 따른 권리와 의무 등이 보편적이고도 비인격적인 법칙들에 근거하고 있음을 의미하는 것이다. 합리-합법적 모델에 포함될 수 있는 이론들로는 관료제 이론, 과학적 관리론, 행정적 관리론 등이 대표적이다.

1) 과학적 관리론(scientific management)

과학적 관리론의 관점은 조직의 최상의 목표로서 합리성과 효율성을 강조한다. 과학적 관리론의 창시자인 테일러(Frederick W. Taylor)는 작업의 효과성과 효율성을 향상시키기 위하여 여러 가지 제안을 하였다. 그는 그의 저서 「Shop Management」에서 작업의 효율이 노동의 분업, 작업유인 및 시간의 효율적인 사용에 의해서 얻어질 수 있다고 주장하였다. 테일러는 또한 기능적 관리(functional management)를 주장하였는데, 이것은 작업을 분담하여 각자가 수행할 수 있는 사건의 통일성, 구조적 형태의 불변, 권위와 책임의 정확한 할당을 가정하고 있다. 따라서 사회적 조직과 비공식적인 관계의 중요성은 거의 무시된다. 테일러는 일에 대한 '시간과 동작의 연구'(time-motion study)에 기초해서 '과학적 관리의 원리'를 발전시켰다. 이러한 원리들은 현대 조직들에 있어서 생산성의 가치와 기법들의 기초를 제공하였다.

이러한 과학적 관리론의 주요 내용은 다음과 같다.

첫째, 과학적 관리론은 철강회사의 엔지니어였던 테일러가 산업현장에서 일어난 자신의 경험을 바탕으로 당시에 새로 대두되었던 경영 및 생산의 기술들을 종합하여 만들었다.

둘째, 테일러는 일에 대한 기획은 관리자의 몫이고 실행은 노동자의 몫이라고 보았다. 즉, 과학적 관리기법은 기획과 실행의 분리를 전제로 한다.

셋째, 노동은 집단적인 것이 아니라 개인적 활동이며, 또 그렇게 취급되어야 한다고 보았다. 때문에 과학적 관리기법은 동기부여 및 유인제도에 있어 개인적 물질적 이익에 호소하는 차별적 성과급 제도를 원칙으로 한다.

넷째, 테일러는 과학적 분석을 바탕으로 한 능률적인 작업방식은 기업의 생산성을 증대시키고 노동자들에게 적절한 보상을 확보해줄 수 있다고 보았기 때문에 노사협력이 가능하다는 낙관적 견해를 가지고 있었다.

과학적 관리의 주요 원리는 다음과 같다.

첫째, 작업자에게 명확하게 설정한 충분한 과업(task) 부여

둘째, 작업자의 조건을 표준화시킴

셋째, 과업을 완수한 작업자에게는 고임금을, 완수하지 못한 작업자에게는 손해를 받아들이도록 함

넷째, 과업은 이류의 작업자만이 달성할 수 있는 정도여야 함

과학적 관리론은 무엇보다도 조직의 효율성과 생산성을 극대화하는 데 초점을 두고 있다. 이러한 효율성과 생산성을 증진하기 위하여 과학적 관리론은 4가지 단계를 내포하고 있다.

첫째, 조직이 적정수준으로 달성되기 위해서는 객관적인 기준과 목표가 규정되어 있어야 한다.

둘째, 목표성취에 필요한 조직적 과정을 나타내는 모델을 개발한다. 이 모델은 조직 내 활동의 분석과 측정에 기초한다.

셋째, 어떠한 조직 내 활동이 목표달성을 가능케 하는지를 결정하기 위하여 수학적 방법으로 분석한다.

넷째, 가장 중요한 것으로 이 모델이 제공하는 최선의 해결책과 일치하도록 조직활동을 재구성하는 것이다.

과학적 관리론은 체계적인 지식을 활용해서 효율성과 생산성을 극대화하려는 규범적 관리이론의 효시가 되었다. 이것은 20세기 초에 등장했던 대규모 산업들의 생산성 향상에 중대한 기여를 했었고, 현재까지도 그 유효성이 부분적으로

유지되고 있다. 그럼에도 불구하고 이를 사회복지조직들에게 적용하는 데 따르는 문제는 적지 않다.

첫째, 관료제이론과 마찬가지로 과학적 관리론도 폐쇄적 환경을 염두에 두며, 환경적인 요인이 조직의 목적과 구조에 미치는 영향을 등한시 하고 있다.

둘째, 과학적 관리론에서 조직의 목적은 상하의 일치성에 기반을 두고 있다. 상부와 하부의 목적이 반드시 일치되지는 않으며, 상반되는 경우가 발생할 경우에는 문제가 된다.

셋째, 관리주의적 관점에 치중하고 있으므로, 작업자들의 비인간화와 그로 인한 소외 현상이 발생할 수 있다.

넷째, 과학적 관리론의 전제는 경영/관리자는 작업자들에게 인센티브를 제공하며, 작업자는 그로 한해 자신의 최대한의 능력을 발휘해서 경영/관리자에게도 이익을 줄 수 있다는 것이다. 그런데 이러한 인센티브가 주로 금전적인 것에만 한정되어 있어서, 작업자들이 조직에 대해 바라는 인간적인 욕구와 같은 것들이 대개 무시되고 있다.

다섯째, 사회복지조직을 포함하는 휴먼 서비스 조직들에서 작업자의 능력과 기술은 과학적인 기술체계로 환원할 수 있는지 그리고 이를 수학적인 공식과 같은 것들로 체계화할 수 있는지에 대한 의문이 제기된다.

2) 관료제이론(bureaucracy theory)

관료제(bureaucracy)란 개념은 거대한 정부조직을 의미할 때도 있고 조직의 병폐를 의미하는 용어로 사용되는 경우도 있으나, 일반적으로 계층적 구조를 가지고 합리적인 지배가 제도화된 조직형태를 의미한다고 할 수 있다. 사회복지행정 조직의 증가와 함께 그 규모가 커지고 복잡해짐에 따라 대규모 조직들은 증대되는 규모와 복잡성을 극복하기 위하여 관료제를 발전시키고 있으며, 이것은 현대사회의 한 모습으로 간주되고 있다.

관료제이론은 막스 베버(Max Weber)에 의해 처음으로 체계적으로 연구되고 분석된 조직구조의 독특한 형태이다. 관료제에 대한 베버의 이론에 관해서는 다수의 논평들이 있으며, 조직에 관한 관료제의 중요한 특징은 다음과 같이 요약될 수 있다(Gilbert Smith, 1970 : 61-62).

① 인간의 개성보다 오히려 공적인 지위에 기반을 둔 위계적인 권위 구조
② 이러한 지위에 따른 권위를 규정하는 규칙의 체계
③ 각기의 독특한 사례를 다루기 위한 조직과 규정의 상세한 체계
④ 명확하고 고도로 전문화된 업무상의 분업
⑤ 비인격적인 사회관계
⑥ 기술적 자격에 기반을 둔 신분보장과 함께 유급직원에 의한 관료의 충원

베버는 행정의 관료화가 완전히 성취될 경우 권력관계의 형태는 확고부동하게 확립된다고 하였다. 즉, 관료제 조직을 사회체계 내에서 자원과 권력을 동원하는 가장 효율적인 도구로 보았다. 그는 현대사회의 본질적 특징을 지배자와 피지배자 사이의 권력관계의 기반이 되는 합법적 권위의 우월성으로 보았다. 따라서 관료제의 속성은 합법적이고 합리적인 규칙과 최대한의 효율성추구에서 찾아볼 수 있다. 이 합법적 권한에 기초한 관료제의 특징을 제시하면 다음과 같다.

관료제의 특징

① **분업**
관료제는 구체화된 자격 또는 능력을 포함한다. 이것은 체계적으로 분업화된 일부로 규정된 기능을 수행할 의무를 부담한다. 일정한 직위를 차지하고 있는 사람에게는 필요한 권한이 부여된다. 강제의 수단이 명확하게 규정되고, 구 수단의 이용은 엄격한 조건하에서 이루어진다.

② **계층제**
조직은 엄격한 계층제의 원리에 따른다. 즉, 하위직위는 상위직위의 감독과 통제 하에 있다.

③ **규칙**
조직의 기능은 규칙에 의해 제한된다. 조직은 동조성과 조정을 확보하기 위하여 공식적인 규칙체계를 요구한다. 규칙에 의한 규제는 조직에 가장 중요한 계속성과 안정성을 제공한다.

④ **비정의성(非情誼性)**
이상적인 관료는 증오나 열정이 없이 형식주의적인 비정의성의 정신에 따라 행동한다. 즉, 완전히 합리적인 결정을 내리기 위해서는 하위직들과 고객과의 감정적 연계를 피해야 한다.

⑤ **기술적 자격**
이상적인 관료제는 기술적 자격에 의해 충원이 이루어진다. 기술적 자격에 의한 충원은 관료를 자의적인 해고로부터 보호하고, 연공서열이나 업적에 따라 승진시킬 수 있다.

관료제는 사회복지행정에서 발전될 수 있는 하나의 조직형태이다. 오늘날 사회복지는 사회사업가의 목표와 방법을 다스리는 제 규칙, 규정, 전문화와 위계질서의 구조 속에서 운영되고 있는 것이다. 그러나 관료제는 여러 장점에도 불구하고 그 자체의 특성을 유지하다 보면 기대하지 않았던 부작용이 일어나 합리성보다는 역기능을 가져온다는 비판을 받는다. 길버트 스미스(Gilbert Smith)에 의하면 사회사업가들은 관료제가 가지는 두 가지 측면에서의 부작용에 관심을 두어왔다.

첫째, 조직의 관료제와 전문직 사이의 갈등이다. 조직의 관료제와 전문직은 모든 면에서 상반되는 것은 아니다. 양자는 몇 가지 면에서 공통적인 요소를 띠고 있다. 그러나 이 두 모델 사이의 근본적인 차이는 관료제와 전문직의 통제에 있어서 위계 간의 차이에 있다. 전문직의 위계는 오직 자문적 관계로서 이루어지고 있으며, 규율의 기본적인 원천은 전문직의 훈련과 동료집단의 규범에서 도출된 스스로 부과된 기준에 입각해 있다. 그러나 관료제의 위계는 매우 엄격한 통제체계를 이루고 있다. 따라서 그에게는 자유재량권이 거의 없고 상관의 규칙해석에 따라야 한다. 사회사업 조직에도 전문직 조직과 관료제 조직 사이의 갈등이 일어나고 있다.

둘째, 관료제는 조직구성원의 퍼스낼리티에 미치는 영향에 대하여 관심이 있다. 머튼(Merton)에 의하면 관료제의 성원들은 관료제 조직에 적합한 퍼스낼리티 특성을 지닌다. 톰프슨(Thompson)은 이러한 개인적 행동양식을 언급하고 있는 바, 관료제 조직의 특징적 성격을 관료병리(bureaupathology)란 말로써 과장하고 있다. 즉, "관료적 병리는 ① 규칙에 대한 의존을 과장하는 행동, ② 관계에 있어 비인격성을 과장하는 행동, ③ 업무에서 사소한 권리나 특권을 주장하는 행동, ④ 변화에 반대하는 행동 등이다." 물론 관료병리는 전형적인 관료제 행정에만 한정된 것은 아니며 전문직 사회사업가들도 역시 관료병리적 행동을 나타낼 수 있다. 톰프슨은 "관료병리란 조직 내에서 부하 직원들을 잘 통솔하지 못하는 사람들이 갖는 불안정에 대한 반응"이라고 주장한다. 그것은 어떤 하나의 퍼스낼리티에 한정되어 있지 않다는 것을 찾아볼 수 있으며, 이러한 조직의 여건들은 사회사업의 많은 영역에서 나타나고 있는 것이다.

관료제는 명백히 합의된 규칙들에 의해 유지되며, 그러한 규칙들은 비인격적이고 보편적이어서 특정 개인들 간의 연분이나 정실에 의거해서 조직이 움직이지 않게 하는 것이다. 합리적인 목적에 의해 분업이 이루어지고, 그러한 분업화된 부분들은 명백한 권한과 권력, 위계적인 구조 등을 통해 묶는 것이다. 이와 같은 관료제 조직은 합리-합법적 규칙들에 의거해서 사회적 관계의 효율성을 극대화하는 데 기여해 왔다.

관료제는 그 장점들 못지않게 단점들이 많이 지적되어 왔다. 대표적인 문제점은 다음과 같다.

① 상부 구조로의 권력 집중으로 인한 비민주성
② 다양하고도 비일상적인 업무들을 전문가적인 판단으로 처리해야 하는 작업환경의 부적합성
③ 비인격적 규칙의 적용으로 인한 비인간화
④ 복잡하고 경직된 규칙들로 인한 창조성의 결여
⑤ 규칙지향성으로 인해 수단으로서의 규칙들이 목적 자체가 되어 버리는 경향
⑥ 조직의 유지와 생존이 조직 본연의 목적을 압도해 버리는 목적전도 현상 등이다.

3) 행정적 관리론

테일러의 과학적 관리론은 작업현장에서 이루어지는 일의 방법과 과정을 분석함으로써 합리적인 조직 구조에 도달하려고 했다면, 이에 반해 행정적 관리론(administrative management theory)은 조직의 임무와 목적을 성취하기 위해 일을 쪼개고 구조하기에 최적의 방법을 먼저 모델화하고, 그에 따라 필요한 조직 구조를 설계해 나가는 것이다. 1920~30년대에 귤릭(L. Gulick), 어윅(L. Urwick), 페욜(H. Fayol)과 같은 학자가 대표적인 초기의 이론가이다.

행정적 관리론은 '이상적' 혹은 '전형적' 조직 구조의 원칙들을 제시한다. 행정관리에 따르는 전형적인 관리 요소들을 분류하고, 관리자들이 수행해야 할 규범

으로서의 조직 원칙들을 제시하는 것이다. 이들이 주장한 주요 원리는 계층제의 원리, 전문화의 원리, 명령통일의 원리, 통설범위의 원리, 조정의 원리, 부서편성의 원리 등이다. 귤릭과 어윅은 행정관리자들의 7가지 관리 기능을 POSDCORB라는 약어를 사용해서 제시했다.

표 5-1 행정관리자들의 7가지 필수기능(POSDCORB)

기 능	내 용
Planning(기획)	프로그램을 관리하기 위한 방법, 계획들의 준비
Organizing(조직화)	한 기관 내에 상이한 하위 부사들을 만듦
Staffing(인력배치)	빈자리를 메우기 위한 능력 있는 사람들을 고용
Directing(지휘)	시간과 업적 기준을 갖는 명령들을 내림
Coordinating(조정)	업무자들의 노력을 효율적으로 상호연계
Reporting(보고)	상급자들에게 제출할 보고서를 준비
Budgeting(예산)	예산을 준비하고 실행에 옮김

테일러가 20세기 초 미국에서 과학적 관리법을 주장한 같은 시기에 페욜(Henri Fayol)은 프랑스에서 1916년에 발간된 「General and Industrial Management」에서 생산성 향상을 위한 과학적 관리의 원칙을 ① 작업의 분배, ② 권위, ③ 기강, ④ 명령의 통일성, ⑤ 지시의 통일성, ⑥ 개인적 이익을 일반 이익에 종속시킴, ⑦ 보상, ⑧ 중앙집중화, ⑨ 위계계통, ⑩ 질서, ⑪ 공평성, ⑫ 인사의 안정성, ⑬ 창의성, ⑭ 단체정신 등 14가지를 제시하였다(Fayol, 1918 : 20-54).

행정관리론 또한 비판을 받아왔는데, 첫째, 과학적 관리론과 마찬가지로 개인적 동기, 비공식적 집단과 같은 조직 내에서 인간적인 요소들을 간과했다는 점이다. 둘째, 조직의 보편적인 원리를 제시하면서도 그것들을 경험적으로 검증하거나 구체화하는 데 실패하였다. 셋째, 사회복지조직들에게 이 이론을 그대로 적용한다면 조직구조를 경직화시킬 뿐만 아니라 개인의 창의성이나 자율성을 저해하여 조직의 발전을 해칠 수 있다는 것이다.

2 신고전주의이론

1) 인간관계이론

능률성, 생산성, 합리성 그리고 조직구조에 주로 관심을 두었던 고전조직이론 혹은 기계적 조직이론은 인간을 마치 기계의 부속품처럼 취급함으로써 인간적 관점에서 비판을 받을 수밖에 없었다. 인간관계론자들은 경제적 · 수단적 능률보다는 사회적 능률을 더 강조하였으며, 조직구성원의 감정적 · 정서적 측면을 중요시하고 공식적 관계보다는 비공식적인 관계에 관심을 집중하였다.

메이요(Elton Mayo)는 인간관계론의 창시자로서 언급된다. 과학적 관리론과 대조적으로 메이요는 유명한 호손(Hawthorne) 실험[1)]을 통하여 생산과 관리에서 인간의 태도와 감정의 중요성을 강조하였다. 메이요의 호손 실험은 ① 인간의 사회적 · 심리적 욕구는 금전적인 동기 못지않게 효과적이며, ② 작업집단의 사회적인 상호작용은 작업과업의 조직만큼이나 영향력을 지니며, ③ 인간적인 요인은 어떠한 관리에 있어서도 결코 무시될 수 없다는 것을 입증하였다. 이에 따라 인간관계론의 관점은 기본적으로 사회심리학적 접근 방법이며, 사기와 생산성, 동기와 만족, 리더십, 소집단행동의 역동성 등 조직구성원들의 행위와 그들의 상호작용이 인간관계론적 관점의 초점이 되었다.

이러한 인간관계론적 접근은 사회복지조직에서는 두 가지 측면에서 긍정적으로 본다(강용규 외, 2007: 55).

첫째, 인간관계이론은 조직에서 인간을 보는 시각이 단순히 조직목표의 달성

---

1) 메이요교수의 Hawthorne(호손)공장에서의 실험
   ① 과학적 관리론에 입각하여 물리적인 작업조건(작업장의 밝기, 온도, 휴식시간, 임금 인센티브)이나 작업자들의 자질 등이 생산성에 어떻게 영향을 미치는가에 대한 연구이다.
   ② 실험결과→조직 내에서의 작업자들은 고립된 개념으로서의 '개인'이 아니라 다른 개인들과 사회적 관계를 맺는 '집단 속의 개인'임을 발견
   ③ 예) 양계장의 닭들은 군집되어 있지만 상호작용을 통해 생산성에 영향을 미치지 않는다.

을 위한 수단이 아니라 인간 자체가 목적이 된다는 점에서 인도주의적 관점의 견해를 가지기 때문에 사회복지의 철학과 이념에 부합한다.

둘째, 조직환경에서 직원의 조직에 대한 태도와 동료직원과의 관계가 직접적으로 클라이언트 관계에 영향을 주기 때문에 워커(worker)와 클라이언트(client) 간의 상호작용의 과정이 핵심이 되는 사회복지조직의 구성원에게 더욱 잘 적용된다는 것이다.

그러나 인간관계론은 인간의 정서적 측면과 조직에서 인간관계인 사회적 측면을 지나치게 강조한 나머지 조직의 효과성을 결정하는 목표, 자원, 기술, 구조적인 특성 등을 소홀히 다루는 경향이 있기 때문에 비판의 여지가 있다. 사실상 조직은 엄연히 공동으로 추구해야 할 조직목표가 있고, 이를 달성하기 위해서는 적절한 지도와 통제가 필요하다. 또한 인간관계론은 조직구성원인 인간을 너무 단순화한다는 점이 문제로 나타난다. 조직 내에서의 인간관계는 협동과 참여가 일어나기도 하지만 갈등과 지배의 본질을 간과할 수 없다. 그리고 인간행동의 동인으로 작용하는 경제적 보상이 전혀 고려되지 않는다. 따라서 인간관계이론은 조직 내 인간의 심리사회적 요인을 지나치게 강조한 나머지, 조직 내에서의 인간의 정치경제적 과정을 경시하고 있다는 비판에서 자유로울 수 없다.

2) 맥그리거의 X · Y이론

맥그리거(Douglas McGregor)는 그의 유명한 저서 「The Human Side of Enterprise」에서 경영의 효과성과 효율성에 관하여 뛰어난 이론적 기여를 한 X이론과 Y이론을 발전시켰다. 이들 이론들은 인간의 본성과 행위에 관하여 각각 상이한 가정을 하고 있다.

X이론은 지시와 통제가 행해지는 전통적인 관리이론으로서 인간의 본성과 행위에 관하여 다음과 같이 가정한다.

① 평범한 인간은 본래적으로 일을 싫어하며 가능하면 일을 하지 않으려고 한다.

② 일에 대한 이러한 인간의 속성 때문에 조직의 목표를 성취하려면 대부분의

사람들은 강제와 통제 및 지시를 받아야 한다.

③ 평범한 인간은 지시받기를 좋아하며 책임을 회피하고자 하며 야망이 적고 무엇보다도 안정을 원한다.

이와 대조적으로 인간관계론의 관점을 갖고 있는 Y이론은 인간의 권리와 제안이 고무되고 지지되며 민주적인 참여가 이루어지는 작업상황과 분위기를 강조한다.

Y이론과 관련되는 기본적인 가정은 다음과 같다.

① 작업에서 육체적·정신적 노력의 지출은 놀이나 휴식과 같이 자연스러운 것이다.

② 외적인 통제와 처벌의 위협은 조직의 목표를 달성하는 유일한 수단이 아니다. 인간은 자신이 헌신하고 있는 목표에 기여하기 위하여 자기통제와 자기지시를 행한다.

③ 목표에 대한 헌신은 그 목표와 관련된 보상의 기능을 한다. 그러한 보상의 가장 중요한 것으로서 자기실현 욕구와 자아의 만족은 조직의 목표를 지향하는 노력의 직접적인 산물이 될 수 있다.

④ 평범한 인간은 적절한 조건 하에서 책임을 받아들일 뿐 아니라 스스로 추구한다.

⑤ 대부분의 사람들은 조직의 문제해결에 있어 비교적 높은 수준의 창의성과 상상력을 발휘할 능력을 갖고 있다.

⑥ 현대 산업생활의 상황 하에서 인간의 지적 가능성은 단지 부분적으로 활용되고 있다.

위의 X이론과 Y이론은 매슬로우(Maslow)의 욕구단계이론과도 관련되어 있다. 매슬로우는 인간의 욕구단계를 ① 생리적 욕구, ② 안전에 대한 욕구, ③ 애정의 욕구, ④ 긍지와 존경에 대한 욕구, ⑤ 자기실현의 욕구로 구분하였는데, 이 중 ①, ②, ③단계는 X이론에, ④, ⑤단계는 Y이론에 관련되는 것이다.

3) 룬트슈테트의 Z이론

룬트슈테트(Lundstedt)는 맥그리거의 X·Y이론의 결점을 보완하기 위하여 Z이론을 제시하였다. 이 이론은 X이론과 Y이론에 포함시킬 수 없는 인간의 또 다른 측면을 부각시키기 위하여 제기한 이론이다.

이 이론은 특수분야에 종사하는 사람, 즉 과학자나 학자들에 관한 관리이론으로 이들은 자유방임적이고 고도로 자율적이며, 관리자는 오로지 구성원의 자유의제에 따라 행동하도록 분위기만 조성할 뿐 인위적인 동기부여는 가능한 한 억제한다는 것이다.

3 체계이론(system theory)

1950년대를 거쳐 1960년대 중반에 이르러서는 조직의 보다 포괄적인 접근방법으로 체계이론(system theory)이 크게 발전하였다. 조직을 폐쇄적인 것이 아니라 개방된 체계로써 인식하기 시작한 것은 구조기능주의와 일반 체계이론이 조직에 적용되기 시작하면서부터이다. 체계이론의 핵심은 조직이나 사회현상을 생물학적 비유에 기반을 두고 있는데, 실버만(D. Silverman, 1970)은 "사회제도는 마치 유기체처럼 유기체를 형성하고 있는 개체 간의 독특한 상호의존관계를 형성함으로써 생존과 환경에 적응하는 욕구를 충족시킨다"는 말로 그 입장을 잘 표현할 수 있다(김형석 외, 2001: 51).

체계는 서로 상호작용하는 여러 하위체계들의 요소에 의하여 통일된 전체를 형성하고 있다. 따라서 체계이론은 조직을 다양한 역동성과 메커니즘에 기초를 둔 구체적 기능을 수행하는 많은 하위체계로 구성된 복합체로 보고 있다. 체계이론은 관리자에게 조직의 문제를 분석하고 진단하기 위한 방법을 제공해 줌으로써 조직의 어느 부분이 잘못 기능하고 있는가를 찾아내어 개선하도록 한다. 또한 조직의 각각 하위체계들이 어떠한 기능, 역동성 및 기제를 수행하는가의 표준을 제시함으로써 특정한 조직의 성과를 그 표준과 비교·평가해 볼 수 있게 한다.

체계이론에 기초한다면, 사회복지조직은 크게 다섯 가지의 하위체계로 구성된다(Neugeboren, 1985 : 80). 하위체계는 ① 생산하위체계, ② 유지하위체계, ③ 경계하위체계, ④ 적응하위체계, ⑤ 관리하위체계이다. 이 이론에서 각각의 하위체계는 생존과 발전을 위한 경쟁의 역동성 때문에 부단히 활동하고 있으며, 하위체계 간 갈등과 모순은 불가피하다는 것을 가정한다. 5가지 하위체계가 수행하는 기능을 살펴보면 다음과 같다(최성재·남기민, 1993: 77-84).

생산하위체계(production subsystem)는 생산과 관련된 업무를 수행한다. 즉, 사회복지조직에서 클라이언트에게 서비스를 제공하는 형태이다. 사회복지조직에서 생산하위체계는 조직 안으로 유입되는 자원(물질적 및 비물질적 형태의 자원)을 서비스로 생산(전환)하여 클라이언트에 전달하는 기능을 수행한다. 조직의 역할과 과업을 설계하는 데 있어 숙련과 합리성을 강조하는 고전이론의 가정에 기초한다. 사회복지서비스의 전환과 전달과업은 사회복지조직의 핵심기능이라고 할 수 있으며, 이를 통해서 조직의 목적이 달성된다.

유지하위체계(maintenance subsystem)의 목적은 조직의 현재 상태대로 조직의 계속성을 확보하는 것이며 이로 인해 조직의 안정성이 유지된다. 이 목적을 위해 사용될 수 있는 기제로는 활동의 공식화, 보상체계의 확립, 새로운 구성원의 사회화, 직원의 선발과 훈련 등이 있다. 개인의 욕구를 조직의 욕구에 통합시키는 데 강조를 두는 인간관계이론에 기초한다. 조직의 이러한 활동은 조직의 목표와 개인의 목표를 일치시키는 기능을 수행함으로써 조직을 안정되게 유지하도록 한다.

경계하위체계(boundary subsystem)는 조직의 외부환경과의 관계를 유지하여 이에 영향을 미치고 적응하는 기능을 수행한다. 사회복지조직이 생존하고 발전하기 위해서는 일반환경의 변화를 이해하여야 하고, 이러한 변화에 적극적으로 반응할 수 있어야 한다는 구조주의이론에 기초한다.[2] 사회복지조직이 개방체계인 이상 환경의 변화는 사회복지조직의 실천활동에 지대한 영향을 미친다. 따라서 사회복지조직은 환경으로부터 자원을 보다 효과적으로 획득하고 이를 서비스로 전환하여 소비자인 클라이언트에게 효과적으로 전달하기 위해서 환경을 관리할 필요가 있다.

적응하위체계(adaptive subsystem)는 조직의 목적 및 실천활동에 관한 연구, 계획, 집행, 평가와 관련되어 있다. 적응하위체계는 변화하는 환경의 요구에 신속하게 반응하도록 하기 위해서 클라이언트의 욕구, 지역사회의 욕구, 새 정부의 요구조건, 자금조달의 우선순위를 파악하여 사회복지조직의 행정가에게 조직의 관리와 활동에 필요한 정보를 제공한다. 적응하위체계는 고전이론과 구조주의이론에 기초한다.

관리하위체계(managerial subsystem)는 조직이 최적으로 목표를 달성하도록 조직의 목표에 모든 하위체계가 기능하도록 조정하고 통합하는 리더십을 제공하는 것이다. 고전이론(통제 강조), 인간관계이론(타협 강조), 구조주의이론(환경 강조)에 기초한다. 따라서 조직 구성원 간 혹은 부서 간 갈등의 해결과 조정, 적절한 업무환경의 제공, 외부환경의 영향에 대한 조직의 대응책을 모색하기 위해 노력하는 것 등은 관리하위체계에서 중요한 과업이다.

체계이론은 사회복지관리자에게 복잡한 조직현상을 포괄적으로 거시적 관점에서 파악할 수 있도록 하는 데에는 효과적이지만, 이론의 추상화 수준이 지나

2) 구조주의이론(Structuralist Theory)은 고전적 이론과 인간관계이론을 종합화한 것이다. 이 이론은 개인과 조직의 목표가 일치한다는 가정을 하지 않으므로, 인간관계이론과 고전적 이론과는 다르다. 따라서 구조주의이론은 경험적 연구의 결과에 따라 규범적(prescriptive)이라기보다는 기술적(descriptive)이다. 또한 구조주의이론은 고전적 이론과 인간관계이론을 조화시키고 종합화하는 여섯 가지 요인적 접근을 제시하고 있다. 첫째, 조직의 공식적 요인과 비공식적 및 그 관련성, 둘째, 비공식적 집단의 범위와 조직 내적·외적에서 비공식집단들 간의 관계성, 셋째, 하위자와 상위자, 넷째, 사회적 보수와 물질적 보수 및 그 상호 간의 영향력, 다섯째, 조직과 환경 간의 상호작용, 여섯째, 업무조직과 비업무조직 등이다. 이에 따라 구조주의자들은 조직에 대한 환경의 영향을 강조하고 있다. 따라서 구조주의이론은 외부환경과 관련된 다양한 유형의 행정과 조직의 역할에 역점을 두고 있다.

치게 높아 구체적인 연구방향의 제시가 어렵고, 고려해야 하는 변수가 너무 많다는 문제점이 있다.

그림 5-1 체계모형

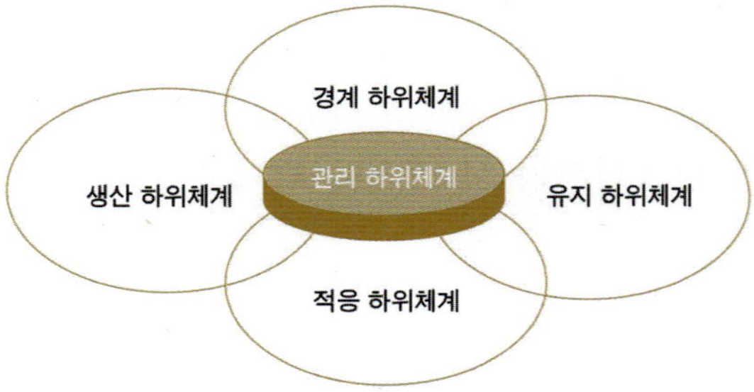

- 고전이론의 관점: 생산, 적응, 관리 하위체계
- 인간관계이론의 관점: 유지, 관리 하위체계
- 구조주의이론의 관점: 경계, 적응, 관리 하위체계

출처 : 사회복지교육연구센터(2016). 사회복지행정론. p.75.

4 조직환경이론

1) 의사결정이론

의사결정이론(decesion making theory)은 사회복지행정의 지식발전에 기여한 또 다른 이론의 하나이다. 고전적 관료제이론이 조직에 있어 합리성 원칙을 지나치게 강조한 반면, 인간관계론의 관점에서는 이 원칙을 과소평가했다. 마치(James March)와 시몬(Herbert A. Simon)은 이들 두 가지 극단적 이론을 조직행동의 의사결정모델과 연결시키려고 하였다. 이 이론은 인간의 합리성보다는 조직 내 인간의 심리적 측면을 중요시하는 개인적·형태론적 접근방법의 의사결정 모형이다.

마치와 시몬의 초점은 조직 속에서 상이한 지위를 점하고 있는 개인들의 의사결정이다. 하젠펠드(Hasenfeld)에 의하면 "인간의 합리성은 제한되고 한계가 있는데, 그 이유는 인간에게 모든 가능한 대안적 선택, 선택에 따르는 결과 그리고 각 예상된 결과의 미래가치에 대한 완전한 지식이 결여되어 있기 때문이다. 결과적으로 의사결정자들은 과거의 경험, 현존하는 자극의 선택적 인식, 관습적 대안들을 토대로 하여 단순한 현실 모델을 구성함으로써 만족할 만한 해결책을 모색한다. 의사결정이 조직의 맥락 하에서 이루어질 경우, 그 의사결정을 결정하는 변수를 규정하는 주체는 조직이 된다"고 했다. 즉, 그들은 「제한된 합리성」을 개념화함에 있어 인간의 합리적 행동의 한계를 지적하고, 문제해결과 목표달성을 극대화하기보다는 만족시키는 데 그쳐야 한다고 주장한다(성규탁 역, 1985: 56).

마치와 시몬의 조직행동 모델은 개인의 의사결정을 결정하는 조직적 요인에 초점을 둠으로써 인간서비스 조직의 종사자들이 클라이언트에 관하여 내리는 결정을 이해하고 설명할 수 있는 분석적 도구를 제공하여 준다. 그러나 이 모델은 다음과 같은 단점이 지적되고 있다.

이 모델은 사회심리학적 모델로서, 조직적 맥락을 기존 사실로 간주하고 조직구조의 결정요인 · 표준시행절차 · 의사소통의 형태 등에 대한 설명을 할 수 없다. 이 이론은 다양한 형태의 조직을 생성시키는 요인들에 대해서는 전혀 언급하지 않고 있다. 또한 이 이론은 조직의 환경을 변치 않는 면에서 폐쇄체계모델이다. 결론적으로 조직 내에서의 권력과 자원에 대한 상이한 권한과 분배 그리고 조직 내 부서 간의 이권을 둘러싸고 일어나는 갈등에 관한 중요한 문제들이 무시되고 있다(장인협 · 이정호, 1993: 35-36).

2) 상황이론

상황이론(contingency theory)은 조직의 환경, 기술 그리고 규모가 조직의 구조를 결정하는데 중요한 영향을 미친다고 본다. 따라서 가장 효율적이면서 생산적인 조직구조를 결정하는 요인은 고전이론과 인간관계이론에서 전제하고 있는 것처럼 유일한 최선의 방법은 없고, 당면하고 있는 구체적인 상황에 의존하게 된다고 한다. 조직이 처한 상황이 달라지면 조직구조도 달라질 수밖에 없다는 것이다. 상황이론의 개념을 그림으로 표시하면 다음과 같다.

그림 5-2 상황이론도

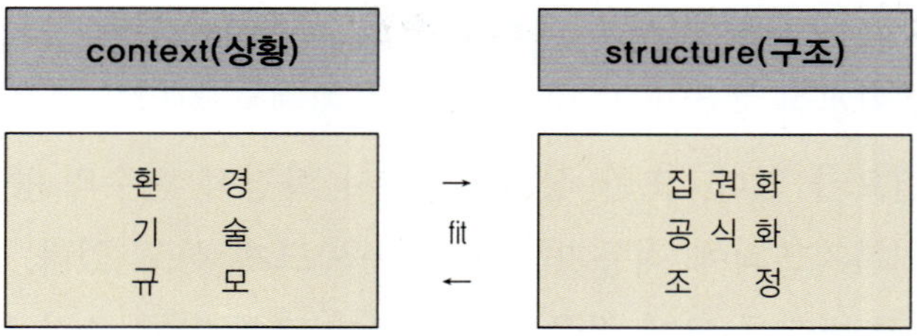

위의 그림에서 상황을 구성하는 요소는 환경, 기술, 규모이다. 여기에서 환경이 안정적이면 조직구조는 분권화와 공식화의 정도를 높일 수 있으나, 환경이 불안하고 변화의 정도가 클 경우 효과적인 대응을 위해서는 조직구조는 집권화의 정도를 낮추어야 신속한 업무처리에 유리하다는 것이다. 기술도 복잡하고 전문적인 기술을 사용하는 경우 분권화하는 것이 더욱 적합하고 조정의 필요성이 크게 강조될 수 있다. 조직의 규모는 대규모 조직으로 규모가 큰 경우 공식화의 정도는 높여도 되나 소규모 조직일 경우 공식화의 정도를 높여서 계층별 승인과 결재가 요구된다면 비효율적이라는 것이다. 이상에서와 같이 상황이론에서 조직의 내부구조는 환경의 변화와 안정성 정도, 사용되는 기술의 복잡성, 조직의 규모에 따라 적절히 결정되어야 한다는 것이다. 결국 상황이론은 조직이 환경에 적합(fit)해야 효과적이기 때문에 상황적합이론이라고도 한다.

사회복지조직 관리자가 상황이론을 활용할 경우 가장 우선적으로 고려해야 할 사항은 자신이 운영하는 사회복지조직의 특성과 욕구를 파악하는 것이며, 그 다음으로는 결정할 사항의 환경적 특성을 잘 이해하는 것이다. 만일 사회복지조직이 단일계층의 클라이언트에게 일정한 서비스를 반복적이며 지속적으로 제공하는 활동으로 특성화되어 있다고 판단하면 정형화되고 기계적인 조직구조와 형태를 활용할 수 있으며, 반대로 다양한 클라이언트 집단에 전문적인 서비스를 제공하는 기관으로 파악한다면 보다 유연한 조직형태를 갖추는 것이 바람직스럽다.

상황이론은 사회복지조직의 내부적 특성을 잘 설명하고 상황과 환경의 중요성을 강조한다는 점에서 시사하는 바가 크다. 실제로 사회복지조직은 클라이언트집단에 따라 그 조직의 특성이 매우 다르다. 따라서 제각기 다른 특성을 충분히 이해하고 조직화와 관리방법 및 형태를 결정해야 한다는 점은 매우 유의 깊게 받아들일 필요가 있다. 또한 상황이론에서 환경적 변수의 중요성을 강조하는 측면은 사회복지조직에 적용가능성을 더욱 크게 하고 있다. 실제로 사회복지조직은 환경적 변화에 크게 좌우되기 때문에 그에 따른 조직구조와 관리형태의 적용이 절실히 요구되는 것이다. 그러나 상황이론은 어떠한 상황이나 환경에 어떤 조직이 효과적이라는 일정한 원칙과 지침을 제공해 주는 데 실패했기 때문에 실제로 이 이론을 과학적으로 검증하거나 현실에 적용하는 데에는 일정한 한계가 있다. 또한 부분적인 상황요인만 중시하고 전반적인 사회 · 정치적 · 문화적 변수는 배제한다거나, 조직구조 형성의 주체인 의사결정, 가치관, 의도, 목적을 간과하고 있다는 비판이 제기되고 있다.

3) 정치경제이론

정치경제이론(political economy theory)은 역시 상황이론처럼 조직과 환경에 초점을 두고 있지만, 그 역동적인 상호작용의 역할관계에 따라 조직의 성패가 좌우된다는 점을 강조한 이론이다. 따라서 이 이론은 규범적이기보다는 분석적이며 일방적이고도 결정주의적인 성향을 띠지 않는다.

정치경제이론에 의하면 조직의 생존과 서비스 생산이라는 목적을 달성하기 위해서는 두 가지 기본적인 자원이 확보되어야 한다. 하나는 합법성과 권력과 같은 정치적(political) 자원이고, 다른 하나는 생산과 서비스에 요구되는 필요한 재원, 클라이언트, 인력과 같은 경제적(economy) 자원이다. 조직에서 합법성은 조직의 설립기반과 모든 활동의 근거가 되는 중요한 요소이며 권력과 같은 정치적 자원으로 인하여 조직의 목표달성을 위한 적절한 권위와 영향력이 행사될 수 있다. 또한 재원, 클라이언트, 인력과 같은 생산과 서비스를 위한 경제적 자원이 확보되지 않는다면 조직은 정상적으로 가동될 수 없을 것이다.

정치경제이론은 조직의 서비스전달체계를 형성하는 데 있어서 환경의 중요성, 특히 과업환경(task environment)의 중요성을 강조한다(Hasenfeld, 1922 : 31). 과업환경이란 조직에 직접적 영향을 미치는 환경으로 대개 지역사회 내의 다른 조직과 클라이언트 집단을 포함한다. 이러한 과업환경의 요소들은 조직이 필요로 하는 중요한 자원(합법성, 재원, 클라이언트 등)을 통제하고 있고, 조직을 통해 자신들의 목적을 실현시키려 하기 때문에 상당한 이해관계를 형성하고 있다. 과업환경의 요소들이 조직에 대해 힘과 영향력을 행사할 수 있을 정도의 꼭 필요한 정치적 · 경제적 자원을 보유하고 있다는 것은 조직은 반드시 필요한 자원을 확보하기 위해 정치경제적으로 환경에 대해 의존하고 있다고 풀이된다. 그래서 정치경제이론은 자원의존이론(resource dependency model)이라고도 한다.

자원의존이론은 어떤 환경적인 외부 요소가 통제하고 있는 자원에 대해 조직이 의존하는 정도가 크면 클수록 그 요소가 조직에 갖는 영향력도 그만큼 증가한다는 것이다. 따라서 조직의 관리자는 조직의 생존과 발전에 결정적인 역할을 하는 과업환경을 면밀히 분석하여 외부자원의 안정적인 흐름을 확보하려는 노력이 필요하다.

외부환경을 관리하기 위해 조직의 관리자가 취할 수 있는 효과적인 전략으로는 완충(buffering)과 연계가 있다(황성철 외, 2003: 85-86). 완충전략은 조직이 과업환경으로부터 야기되는 혼란에서 조직을 보호하기 위하여 조직 내의 구조와 주요 절차를 정비하는 방법이며, 연계전략은 조직이 필요한 주요 자원을 획득하기 위하여 환경의 다른 요소 또는 조직들과 협력 혹은 공조관계를 형성하고 발전시키는 것을 말한다. 완충전략이 내부지향적이며 수동적인 환경대응전략이라면 연계는 외부지향적이고 능동적인 조직의 변화전략이라고 할 수 있다. 완충전략을 선택했을 경우 관리자가 취할 수 있는 구체적인 전술은 분류, 예측, 비축, 평준화 등이 있다.

분류(coding)는 외부환경으로부터 지속적으로 투입되는 자원의 흐름에 방해가 생겼을 때 새로운 자원확보에 문제가 발생할 경우 기존의 자원과 투입을 재

분류하여 정리하는 방법을 말한다.

예측(forecasting)은 조직의 투입과 산출에 대하여 미리 예측하여 환경적 변화에 적응하는 방안을 강구하는 전술이다. 예를 들면, 6개월 후 사업내용과 관련된 소요재원을 미리 예측하여 조달방법을 강구하는 방법이다.

비축(stockfiling)은 환경으로부터 유입되는 자원이 불충분하다고 판단될 때 조직의 주요 자원을 비축하여 긴급 상황에 사용할 수 있도록 조치하는 전술이다.

평준화(leveling)는 환경적 요소의 변호가 조직에 큰 충격을 줄 경우 조직 내의 특정 부서나 일부직원이 부담할 충격을 나누어 분담케 함으로써 충격을 완화시키는 전술이다. 예를 들면, 조직의 재원조달에 심각한 문제가 발생했을 때, 각 부서의 지출규모를 약간씩 줄여 나가는 방법을 말한다.

한편 연계(bridging)의 전략을 취했을 때 관리자가 활용할 수 있는 전략도 여러 가지가 있다. 우선 협력(corporation)의 전술은 충분한 수의 클라이언트를 환경으로부터 확보하기 위해서 타 기관과 협력관계를 형성하여 클라이언트를 의뢰받을 수 있는 방안이다. 또한 대체자원개발(developing alternative resources)은 사회복지조직에서 흔히 사용할 수 있는 전술로 인정되고 있는 것으로, 적극적으로 환경 의존적인 조직의 위치를 변화시킬 수 있다. 그리고 서비스나 프로그램의 다변화 전술도 새로운 클라이언트나 자원을 획득할 수 있는 방법으로 유용하게 사용될 수 있다.

그러나 이러한 완충과 연계의 전략이 갖고 있는 장점이 있는 반면 사회복지서비스에 대한 윤리적인 문제도 야기할 수 있다. 크리밍(creaming)현상은 사회복지조직이 투입비용을 줄이고 자원을 극대화하기 위해서 비교적 성공의 가능성이 큰 클라이언트를 선별적으로 모집하고, 반대로 자원의 소모가 많고 서비스의 수요가 큰 클라이언트를 배척하는 현상이다. 결국 사회복지조직이 희소한 자원확보와 유지에 몰두한다면 서비스를 적절히 필요로 하는 클라이언트가 배제될 수 있기 때문에 윤리적인 문제가 대두될 수 있다.

정치경제이론은 사회복지조직의 내 · 외부 정치경제적 관계가 조직의 서비스 전달체계에 어떤 영향을 미치는지 잘 설명해 주기 때문에 이론적으로 기여하는 바가 크다(Hasenfeld, 1922: 32). 특히 사회복지조직이 외부환경에 크게 의존하고 있다는 사실을 강조하고, 환경의존성을 탈피하려는 조직의 대응전략을 사용했을 때 어떤 영향이 나타나는가를 명확히 설명해 준다는 점에서 사회복지조직에의 적용성은 매우 높다. 이 이론은 또한 클라이언트를 중요한 자원으로 보면서 동기에 조직에 영향을 주는 잠재적인 이해관계 당사자로 파악하여 조직이 어떻게 클라이언트 집단에 반응해야 하는가를 예측하게 한다. 실제로 사회복지조직과 클라이언트와의 관계는 상호 필요한 자원을 어느 정도 갖고 있느냐에 따라 상호의존성의 정도가 달라질 수 있다는 점을 시사하고 있다. 정치경제이론은 이와 같은 조직과 환경과의 역학관계에서 사회복지조직의 형태를 자세히 설명하는 잠재력을 갖고 있지만, 사회복지조직은 정치경제적 힘과 자원에 의해서만 전적으로 좌우되는 것은 아니며, 그 조직을 형성하는 가치와 이념을 간과하고 있다는 점에서 적용상의 한계가 있다(황성철 외, 2003: 83).

5 현대조직이론

1) 목표관리이론

목표관리(MBO, Management By Objectives)는 피터 드레커(P. Drucker)가 1954년 저술한 「The Practice of Management」에서 주장하였다. 목표관리는 구성원들의 참여를 통한 장·단기적 목적들의 설정, 그로 인한 업무자들의 기관에 대한 기여증진, 목표성취 여부에 대한 체계적인 평가를 가능하게 해 주는 것이다. 기본적으로 관리의 전 과정에 업무자들이 참여하여 일정 기간에 성취되어야 할 장기적인 목적과 단기적 목표들이 구체화된다. 구체적으로 합의된 목적과 목표들이 존재함으로 인해, 그것들이 성취되고 있는지의 성공 여부가 정기적으로 평가되어 환류함으로써 궁극적으로 조직의 효율성을 향상시키고자 하는 관리기법이다.

목표관리의 구성요소는 다음과 같다.

첫째, 목표의 정확한 설정으로 1년 이내의 비교적 단기적이며 측정 가능한 목표(objective)를 설정한다. 목표는 최고관리자가 일방적으로 결정하는 것이 아니라 조직구성원의 참여하에 설정되며 개인별 · 조직단위별로 달성해야 할 업무를 정한다.

둘째, 설정된 목표는 실행계획으로 구체화 되면서, 최종목표에 이르는 중간목표가 마련되며, 중간목표에 비추어 중간결과를 평가하여 원래 합의된 중간목표에 환류시킨다.

셋째, 피드백(feedback)을 통해 활동의 전 과정과 결과를 평가하여 장래의 목표관리에 도움을 주며, 조직의 문제해결능력 및 개개인의 직무수행능력을 향상시키고자 한다.

이러한 목표관리의 장점은 첫째, 조직의 목표를 명확히 하고 그러한 목표에 조직활동을 집중시킴으로써 조직을 효율적으로 관리하며, 둘째, 업무자들을 프로그램의 결정 사항들이나 기관의 방향 선택에 참여시킬 수 있으며, 셋째, 업무자들의 자발적인 동기를 증진, 기관에 대한 개인별 기여확인이 가능하며, 넷째, 개인별 목적들이 취합되어 분파별로 목표설정, 공동으로 추구해나가는 과정을 강조할 수 있으며, 다섯째, 체계적인 평가를 가능하고, 여섯째, 장 · 단기적 목적들을 설정하는 것을 장려함으로써, 단지 주어진 서비스 요청에 수동적으로 반응하는 식의 기획을 막을 수 있다.

그러나 측정가능한 목표설정이 쉽지 않으며, 실현가능성에 맞춘 단기적 · 양적목표에 치중함으로써 장기적 · 질적 목표를 소홀히 하게 하며, 지나치게 세밀한 서류작업이 번거로운 단점으로 나타나기도 한다(김규정, 2001: 339).

표 5-2 사회복지조직의 MBO 적용 예

구 분	MBO 절차	사회복지조직의 MBO 절차(예시)
1. 목표의 발견	• 조직에 필요한 거시적 조직 목표 발견	1. 사회적 문제들을 고려한 장기적 목표발견 2. 당면한 문제해결을 위한 단기적 목표발견
2. 목표의 설정	• 조직이 이루고자 하는 목표 정립 – 계획수립 – MBO를 위한 팀 운영	1. 상위목표 설정(조직의 목표) 2. 하위목표설정(부서와 개인별 목표설정) – 상사와 부하의 합의에 의한 목표와 평가기준을 설정 – 팀 운영
3. 목표의 확인	• 설정된 목표가 실제 수행가능성 있는지를 검토 – 목표면담	1. 상위목표 확인 2. 하위목표 확인
4. 목표의 실행	• 구체적 전략과 실제행동 – 사업활동(업무추진)	1. 하위목표 수행 2. 목표수행과정에서 피드백(환류)
5. 평 가	• 계획의 평가 – 실적집계 – 평가면담 – 인사평가	1. 중간결과의 평가와 환류 2. 최종결과의 검토 및 평가 – 실적집계 – 평가면담 3. 인사 평가에 반영
6. 피 드 백	부족한 부분, 추가할 사항은 차기 계획에 반영	부족한 부분, 추가할 사항은 차기 계획에 반영

2) 총체적 품질관리

총체적 품질관리(TQM, Total Quality Management)는 고객에 대한 서비스의 질을 높이기 위한 관리기법으로 산출물의 품질결정이 소비자에게 이루어지고 투입과 산출에 대한 계속적인 피드백이 강조되는 이론이다. TQM은 관리기술이라기보다는 관리철학적인 성격을 띠고 있다.

그 내용의 핵심은 고객초점(consumer focus), 품질보증(ensuring quality), 권한위임(cmployee empowerment), 조직책임(system's accountability), 지속개선(continuous improvement)이라고 할 수 있다(최창호, 2005: 64). 따라서 TQM은 단순히 제품이나 서비스의 결함을 발견하여 그것을 제거하는 데 있는 것이 아니라 총체적으로 소비자가 만족할 수 있도록 제품과 서비스를 향상시키는 혁신적인 조직관리방법으로 이해해야 한다.

TQM의 주요 특징은 다음과 같다.

① 조직리더의 강력한 의지로 주도된다.

② 의사결정과정에서 전체 구성원의 참여를 활성화시키기 위한 권력의 분배가 필수적이다.

③ 고객중심의 관리이다. 따라서 조직 생산물의 질은 고객의 욕구나 바람에 기초하여 결정되어야 한다.

④ 지속적인 학습과정이다. 따라서 기관활동에 대한 문제점의 발견과 이를 수정하는 연속적인 노력이다.

⑤ 총체적 관리과정이다. 따라서 조직의 철학, 비전, 전략, 유능한 인력, 재원, 보상제도 및 조직구조 등의 핵심적 요소들에 대한 관리를 모두 포함하는 종합적 접근방식이다.

TQM은 이러한 기본원리에 바탕을 두어 품질향상을 위해 조직 내 품질서클(quality circle)과 과정향상팀(process improvement team) 등을 구성하여 팀원들이 서비스 과정흐름도표(process and flow charts), 파레스도표(pareto charts), 인과관계도(cause-effect diagrams) 등의 기법을 활용하여 투입과 산출에 관한 전반적인 자료수집과 분석을 하는 과정이 포함된다. 따라서 TQM은 소비자나 고객의 만족도를 높이는 관리철학이나 이념을 반영하고 전체적인 품질향상을 위해서 참여, 협동, 학습조직 등의 조직화 방안을 추구하면서 효과적인 관리기법을 적극적으로 활용하는 방법이다(황성철 외, 2003: 91-92).

처음 기업조직에서 사용된 TQM이 1980년대 후반부터 공공행정 분야와 사회복지서비스조직에도 적용되기 시작했다. 사회복지조직도 최근 클라이언트 삶의 질이 강조되면서 서비스의 질적 향상을 위한 관리이론과 기법을 적극적으로 활용할 필요가 있다는 인식이 확산되면서 TQM의 적용이 시도되고 있다.

TQM을 사회복지조직에 적용함에 있어 고려해야 할 점은 우선 사회복지조직이 산출하는 사회복지서비스의 효과성과 질을 객관성 있고 타당하게 측정할 수 있는 척도가 부족하기 때문에 TQM의 도입 이후 질적 향상을 가늠하기 어렵다는 문제가 있다. 그리고 성공적인 TQM의 시행은 조직리더의 의지와 직원의 자발적인 참여로 서비스의 질에 대한 총체적인 관심을 갖는 조직문화가 형성되어야 한다. 또한 TQM을 시행하기 위한 다양한 관리기법의 활용에 대한 지식과 기술이 구비되어야 한다.

3) 프로그램평가검토기법

프로그램평가검토기법(PERT, Program Ecaluation Review Technique)은 프로그램을 명확한 목표들로 조직화하고, 진행 일정표를 작성하고, 자원계획을 세우고, 프로그램 진행사항을 추적하는 데 활용될 수 있는 관리도구이다. 프로그램평가검토기법은 한 목표를 달성하기 위해 필요한 시간의 추정, 목적을 성취하는데 따르는 전반적인 업무자들의 진행사항을 평가할 수 있는 도구로 유용하다. 제2차 세계대전 이후 종래의 계획수단으로는 도저히 수행하기 어려운 대규모의 우주개발사업, 원자로의 건설, 군수산업 등의 소요시간을 단축하고 비용을 절감할 목적으로 개발한 것으로, 공식적인 프로그램이나 대규모 프로젝트들의 기획과 관리를 위한 모델이다.

주요 활동으로는 첫째, 프로그램 목표확인, 둘째, 수행될 활동들을 점검, 순서결정, 각 활동에 드는 시간, 요구되는 자원의 확인, 셋째, 활동들 간의 관계, 목적과 활동들의 관계를 네트워크로 연결한 그림으로 표기하는 것이다.

프로그램평가검토기법의 특징은 명확한 목표를 가진 프로그램을 조직화하고 진행시간표를 작성하고, 예산을 수립하여 프로그램 진행사항을 추적해 나가는데 유용하다. 각 활동에 소요되는 기대시간(Te)을 측정한다.

시작에서 종료에 이르는 경로 중 가장 많은 시간이 소요되는 경로를 임계경로(critical path)라고 한다. 이 경로는 활동을 완수하기 위해 반드시 확보되어야 하는 시간을 의미한다.

그림 5-3 PERT의 예

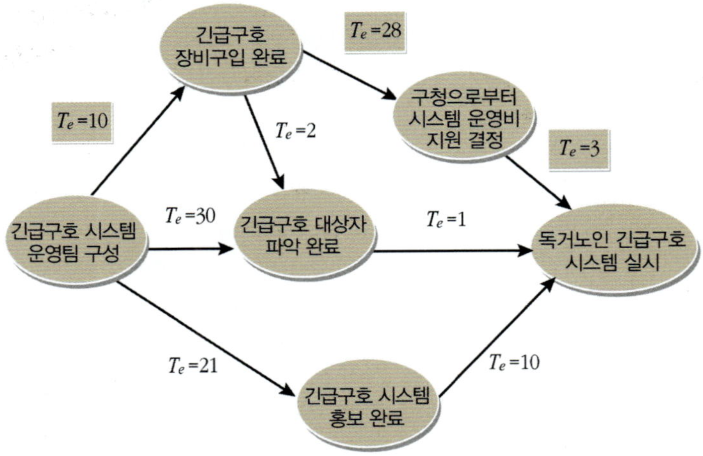

'긴급구호 시스템 운영팀 구성 → 긴급구호 장비구입 완료 → 구청으로부터 시스템 운영비 지원 결정 → 독거노인 긴급구호 시스템 실시'까지의 경로가 임계경로이다. 이 프로그램을 수행하기 위해 최소한 확보해야 하는 시간은 임계경로에 걸리는 41주(그림에서 가장 오랜 기간이 소요되는 경로)이다.

$$T_e = \frac{T_o + 4T_m + T_p}{6}$$

T_e : 기대시간

T_o : 낙관적인 시간(가장 상황이 좋을 때 걸리는 시간)

T_m : 최빈시간(반복했을 때 가장 빈번히 걸리는 시간)

T_p : 비관적인 시간(가장 상황이 좋지 않을 때 걸리는 시간)

출처 : 사회복지교육연구센터(2016). 사회복지행정론. p.151.

PERT의 장점으로는 첫째, 활동 간 상관관계가 나타나므로 전반적인 진행의 흐름을 파악하는 데 용이하다. 둘째, 활동의 순서가 나타나므로 체계적인 업무 수행에 도움이 된다. 셋째, 활동을 진행하면서 특정 활동의 소요시간 증감, 일정 변경 등 유동적인 상황에 대해 대처하는 데 편리하다.

그러나 PERT의 단점으로는 첫째, 소요시간의 예측이 어렵기 때문에 치밀한 계산이 필요하다. 둘째, 모든 활동의 활동 간 연결성을 파악하여 순서대로 배제해야 하기 때문에 도식화 과정에서 너무 많은 시간과 비용의 낭비가 있을 수 있으며, 도식화 자체의 어려움이 있을 수 있다. 셋째, 도식화가 지나치게 복잡하면 오히려 파악하기 어려울 수 있다.

기출 및 예상문제

01 총체적 품질관리(TQM)의 원칙에 대한 설명으로 옳은 것은? (18회 출제문제)

① 조직구성원들의 집단적 노력을 강조한다.
② 조직의 중요한 관점은 현상유지이다.
③ 의사결정은 전문가의 직관이 가장 중요한 요소가 된다.
④ 각 부서의 구성원들은 끊임없는 경쟁체제에 있다.
⑤ 품질의 수준은 전문가의 판단이다.

정답 : ①

① 고품질 확보를 위한 지속적 개선을 강조한다.

02 프로그램평가검토기법(PERT)의 설명으로 옳지 않은 것은?

① 활동 간 상관관계가 나타나므로 전반적인 진행의 흐름을 파악하는 데 용이하다.
② 활동의 순서가 나타남으로 체계적인 업무수행에 도움이 된다.
③ 활동을 진행하면서 특정활동의 소요시간 증감, 일정 변경 등 유동적인 상황에 대해 대처하는 데 어려움이 있다.
④ 소요시간의 예측이 어렵기 때문에 치밀한 계산이 필요하다.
⑤ 모든 활동의 활동 간 연결성을 파악하여 순서대로 배제하여야 하기 때문에 도식화를 하는 과정에서 너무 많은 시간과 비용의 낭비가 있을 수 있다.

정답 : ③

③ 활동을 진행하면서 특정활동의 소요시간 증감, 일전 변경 등 유동적인 상황에 대해 대처하는 데 편리하다는 장점이 있다.

03 인간관계이론에 대한 설명으로 옳은 것을 모두 고른 것은?

ㄱ. 인간관계이론은 조직에서 인간을 보는 시각이 단순히 조직목표의 달성을 위한 수단이 아니라 인간 자체가 목적이 된다는 점에서 인도주의적 관점의 견해를 가지기 때문에 사회복지의 철학과 이념에 부합한다.
ㄴ. 조직환경에서 직원의 조직에 대한 태도와 동료직원과의 관계가 직접적으로 클라이언트 관계에 영향을 주기 때문에 워커(worker)와 클라이언트(client) 간의 상호작용의 과정이 핵심이 되는 사회복지조직의 구성원에게 더욱 잘 적용된다는 것이다.
ㄷ. 인간관계인 사회적 측면을 지나치게 강조한 나머지 조직의 효과성을 결정하는 목표, 자원, 기술, 구조적인 특성 등을 소홀히 다루는 경향이 있다.
ㄹ. 인간행동의 동인으로 작용하는 경제적 보상을 적절하게 사용한다.

① ㄱ, ㄴ, ㄷ ② ㄴ, ㄷ ③ ㄷ, ㄹ
④ ㄱ ⑤ ㄱ, ㄴ, ㄷ, ㄹ

정답 : ①

① 인간행동의 동인으로 작용하는 경제적 보상이 전혀 고려되지 않았다는 점이다. 따라서 인간관계이론은 조직 내 인간의 심리사회적 요인을 지나치게 강조한 나머지 조직 내에서의 인간의 정치경제적 과정을 경시하고 있다는 비판을 받는다.

04 체계이론에서 하위체계의 기능으로 옳지 않은 것은?

① 생산하위체계(production subsystem)는 생산과 관련된 업무를 수행한다.
② 유지하위체계(maintenance subsystem)는 조직의 계속성의 확보, 안정성을 유지한다.
③ 경계하위체계(boundary subsystem)는 활동의 공식화, 보상체계의 확립, 새로운 구성원의 사회화, 직원의 선발과 훈련 등이 있다.
④ 적응하위체계(adaptive subsystem)는 조직의 목적 및 실천활동에 관한 연구, 계획, 집행, 평가와 관련되어 있다.
⑤ 관리하위체계(managerial subsystem)는 조직이 최적으로 목표를 달성하도록 조직의 목표에 모든 하위체계가 기능하도록 조정하고 통합하는 리더십을 제공하는 것이다.

정답 : ③

③ 경계하위체계(boundary subsystem)는 조직의 외부환경과의 관계를 유지하여 이에 영향을 미치고 적응하는 기능을 수행한다.

05 정치경제이론에 대한 설명으로 옳지 않은 것은?

① 조직과 외부환경과의 상호작용에 초점을 둔다.
② 자원의 유무에 따라 발생하는 권력의 역학관계에 주목한다.
③ 외부환경에 의존하게 되는 사회복지조직의 현실을 설명할 수 있다.
④ 정치적 자원과 경제적 자원을 모두 고려한다.
⑤ 조직의 자율성과 능동성을 간과했다는 비판을 받는다.

정답 : ⑤

⑤ 정치경제이론에서 조직은 환경과 상호작용하면서 조직의 생존과 발전을 위해 경쟁, 협력, 갈등, 계약 등 다양한 전략을 발휘하며 자율적이고 능동적으로 대처해 나간다.

Chapter 06

리더십

사회복지조직이나 프로그램 관리에서 가장 빈번하게 다루어지는 부분이 리더십이다. 어느 조직에서나 마찬가지겠지만 조직의 목표 결정에서부터 실행, 유지, 관리에 이르는 제반 업무들에 이르기까지 조직의 전반적인 운영은 조직 리더들이 취하는 리더십에 의해 크게 영향을 받는다.

서비스나 프로그램의 조직과정에는 외부환경 등 다양한 요인들이 영향을 미칠 수 있지만, 조직의 내부적인 요인인 리더십 또한 무시할 수 없는 조직성격의 결정 요인이 된다.

1 리더십의 개념

1) 리더십의 정의

리더십(leadership)은 연구자의 관점에 따라 다양하게 정의되고 있으며, 리더의 특성을 강조하여 개념을 규정하는가 하면, 리더의 행동이나 조직이 처한 상황을 강조하여 개념을 규정하는 경우도 있다.

리더십에 관하여 최성재·남기민은 "리더십이란 조직이 처한 특정 상황에서 조직구성원들이 자발적으로 조직의 목표를 달성할 수 있도록 사회복지조직의 행정가가 영향력을 행사하는 활동"(최성재·남기민, 2001: 320-321)이라고 정의하고 있고, 성규탁은 "어떤 목표를 달성하기 위해 사람들에게 행사하는 영향력, 기술 혹은 이를 행사하는 과정"이라고 정의한다(성규탁, 1993: 322). 즉, 일반적으로 리더십이란 조직의 리더가 갖는 성향, 행동, 상황 등과 관련되는 제반 특성을 묶어서 부르는 개념이다. 그로 인해 개념을 한마디로 규정하는 것은 쉽지 않지만, 크게 묶어서 보자면 리더십이란 다른 사람들과의 관계에 영향을 미칠 수 있는 능력을 의미하며, 의사결정스타일이란 조직에서의 의사결정이 어떻게 이루어지는가를 의미한다.

2) 리더십의 필요성

리더십은 조직성과에 영향을 미치는 중요한 요소의 하나일 뿐 아니라 관리자에게 있어서 조직목표를 달성하는 활동의 핵심이다. 사회복지조직에서 리더십이 필요한 이유를 살펴보면 다음과 같다(Neugeboren, 1985: 145).

첫째, 전문가의 자율성 욕구와 조직의 통제욕구 사이의 긴장 감소 때문이다. 그러므로 조직의 구성원들이 조직의 규칙과 규정을 준수하면서 조직의 목표를 자발적으로 달성하도록 동기부여를 하기 위한 리더십이 필요하다.

둘째, 변화하고 증가하는 환경적 압력에 대한 대응으로 리더십이 필요하다.

셋째, 새로운 기술과 구조의 도입 등 중요한 내부적 변화의 조직으로의 통합 필요성이 증대됨으로 인해 리더십이 필요하다. 즉, 내부적 변화를 도모함과 동시에 조직구성원이 이를 무리 없이 수용할 수 있도록 하기 위해서는 리더십이 필요하다.

넷째, 사회복지조직에서 구성원의 전문적 목표와 조직의 목표사이의 불일치를 감소시키기 위해 리더십이 필요하다.

2 리더십이론

어떤 사람이 리더(leader)가 되어야 하는가? 어떤 경우에 리더십이 형성되는가? 리더십에 관해서는 많은 이론들이 있는데, 초기의 이론들과 오늘날의 상황이론들은 모두 그 연구의 초점을 리더십의 효과성을 가져오는 요인을 탐색하는 데 두고 있다. 리더십에 관한 이론들을 살펴보면 다음과 같다.

1) 특성이론(trait theory)

리더십의 초기 이론으로 1940~1950년대에 주장되었는데, 리더의 용모와 같은 신체적 특성과 판단력, 언어능력, 지능, 성격, 학력과 경력 등의 사회적인 배경 같은 리더의 특성에 초점을 둔 이론이다. 성공적인 리더와 비성공적인 리더를 구분짓는 중요한 특성이 존재한다는 기본가정을 하고 있다. 즉, 특정한 특성을 갖게 되면 성공적인 리더가 될 수 있다는 이론이다. 이때의 특성은 천부적으로 갖고 태어난 특성뿐만 아니라 학력, 경력 등 후천적인 노력으로 획득할 수 있는 것이다.

리더가 갖추어야 할 6가지 자질로서 버나드(Barnard)는 활력과 인내성, 결단성, 설득력, 책임성, 지적 능력 등을 들고 있으며, 스토길(Stogdill)은 육체적 특성, 사회적 배경, 지능, 퍼스낼리티, 과업과 관련된 특성, 사회적 특성 등을 제시하고 있다(장동일, 2006: 233).

특성이론 초기에는 누구나 일정한 특성을 가지고 있으면 어떤 상황 속에서도 리더십을 발휘할 수 있다고 주장되었지만, 후에 이와 같은 자질이 고정된 것이 아니라 사람마다 처해 있는 환경과 상황에 따라 변하는 것으로 수정되었다(장천식, 2006: 1246).

특성이론에서 말하는 성공적인 리더의 특성을 구체적으로 찾아내는 노력은 실패했고, 리더가 하위자들을 모으기 위한 행동유형을 제시하지 않았으며, 상황에 따른 리더십을 무시하고 보편적인 특성만을 추구한다는 점에서 비판을 받고 있다.

2) 행동주의이론(behavioral theory)

행동주의이론은 특성이론의 한계점을 극복하기 위해서 행동과학자들에 의해서 1950~1960년대에 주창된 이론이다. 리더의 행동에 관심을 둔 이론으로, 성공적인 리더와 비성공적인 리더의 차이점은 리더십의 행동유형에 따라 구별된다는 관점이다. 이 이론에서 효과적인 리더는 특별한 리더십 행동에 의해 비효과적인 리더와 구별된다는 이론으로 오하이오(Ohio) 연구, 미시건(Michigan) 연구, 관리격자(managerial grid)이론 등이 대표적이다.

(1) 베일즈(Bales) 연구

베일즈(Bales)는 하버드대학에서 개발하여 리더십의 형태를 분석·연구한 결과로서, 그 형태는 활동, 과업수행능력, 호감의 3가지 측면이 모두 탁월한 사람이 가장 유능한 지도자로 연결되었다.

(2) 오하이오주립대학 연구

오하이오주립대학(Ohio State University)의 연구는 리더행동기술 질문지(LBDQ: Leader Behavior Description)라는 것을 개발하여 자료를 수집하고 분석하여 리더의 행동을 구조주도 행동(initiating structure behavior)과 배려 행동(consideration behavior)으로 나누고 2가지 행동차원의 결합에 따라 4가지의 지도자 형태유형을 제시하였다. 그 결과 높은 조직화와 높은 배려가 가장 바람직하고 유효한 리더십 형태를 연구하였다.

구조주도 행동이란 업무와 구성원 조직화하는 과업 및 목표지향성을 띤 지시형을 의미한다. 즉, 리더가 집단의 목표를 달성하기 위해서 자신의 역할과 부하들의 역할을 명확히 하고 구조화하는 정도를 의미한다. 예를 들면, '일을 잘못하면 꾸짖는다', '일을 언제까지 해야 한다고 강조한다', '문제해결을 위한 새로운 방법을 제시한다', '구체적인 수행 기준을 제시한다', '부하들의 업무를 조정한다'

등이다.

배려 행동이란 우정, 신뢰, 상호존중, 온정, 지원, 복지, 개인적 욕구를 인정하는 지원적 리더유형이다. 즉, 부하들을 친근하고 따뜻하게 대하고, 관심을 표명하며, 부하들의 복지에 신경을 쓰는 정도를 의미한다. 예를 들면, '부하들의 문제에 귀를 기울인다', '부하들의 제안을 수용하려 한다', '중요한 문제가 있으면 실시 전에 부하와 상의한다', '부하들의 개인적인 부탁을 들어준다' 등이다.

그림 6-1 부하의 성숙수준에 따른 상황적 리더십 모형

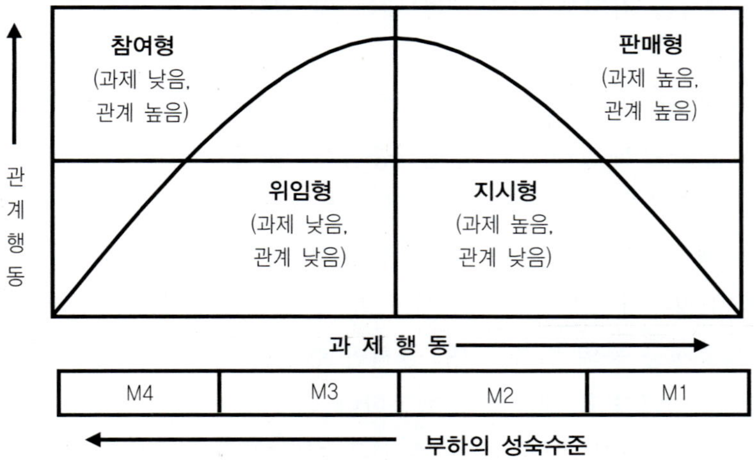

※ 각 성숙수준 단계의 중앙에서 위로 선을 그어서 곡선과 만나는 지점이 바로 이상적인 리더 행동유형이 됨

리더자의 행동유형은 4가지의 행태로 나타난다. 첫째, 위임형(delegating): 관계행동과 과제행동수준에서 낮은 리더이다. 대부분의 일처리를 부하에게 위임한다. 둘째, 참여형(participating): 과제행동수준은 낮으나 관계행동수준이 높은 리더이다. 대부분의 일처리에서 부하들을 의사결정과정에 참여시킨다. 셋째, 지시형(telling): 과제행동수준은 높으나 관계행동수준이 낮은 리더이다. 대부분의 일처리를 지시해가면서 처리한다. 넷째, 판매형: 과제행동과 관계행동수준에서 둘 다 높은 리더이다.

어떤 유형이 더 효과적인지는 부하의 성숙수준에 따라 달라지게 된다. 다음은 부하의 성숙수준에 따라 적합한 리더행동을 나타내는 상황적 리더십 모형이다.

(3) 미시건대학의 연구

미시건대학(University of Michigan)의 연구는 오하이오 연구와 거의 비슷한 시기에 이루어졌다. 연구의 목적은 어떤 유형의 리더행동이 업무집단의 성과와 구성원의 만족을 가져오는가를 찾아내는 데 있다.

결과적으로 두 가지 리더십의 유형이 발견되었는데, 직무중심적 리더십 유형(employee-centered leadership)과 구성원중심적 리더십(job-centered leadership)이다.

첫째, 직무중심적 리더십은 직무요인과 직무성과를 강조하고 면밀한 감독, 통제에 의한 행동유형을 보인다. 즉, '유능한 리더는 부하가 하는 일과 동일한 일에 매달리지 않는다. 그 대신 업무계획 및 일정수립, 부하들의 업무조정, 필요한 장비 및 물품제공 등의 일을 하며, 높지만 현실적으로 가능한 수행목표를 세우고 부하들을 이끈다'고 생각하고 행동한다.

둘째, 구성원중심적 리더십(부하중심)은 인간지향적, 업무와 책임의 위임, 구성원의 복지, 욕구, 승진, 개인적 성장을 강조하고 행동한다. 즉, 부하들을 신뢰하고, 사려깊게 행동하고, 부하의 문제를 이해하려 하며 부하들의 업적을 인정해주는 등의 행동을 포함한다.

연구결과 구성원중심적 리더십이 직무중심적 리더십보다 높은 생산성과 직무만족감을 보였다. 그러나 이 행동이론은 리더십행동유형이 리더십의 효과에 미치는 상관성에 대해 입증하지 못했으며, 상황에 따라 상이한 결과가 나타나는 한계점이 있다.

(4) 관리격자 모형(관그리드 모형)

블레이크와 머튼의 관리격자 모형은 관리격자(바둑판 모양)를 활용하여 두 가지(사람, 생산) 차원에 기초하여 리더십이론을 전개한다. 리더의 행동을 '인간에 대한 관심'과 '생산에 대한 관심'이라는 2가지 차원에 기초하여 무기력형, 컨트리클럽형, 과업형, 중도형, 팀형(단합형)의 5가지 리더십과 81종류의 합성적 리더십유형이 나타난다.

관리격자이론은 직무중심과 구성원중심의 양극적 리더십유형을 조화시키고자 한다. 즉, 가장 낮은 관심을 1로 가장 높은 관심을 9의 척도로 측정하여 리더의 행동을 다섯 가지로 분류하였다. 따라서 가장 효율적인 리더는 과업지향적이면서 동시에 인간중심적 사람이라고 주장한다. 과업목표와 인간관계를 동시에 고려해서 행동해야 한다고 본다.

관리격자망에는 5가지의 리더십 유형이 나타난다.

첫째, 무기력(무관심형)형 리더십이다(1 · 1). 생산 및 인간에 대한 관심이 둘 다 낮고 조직 내 직위 유지를 위한 최소한의 노력만을 하는 유형이다.

둘째, 컨트리클럽(친목형)형 리더십이다. 인간에 대한 관심은 높고 생산에 대한 관심은 낮은 인기 위주의 리더형이다(1 · 9).

셋째, 과업형 리더십의 유형이다. 생산에 대한 관심은 높고 인간에 대한 관심은 낮은 과업에 대한 능력을 중시하는 유형이다(9 · 1).

넷째, 중도(타협형)형 리더십 유형이다. 인간과 생산에 대한 반반씩 관심, 적당한 수준의 성과를 지향하는 유형이다(5 · 5).

다섯째, 팀(단합형)형 리더십의 유형이다. 인간과 생산에 대한 관심이 둘 다 높고 목표달성 위해 조직구성원의 상호의존관계와 공동체 의식을 강조하여 조직목표달성에 헌신하도록 유도하는 유형이다(9 · 9). 그러나 리더십 행동유형과 성공적 집단 수행의 관계를 규명하는 것은 불명확하며, 상황적 변수를 간과했다는 비판을 받는다.

그림 6-2 관리격자 모형

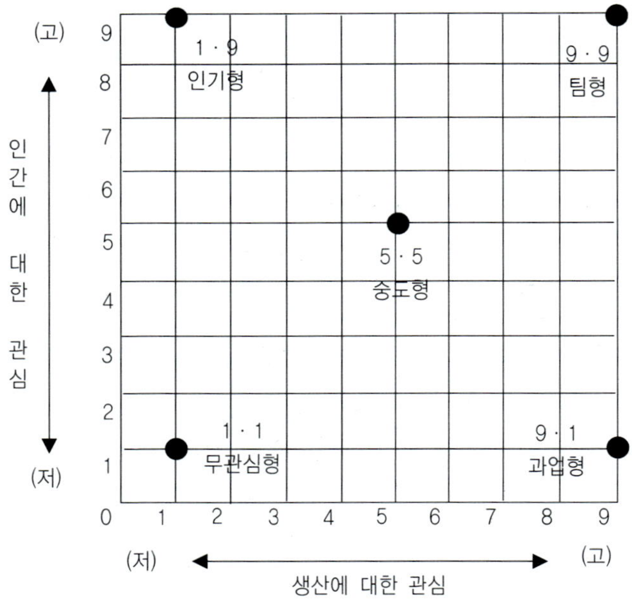

3) 상황이론

행동이론의 한계를 극복하고자 1960년대 말부터 1970년대에 이르면서 리더십 연구에 관한 접근방법으로 개발된 이론이다. 이 이론에 따르면 리더란 상황의 산물이기 때문에 주어진 상황에 따라 리더의 능력이나 가치가 다르게 평가되는 동시에 요구되는 리더의 행태와 자질이 달라진다고 보았다. 여기에서 상황이란 리더가 속해있는 조직의 목표와 성격, 규모, 역사, 유형, 발전의 정도, 구성원의 자질과 행동, 기대와 욕구 등을 의미한다.

상황이론 중에는 피들러(Fiedler)의 상황적합이론, 호서(Houser)의 경로-목표 이론 등이 있다.

(1) 상황적합이론(contingency theory)

상황적합이론(contingency theory)은 피들러(Fiedler)와 그의 동료들에 의해 개발되었으며, 리더유형과 상황적 조건을 결합시키려는 이론이다. 즉, 상황적 요소와 리더유형의 상관성에 초점을 두었으며 관계지향적 리더와 과업지형적 리더로 구분하였다. 리더에게 호의적이냐의 여부를 결정하는 상황요소를 리더-구성원의 관계, 과업구조, 직위권력으로 보았다.

첫째, 리더-구성원과의 관계(leader-member relationship): 리더와 부하 간의 관계가 친근하고 협력적인지 아니면 서로 적대적인지의 정도를 의미하며, 세 가지 차원 가운데 가장 중요하다. 부하와의 관계가 좋다고 평가하는 리더는 그만큼 부하의 지원을 받고 있고, 그들로부터 충성심을 얻을 수 있다고 생각하기 때문에 부하에 대해 상당한 영향력을 행사할 수 있다. 즉, 리더가 구성원으로부터 받는 신임과 충성의 정도를 의미한다.

둘째, 과업구조(task structure): 과제의 명료성이다. 최종 제품생산에 관한 상세한 기술, 표준작업절차 및 과업수행 등을 평가하기 위한 객관적 기준 등이 명확할 때 과업구조화 정도가 높다고 말한다. 과업구조화 정도가 높을 때 리더는 부하의 과업행동을 감독하기가 쉬워지고, 그만큼 부하에게 영향력을 행사할 수 있게 된다. 즉, 과업의 목표, 업무분담 및 업무상의 절차 공식적화 정도를 의미한다.

셋째, 직위권력(position power): 직위권력은 리더가 부하들의 수행을 평가해서 수행정도에 따라서 보상이나 벌을 줄 수 있는 권한을 말하며, 세 차원 중 중요도에서 가장 낮은 차원이다. 직위권력이 높은 리더는 그만큼 부하에 대한 영향력이 크게 된다. 즉, 보상, 처벌권, 공식적 권위, 조직의 지원 등 리더의 영향력을 의미한다.

가장 호의적인 상황범주로부터 가장 비호의적인 범주를 설정한 후 각 상황에 적합한 리더유형을 찾으려고 했는데 그 결과 과업지향적 리더는 매우 호의적이거나 매우 비호의적인 상황에서 더 높은 성과를 올리는 경향이 있으며, 관계지향적 리더는 호의성이 중간정도일 때 가장 높은 성과를 올릴 수 있다는 결론을 얻었다.

그러나 상황변수가 복잡하고 측정이 어렵고, 리더나 부하직원의 기술적 능력이나 변화를 간과했으며, 상황요소와 리더유형의 상관관계를 명확히 규명하지 못하고, 이 연구에 사용한 측정도구가 불명확하다는 등의 비판을 받는다.

표 6-1 상황적합이론

상황의 호의성	호의적 ←→ 비호의적							
리더와 구성원 간의 관계	좋음				나쁨			
과업의 구조화	구조화		비구조화		구조화		비구조화	
직위 권한	강함	약함	강함	약함	강함	약함	강함	약함
상 황	I	II	III	IV	V	VI	VII	VIII

(2) 경로-목표이론

경로-목표이론은 오하이오의 상황이론과 동기부여의 기대이론을 결합하여 호서(Houser)가 제시한 이론으로, 다양한 과업에 대해 수단적(지시적) 리더십과 지원적 리더십을 하위자의 행동 간의 초점에 맞추어 연구되었다. 즉, 하위직 구성원의 업무환경에 맞춰 리더의 행동 유형이 조절되고, 이에 따라 조직구성원이 더 높은 노력, 동기부여, 성과 및 만족을 가져오게 된다는 것이다.

경로-목표이론의 핵심은 수단적(지시적) 리더의 행동은 비구조화된 과업에 종사하는 하위직 구성원들을 위해 더 효과적이고, 지원적 리더의 행동은 하위직 구성원들이 구조화된 일상적 과업을 수행할 때 높은 만족을 가져온다는 것이다. 이 이론은 하위직 구성원의 만족을 예측하는 데 있어서 강한 예측력을 가지고 있다.

경로-목표이론은 2가지 상황적 요인과 4가지 리더십 유형으로 설명할 수 있는데, 2가지 상황요인으로는 첫째, 구성원의 능력, 성격 및 동기와 작업집단의 특성, 작업의 구조화 정도이며, 둘째, 조직 내의 규칙과 절차 등을 포함한다. 리더십의 4가지 유형으로는 지시적 리더십, 지지적 리더십, 성취지향적 리더십, 참여적 리더십으로 분류할 수 있다.

첫째, 지시적 리더십(directive leadership)은 부하들의 작업을 계획하고 조정하며, 그들에게 기대하는 바가 무엇인지 알려주고, 구체적으로 작업지시를 하며, 규칙과 절차를 따르도록 요구하는 유형이다. 둘째, 지원적 리더십(supportive leadership)은 부하들의 욕구, 복지 및 안녕에 관심을 기울이고, 우애 있는 분위기를 조성하고자 하는 유형이다. 셋째, 참여적 리더십(participative leadership)은 부하들과 상의하고 그들의 의견을 의사결정에 반영하고자 하는 유형이다. 넷째, 성취지향적 리더십(achievement-oriented leadership)은 도전적 목표를 설정하고, 높은 수준의 수행을 강조하며, 부하들이 그러한 목표를 달성할 수 있다는 자신감을 보이는 유형의 리더십이다. 이러한 4가지 행동유형 가운데 어떤 유형이 효과적인지는 상황에 따라 달라진다.

경로-목표이론의 단점은 리더의 행동범주가 너무 포괄적이고 복잡 · 난해하며, 이론의 모형과 변수들의 타당성과 신뢰도의 검증이 어렵고, 상황에 따라 리더십의 형태를 바꾸는 것이 현실적으로 불가능하다는 점이다.

(3) 허시(Hersey)와 블랜차드(Blanchard)의 리더십 상황이론

허시와 블랜차드의 리더십 상황이론은 리더의 행동과 부하의 성숙수준과의 조합을 시도한다. 리더가 먼저 부하의 성숙수준이 어떠한지를 판단한 후에 리더 자신의 행동을 주어진 상황에 맞도록 변화시키는 것이 중요하다고 주장한다. 이는 피들러(Fiedler)의 상황적합성이론에서 리더 자신의 특성은 변화시키기 어렵기 때문에 상황을 변화시키는 것이 더 중요하다고 한 점과 상반된다.

부하의 성숙도에 따른 효과적인 리더십의 발휘는 첫째, 부하의 성숙도가 낮은 상황일 경우에는 부하의 역할, 목표 등의 설정에서 리더가 매우 지시적인 과업행동이 효과적이고, 둘째, 부하의 성숙도가 중간 정도의 상황에서는 리더가 부하에게 깊은 관심을 가지고 부하가 갖고 있는 문제해결에 지원적이며, 의사결정과정에 부하를 참여시키도록 노력하는 관계성 행동이 효과적이라고 본다.

따라서 부하의 성숙도가 높은 상황에서 효과적인 리더의 행동은 부하에게 권한을 대폭 위임해 주어 부하 스스로 과업을 수행할 수 있도록 해주는 것이다.

4) 최근의 리더십이론

(1) 카리스마적 리더십

리더가 카리스마가 있는 경우 부하들은 그 리더에게 정서적으로 강하게 끌리게 되고, 리더의 영향을 많이 받게 된다. 보통 카리스마적 리더는 추종자들의 욕구, 희망, 가치 등이 무엇인지에 대한 통찰력을 가지고 있고, 리더의 생각에 따르게끔 미래에 대한 비전을 제시한다. 리더에 대한 부하의 반응의 특성을 살펴보면 다음과 같다.

카리스마적 리더가 되기 위해서는 리더의 개인적 특성뿐 아니라 리더에 대한 부하들의 반응도 중요하다. 부하들이 감정적으로 리더에 빠지고, 동일시하려 하며, 믿음을 가질 때 카리스마적 리더가 될 수 있다. 리더에 대한 부하의 반응 특성을 살펴보면 다음과 같다. 첫째, 리더 및 비전에 동일시이다. 리더에 대한 강한 애정이 있어야 하고, 리더의 신념을 자신의 것으로 받아들여야 한다. 둘째, 리더에 대한 무조건적 순종이다. 무조건 리더의 권위에 순종해야 한다. 셋째, 능력 향상(empowerment)이다. 카리스마적 리더 밑에 있는 부하들은 리더의 비전을 따르면 자신들이 원하는 것을 얻을 수 있다는 기대감이 높게 되며, 이로 인하여 자신들이 능력 있고 강하다는 생각을 갖게 된다. 넷째, 정신적 몰입이다. 카리스마적 리더의 개인적 매력 때문에 부하들은 정신적으로 리더에게 빠져들게 된다.

따라서 부하들로부터 이상의 반응들이 나타나지 않을 경우, 그 리더는 카리스마적 리더라고 할 수 없다.

(2) 거래적-변환적 리더십이론

이 이론은 조직의 안정에 초점을 두는지, 변화에 초점을 두는지에 따라 구분한다. 이 둘은 서로 대치되는 개념이 아니라 양립할 수 있는 개념이다. 한 기관에서 부서마다 다른 특징을 가질 수 있기 때문에 부서의 성격에 따라 적합한 리더십이 달라질 수 있다. 또 환경변화 등의 상황에 따라 두 가지 리더십을 선택적으로 사용할 수도 있고 통합적으로 사용할 수도 있다.

거래적(transactional) 리더십은 개인의 이기적이며 개인적인 관심에 초점을 맞추어 추종자의 역할을 구분하고 업무상 요구사항에 잘 따르도록 보수나 지위 등을 보상하는 것과 같은 거래의 방법으로 추종자들을 이끌고 동기화시키는 리더십이다. 안정지향적인 리더십으로 업무의 할당, 결과의 평가, 통제 등 일상적인 리더의 행동을 강조한다. 리더와 추종자 간에 사회적, 개인적 가치의 교환관계가 발생한다고 보았으며, 적절한 보상, 예외에 대한 관리, 자유방임 등을 변수로 꼽았다.

변환적(transformation) 리더십은 개인적 관심보다는 좀 더 차원이 높은 도덕적인 가치와 이성에 호소하여 추종자의 의식을 변화시키는 리더십의 유형이다. 즉, 환경변화에 민감하게 대처하여 새로운 비전, 조직문화, 규범을 창출하고, 그것이 새로운 현실이 되도록 추종자들의 지지와 신뢰를 확보하면서, 관행을 거부하고 스스로 위험을 감수하면서 도전하는 등 조직의 변화를 주도하는 카리스마 있는 변화주도형의 리더활동을 강조한다. 변혁적 리더십의 요소는 카리스마, 영감, 자극, 개인적 배려 등이다.

(3) 가치경쟁적 리더십이론

가치경쟁적 리더십은 통합적 관점을 유지하려는 리더십의 이론이다. 퀸(Quinn)은 조직리더의 다양한 역할을 규정하기 위하여 리더의 초점을 외부지향적, 내부지향적으로 구분하고, 다른 한편으로 통제 위주-유연성 위주로 구분하여 네 가지 영역에서 나타난다고 하였다.

이 리더십에서 의미하는 가치경쟁적(competing values)이란 의미는 '환경적응, 목적달성, 형태유지, 통합 등의 네 가지 활동이 서로 상반된 가치를 추구'한다는 것이다(남재일, 2004: 88). 파슨즈(Parsons)의 AGIL 모델을 기초로 하여 사회체제의 유지를 위하여 필수적인 네 가지 기능을 의미하고 있는데, 적응(Adaptation), 목적달성(Goal attainment), 통합(Integration), 형태유지(Latent pattern maintenance)

를 나타내고 있다. 리더는 네 가지 기능을 수행하기 위하여 리더십을 발휘하는데, 네 가지 유형의 리더를 다음과 같이 표현하고 있다(장동일, 2006: 236-237).

① 환경적응: 방향(비전)제시자
② 목적달성: 목표달성가
③ 통합: 동기부여가
④ 형태유지: 분석가

비전제시형의 리더십은 외부지향적이고 개방적이며 조직활동의 유연성을 추구하는 반면, 분석형 리더십은 내부지향적이며 구조화된 통제 위주의 상반된 가치를 요구한다. 동기부여형 리더십은 조직구성원들 간의 인간관계 향상에 가치를 둠으로써 유연성과 비집권적인 특성을 보이나, 목표달성형 리더십은 조직 생산성을 최대화하기 위하여 통제와 규율 위주의 공식적 리더십을 지향한다.

3 리더십의 유형

1) 세 가지 기술 유형론

리더가 적합한 성격 특성과 동기만 갖추었다고 해서 성공적으로 될 것이라는 보장은 없다. 성공적인 리더가 되기 위해서는 직무수행에 관련된 능력이나 기술(skill) 또한 구비해야 한다.

다음은 리더가 지녀야 할 세 가지 기술유형이다.

첫째, 전문적 기술(technical skill)이다. 전문적 기술은 전문화된 활동을 수행하는 데 필요한 방법, 과정 및 기법에 관한 지식과 그러한 활동을 하는 데 관련된 도구를 사용하고 장비를 조작하는 능력을 말한다. 전문적 기술은 교육기관에서의 교육이나 실무 담당 경험을 통하여 습득하게 된다.

둘째, 대인관계기술(interpersonal skill)이다. 대인관계기술은 인간의 행동과 대인 상호작용 과정에 관한 지식, 타인의 언행을 보고 그의 감정, 태도 및 동기를 파악하는 능력(사회적 감각), 명확하고 효과적으로 의사소통하는 능력(언변, 설득력), 타인과의 효과적이고 협조적인 관계 형성 및 유지능력(정치적, 외교적 감각) 등을 말한다.

셋째, 개념적 기술(conceptual skill)이다. 개념적 기술은 일반적 분석 능력, 논리적 사고력, 복잡하고 애매한 관계성들 속에서 개념을 찾고 이를 개념화하는 능력, 아이디어 생산과 문제 해결에서의 창조성, 사건을 분석하여 추이를 파악하고 변화를 예측하며 호재와 악재를 발견해 내는 능력(귀납 및 연역적 추리 능력) 등을 말한다.

기본적으로 전문적 기술은 사물에 관한 것이고, 대인 관계 기술은 사람에 관한 것이며, 개념적 기술은 아이디어와 개념에 관한 것이다. 리더로서의 역할을 수행하는 데는 이 세 가지 유형의 기술이 모두 요구된다. 그러나 상황에 따라서 어떤 기술이 다른 것에 비해 상대적으로 더 중요해질 수 있다.

2) 리더십의 수준에 따른 유형

(1) 최고관리층 리더십

최고관리층이란 사회정책을 사회복지행정으로 전환하고 필요한 재정을 획득하며, 정치적 지지를 얻어내는 책임을 지고 있는 계층으로서 조직 외부의 다양한 이익집단과 지역사회와 상호연관을 가져야 하며, 조직 내 · 외부 환경의 변화에도 적절히 적응하여 조직을 이끌어나가야 한다.

최고관리층이 지녀야 할 리더십기술은 첫째, 조직의 기본적인 임무를 설정, 둘째, 외부의 이해관계 집단과 교섭하고 중재하여 조직의 정체성을 확립, 셋째, 임무 수행을 위한 서비스 기술을 선정, 넷째, 내부구조를 발전시키고 유지, 다섯째, 변화를 주도하고 수행하는 것 등이다.

(2) 중간관리층의 리더십

중간관리층이란 조직의 한 부서를 책임지고 있는 계층으로서 이들은 최고관리층의 지시를 구체적인 프로그램으로 전환하고, 필요한 인적·물적 자원을 확보하고 프로그램을 관리, 감독, 조정, 평가하는 일을 담당한다.

중간관리층이 지녀야 할 리더십기술은 첫째, 수직적, 수평적 연결자로서 역할이다. 둘째, 직원들의 욕구를 조직의 목표에 통합시키는 인간관계기술의 습득이 필요하다.

(3) 하위관리층의 리더십

일선 사회복지사들을 관리하고 접촉하는 슈퍼바이저로서 일선 요원들의 프로그램 수행을 감독하고 업무를 위임하거나 분담하고 일선 요원들에게 충고와 지침을 제공하고 부족한 지식과 기술을 지적해주며 개인적인 성과를 평가한다.

하위관리층이 지녀야 할 리더십기술은 첫째, 전문기술이다. 전문기술은 슈퍼바이저가 직원과 자원을 효율적으로 사용하도록 도움을 주는 기술로써 일선 요원들의 업무를 조직화하고 조정하는 데 도움을 준다. 둘째, 공평에 대한 관심이다. 승진과 보상을 위해 윗사람에게 아첨하고, 비판을 하지 않음으로써 윗사람을 위협하지 않는 등 공평을 유지해야 한다. 이러한 슈퍼바이저의 책임은 일선 요원들의 동기부여 및 조직의 일체감을 발전시키는 데 필요하다.

3) 의사결정 방식에 따른 리더십 유형

(1) 지시적 리더십

전제적(autocratic)인 리더십으로서 명령과 복종을 강조하는 리더십이다. 리더는 의사결정과정에서 구성원들의 의사와는 무관하게 일방적으로 소수의 정책결정그룹을 중심으로 일처리하며, 상대방에게 무엇은, 어떻게, 언제 그리고 어디서 수행해야 할 것인지 지시하는 방식이다. 구성원에 대하여 보상과 처벌

(reward & punishment)의 연속선에서 통제하고 관리한다. 따라서 장점은 통제와 조절이 쉬워 책임 능력이 없는 부하에게 효과가 좋고, 위기 시 신속한 의사결정을 할 수 있으나, 단점은 조직구성원의 사기 저하, 지도자와 구성원 간의 적대감과 소외감을 유발할 수 있다는 것이다.

(2) 설득적 리더십

대화를 통한 쌍방적 의사소통이나 설명을 방식으로 선택하는 유형의 리더십이다. 장점으로는 구성원들의 자발성을 유발, 지도자와 구성원 간의 적대감을 소멸시킬 수 있으나, 단점으로는 업무수행능력이 부족해질 수 있다.

(3) 위임적 리더십

위임적 리더십은 방임적(laissez-faire) 리더십이라고도 하며, 대부분의 의사결정권을 구성원들에게 위임하는 형태로서 구성원 스스로가 조직의 목표를 계획하고 수행해 나가도록 하는 유형의 리더십이다. 이 유형은 부하가 높은 성숙도를 지니고 스스로의 행동을 자율적으로 할 의욕과 능력을 함께 지니고 있다는 것을 전제로 한다. 장점은 임무수행을 언제, 어디서, 어떻게, 수행할 것인가에 대한 리더의 지시가 필요 없으나, 조직의 목적을 효과적으로 달성하는 데 한계를 보일 가능성이 높다는 단점을 가지고 있다.

(4) 참여적 리더십

참여적(participative) 리더십은 리더와 부하가 함께 의견교환을 하고 부하 측에서 업무수행능력과 지식이 갖추어져 있으므로 부하의 행동을 주로 촉구한다. 이 유형은 민주적 리더십으로서 결정을 함에 있어 부하직원들에게 의견을 묻고 이들을 결정과정에 참여시킨다. 이와 같은 리더십의 형태는 구성원들에게 적극적인 동기부여와 사명감을 부여하여 조직의 목표를 자신의 발전과 동일하게 인식하도록 한다. 조직의 발전 자체가 구성원의 발전이므로 업무수행능력도 뛰어나며, 리더와 구성원 간의 의사소통 경로가 개방되어 있어 다양한 정보교환이 가능하고 정책결정과정상 나타날 수 있는 오해와 불신을 제거할 수 있다.

표 6-2 리더십 스타일의 차이

	지시적 스타일	참여적 스타일	위임적 스타일
초 점	리더-중심	집단-중심	개인-중심
결 정	리더가 대부분의 결정을 내림	하급자들이 결정에 참여	하급자들이 결정
자주성	최소한의 행동자유	일정한 독자성 양성	거의 완전한 자주성
의사소통	일방적 의사소통	양방향 의사소통	자유, 개방 의사소통
파 워	파워와 규율을 사용	강압이 아니라 설득을 위해 노력	자기-통제에 의존
하급자 기분	무관심	고려됨	지배적
지 향	과업중심	사람 및 집단중심	개인적 성취중심
리더의 역할	지시 제공	집단 참여	지지 자원 제공
심리적 결과	복종과 의존	협력과 참여	독립과 개인적 수행

기출 및 예상문제

01 다음 중 리더십이론에 대한 설명으로 옳지 않은 것은? (18회차 출제)

① 관리격자이론은 조직원의 특성과 같은 상황적 요소를 고려하고 있다.
② 특성이론을 비판하고 대안으로 행동이론이 등장하였다.
③ 섬김의 리더십은 힘과 권력에 의한 조직재배를 지양한다.
④ 거래적 리더십은 교환관계를 기반으로 하여 조직성과를 높이려고 한다.
⑤ 상황이론은 과업환경에 따라 적합하게 대응하는 리더십이 효과적이라고 가정한다.

정답 : ①

① 관리격자 이론은 행태론적 접근으로 리더의 행동을 '인간에 대한 관심'과 '생산에 대한 관심'이라는 2가지 차원에 기초하여 설명하였다.

02 다음 리더십이론 중 특성이론의 설명으로 옳지 않은 것은?

① 상황요인을 고려 안함
② 성공적인리더 특성 중요
③ 개인적 자질 초점
④ 비성공적인 리더 특성 제시
⑤ 천부적뿐만 아니라 후천적인 노력으로 획득 가능

정답 : ④

④ 특성이론은 성공적인 리더의 특성을 구체적으로 찾아내는 노력은 실패했고, 리더가 하위자들을 모으기 위한 행동유형을 제시하지 않았으며, 상황에 따른 리더십을 무시하고 보편적인 특성만을 추구한다는 점에서 비판을 받고 있다.

03 리더십의 설명 중 옳지 않은 것은?

① 카리스마적 리더십-보통 카리스마적 리더는 추종자들의 욕구, 희망, 가치 등이 무엇인지에 대한 통찰력을 가지고 있고, 리더의 생각에 따르게끔 미래에 대한 비전을 제시한다.
② 거래적 리더십-개인의 이기적이며 개인적인 관심에 초점을 맞추어 추종자의 역할을 구분하고 업무상 요구사항에 잘 따르도록 보수나 지위 등을 보상하는 것과 같은 거래의 방법으로 추종자들을 이끌고 동기화 시키는 리더십이다.
③ 변환적 리더십-안정지향적인 리더십으로 업무의 할당, 결과의 평가, 통제 등 일상적인 리더의 행동을 강조한다.

④ 가치경쟁적 리더십-통합적 관점을 유지하려는 리더십의 이론이다.

⑤ 비전제시형 리더십-외부지향적이고 개방적이며 조직활동의 유연성을 추구한다.

정답 : ③

③ 변환적(transformation) 리더십은 개인적 관심보다는 좀 더 차원이 높은 도덕적인 가치와 이성에 호소하여 추종자의 의식을 변화시키는 리더십의 유형이다.

04 리더십 수준에 있어서 가져야 할 리더십기술로 옳지 않은 것은?

① 최고관리층-조직의 기본적인 임무 설정, 조직의 정체성 확립

② 최고관리층-내부구조의 발전 유지, 변화 주도

③ 중간관리층-수직적, 수평적 연결자로서 기술

④ 중간관리층-임무 수행을 위한 서비스 기술 선정

⑤ 하위관리층-일선 요원들의 업무를 조직화하고 조정하는 전문 기술

정답 : ④

④ 임무 수행을 위한 서비스 기술을 선정하는 기술은 최고관리층이 가져야 할 기술이다.

05 다음이 설명하고 있는 리더십이론으로 옳은 것은?

- 행태론적 접근 중 하나이다.
- 리더의 행동을 '인간에 대한 관심'과 '생산에 대한 관심'이라는 2가지 차원에 기초하여 5가지 리더십과 81종류의 합성적 리더십 유형을 제시하였다.

① 오하오연구

② 경로-목표이론

③ 미시간연구

④ 관리격자모형

⑤ 상황이론

정답 : ④

① 오하오연구: 리더의 행동을 구조주도 행동과 배려행동이라는 2가지 차원에서 설명했다.

② 경로-목표이론: 직원의 특성과 업무환경이라는 2가지 상황요인과 4가지 리더십유형을 접목하였다.

③ 미시간연구: 리더의 행동유형과 업무성과/만족도 간의 상관관계에 주목하여 직무중심적 리더십과 구성원중심적 리더십 유형을 제시했다.

⑤ 상황이론: 부하직원의 상황에 주목하여 부하의 능력과 의지에 따라 각 상황에 적합한 리더십 유형을 제시하였다.

Chapter 07

사회복지조직의 기획과 의사결정

사회복지기관은 빠르게 변화하는 환경 속에 존재한다. 기관이 봉사하는 클라이언트의 욕구변화, 새로운 욕구집단의 출현, 재원확보의 불안정성, 기관구성원의 잦은 교체, 기관활동에 대한 지역사회의 관심의 변화 등이 그 예가 될 수 있다. 하센펠드(1992)가 지적한 것처럼 본질적으로 기관 외부환경에 매우 의존적일 수밖에 없는 사회복지기관의 특성을 감안한다면 기획의 중요성은 기업조직보다도 오히려 더욱 중요할 수 있다.

1 기획

1) 기획의 특성 및 필요성

(1) 기획의 개념

사회복지조직에서 기획과정은 조직의 목표를 달성하기 위해 미래에 취할 행동에 대한 결정을 준비하는 체계적 과정이다.

(2) 기획의 특성

학자에 따라 기획(planning)과 계획(plan)을 다른 의미로 사용하기도 하지만 동일한 개념으로 혼용하여 사용하기도 한다. 기획과 계획을 구분하는 경우 기획은 계획을 세워가는 활동 과정, 계속적인 행동의 동적이고 포괄적인 개념으로 볼 수 있다. 반면 계획은 구체적인 사업에 대한 연속적인 의사결정으로서 기획의 결과로 결정된 행동의 정적인 개념이라고 할 수 있다(사회복지교육연구센터, 2020: 155).

사회복지조직에서 기획은 다음과 같은 특성을 가진다(사회복지교육연구센터, 2020: 155).

첫째, 미래지향적인 과정이다.

둘째, 계속적인 과정이다.

셋째, 동태적 과정이다.

넷째, 과정지향적이다.

다섯째, 의사결정과 관련된 행정활동이다.

여섯째, 그 자체가 목적이라기보다는 목표달성을 위한 수단적 과정이다.

일곱째, 기존 상태에 대한 수정 및 활동에 대한 통제적 성격을 갖는다.

(3) 기획의 필요성

사회복지조직에서는 목표를 세우고 그 목표를 달성하기 위한 준비과정으로서 계획을 세우고 의사결정을 하는 기획 과정이 이루어진다(사회복지교육연구센터, 2020: 156).

① 효율성 증진

체계적인 기획은 한정된 인적·물적 자원을 가진 사회복지조직에게 최소의 비용과 노력으로 서비스의 목표를 달성하도록 도와준다.

② 효과성 향상

계획된 활동을 통해 클라이언트의 욕구충족과 제공된 서비스의 효과성을 얻어낼 수 있다.

③ 책임성 강화

사회복지조직은 국가보조금과 기부금으로 운영되는 만큼 서비스를 효과적·효율적으로 제공할 책임이 있으며, 기획은 조직 활동의 근거가 되어 책임성을 제고할 수 있다.

④ 기관과 구성원의 사기진작에 기여

기획 과정에 직원들이 참여하여 성취감과 인정을 얻을 수 있으며, 사기진작에 도움을 준다.

⑤ 목표의 모호성 감소

기획은 사회복지조직들을 둘러싼 환경이 급변함으로써 수반되는 미래에 대한 불확실성을 감소시키고 조직의 목표를 재확인할 수 있도록 한다.

⑥ 문제해결을 위한 합리성 증진

기획은 문제해결과 의사결정의 근거가 될 수 있기 때문에 합리성을 향상시켜 준다.

2) 기획의 과정

스키드모어(Skidmore)는 사회복지행정의 기본적인 7가지 기획단계를 ① 목표의 선택, ② 기관의 가용자원들의 고려, ③ 대안의 모색, ④ 결과 예측, ⑤ 계획 결정, ⑥ 구체적 프로그램 계획의 수립, ⑦ 변화에 대한 개방성을 유지하는 과정으로 설명하였다. 이러한 기획 과정은 사회복지서비스의 전달에 능률성과 효과성을 확보해 준다.

(1) 목표의 선택

① 목표의 개념

목표는 사회복지기관이나 시설이 달성하고자 하는 활동지표 내지 활동목표이다. 이것은 현재의 것은 아니고 조직이 미래에 이루어야 할 방향(바람직한 상태)을 제시하고 측정이 가능한 것이어야 한다. 목적(purpose)을 달성하기 위해 몇 가지 이상의 목표(goal)가 설정되고 목표를 달성하기 위해 구체적인 세부목표(objective)가 설정된다.

목표의 선택은 현재의 활동에 중요한 영향을 미친다. 따라서 사회복지조직의 운영목표 설정에 있어 고려해야 할 사항이 있다. 첫째, 민주적 과정으로 기관 내와 더불어 관계기관, 지역사회주민 등의 활발한 의사소통을 통한 폭넓은 민주적 과정에서 사회적 욕구를 발견하는 민주적 과정이어야 한다. 둘째, 기관 내외의 여러 분야 전문가의 폭넓은 의견교환을 통해 전문적 지식과 경험을 적극적으로 활용하여야 한다. 셋째, 사회복지기관에서 설정된 목표는 사회복지수준을 현재보다 높은 수준으로 끌어올릴 수 있는 바람직한 것이어야 한다. 넷째, 이러한 목표를 설정할 때 관리자의 가치관, 기관의 전통성, 기관 내외의 갈등 등 환경요인들이 영향을 미칠 수 있다는 것을 고려해 신중히 결정해야 한다.

② 목표의 유형

기관목적은 기관의 미래에 대한 기대 또는 소망상태를 반영한다. 목적은 사명의 하위 개념인 동시에 구체적 목표들에 대해서는 상위개념이 된다. 또 각각의 목표달성을 위해 필요한 특정 활동들이 있는데, 이들이 사회복지기관의 서비스와 프로그램이다.

목표는 그 유형에 따라 다음의 네 가지로 구분할 수 있다(Sehldon, 1991: 247-248).

첫째, 행동목표(behavioral object)이다. 프로그램을 통해 얻어내고자 하는 인간의 행위를 의미한다. 예를 들어, "50명의 아동이 수영교실에 참여한다"로 표현할 수 있다.

둘째, 성과목표(performance object)이다. 일정한 시간 내에 특정한 행동이 특정 수준으로 변화함을 명시하는 형태이다. 예를 들어, "수영교실을 통해 참여아동의 70%가 한국수영연맹에서 규정하는 기초수영자격에 합격한다"는 것이 성과목표이다.

셋째, 과정목표(process object)이다. 특정한 과정이 수행되었는지에 초점을 두는 경우이다. 예를 들어, "수영교실에서 학습효과가 좋은 아동들을 기록하겠다"고 목표를 규정한다면 이는 과정목표의 하나가 된다.

넷째, 산물목표(product object)이다. 특정 물질 또는 물품이 결과가 되는 경우이다. 예를 들어, "아동에게 수영방법을 제시한 책자를 배포하겠다"는 목표는 산물목표이다.

목표설정에 있어 중요한 점은 조작적 정의(operational definition)가 가능한 형태로 해야 한다는 점이다. 이는 곧 목표를 구체적 형태로 표현함으로써 양적으로 측정이 가능해야 함을 의미한다. 예를 들어, 사회복지기관의 목표를 "가족폭력 문제의 예방과 치료를 통한 지역주민의 복지욕구 증진"으로 정의했다면 이것은 조작적 정의가 가능한 형태가 아니다. 대신, "차후 1년 내에 가족폭력의 피해자인 여성과 자녀들을 위해 임시 주거지를 최소 200명 이상에게 제공한다"로 설정해야만 한다. 이와 같은 조작적 정의가 가능한 형태의 목표설정은 기관의 미래 방향을 구체적으로 제시하기 때문에 기관 구성원의 노력을 집중시킬 수 있으며, 기관활동의 평가를 위한 표준지침으로도 활용할 수 있다.

(2) 기관의 가용자원들의 고려

조직은 경제적 · 물질적 자원은 물론 전문요원들을 포함하는 인적자원을 고려하는 것으로 설정된 목표를 기관의 설비, 가용예산 및 서비스에 대한 지역사회의 후원 등과 연결시키는 것은 매우 중요하며, 활용 가능한 직원의 수는 물론 그들의 자질 능력, 태도와 감정 등도 고려되어야 한다.

(3) 대안의 열거

목표설정과 가용 자원고려 이후에는 목표달성 방식을 생각해봐야 하고, 이러한 다양한 대안적 방법들을 고려하여 그 각각의 결과에 대해 주의 깊게 입안하고 예상해야 한다. 이러한 단계에서 창의력이 발휘될 수 있도록 자유로운 집단토의 및 개인의 대화, 수집된 정보 등을 통합하여 새로운 가능성을 발견할 기회를 만들 수 있다.

(4) 각 대안의 결과 예측

대안을 투입하였을 때 무슨 일이 일어날 것인가를 미리 평가하여 본다. 열거한 대안의 비용적인 측면, 인적자원 등을 검토하고 기대효과와 장단점을 찾아내어 예측하는 과정이 필요하다.

(5) 최선의 계획 결정(우선순위 결정)

열거한 각 대안들을 주의 깊게 비교하고 검토한 다음 가장 중요한 것, 즉각적인 조치를 요구하는 것, 연기해야 하는 것을 파악하고 우선순위에 따라 최종적인 대안을 선택하는 과정이다. 우선순위의 결정은 대안의 중요성과 실현가능성을 고려하여야 한다.

(6) 구체적인 프로그램 계획의 수립

구체적인 프로그램을 기획하는 단계로서 청사진, 도표, 시간표 작성을 포함하여 단계적 행동개요가 나타나고 기록된다. 진척상황의 검토와 보고 프로젝트 완성을 위해 구체적인 시간계획이 필요하며 이때 주로 많이 사용하는 것이 간트도표나 프로그램평가기법이 있다.

(7) 변화에 대한 개방성 유지

유능한 행정가는 프로그램의 수행과정에서 발생할 수 있는 변화에 대해 발전적이고 유용한 결과를 위해 계획을 변경할 수 있는 개방성과 융통성이 필요하다.

3) 기획의 유형

기획의 유형은 기획의 종합성, 대상 및 기간을 중심으로 분류된다. 종합성에 따른 유형에는 개별적 프로그램에 대한 사업별(project-by-project)기획과 기관의 모든 프로그램과 서비스를 포함하는 종합기획이 있다. 대상에 따라서는 기관의 재정상태에 대한 기획을 의미하는 자원기획과 특정한 프로젝트에 대한 기획을 의미하는 프로젝트 기획으로 구분된다(이명원, 2000: 108-109).

(1) 조직의 위계수준에 따른 유형

위계수준은 실제 조직에서 기획이 필요한 위계수준에 따라 각 관리층으로 나누며 각 관리층에 따른 기획의 유형을 할당한다.

표 7-1 조직의 위계수준에 따른 기획의 유형

위계수준	기획의 유형
최고관리층	목표, 정책, 장기적 계획, 조직 전체 영역
중간관리층	부문/부서별 기획, 운영기획, 할당, 사업계획, 보완적 목표, 정책
감독관리층	구체적 사업계획, 일정표, 단기목표, 운영기획
관리실무자	일상적 업무 및 사소한 절차에 국한

(2) 시간에 따른 유형

기획은 기획의 기간에 따라 장기 및 단기기획으로 분류할 수 있다. 장기기획은 대개 1년 이상 5년, 10년 이상의 기간 또는 그 이상의 기간에 걸친 기획을 의미하는데, 미래에 대한 예측성과 실현가능성이 낮은 반면, 미래에 대한 비전을 제시하는 장점이 있다. 단기기획은 전략적 기획(Strategic planning)이라고도 하는데, 대개 1년 내외의 기간을 의미하기 때문에 현실성이 높고 변화하는 조직 외부환경에 대한 적극적 대처전략으로서의 가치를 갖는다(성규탁, 1993: 239).

(3) 대상에 따른 유형

대체로 전략기획은 장기기획, 운영기획은 단기기획에 해당한다. 전략기획은 조직의 상층부에서 조직의 전반적인 사항을 아우르는 기획이며, 운영기획은 프로그램의 세부적인 사항을 구체화하는 기획으로 볼 수 있다.

① 전략적 기획

전략기획은 조직의 상위 계층에서 이루어지는 정책적 차원의 기획으로, 조직의 구체적 목표의 설정 및 변경과 구체적 목표달성을 위한 자원 및 그 자원의 획득방법, 사용, 분배를 결정하는 과정이다. 즉, 목표설정, 우선순위 결정, 자원 획득과 분배, 가치판단의 문제가 포함된다.

② 운영기획

운영기획은 전략기획에서 설정된 목표를 구체적으로 실천하기 위해 조직의 중간계층 이하에서 작성하는 관리차원의 기획을 의미한다. 즉, 획득된 자원이 조직의 목표를 효과적으로 달성하기 위하여 사용되도록 하는 과정으로서 자원의 관리에 관한 것이다.

4) 기획에 활용되는 기법

전략적 기획안의 작성을 위해 다양한 기법을 활용할 수 있는데, 대표적인 기법으로 간트 차트(Gantt Chart)와 PERT/CPM 기법이 있다.

(1) 간트 차트

가장 간단하게 작성할 수 있는 기법의 하나로 헨리 간트(Henry L. Gantt)에 의해 최초로 개발되었다. 바(bar) 차트, 막대그래프 차트라고도 하며, 사용이 간편해서 일정을 관리하기 위한 기법으로 널리 사용된다. 계획과 실제의 작업량을 시간에 따라 표시하여 계획과 통제 기능을 동시에 수행할 수 있다.

간트 차트는 특정 활동과 이에 소요되는 시간의 두 가지 요인으로 구성되어 있어 여러 활동 간의 선후관계를 명확히 나타내는 장점이 있다. 또 기획된 활동이 일정대로 진행되고 있는지를 쉽게 파악할 수 있게 한다. 그러나 간트 차트는 많은 활동들을 필요로 하는 복잡한 기획활동의 경우 활동 간의 상호관계를 도표로 나타내는 것에는 한계가 있는 기법이다.

표 7-2 간트 차트의 예

목표 \ 기간	1	2	3	4	5	6	7	8	9	10	11	12
1. 독거노인 긴급구호 시스템 운영팀 구성		■	■									
1-1. 책임자 및 실무자 임명		■	■									
1-2. 긴급구호 자원봉사자 모집			■	■								
1-3. 지역 내 지원 업체 선정			■	■								
2. 긴급구호 장비 및 비품 확보			■	■	■							
2-1. 긴급구호 호출 펜던트 구입			■	■	■							
2-2. 긴급전용 전화 개설			■	■								
2-3. 긴급구호관리 메인 컴퓨터 구입				■	■							
3. 긴급구호 시스템 홍보				■	■	■	■	■	■	■	■	■
3-1. 방송 및 언론사 접촉				■	■	■	■	■	■	■	■	■
…												

(2) PERT

① 개념

프로그램 평가 검토 기법으로 불리는 PERT(Program Evaluation and Review Tecnique)는 프로젝트의 일정관리를 위해 1950년대에 미국 해군에 의해 개발된 기법이다. 일반적으로 PERT/CPM(Critical Pathe Method)으로 통용되지만 PERT는 새로운 프로젝트와 같이 활동의 소요시간 예측이 어려운 경우에 주로 활용되는 반면, CPM은 소요시간이 비교적 확실한 기획활동에 활용된다(Kettner et al., 1997: 164). 따라서 두 기법 모두 망(network)을 활용하는 것이 공통점이지만 시간적 개념에 있어서는 약간의 차이가 있는 방법이다. PERT 도표의 구성요소는 다음과 같은 세 가지로 구성되며, 이 구성요소들을 한눈에 볼 수 있도록 그림으로 쉽게 나타내는 것이 이 기법의 가장 큰 장점이다.

- 주요 활동의 항목과 내용
- 주요 활동의 선후 관계
- 주요 활동의 추정 소요시간

② PERT 작성 기법

전술한 PERT의 구성요소인 활동(activity), 단계(event) 및 시간(time)의 세 가지 요소의 개념과 기록방법을 좀 더 자세히 살펴보면 다음과 같다.

- 활동(activity): 기획 수행에 필요한 단위 과제나 업무를 의미하며 실제 시간과 재원을 요구하는 행위를 지칭한다. 즉, 단위 과제나 업무의 실제적 수행을 뜻하며 단계들 사이에 선 또는 화살표로 표시한다.

그림 7-1 PERT의 예

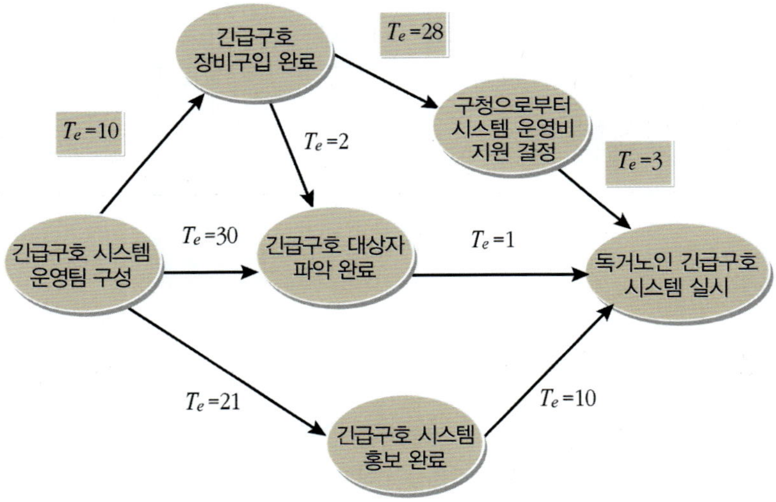

'긴급구호 시스템 운영팀 구성 → 긴급구호 장비구입 완료 → 구청으로부터 시스템 운영비 지원 결정 → 독거노인 긴급구호 시스템 실시'까지의 경로가 임계경로이다. 이 프로그램을 수행하기 위해 최소한 확보해야 하는 시간은 임계경로에 걸리는 41주(그림에서 가장 오랜 기간이 소요되는 경로)이다.

$$T_e = \frac{T_o + 4T_m + T_p}{6}$$

T_e: 기대시간
T_o: 낙관적인 시간(가장 상황이 좋을 때 걸리는 시간)
T_m: 최빈시간(반복했을 때 가장 빈번히 걸리는 시간)
T_p: 비관적인 시간(가장 상황이 좋지 않을 때 걸리는 시간)

출처: 사회복지교육연구원(2020). p.164.

• 단계(event): 활동의 시작 또는 완료를 나타내는 특정 시점을 의미하기 때문에 실제적인 시간과 재원이 요구되는 과정은 아니다. 그림에서는 원으로 표시하여 번호를 부여한다.
• 시간(time): 활동에 소요되는 시간을 나타내며, 그림에서는 활동라인 위에 날, 주 또는 월로 표시한다.

③ PERT의 장 · 단점

PERT/CPM 기법을 기획 과정에 활용할 때 다음과 같은 장점이 있다.

첫째, 기획된 활동을 실행하기 위해 필요한 과업의 선후 병행관계 및 소요시간 등을 도표로 나타내어 전체 과정을 쉽게 파악할 수 있다. 둘째, 기획된 활동의 실행과정에서 조정의 노력을 원만하게 제공하며 실행과정에서 생길 수 있는 문제점에 대한 예상을 가능하게 한다. 셋째, 기획된 활동의 실행과정에서 작업종료를 위한 대안 경로를 제시하며 이를 토대로 체계적인 평가가 가능하도록 한다.

그러나 PERT/CPM 기법은 다음과 같은 단점을 가진다. 첫째, 완성된 PERT 도표가 복잡한 경우에는 이해가 어려우며 또 이와 같은 도표의 작성에 많은 시간이 소요된다. 실제 사례로 제시한 그림 7-1은 매우 간단한 형태이지만 실제로 대단위 프로젝트의 경우에는 매우 복잡한 모양을 갖게 된다.

둘째, 기획된 활동의 실행과정에서 불확실성(uncertainty)이 너무 많은 경우에는 PERT의 활용이 어렵다.

④ 임계경로

PERT 그림에서 CPM, 즉 임계경로는 가장 시간이 많이 걸리는 경로를 뜻한다. 이와 같은 임계경로의 제시는 이들 활동이 지체된다면 전체 일정의 지체를 초래함을 의미한다. 따라서 임계경로에 있는 활동들은 여유시간 없이 예정대로 수행되어야 함을 나타낸다. 또 임계경로에 속하지 않는 활동들의 시간을 단축한다고 해도 전체 일정을 단축할 수 없다는 것을 의미하기 때문에 전체 일정에서 어떤 활동에 노력을 집중해야 하는지를 제시하는 장점이 있다(김영종, 1998: 258).

표 7-3은 간트 차트와 PERT/CPM 기법의 특징을 요약한 것이다.

표 7-3 간트 차트와 PERT/CPM의 비교

구분	간트차트	PERT/CPM
장점	• 간단하고 작성 용이 • 개요 파악 용이	• 행동 간의 선후관계 파악 용이 • 주 경로 파악과 이에 대한 집중관이 가능
단점	• 총 소요시간 파악이 어려움 • 작업의 연관성 파악이 어려움	• 정확하고 타당성 있는 네트워크 구성이 어려움 • 도표 작성에 많은 시간과 노력 소요
용도	• 간단한 기획 • 시급한 기획	• 대형 기획: 인력 및 자원의 사용이 복잡한 경우

2 의사소통

사회복지행정에서 의사소통에 관심을 갖기 시작한 것은 최근의 일이다. 지금까지 의사소통은 비교적 덜 중요한 부문으로 인식되어 왔으나 최근 이의 중요성에 대한 인식이 급상승하고 있다. 의사소통을 광의로 볼 때는 대민관계(public relations)도 포함하고 있으나 이 장에서는 의사소통과 의사결정을 조직 내로 한정하기로 하겠다.

1) 의사개념의 개념과 중요성

(1) 의사소통의 개념

의사소통(communication)이란 일반적으로는 상징에 의한 정보·생각·감정 등을 전달하는 것을 의미하나 여기서는 인간의 결정에 전제가 되는 정보가 사람 사이에 전달되는 과정을 의미한다. 의사전달은 이와 같이 공통적 이해를 이루는 과정이기 때문에 이른바 상호교류과정(two-way process)을 그 특징으로 하는 것이며(Skidmore, 1990: 166), 어느 일방당사자의 일방적인 의사전달만으로 완성되는 것이 아니다.

의사소통(communication)이라는 용어는 '공통', 일반적인 것'이라는 뜻을 가진 라틴어의 'communis'에서 유래되었다. 의사전달이란 유기체로서의 개인이나 조직이 어떤 기회를 사용하여 다른 유기체인 개인이나 조직에게 정보나 메시지를 전달하고, 그것을 개인이나 조직이 수신하여 전달자와 피전달자 간에 상호 공통된 이해에 도달하며, 나아가서는 상호 간의 행동에 영향을 미치거나 계획적인 변화를 가져오는 행동과정 및 기능이라 할 수 있다. 즉, 조직 내부적으로는 바람직한 조직운영을 위하고 조직 외부적으로는 대민관계 혹은 클라이언트와의 관계를 합리적인 방향으로 유도하기 위한 것으로 볼 수 있다.

의사소통을 받게 되면 받기 전과 다른 결정이나 행동을 하게 되며, 인간은 움직이게 되고 행동을 하게 되는 것이다. 다시 말하면 의사소통이란 동력(energy)과 같은 기능을 한다. 그리고 인간조직을 하나의 체제로 보는 경우 의사소통이란 인체를 순환하는 혈액과 같은 역할을 한다고 할 수 있다. 왜냐하면 인체의 모든 부분은 혈액이 순환됨으로써 비로소 움직여지는 것과 같이, 인간조직도 이러한 성격의 의사소통이 없이는 새로는 결정이나 행동 혹은 변화를 기대할 수 없기 때문이다.

그러므로 최근 의사소통을 통해서 조직 내부적으로는 바람직한 조직운영을 위하고, 조직 외부적으로는 대민관계 혹은 클라이언트와의 관계를 합리적인 방향으로 유도하기 위한 연구가 활발하게 진행되고 있다.

(2) 의사소통의 중요성

스키드모어(Skidmore)는 사회복지행정에서 의사소통이 중요한 이유를 3가지로 제시한다(Skidmore, 1990: 164-165).

첫째, 효과성(effectiveness) 때문이다. 사회복지 조직에서 서비스 전달을 효과적으로 하기 위해서는 직원들이 서로 간에 의사소통을 원활히 할 수 있어야 한다. 무엇보다도 쌍방적 의사소통은 민주적 과정의 일부이며 효과적인 정책을 결정하고 건전한 의사결정을 내리는 데 필수적이다.

둘째, 효율성(efficiency) 때문이다. 효율성은 직원들의 상호 간에 공개적으로 의사소통을 함으로써 높아진다. 서비스 개선을 위해 효율적인 기법을 습득한 직원이 그것을 다른 직원과 함께 나누게 되면 조직의 효율성은 높아진다.

셋째, 사기(morale) 때문이다. 조직의 사기는 서비스전달에서 서로 간에 의사전달을 하고 도움을 주는 행정가와 직원 간의 이해를 바탕으로 이루어지는 것이다.

2) 의사소통의 원칙과 과정

(1) 의사소통의 원칙

의사소통의 내용은 알기 쉽고 일관성을 가지면서 적절하게 상대방에게 저항을 일으키지 않도록 전달되어야 한다. 효과적인 의사소통을 위해서 유의해야 할 몇 가지 일반적인 원칙을 살펴보면 다음과 같다(김규정, 2002: 495).

첫째, 명료성(clarity)이다. 피전달자가 쉽고 정확하게 이해할 수 있도록 간결한 문장과 평이한 용어를 사용해야 하고, 내용의 구조가 체계화되어 있어야 한다.

둘째, 일관성(consistency)이다. 전달내용의 전후가 모순되거나 불일치해서는 안 된다.

셋째, 적시성(timeliness)이다. 정보의 도달점이 피전달자가 정보를 받아들이는 준비성의 정도에 따라서 적시에 정보를 전달하지 않으면 효과가 없다.

넷째, 적정성(adequacy)이다. 전달내용이 그 양이나 규모에 있어서 너무 많아도 안 되고, 너무 적어도 곤란하다.

다섯째, 배포성(distribution)이다. 비밀사항이 아닌 이상 되도록 관계된 모든 사람들에게 알려져야 한다. 공식적 의사전달일 경우 더욱 그러하다.

여섯째, 적응성과 통일성(adaptability & uniformity)이다. 행위자가 구체적 상황에 따라 재량성을 발휘할 수 있도록 융통성과 신축성을 지녀야 한다.

일곱째, 관심과 수용성(interest & acceptance)이다. 의사전달의 최종목표, 피전달자가 적극적 반응을 보일 수 있는 내용이어야 한다.

(2) 과정

의사소통에는 메시지를 보내고 받는 과정(sharing), 메시지를 이해하는 과정(understanding), 메시지를 명확히 하는 과정(clarifying) 등 3가지 과정이 있다. 이와 같은 과정은 사람 간의 쌍방행위(two-way action)를 통해 이루어지며 사회복지조직에서 이들 과정은 특히 중요하다.

첫째, 메시지를 보내고 받는 과정은 언어적으로 비언어적로 또는 문서 등의 방법으로 다양하게 이루어지며, 수평적 또는 수직적 통로를 통해 이루어진다.

둘째, 메시지를 이해하는 과정은 말하여지는 내용과 들리는 내용이 기본적으로 같음을 뜻한다. 이해하는 과정에는 보내는 사람의 메시지와 받는 사람의 메시지가 일치되도록 실제로 말하는 내용을 잘 들으려고 하는 노력이 포함된다.

셋째, 메시지를 명확히 하는 과정은 효과적인 의사전달을 가져오는데, 특히 중요하다. 두 사람이 말하고 있을 때에 한쪽에서 뜻하는 것이 불확실하면 문제를 명백히 하기 위하여 질문이 제기되어야 한다. 명확화의 목적은 옳고 그름을 증명하려고 하는 것이 아니고 말하여지는 것을 이해하려는 것이기 때문이다.

3) 의사소통의 유형

의사소통은 제도적인 것이냐 아니냐에 따라 공식적 의사소통과 비공식적 의사소통으로 나눌 수 있고, 내용 흐름의 방향에 따라 수직적 의사소통과 수평적 의사소통으로 나눌 수 있다. 또한 언어로 하느냐 그렇지 않느냐에 따라 언어적 의사소통과 비언어적 의사소통으로 구분된다.

(1) 공식적 의사소통과 비공식적 의사소통

공식적 의사소통(formal communication)은 의사전달이 공식적인 조직 내에서 공식적인 의사전달의 통로와 수단을 통해서 이루어지는 것을 의미한다. 공식적 의사전달의 목적은 조직의 구성원들에게 조직의 목표 및 정책결정과 지시사항을 전달하고, 관리층에 대해 직원들의 의견 및 보고 내용을 전달하고 조직 전체에 조직의 목표를 이해시키는 것이다. 이것은 특정한 요건을 갖추어 '누가', '누구에게', '무엇을', '어떻게' 전달할 것인가를 법제화하고, 이에 근거하여 의사를 전달하는 것이다. 이러한 공식적 의사소통의 수단 및 방법으로는 문서와 구두의 방법으로 이루어지는데, 문서는 기록이 가능하고 정확하나 시간, 비용이 많이 소요된다. 구두의 방법은 시간, 비용이 절감되나 기록이 불가능하다는 것이다. 의사소통이 공식화되면 권한관계가 명확해지고 의사전달이 확실, 편리하며 전달자와 피전달자의 명확하므로 책임의 소재가 분명하다는 장점이 있다. 그러나 공식적 의사전달은 융통성이 없고 소통이 느리며, 조직 내의 모든 사정을 사전에 예견하여 합리적 의사소통의 수단을 완전히 이룩하는 것은 불가능하다는 단점이 있다.

비공식적 의사소통(informal communication)은 조직의 자생집단 내에서 비공식적인 방법으로 이루어지는 의사소통을 의미한다. 공식적 의사소통이 제약된 조직에서는 많은 비공식적 의사전달이 발생한다는 특징이 있다. 비공식적 의사소통의 장점으로는 직원들의 감정이 잘 나타나 있어 관리자에게 유익한 정보를 전달하는 수단이 되기도 하며, 공식적 의사소통으로 전달될 수 없는 표현을 가능하게 함으로써 사회심리적 만족감을 높여준다. 비공식적 의사소통의 단점으로는 풍문이나 소문의 형식으로 나타나 통제하기가 곤란하고 책임의 추궁이 어렵고, 정확하지 않고 잘못된 것일 경우도 있을 수 있다는 것이다.

(2) 수직적 의사소통과 수평적 의사소통

수직적 의사소통(vertical communication)이란 조직의 상·하계층 간에 쌍방으로 이루어지는 의사전달을 의미하는데, 이에는 상의하달(윗사람이 아랫사람에게 의사를 전달)과 하의상달(아랫사람이 윗사람에게 의사를 전달)이 있다. 상의하달의 방법으로는 명령과 일반정보가 있다. 명령에는 지시, 훈령, 발령, 규정, 규칙, 요강, 고시 회람 등이 포함되며, 이를 전달하는 방법에 따라 문서명령과 구두명령으로 나눌 수 있다. 하의상달식 방법으로는 일반적으로 보고, 제안제도, 의견조사 등을 들 수 있다.

수평적 의사소통(horizontal communication)이란 동일계층의 사람들 또는 상하관계에 있지 않는 사람들 사이에 이루어지는 의사전달을 의미한다. 비공식적 성격을 많이 띠나 조직단위 간에 업무를 조정하고 협조체제를 이룩하는 데 결정적 역할을 한다. 수평적 의사소통의 방법으로서 회의, 사전심사제도, 회람 등을 들 수 있다.

(3) 언어적 의사소통과 비언어적 의사소통

언어적 의사소통(verbal communication)은 한 사람은 말하고 다른 사람은 듣는 것, 즉 구어(口語)를 말한다. 사회복지조직에서 언어적 의사전달은 직원회의, 위원회 모임, 인터뷰 등에서 일어난다. 직원이 언어를 통해 나누는 자신들의 생각, 계획, 절차, 기법, 사례 등을 함께 나누는 것은 누구에게나 도움이 된다. 언어적 의사소통 과정에서 고려되어야 할 몇 가지 제약점이 있다. 첫째, 언어적 의사소통은 주로 생각과 사실에 강조를 두는 것이지 감정의 정확한 표현에 중점을 두는 것은 아니다. 둘째, 말하려고 선택한 것이 상황의 근사치에 불과하기 때문에 듣는 사람을 잘못된 방향으로 인도할 우려가 있다. 셋째, 전달할 필요가 있는 내용들을 논의하기 위해 사람들을 함께 모이게 하는 것이 어려울 수 있다(Skidmore, 1990: 166-167).

비언어적 의사소통(non-verbal communication)은 사회복지의 영역에서 매우 중요하다. 생각과 감정은 언어적 의사소통보다 비언어적 의사소통을 통하여 더 효과적으로 전달되기 때문이다. 비언어적 의사소통은 언어를 제외한 의사전달을 의미한다. 예를 들면, 눈짓, 몸짓, 웃음, 말의 속도, 목소리의 고저, 눈물, 얼굴의 붉어짐, 입술의 경련 등을 들 수 있다. 다른 사람이 말하는 것을 진실로 듣기를 원한다면 그들의 문을 가지고 들을 필요가 있다. 따라서 의사소통 중에 전달자를 조심스럽게 관찰하는 것은 생각과 의미와 감정을 주고받는 데에 큰 도움이 될 것이다(Skidmore, 1990: 167).

4) 의사소통의 고려사항

사회복지조직에서 의사소통의 중요한 고려사항은 다음과 같다(Skidmore, 1990: 167).

(1) 사실과 감정

사회복지조직에 있어서 의사소통은 그것이 치료적인 것이든 사실과 감정(facts and feelings)을 모두 포함한다. 조직에 대한 사실 및 생각들은 조직의 정책, 문제, 계획, 결정 및 활동을 알 수 있도록 분명히 밝힐 필요가 있다. 이와 같은 사실 및 생각들은 문서나 구두로 또는 둘 다 이용해서 전달될 수 있다. 직원들은 조직으로부터 기대되는 변화, 의사결정, 조직이 직면한 문제들을 포함해서 현재 조직이 어느 정도까지 발전해 왔는지를 알 필요가 있다. 행정가들 중에는 조직의 운영에 대해 너무 자주 이야기하는 사람이 있는가 하면 반대의 경우도 있다. 직원들은 행정가들이 무엇을 생각하고 있고 왜 그렇게 생각하고 있는가를 알 수 있도록 각종 자료뿐만 아니라 생각이나 의견들을 함께 나눌 수 있어야 한다.

한편 사실이나 생각뿐 아니라 감정도 의사소통에서 매우 중요하다. 감정은 면담, 위원회의 모임, 직원회의와 같은 대면적 관계에서 가장 분명하게 나타난다. 행정가는 직원들에게 자기가 실제로 느끼는 것을 전달할 필요가 있다.

(2) 의사소통의 길이

의사소통에서 중요한 요소 중 하나는 그 길이이다. 분명한 메시지는 너무 길어서도 또 너무 짧아서도 안 된다. 위원회, 직원회의 등에서 생각과 감정을 나누는데 있어서 잠정적인 시간제한을 갖는 것이 도움이 된다. 가끔 예외가 있을 수 있지만 통상 생각과 감정을 전달하는데 사전에 시간제한이 계획되어야 한다. 그러나 어려운 결정에 대해서는 충분한 시간이 할당되어야 한다. 일단 의사소통을 위한 시간이 제한된 경우는 제한된 시간 내에서 생각과 감정을 효과적으로 전달할 수 있도록 치밀한 준비가 있어야 한다. 효과적인 의사소통은 치밀한 준비로부터 가능한 것이다.

(3) 반복

많은 행정가들이 직원들에게 문서 또는 구두로 한 번 말하고 그것으로 충분하다고 생각한다. 그러나 대부분의 사람들은 기억력이 약해서 그들이 듣고 읽는 대부분을 다 기억할 수 는 없다. 만약 정보, 계획 그리고 사건이 중요하다면 그런 것은 한 번 이상 언급되는 것이 필수적이다. 가끔 그들은 다른 무엇인가를 생각하고 있기 때문에 직원회의 등에서 이야기하는 것을 듣지 않는다. 따라서 반복은 효과적인 의사소통을 위해 필요하다.

(4) 경청

의사소통의 또 하나의 중요한 고려사항은 효과적인 청취자가 되는 것이다. 폴머(Fulmer)는 경청(listening)을 위한 실제적인 지침을 다음과 같이 제시한다(Fulmer, 1988: 253-275).

첫째, 말하는 것을 멈춰라. 당신이 말하고 있으면 당신은 들을 수 없다.

둘째, 말하는 사람을 편하게 해주어라. 그가 자유스럽게 말할 수 있도록 도와주어야 한다.

셋째, 말하는 사람에게 당신이 듣기를 원하고 있음을 보여주어라. 그를 바라보고 관심을 표하라. 그가 말하고 있는 동안 당신의 우편물을 읽지 말아라. 반대하기보다 이야기하기 위해 들어라.

넷째, 주의산만을 제거하라. 낙서하거나 두드리거나 종이를 뒤섞지 말아라. 문을 닫는다면 더 조용할 것이다.

다섯째, 말하는 사람에게 감정이입을 하라. 당신이 그의 관점을 이해할 수 있도록 그의 입장에서 생각하려고 노력하여라.

여섯째, 인내심을 가져라. 말하는 사람에게 많은 시간을 주고 그를 방해하지 말라.

일곱째, 화를 내지 말아라. 화내는 사람은 남의 말로부터 나쁜 의미만 얻게 된다.

여덟째, 논쟁하지 말아라. 가령 당신이 이긴다 해도 당신은 잃게 될 것이다.

아홉째, 질문하라. 질문은 말하는 사람을 격려하고 당신이 듣고 있음을 보여준다. 질문은 요점을 더 명백히 하는 데 도움을 준다.

열째, 말하는 것을 멈추어라. 이는 다른 모든 지침에서 우선하는 것이기 때문에 첫 지침이자 또 마지막 지침이 된다. 당신이 말하고 있는 동안은 당신은 좋은 청취를 할 수 없다.

5) 의사소통의 장애요인

효과적인 의사소통을 달성하기 위해서는 의사소통의 기본과정에 근본적으로 내재하는 저해요인을 제고 또는 감소시키지 않으면 안 된다. 사회복지조직에서 효과적인 의사소통을 왜곡시키는 요인으로서 다음과 같은 것을 들 수 있다.

(1) 언어상의 문제

의사소통에서 가장 많이 쓰이는 도구는 언어이다. 그런데 언어란 기껏해야 복잡한 생각이나 개념의 극단적인 단순화에 지나지 않는다. 여기서 언어의 본질적인 한계성이 드러난다. 또한 언어의 장애적 작용은 이러한 본질적인 문제에서 끝나지 않는다. 보다 심각한 것은 언어의 분화 및 난해성으로 특정 지역에서만 사용되는 사투리, 특정 계급에서만 사용되는 계급어, 전문화로 인한 전문어, 특정 직업에서만 사용되는 직업어 등이 그 예이다.

(2) 사회, 문화적 배경

출신성분이나 교육 또는 경험, 기대의식이 다를 경우에는 의사전달이 원활하지 않게 된다. 인간의 사고나 가치는 자기경험의 세계를 벗어나지 못한다. 자라난 사회, 문화적 배경에 따라 행위의 준거기준이 다른데, 이러한 준거기준은 의사소통의 장해요인이 되는 것이다. 일반적으로 인간은 자기경험의 세계와 준거기준의 범위 내에서 사물을 인식하고 판단하게 된다. 따라서 동일한 사건이나 정보일지라도 사회, 문화적 배경이 다르면 얼마든지 달리 인식될 수 있는 것이다.

(3) 지위상의 차이

일반적으로 행정관리층에는 고위관리층, 중간관리층, 하위관리층이 있는데, 이들은 나름대로 자기들의 문화를 가지고 있다. 특히 고위층은 중요한 정책문제에 대해서 자기네들끼리만 토의하기를 좋아하고, 중간관리층이나 하위층에 알리기를 꺼려하는 경향이 있다.

그리고 일반적으로 고위층과 하위층 사이에는 교육, 사회 경제적 배경, 생활태도 면에서 차이점이 많다. 고위층은 교육수준과 교양이 높고 또 포괄적이면서도 전문적인 지식을 가지고 있다. 하지만 하위층은 교육수준이 낮고 또 기술적으로 한정된 직무에만 집착하고 있어 피차 간에 공통점을 찾기가 어렵다. 이러한 고위층과 하위층 간의 차이점은 의사소통의 원활화를 저해한다.

(4) 의식적인 왜곡작용

자기에게 불리한 정보는 되도록 상대방에게 전달하려고 하지 않는데, 이러한 현상을 의식적인 왜곡작용이라 한다. 이러한 왜곡작용은 주로 보고제도 등의 상향적인 의사전달에서 일어난다. 즉, 하위계층이나 중간계층은 자기네들에게 불리한 정보는 올리지 않거나, 아니면 유리한 정보만 강조하면서 올리려고 한다. 이러한 왜곡작용이 의사소통의 원활화를 방해한다.

6) 의사소통의 개선

(1) 신뢰의 분위기

의사소통은 상호신뢰에 기초하여 쌍방을 통한 공개적 분위기 속에서 이루어질 때 가장 효과적이다. 또한 행정가는 문제점 및 불평을 털어놓게 하고 신뢰의 분위기를 가져 올 수 있는 기타 다른 형태의 의사전달을 장려해야 한다.

(2) 민주적이고 수용적인 분위기

동등한 수준에서 직원들과 이야기하는 것은 정보와 감정의 흐름을 쌍방의 과정으로 만들고 의사소통을 용이하게 해준다.

(3) 조직의 의사전달 체계 확립

조직의 의사소통 체계가 효과적으로 기능하는 데 필수적인 원리는 다음과 같다.

첫째, 의사소통의 통로는 공식적으로 명시되고 명확하게 모든 직원들에게 알려져야 한다.

둘째, 조직의 모든 구성원에게는 명확한 공식적 의사소통의 통로가 있어야 한다. 즉, 모든 사람은 조직과 명확한 의사소통 관계를 가져야 한다.

셋째, 완전한 의사소통의 계선이 사용되어야 한다. 한 곳에서 다른 곳으로의 의사소통은 권한의 계선상의 모든 지점을 따라 통과되어야 한다. 권한의 계통에 어떤 단락이 있을 경우 발생할지도 모르는 의사소통의 갈등을 피하기 위해서이다. 책임을 유지하기 위해서도 필요하다.

넷째, 의사소통의 계선은 계선손실을 최소화하기 위해 가능한 한 직접적이고 짧아야 한다.

다섯째, 의사소통의 계선은 항상 유지되어야 한다. 필요한 정보가 제때에 그것을 필요로 하는 사람들에게 도달되어야 하기 때문이다. 공식적 의사소통의 계선이 파괴되면 조직은 급속히 해체된다.

여섯째, 모든 의사소통은 적절한 통제가 있어야 한다. 들어오는 자료를 평가하고 자료의 보류 등 처리 여부를 결정하여 정확한 자료의 여과를 필요로 한다.

(4) 사회복지행정가의 조정 책임

조정은 업무집단 간의 수평적 조정과 조직계층 간의 수직적 조정 등 두 가지 방법이 있다. 행정가는 이러한 방법을 통해 의사소통의 통로를 유지하고, 조직의 직원들 간의 자유로운 활동을 지원하는 것이다.

3 의사결정

1) 의사결정의 개념과 중요성

(1) 의사결정의 개념

의사결정(decision making)이란 의사결정자가 어떤 목적을 설정하고 그 목적을 달성하기 위한 행동의 선택과정이다. 즉, 개인이나 조직체는 어떤 목적을 설정하고 그에 관한 자료를 수집하여 분석함으로써 그것을 달성하기 위한 행동을 결정하게 된다. 인간의 생활과정에서 모든 행동은 이러한 의사결정으로 이루어진다(이윤정, 1999: 12).

이러한 의사결정의 개념은 좁은 의미와 넓은 의미의 개념으로 나누어 검토해 볼 수 있다. 먼저 좁은 의미로 의사결정을 규정하면 그것은 여러 가지 행동 대안 가운데서 하나를 선택하는 것으로 볼 수 있으며, 넓은 의미로 보면 최종 대안의 선택이 있기 까지 취해지는 모든 과정을 포함하는 것으로 정의된다(Tracker, 1977: 148-150).

일반적으로 의사결정이란 조직 또는 개인이 문제의 해결이나 불만족스러운 조건을 개선하기 위하여 대안을 모색하고, 그중에서 조직의 목적을 가장 효과적으로 달성할 수 있는 한 가지 방안을 최종 선택하는 과정이고, 계속적으로 진행되는 동태적 선택과정이며, 실천지향적이고 불확실한 미래에 대한 결정을 하는 과정으로 정의되고 있다. 의사결정은 정책결정, 기획, 집행통제 등 행정업무의 근간을 이루고 있는 행정의 기본적 도구일 뿐만 아니라 조직을 하나의 의사결정기수(decision machine)로 간주할 정도로 의사결정이 행정에서 차지하는 비중은 높다(Weiner, 1990: 117-118).

(2) 의사결정의 중요성

그 조직을 운영한다는 것은 어떤 의미에서 의사결정하고 그것을 실행해 나가는 과정이다. 따라서 의사결정은 조직운영에 있어서 핵심적인 활동이 되며 행정가가 행하는 의사결정의 형태와 질이 조직의 목표달성 활동에 지대한 영향을 미친다.

사회복지조직에 있어서도 행정가는 일상적으로 의사결정을 해야 하며, 그것은 서비스 전달에 직접적 또는 간접적으로 지대한 영향을 미치게 된다. 의사결정은 사회복지행정의 전반적인 수준에서 필요하고 핵심적인 부분인 것이다. 특히 사회복지조직은 내적 및 외적으로 많은 요청과 압력을 받고, 도덕성과 윤리성을 고려해야 하는 인간을 대상으로 하고 있다는 점에서 의사결정은 더욱 어려운 행정과정이다(최성재·남기민, 1993: 163-164).

이러한 현실을 감안하다면 사회복지조직의 환경과 사회적 요구의 변화에 대처하고, 생존·발전하기 위해서는 사회복지조직이 신속하고 적절한 의사결정을 내리는 것은 중요하다. 이를 위해 사회복지행정가는 의사결정에 대한 특별한 지식, 기술을 필요로 한다.

2) 의사결정의 유형

의사결정은 보는 관점에 따라 다양한 유형으로 분류할 수 있다. 즉, 주체, 계층, 상황, 위치, 방법에 따라 분류할 수 있다. 이 같은 의사결정의 유형과 사회복지 조직에서의 필요한 유형을 도식화하면 다음과 같다.

표 7-4 의사결정 유형과 복지조직에의 적용(예)

관점구분	의사결정유형	사회복지 조직에서의 필요한 유형
의사결정 주체	• 개인적 의사결정 • 집단적 의사결정 • 조직적 의사결정	조직적인 의사결정이 우선 고려되어야 함
의사결정 절차	• 정형적 의사결정(절차에 따른) • 비정형적 의사결정(절차에 따르지 않은)	비정형적 의사결정이 중요
의사결정 계층	• 최고 경영층(전략적 의사결정) • 중간 관리층(관리적 의사결정) • 일선 계층(업무적 의사결정)	각각 지위와 업무에 따라 다름

관점구분	의사결정유형	사회복지 조직에서의 필요한 유형
의사결정 사항	• 확실한 상황 하에 의사결정 • 불확실한 상황 하에 의사결정 • 위험한 상황 하에 의사결정	보통은 불확실한 상황 하에 의사결정, 조직위기 등의 상황에서는 위험한 의사결정을 해야 함
의사결정 위치	• 집권적 의사결정 • 분권적 의사결정	분권적인 의사결정이 강조됨
의사결정 방법	• 직관적 결정(intuitive)[1)] • 판단적 결정[2)](judgemental decision) • 문제해결적 결정[3)](problem sloving)	• 즉시 결정되어야 하는 사항, 경임한 사항 • 대부분의 복지조직의 의사결정의 형태 • 시간적인 여유가 있고 중요한 사항의 의사결정에 적합

자료: 우종모 외(2004). 사회복지행정론. 경기: 양서원. p.253.

3) 의사결정의 절차

의사결정의 절차는 그 유형에 따라 달라지지만 여기에서는 체계적이고 과학적인 절차를 필요로 하는 문제해결적 결정의 단계를 순서별로 설명하고자 한다. 스키드모어(Skidmore, 1995)는 상황과 문제의 정의, 관련된 사실의 수집과 조사, 대안의 모색, 대안의 결과 예측, 관련자의 감정고려, 최적의 대안 선택, 대안의 실천과 지원, 융통성 발휘, 결과 평가의 9가지로 제시한다(Skidmore, 1995: 64-71).

에블리스(Ables)와 머피(Murphy)는 의사결정자가 조직의 개선할 점이 있다고 인식하고, 그 개선방안을 모색하게 됨으로써 체계적인 문제해결적 의사결정의 과정이 시작된다고 한다. 그 절차는 문제정의와 욕구 규정, 관련 정보의 확보, 해결대안의 개발과 평가, 최적 대안의 선택, 대안의 실행, 환류로 제시했다. 그 단계는 다음과 같다(Ables & Murphy, 1981: 108-110).

---

1) 직관적 결정(intuitive): 합리성보다 감정에 근거하여 결정하는 것이다. 즉, 결정은 결정자가 옳다거나 최선의 것이라고 느끼는 것, 또는 육감에 의하여 이루어지는 것이다.

2) 판단적 결정(judgemental decision): 개인이 가지고 있는 지식과 경험에 의하여 결정하는 것이다.

3) 문제해결적 결정(problem solving): 관련된 사항에 대한 정보수집, 연구, 분석과 같은 합리적이고 과학적인 절차를 밟아 이루어지는 결정이다. 그러나 즉각적으로 해결해야 할 사항에 대하여는 적용할 수 없다.

(1) 문제정의와 욕구 규정

정확한 문제 및 욕구 규명을 위해 그러한 문제에 관련된 상황과 심리적, 사회적 및 문화적 요인, 관련자의 감정, 문제의 심각성, 피해자, 문제를 해결하려는 조직원과 구성원의 욕구 정도까지도 구체적으로 파악되어야 한다.

(2) 관련 정보의 수집

문제나 욕구가 규명되면 그러한 문제 및 욕구 그리고 그 해결방안에 관련된 정보를 수집하여야 한다. 이러한 정보의 출처와 수집방법은 문제나 욕구에 따라 다양하다. 조직의 내외 모두 또는 어느 한 쪽에서 수집되거나 조직 내외의 개인이나 동료 그리고 관련 기록 자료 등을 통해 직접 면접, 전화, 자료분석 등의 방법으로 수집할 수도 있다. 자료를 수집한 후에는 그것을 검토, 분석, 정리하고 거기서 얻어진 정보를 기초로 대안적 행동방침과 그 우선순위의 판단기준을 전할 수 있도록 해야 한다.

(3) 해결대안의 개발 및 평가

아무리 훌륭한 대안이라도 인적 또는 물적 자원의 한계와 같은 현실적 제약을 충분히 고려하지 않았다면 실행 가능성이 없기 때문에 의미가 없다. 실행가능성이 있으려면 각 대안들의 상호비교가 가능하도록 열거하고, 이전 단계에서 설정한 기준에 따라 각 대안의 장단점, 성공 가능성, 기대효과 등이 평가되어야 한다. 또한 즉각 대안이 실행될 경우에 나타날 수 있는 미래의 결과를 예상해 보아야 한다.

(4) 최선의 대안의 선택

최선의 대안을 선택하기 위해서는 파악된 정보에 기초하여 신중하게 검토할 일정한 시간이 필요하지만, 시간을 너무 지체하는 것은 바람직하지 못하다. 의도적인 경우를 제외하고 의사결정을 하는 데 필요 이상의 오랜 시간이 걸리는 행정가는 결단력이 부족한 사람인 경우가 많다. 또한 행정가들도 결정을 하는 데 있어 그들이 실수할 수도 있고 가끔 잘못된 선택을 할 수 있다는 것을 인식할 필요가 있다. 의사결정에도 완전함이란 없기 때문이다.

(5) 대안의 실행

최선의 대안 선택을 위한 앞의 네 단계까지의 노력과 활동들은 선택된 대안을 실행하기 위한 것이기 때문에 대안의 실행도 의사결정 단계에 포함되는 것이다. 일단 대안이 결정되면 모든 노력은 그것을 지지하는 방향으로 그리고 그것을 수행하기 위해서 무엇을 할 것인가에 관심이 있어야 한다.

(6) 환류(feedback)

의사결정에서 환류는 의사결정 과정과 결과를 효과적으로 만들기 위해서 매우 중요하다. 환류란 의사결정의 전 과정에서 개방적인 태도와 유연성을 가지고 의사결정의 각 과정 자체와 그 각 과정에서 이루어진 것 그리고 대안실행의 결과에 대하여 문제가 없는지, 실수가 없는지에 대한 관련자들의 의견을 듣는 것을 말한다. 이러한 환류는 특정 결정에 대한 모든 가능한 결과를 예상하는 것이 불가능하기 때문에 반드시 필요하다.

4) 의사결정의 모형

(1) 합리 모형

이 모형은 20세기 초 특히 경제학자들에게 지배적으로 선호되었던 것으로 인간은 이성과 합리성에 근거하여 결정하고 행동한다는 전제를 가지고 있다.

합리 모형의 특징은 첫째, 인간은 이성과 고도화된 합리성에 따라 행동하고 결정하고, 둘째, 경제학(비용과 편익분석이론)에서 유래하였으며, 셋째, 가치 정서, 선호 등의 사회적 편익을 고려한다.

합리 모형에서 의사결정자는 합리적 인간으로서 문제를 해결하기 위한 모든 대안을 작성하고, 각 대안이 가져올 결과를 모든 가능한 정보를 수집하여 분석하고 예상하여 각 대안을 비교, 평가함으로써 최선의 대안을 선택한다는 것이다.

그러므로 의사결정을 하는 사람은 조직의 이익을 극대화하고 비용을 최소화하려는 경제적 목적에 따라 완전히 합리적인 결정을 하기 위한 합리적 사고, 합리적 행동만을 할 것이 요구되는 규범적 · 이상적 성격을 가지고 있다. 현재는 완전히 합리적인 인간상이란 기대하기 어렵기 때문에 완전성에 가까운 의사결정을 추구하는 것도 이 모형에 속하는 것으로 본다(김귀환 · 나직균, 2009: 30).

그러나 인간사회의 동태적 요소를 경시하는 폐쇄이론이라는 점, 대안의 결과를 정확하게 예측할 수 있는 능력이 존재하지 않는다는 점, 결정자의 지적 능력에 한계가 있다는 점, 완전한 대안의 발견 및 선택에는 많은 비용이 소요된다는 점(박용치, 1998: 310-311) 등에서 한계 및 비판이 되고 있다.

(2) 만족 모형(제한적 합리 모형)

사이먼과 마치(Simon & March)에 의해 제안된 만족 모형은 합리 모형의 현실적 제약점을 극복하기 위해 제시된 것으로 합리주의적 접근방법과 점진주의적 접근방법의 절충이라는 점에서 절충적 접근방법 혹은 혼합적 방법이라고 한다. 이 접근방법은 점진주의적 접근방식과 다르고, 모든 가능한 대안에 체계적으로 검토하지 않고 현실적인 제약 속에서 가능한 대안들로만 검토한다는 점에서 합리주의적 접근방법과 다르다. 이 방법은 사회복지조직의 기획과 의사결정에서 이용할 만큼 바람직한 방법이 될 수 있다(김귀환 · 나직균, 2009: 31).

인간은 여러 가지 제한조건으로 완전한 합리성을 지닐 수 없기 때문에 합리적인 면과 불합리적인 면을 모두 가지고 있다. 결과적으로 의사결정자들은 과거의 경험, 관습적 대안들을 토대로 하여 단순한 현실 모델을 구성함으로써 만족할 만한 해결책을 모색한다. 즉, 만족 모형은 합리 모형과 같이 완전무결한 합리성이 아닌 제한된 합리성에 기초하고 있다는 데 특색이 있으며, 현실적으로 만족할 만한 대안의 선택에 강조점을 두는 현실적 · 실증적 접근방법에 기초하고 있다. 만족 모형은 인간의 합리성보다는 조직 내 인간의 심리적 측면을 중요시하는 개인적 · 행태론적 의사결정 모형이다(신복기 외, 2004: 201).

만족 모형이 갖는 장점은 실제로 적용하기 쉽고, 인간의 형태학적 특성을 고려한다는 점이다. 그럼에도 불구하고 만족 모형은 지나치게 주관적이라는 비판을 받고 있는 것은 물론 만족의 정도를 결정지어 주는 객관적인 척도가 없고, 만족한 기준에 의해 대안을 선택한다고 할지라도 그 대안을 현실 만족적. 보수적인 것이어서 급변하는 상황에 대처하기 위한 창의적인 문제해결에는 적용하기 어렵다는 비판을 받고 있다(김귀환·나직균, 2009: 31).

(3) 점증 모형(incrementalism)

점증 모형은 밴필드(Banfield), 린드블롬(Lindblom), 윌다프스키(Wildavsky) 등이 주장한 모형으로, 기존의 정책이나 결정을 일단 긍정하고 그것보다 약간 향상된 대안에 대해서만 부분적, 순차적으로 탐색하여 의사결정을 하는 현실적· 실증적 접근방법에 의한 모형이다. 이러한 접근방법에 입각한 점증 모형은 목표달성을 위해 여러 대안을 평가하여 최적의 것을 선택하는 방법과는 달리 기존의 정책이나 결정을 일단 긍정하고 그것보다 약간 향상된 대안을 만족하게 된다. 따라서 인간의 지적 능력의 한계와 의사결정 수단의 기술적 제약을 인정하고 의사결정 과정에 있어서 대안의 선택이 종래의 정책이나 결정의 점진적, 세부적 내지는 약간 향상된 수준에서 이루어지는 것으로 보기 때문에 현재의 상황보다 월등하게 다른 쇄신적·창의적 결정이 발생하기 어렵다(김귀환·나직균, 2009: 31~33).

점증 모형은 현재의 상황에 저항을 가장 적게 받고 문제를 효율적으로 해결할 수 있다는 장점을 가지고 있어 실제로 이러한 모형이 이용되는 경우도 있다. 그러나 점증 모형은 결국 현상유지적인 문제해결방법에 지나지 않아 보수적이며, 기존 세력의 이익을 반영하는 결과가 되고, 과거의 결정에 기초하고 있으므로 과거의 결정이 반드시 타당하지 않을 수도 있고, 급속한 환경변화에 점진적인 변화로 대응해 갈 수 없는 경우도 많으며, 전례가 없는 문제에 대한 해결방법으로는 적합하지 않다는 비판을 받고 있다(성규탁, 1993: 57). 그렇기 때문에 점증 모형은 상대적으로 안정된 사회에서는 적용 가능하더라도 쇄신·혁신을 필요로 하는 개발도상국에서의 적용은 어렵다.

(4) 혼합 모형(mixed-scanning model)

에치오니(A. Etzioni)는 합리 모형과 점증 모형의 장점을 상호 혼용하는 혼합 모형을 제시하였다(Etzioni, 1964: 282-295). 혼합 모형은 새로운 것이 아니며 단지 두 모형을 결합한 것에 불과하다. 혼합 모형은 합리 모형이 요구하는 이상적인 합리성을 현실화시키는 동시에 점증 모형이 갖는 보수성을 극복함으로써 단기적인 변화에 대처하면서 장기적인 안목을 동시에 가질 수 있는 장점이 있다. 즉, 인간의 정보수집 및 처리능력의 한계와 현실적 제약을 인정하면서 기본적으로 문제를 전체적 · 체계적으로 점토한 후에 이상이 있다고 판단되는 것에 초점을 맞추어 현실적인 제약의 한계 내에서 가능한 모든 대안을 개발하여 효과성과 효율성이 경험적으로 가장 높을 것으로 생각되는 대안을 선택한다는 것이다(김귀환 · 나직균, 2009: 33).

이 모형은 잠재적 사회문제나 욕구에의 대처를 중시하는 사회복지조직의 기획과 의사결정에 이용할만한 가치가 있는 것으로 생각된다.

(5) 최적 모형

드로어(Y. Dror)가 제시한 최적 모형은 제한된 자원, 불확실한 지식 및 정보의 결여 등이 의사결정 과정에서 합리성을 제약하므로 초합리성의 개입은 불가피하다는 것이다. 즉, 의사결정과정에서 합리성 · 경제성을 고려하는 동시에 초합리성(직관, 판단력, 창의력)이 중요하다고 보았다. 제한된 자원, 불확실한 지식, 정보 부족 등으로 인해 합리적 결정에 한계가 발생하며, 이를 극복하기 위해 초합리성이 요구된다는 것이다. 또한 의사결정의 최적 여부는 정치적 · 경제적 측면에서 실현 가능성이 얼마나 내포되어 있는가에 따라 평가되어야 한다고 본다.

드로어는 최적 모형의 특징을 다음과 같이 요약한다. 첫째, 합리적 요인을 고려함과 동시에 초합리적인 요인도 중요시한다. 둘째, 계량적인 것이라기보다는 질 위주의 모형이다. 왜냐하면 최적 모형에서는 가능한 투입물과 약정된 산출물 간의 관계에서 찾으려 하기 때문이다. 셋째, 경제적 이익 내지 산출의 극대화를 대안선택의 척도로 삼는다. 즉, 의사결정의 각 단계에 투입되는 자원은 가장 경제적으로 하고 산출을 증가할 수 있는 한 이를 개선해야 한다. 넷째, 최적모형은 의사결정 과정에서 중요한 의미를 부여하여 의사결정에 관한 방법론을 중요시하며 환류작용을 강조한다.

이 이론은 초합리성의 개념을 도입함으로써 합리 모형을 보다 체계적으로 발전시키는데 공헌하였을 뿐만 아니라 사회적 변동 상황에서 혁신적 의사결정이 거시적으로 정당화될 수 있는 이론적 근거를 제시해 주었다는 장점을 가진다. 그러나 의사결정에 있어서 사회적 과정에 대한 고찰이 불충분하며 초합리성의 구체적인 성격도 명확치 않아 너무 유토피아적 이상 모형에 치우쳐 있다는 비판을 받고 있다.

(6) 쓰레기통 모형(garbage can model)

쓰레기통 모형은 코헨(M. D. Cohen), 마치(J. G. March), 올슨(J. P. Olsen) 등의 학자들에 의해 제시되었다. 이 모형은 조직의 목표가 모호할 뿐만 아니라 조직의 기술이 불확실하고 막연한 사회복지조직에 잘 적용된다. 이 모형에서는 마치 갖가지 쓰레기가 우연히 한 쓰레기통 속에 모여지듯이, 네 가지 비교적 독립적인 주입물,[4] 즉 문제, 해결책, 참가자, 선택, 기회 등이 하나의 통 속에 들어간 다음 조직의 목표와 그 목표를 이행하기 위한 확실한 기술이 없기 때문에 이 주입물간의 합리적 연결에서보다는 이 주입물들의 특수한 혼합(주입물들을 뭉쳐서 만들어낸 최종결과)에 의해 의사결정이 이루어진다고 본다.

쓰레기통 모형은 보다 "복잡하고 혼란한 상황" 속에서 조직이 어떠한 의사결정 형태를 나타내는가에 연구의 초점을 둔다. 이 모형은 복합적이고 급변하는 상황 속에서 일어나는 의사결정을 설명하는 데에 적합하다. 그러나 "복잡하고

4) 문제: 사회적 이슈로 부각되어 해결을 요하는 정책
해결책: 사회적 쟁점으로 부각된 문제를 해결할 수 있는 정책 대안
참여자: 의사결정 과정에 참여하는 사람들
결정기회: 의사결정 결정자가 의사결정을 할 수 있는 기회 선택

혼란한 상황"이 조직의 모든 의사결정 행태에서 발견되는 것이 아니라 일부분의 조직에서 또는 일시적으로 나타나는 의사결정 행태를 설명하는 데 적합할 뿐이라는 비판이 있다(김귀환·나직균, 2009: 33~35).

(7) 공공선택 모형(public choice model)

공공선택 모형은 1986년도 노벨 경제학상을 받은 부캐넌(Buchanan)교수가 주장한 것으로서, 주로 정부 재정부문의 정책결정에서 바람직한 민주적 의사결정 어떻게 이루어져야 하는가를 주요 내용으로 다루고 있다.

공공선택 모형의 기본전제는 개인은 민간부문에서와 같이 공공부문에서도 자기 이익을 극대화시키려고 한다는 것이고, 이러한 이기적인 개개인이 공동 참여하여 정책을 결정하는 것이며 각자의 이익을 극대화시키고자 한다는 것이다. 즉, 공공정책의 결정은 이에 참여하는 국민의 수가 많을수록 효율적이고 민주적이라는 것이다. 결론으로 공공선택 모형은 국민의 대표적 참여와 상황적응적인 행정 구조를 강조하고 있다. 동시에 공공선택 모형은 합리 모형이 갖는 정책의 경직성과 비인간성의 난점을 극복할 수 있는 가능성을 제시하고 있다(김귀환·나직균, 2009: 28).

기출 및 예상문제

01 기획에 관한 설명으로 옳지 않은 것은? (16회차 출제)

① 연속적이며 동태적인 과업이다.
② 효율성 및 효과성 모두 관련이 있다.
③ 타당한 사업 추진을 위함이다.
④ 미래의 환경변화에 대응하기 위한 의사결정과정이다.
⑤ 목표지향적이나 과정지향적이지는 않다.

정답 : ⑤ 사회복지조직에서 기획은 과정지향적이라는 특징을 갖는다.

02 조직의 위계수준에 따라 기획을 유형화할 때 최고 중간관리층이 행하게 되는 기획의 유형은?

ㄱ. 부문/부서별 기획　ㄴ. 운영기획　ㄷ. 사업계획　ㄹ. 구체적 사업계획

① ㄱ, ㄴ, ㄷ　② ㄴ, ㄷ　③ ㄷ, ㄹ
④ ㄱ　⑤ ㄱ, ㄴ, ㄷ, ㄹ

정답 : ①

기획에서 위계수준별 역할

위계수준	기획의 유형
최고관리층	목표, 정책, 장기적 계획, 조직 전체 영역
중간관리층	부문/부서별 기획, 운영기획, 할당, 사업계획, 보완적 목표, 정책
감독관리층	구체적 사업계획, 일정표, 단기목표, 운영기획
관리실무자	일상적 업무 및 사소한 절차에 국한

03 프로그램 평가검토기법(PERT)에 관한 설명으로 옳지 않은 것은?

① 기획된 활동을 실행하기 위해 필요한 과업의 선후 병행관계 및 소요시간 등을 도표로 나타내어 전체 과정을 쉽게 파악할 수 있다.
② 기획된 활동의 실행과정에서 조정의 노력을 원만하게 제공하며 실행과정에서 생길 수 있는 문제점에 대한 예상을 가능하게 한다.
③ 기획된 활동의 실행과정에서 작업종료를 위한 대안 경로를 제시하지는 못하지만 체계적인 평가가 가능하도록 한다.

④ 완성된 PERT 도표가 복잡한 경우에는 이해가 어려우며 또 이와 같은 도표의 작성에 많은 시간이 소요된다.

⑤ 기획된 활동의 실행과정에서 불확실성(uncertainty)이 너무 많은 경우에는 PERT의 활용이 어렵다.

정답 : ③

③ 기획된 활동의 실행과정에서 작업종료를 위한 대안 경로를 제시하며 이를 토대로 체계적인 평가가 가능하도록 한다.

04 의사결정의 모형에 대한 설명으로 옳지 않은 것은?

① 합리 모형에서 인간은 이성과 합리성에 근거하여 결정하고 행동한다는 전제를 가진다.

② 만족 모형은 가능한 대안에 체계적으로 검토하지 않고 현실적인 제약 속에서 가능한 대안들로만 검토한다.

③ 점증 모형은 목표달성을 위해 기존의 정책이나 결정을 일단 긍정하고 그것보다 약간 향상된 대안을 만족한다.

④ 최적 모형은 의사결정과정에서 합리성·경제성을 고려하는 동시에 인간의 결속력(관계성, 이민주적 의사결정 등)이 중요하다고 본다.

⑤ 쓰레기통 모형은 마치 갖가지 쓰레기가 우연히 한 쓰레기통 속에 모여지듯이, 네 가지 비교적 독립적인 주입물의 특수한 혼합에 의해 의사결정이 이루어진다고 본다.

정답 : ④

④ 최적 모형은 의사결정과정에서 합리성·경제성을 고려하는 동시에 초합리성(직관, 판단력, 창의력)이 중요하다고 보았다. 제한된 자원, 불확실한 지식, 정보 부족 등으로 인해 합리적 결정에 한계가 발생하며, 이를 극복하기 위해 초합리성이 요구된다는 것이다.

05 의사소통의 원칙으로 옳지 않은 것은?

① 명료성(clarity)은 피전달자가 쉽고 정확하게 이해할 수 있도록 간결한 문장과 평이한 용어를 사용해야 하고 내용의 구조가 체계화되어 있어야 한다는 것이다.

② 적시성(timeliness)은 정보의 도달점이 피전달자가 정보를 받아들이는 준비성의 정도에 따라서 적시에 정보를 전달하지 않으면 효과가 없다는 것이다.

③ 적정성(adequacy)은 전달내용이 그 양이나 규모에 있어서 너무 많아도 안 되고, 너무 적어도 곤란하다는 것이다.

④ 배포성(distribution)은 비밀사항이 아닌 이상 되도록 관계된 모든 사람들에게 알려져야 한다는 것이다. 공식적 의사전달일 경우 더욱 그러하다.

⑤ 적응성과 통일성(adaptability & uniformity)은 클라이언트가 구체적 상황에 따라 재량성을 발휘할 수 있도록 융통성과 신축성을 지녀야 한다는 것이다.

정답 : ⑤

⑤ 적응성과 통일성(adaptability & uniformity)은 행위자가 구체적 상황에 따라 재량성을 발휘할 수 있도록 융통성과 신축성을 지녀야 한다는 것이다.

PART

03

사회복지행정의 분야

Chapter 08

사회복지조직

1 조직의 개념과 목표

조직은 목표를 달성하기 위해 의도적으로 구조화된 일정한 틀을 만들어야 한다. 조직이 구조를 만드는 것은 조직의 목표를 보다 효과적이고 효율적으로 달성하기 위함이다.

1) 조직의 개념

조직(organization)이란 '일정한 환경 하에서 특정한 목표를 달성하기 위하여 의도적으로 구조화되고 계획된 단위로서, 목적성과 수단성을 보유한 체계'이다(Etzioni, 1964: 4).

조직이 무엇인가에 대한 견해는 다양하다. 종합해 보면, 조직이란 '일정한 환경 하에서 일정한 목적을 추구하기 위하여 복수의 인간에 의하여 구성되어 일정한 분업구조 및 규범을 가진 지속적인 사회적 실체'라고 정의된다(최창호, 2002: 394-395).

이러한 정의에 기초하여 조직의 특징을 살펴보면 다음과 같다.

첫째, 조직은 일정한 환경 속에 존재하며, 환경과 상호의존적 관계를 가진다.

둘째, 조직은 달성하고자 하는 목표를 가진다.

셋째, 조직은 복수의 인간에 의하여 구성된다.

넷째, 목표달성을 위하여 과업을 여러 부분 요소가 분담하는 일정한 분업체계를 가진다.

다섯째, 조직에는 조직활동을 규제하는 조직 고유의 규범이 있다.

여섯째, 조직에는 조직을 다른 조직 및 환경과 구별하게 하는 경계가 있다.

일곱째, 조직은 어느 정도의 지속성을 가진다.

여덟째, 조직은 사회적인 기능과 존재성을 인정받고 있는 사회적인 실체이다.

아홉째, 조직에는 공식적인 측면과 동시에 비공식적인 측면이 공존한다.

2) 조직의 목표

조직의 목표란 달성하고자 하는 '바람직한 미래 상태'를 의미한다. 따라서 목표는 현재의 조직행동뿐만 아니라 미래의 행동방향에도 작용하는 것이다(우종모 외, 2004: 156-157).

에치오니(A. Etzioni)는 조직의 목표를 공식목표(formal · official · stated goals)와 실질적 목표인 운영목표, 과업목표(real · operative goals)로 구분하였다. 전자는 조직이 공식적으로 내세우는 목표(예: 노인복지시설의 1위 구축)를 의미하며, 주로 공식적인 자료(연차보고서, 정관)에서 볼 수 있다. 후자는 조직이 현실적으로 추구하는 목표(예: 2020년 목표는 새로운 노인복지 프로그램 20종류 개발)를 말한다. 이외에도 조직의 목표를 상위 목표와 하위 목표, 유형목표와 무형목표, 질서 · 경제적 · 문화적 목표 등으로 구분하기도 한다.

조직의 목표는 다음과 같은 기능을 가지고 있다(Etzioni, 1964: 5).

첫째, **조직의 지침(guideline) 제공이다.** 조직목표는 조직이 달성하고자 하는 본래의 상태를 밝힘으로써 조직활동의 지향노선을 제시한다.

둘째, **정당성(legitimacy)의 근거이다.** 조직목표는 사회에서 조직의 존재와 활동 및 임무를 정당화하는 기능을 한다.

셋째, **효과성(effectiveness) 평가의 기준이 된다.** 조직의 목표는 조직 내외에서 조직이 얼마나 좋은가(성공적인가, 건강한가, 효율적인가)를 평가하는 측정기준을 제공한다.

넷째, **기획(planning) 기능이다.** 조직의 목표는 조직 구성원으로 하여금 장래 지향성의 행동과 사고를 불러일으키는 작용을 한다. 기획과 목표는 불가분의 관계이다.

또한 조직의 목표는 조직의 내적 원인이나 외적 환경의 영향을 받아 변동이 일어나기도 한다. 목표변동의 유형은 다음과 같다.

첫째, **목표의 대치(displacement of goals)이다.** 목표의 대치는 목표달성을 위한 수단이 목표가 되고 종전목표는 중요하지 않게 취급되는 현상을 의미한다.

둘째, **목표의 승계이다.** 처음 목표를 같은 유형의 다른 목표로 교체하는 변동을 의미한다. 이 같은 승계는 본래 추구하던 목표가 달성 불가능하거나 또는 완전 달성된 경우에 일어난다.

셋째, **목표의 다원화 및 확대·축소이다.** 조직은 원래의 목표를 달성하기 어려울 경우 본래의 목표에 새로운 목표를 추가 또는 목표의 범위를 확대함으로써 목표의 계속적인 존속을 꾀한다. 이와 같이 본래의 목표에 새로운 목표를 추가하는 것이 목표의 다원화이고, 목표의 범위를 확대하는 것을 목표의 확대라고 한다. 물론 목표달성이 심한 난관에 봉착하거나 불가능할 때에는 목표를 축소시킬 수도 있다.

2 조직의 유형

조직은 여러 가지 기준에 따라 분류할 수 있다. 조직의 분류에 따라 조직의 현상과 본질을 보다 명확하게 이해할 수 있다.

1) 권한(권력)과 복종의 유형에 따른 조직

에치오니(A. Etzioni)는 권한을 강압적 권한(coercive authority), 공리적 권한(경제적, utilitarian authority), 규범적 권한(normative authority)으로 나누었고, 3가지

복종 유형을 조합하여 9개의 조직유형을 제시하였다.

표 8-1 권력과 복종에 따른 조직유형

구 분	소외적 관여 (복종은 강한 부정과 같은)	타산적 관여 (획득한 보상에 따른 무관심을 드러냄)	도덕적 관여 (강한 긍정)
강제적 권력 (위협, 신체적 탄압)	유형 1 강제적 (수용소, 정신병원, 형무소 등)	유형 2	유형 3
보상적 권력 (물질, 금전)	유형 4	유형 5 공리적 (산업조직)	유형 6
규범적 권력 (지위의 상징, 존엄)	유형 7	유형 8	유형 9 규범적 (종교조직, 정치조직, 사회복지조직, 학교조직, 병원조직)

이들 9가지 조직유형은 모두 존재 가능하다. 이 중에 유형 1, 2, 3이 가장 효과적인 분류이며 실제로 많이 발견된다고 하였다.

첫째, 강제적 조직은 강제수용소와 같이 강제를 통제의 수단으로 하는 조직이다. 예를 들어, 수용소, 정신병원, 구치소, 교도소 등이 해당한다.

둘째, 공리적 조직은 사회·경제단체와 같이 보수를 통제의 수단으로 하는 조직이다. 산업조직으로서의 기업체, 경제단체, 농민조직 등이 해당한다.

셋째, 규범적 조직은 교회, 대학 등과 같이 문화·도덕·이념을 내세우는 조직이다. 정치조직, 병원, 학교, 사회복지조직 등이 해당한다.

2) 수혜자의 종류에 따른 조직

블라우와 스콧(p.M. Blau and W. R. Scott)은 '일차적 수혜자'가 누구냐에 따라 상호수혜 조직, 사업조직, 서비스조직, 공공조직으로 분류하였다(장인협·이정호, 1993: 130).

첫째, 상호수혜조직(mutual-benefit association)은 정당, 노동조합, 농협, 수협 등 구성원이 일차적인 수혜자가 되는 조직이다.

둘째, 사업조직(business concerns)은 회사와 같이 조직의 소유자·경영자가 일차적인 혜택을 받는 조직이다. 주식회사, 은행 등이 해당한다.

셋째, 서비스조직(service organizations)은 병원, 학교, 사회복지기관, 상담소 등 조직의 클라이언트가 일차적인 수혜자가 되는 조직이다.

넷째, 공공조직(commonwealth organizations)은 군대, 경찰, 행정조직 등 일반 대중이 일차적인 수혜자가 되는 조직이다.

표 8-2 수혜자의 종류에 따른 분류

구 분	1차적인 클라이언트	조직의 종류
상호수혜조직	조직의 회원	정당, 종교단체, 노동조합 등
사업조직	사업체의 소유자	상업적인 회사, 은행 등
서비스조직	클라이언트	사회복지조직
공공조직	일반 대중	행정기관, 군대조직 등

3) 전통적 조직

전통적 조직에는 기능조직, 라인－스태프조직(line-staff), 위원회조직 등이 있다.

기능조직은 보통 생산 공장에서 부품을 조립해 완성품을 만드는 것과 같이 업무를 수평적으로 나열한 조직 구조이며, 업무가 표준화된 서비스에 관련된 조직에서 가능한 조직형태이다.

라인－스태프조직에서 라인은 수직조직(계선 조직)을, 스태프는 수평조직(막료조직, 참모조직)을 의미한다. 전자는 상하 명령관계로 구성되어 관장(원장)－부장－과장－계장－사회복지사로 연결되는 체계이다. 후자는 수직조직을 지원하는 체제로서, 예를 들면 기획부(팀)·재무·회계부(팀)·홍보부(팀)를 들 수 있다.

위원회 조직은 조직의 특별과업이나 문제를 해결하기 위해 조직의 일상업무를 수행하는 기구와는 별도로 전문가와 업무 관계자로 구성된 조직이다. 항상 존재하는 상임위원회(예: 인사, 예산위원회 등)와 특별한 경우에만 조직되는 임시위원회가 있다. 위원회는 정책수립에 긍정적인 영향을 미치기도 하지만 시간, 돈, 위원간의 갈등문제가 있으므로 위원회의 권한과 책임을 규정할 필요가 있다(우종모 외, 2004: 159).

4) 업무의 통제성에 따른 조직

길버트 스미스(Gilbert Smith)는 사회복지조직과 관련하여 업무의 통제성에 따라 조직의 유형을 다음과 같이 4가지로 분류하였다(장인협 역, 1984: 61-112 참조; 최성재·남기민, 1993: 110 재인용).

첫째, 관료조직으로 공식적인 조직과 규정, 위계적인 권위구조, 명확하고 전문화된 분업, 문서에 의한 업무처리, 기술적 자격에 기초한 신분보장 등을 특성으로 하는 합리적인 통제체제의 조직을 말한다. 그러나 관료조직은 목표와 수단의 전도(displacement of goals) 현상, 형식주의(red tape), 개인의 불안정감, 변화에 대한 저항 등 병리현상이 일어나는 경우가 많다.

둘째, 일선조직으로 공식적인 위계제도가 있음에도 불구하고 실제적으로는 권한의 분산이 행해지고 있는 조직이다. 조직의 주도권이 일선업무 단위에 있고, 각 업무단위는 자율성을 가지고 상호 독립적으로 업무를 수행하며, 사무단위의 직접적인 감독과 통제가 쉽지 않다.

셋째, 전면적인 통제집단으로 클라이언트의 유지관리 과정에서 엄격한 규칙에 의하여 전반적인 통제를 가하는 조직이다. 정신병원, 기숙사, 교도소, 양로시설, 보호시설 등이 해당한다. 이 조직은 강제적 수용, 철저히 계획된 활동, 일반사회의 기본적인 생활형태와 차이, 수용자와 직원 간의 근본적인 차이, 문화적인 차이로 인한 고통, 개인의 개조, 특수한 문화형성을 그 속성으로 한다.

넷째, 투과성 조직으로 조직의 구성원 또는 참여자가 자발적으로 참여하며, 개인의 가정과 사적인 생활에 침해를 받지 않고 조직의 문화나 규정에 의한 통제성이 약하고 조직의 활동이 거의 노출되는 조직이다. 자원봉사조직이 대표적이며, 이 조직은 자발적인 참여, 조직의 업무와 사적인 활동 사이의 분명한 구분, 영역유지 구조가 약함, 역할구조의 복잡성, 개인의 주체성 강조, 업무활동의 자율성, 일반사회와 문화 차이가 거의 없음 등의 속성이 나타난다.

표 8-3 업무 통제성에 따른 조직 분류

구 분	특 성
관료제	• 공식적인 조직과 규정 • 계층적인 권위구조 • 명확하고 전문화된 분업 • 문서에 의한 업무처리 • 기술에 의한 신분보장 • 합리적인 통제조직
일선조직	• 주도권이 일선에 있는 조직 • 각 업무단위는 독립적으로 상호업무 수행 • 업무단위의 직접적인 통제가 어려움
전면적 통제조직	• 관리자가 전면적으로 강한 통제를 갖는 조직 • 정신병원, 기숙사, 교도소, 요양시설
투과성 조직	• 조직 구성원, 클라이언트의 자발적인 참여 • 가정과 사생활의 침해를 받지 않음 • 조직의 통제가 약하며 조직의 활동이 노출되는 조직 • 자원봉사활동조직이 해당

5) 수혜자(클라이언트)의 상태와 조직기술에 따른 조직

하젠펄드(Hasenfeld)는 사회복지조직이 대상으로 하는 클라이언트와 조직기술에 따라 사회복지조직을 6가지로 분류하였다(Hasenfeld, 1985: 5-11). 클라이언트를 정상 기능(normal functioning)과 비정상 기능(malfunctioning)으로 구분하고 사회복지조직에서 클라이언트를 변화시키기 위하여 사용하는 기술을 인간식별 기술(people-processing technology), 인간유지 기술(people-sustaining technology), 인간변화 기술(people-changing technology)로 나누고 이들 유형을 조합하여 6가지 조직으로 분류하였다.

인간식별 기술은 수혜자의 개인 속성을 변화시키지 않고 다른 집단으로부터 바람직한 반응을 불러일으키는 명칭이나 지위를 부여하는 것으로 정상인, 정신질환자, 암환자, 지적 장애아 등으로 구분한다.

인간유지 기술은 수혜자를 현 상태로 유지하거나 악화 등을 예방·완화시키는 것으로 휴양, 요양보호(장애인, 노인), 공적부조(금품지급) 등이 해당한다.

인간변화 기술은 수혜자의 개인 속성을 변화시키는 기술로 교육, 상담, 심리치료, 의료치료 등이 있다.

표 8-4 수혜자(클라이언트) 상태와 조직기술에 따른 분류

클라이언트 유형	인간식별 기술	인간유지 기술	인간변화 기술
정상 기능	유형 1	유형 2	유형 3
	대학교(신입생 선발) 신용카드회사	사회보장청 요양시설	공립학교 YMCA
비정상 기능	유형 4	유형 5	유형 6
	소년법원 진료소	공적부조사무소 요양시설	병원 수용치료센터

3 사회복지조직의 원리

조직의 원리란 조직을 관리하는 데 준거해야 할 기준을 의미한다(장인협·이정호, 1993: 135-137).

1) 계층제의 원리

계층제(hierarchy)란 권한과 책임 및 의무의 등급화 정도에 따라 상하 간 계층을 설정(직무상 감독관계)하는 원리에 의해 등급화된 계층의 체계를 의미한다.

계층제의 특성은 일반적으로 조직의 규모와 전문화가 확대되어 업무의 다양성과 구성원이 증가하면 조직의 계층도 증가하게 되고, 단독제 형태로 단일의 의사결정 주체를 중심으로 운영한다는 점, 통솔범위의 원리와는 상반(반대) 관계인 점, 계선조직의 일반 형태라는 점, 하위직은 정형적 업무를, 상위직은 비정형적 업무를 담당한다는 특성이 있다.

계층제의 장점으로는 통일성과 안정성의 유지, 권한과 책임한계의 설정기준, 명령·의사소통·권한위임의 통로, 상승욕구(승진)의 고취, 업무배분과 분쟁조정

수단 등이 있고, 단점으로는 조직 관리자의 독단화, 인간관계와 자아실현의 악화, 조직의 경직화와 할거주의의 대두 가능성, 비인간적 인간지배수단 등이 있다.

2) 통솔범위 원리

통솔범위(span of control)의 원리란 한 사람의 상관이 부하를 관리하는 데에는 지휘의 한계가 있기 때문에 적정수의 부하나 하부조직을 가져야 한다는 원칙을 의미한다. 통솔범위는 그 조직의 여러 가지 조건에 따라 다르다. 직무의 성질, 감독자의 능력, 피감독자의 질, 지리적 분산도, 조직의 역사, 조직관리의 상태, 관리기술의 수준 등이 통솔범위에 영향을 미치는 요인이다. 그라이쿠너스(V. A. Graicunas)는 통솔범위에 관한 실증적 연구에서 적정한 범위는 6명으로, 데이비스(R. C. Davis)는 육체적 업무에는 10~30명, 정신적 업무에는 3~8명, 9명이라고 언급하였다.

3) 명령통일의 원리

명령통일(unity of command)의 원리는 오직 한 사람의 상관으로부터 명령을 받고 보고하여야 한다는 원리로서, 이 원칙이 준수되어야 조직적인 활동과 의사전달의 능률성 및 책임성이 유지된다는 것이다. 명령통일의 원리는 누구에게 보고를 하고, 누구로부터 지시를 받아야 하는가를 알 수 있게 하여 지위의 안정감을 부여한다는 점, 조직 책임자가 업무를 전체적으로 조명할 수 있고 통합할 수 있다는 점, 책임 소재가 명확하다는 점, 의사전달의 효용성이 확보된다는 점에서 장점을 지닌다. 그러나 업무의 상호 연관성이 높아지는 상황에서 이 원리만을 강조하면 수평적인 협력이 저하되어 오히려 비능률적일 수 있다는 점, 참모기관이 활성화되면서 상관과 참모기관 모두에게 보고해야 하는 문제가 발생한다는 점 등의 단점이 있다.

4) 분업·전문화의 원리

분업·전문화(division of work or specialization)의 원리는 조직에서 구성원 간의 업무를 분담시켜 일을 처리하는 것으로서, 업무를 특성별로 구분해 가급적 한 사람에게 동일한 업무를 분담시키는 것이므로 분업이라고 부른다.

전문화의 유형에는 업무의 동일성을 기준으로 한 횡적 분업(기능적 분업, 수평적 분업), 업무의 특성에 의해 구분하는 종적 분업, 과학적 관리법의 시간 및 동작연구에 의한 상향적 분업, 최고 관리층의 POSDCORB 기능[1)]에 의해 발생하는 하향적 분업, 업무를 세분화하여 반복적·기계적으로 단순화함을 의미하는 일의 전문화, 교육 훈련에 의해 이루어지는 사람의 전문화가 있다.

전문화의 장점으로는 조직의 능률성을 제고시키고, 조직능력을 향상시키는 효과도 있지만, 지나친 전문화는 업무의 동질화로 성원의 능력 발전을 저해하고 사기를 저하시키며, 조정의 비용이 증대되고, 전문화에 의한 무능이 발생하는 단점이 있다.

5) 조정의 원리

조정(coordination)의 원리란 조직이 공동목적을 달성하기 위하여 행동의 통일을 기하도록 집단적 노력을 질서 있게 배열해야 한다는 원리이다(강용규 외, 2007: 131). 조직이 대규모화되고 복잡할수록 그 목적을 효과적으로 달성하기

---

1) 귤릭(L. Gulick)이 제시한 최고 관리층의 기능을 말한다. POSDCORB는 다음과 같다.
 ① Planning(기획): 정책의 형성 및 집행에서의 준비행위나 전략에 해당하는 것으로 장기적이고 광범위한 것이다.
 ② Organizing(조직화): 목표를 성취하기 위하여 인력과 자원을 동원하고 이들의 상호 관계를 조정하기 위하여 권한을 배분하고 공식화하는 것이다.
 ③ Staffing(인사): 채용·승진·전보·훈련 등 인사행정의 전반에 관한 관리를 한다.
 ④ Directing(지휘): 결정한 일을 수행하기 위하여 필요한 명령·훈령을 내리고 책임 있는 지도자로서 일을 다하는 것이다.
 ⑤ Coordinating(조정): 공동목표를 수행하기 위한 각 단위활동의 통일화 과정이다.
 ⑥ Reporting(보고): 일을 수행하는 과정에서 부하가 상관에게 업무를 보고하며 여러 가지 정보를 제공하는 일이다. 특히 최고 관리층은 국회, 국민 및 언론기관을 상대로 보고가 이루어진다.
 ⑦ Budgeting(예산): 예산을 편성하고 집행하는 등 재무행정에 관한 모든 관리를 총괄한다.

위해 조직 각 단위의 기능은 분업화, 전문화됨에 따라 각 단위가 목적을 상실하고 파편화되는 폐단을 초래하게 된다. 이러한 폐단을 방지하기 위해서 각 구성원의 개별적 노력을 통합화하는 기능이 필요하며 이 통합화를 조정이라고 한다.

조정의 유형에는 대내적 조정과 대외적 조정, 통합적 조정과 비통합적 조정, 자율적 조정과 감독적 조정, 절차적 조정과 실체적 조정이 있다. 조정의 전략으로는 목표의 명확화, 의사전달의 촉진, 상위계층의 권위적 조정, 회의·위원회에 의한 조정, 조정기구의 설치, 아이디어에 의한 조정, 인사에 의한 조정, 계획과 환류에 의한 조정, 자율적 자기조정 등이 있다.

6) 부문화·부서화의 원리

부문화(departmentation)의 원리는 업무분화로 직무가 증가하여 업무의 효율성이 저해되고 갈등도 증가하므로 조직의 효율성을 위해 목적이나 기능에 따라 조직을 개편하는 것을 의미한다. 부문화의 방법은 동일한 역할자의 수, 시간, 기능, 지역, 서비스, 고객, 접근통로를 기준으로 한 7가지가 있다(Weinbach, 1990: 209-219).

첫째, 수(數) 기준 부문화로서 같은 역할을 하는 사람들을 한 슈퍼바이저 밑에 소속시키는 방법이다. 그러나 개인의 능력차를 고려하지 못한다는 단점이 있다.

둘째, 시간 기준 부문화로서 하루 24시간 서비스를 요하는 조직에서 2교대 또는 3교대, 격주 토요일 근무의 형태로 부문화하는 것을 의미한다.

셋째, 기능 기준 부문화로서 구성원의 선호도, 관심, 능력과 적성에 따라 업무를 부문화하는 방법이다. 그러나 부서 간의 경쟁이 지나치면 업무단위의 협조부족과 자신이 속한 업무단위중심의 생각을 하기 쉽다는 단점이 있다.

넷째, 지리적 영역 기준 부문화로서 클라이언트의 거주지역에 따라 업무를 부문화하는 것을 의미한다. 단점으로 지역 간 업무량 차이가 있을 수 있고 어려운 지역 담당자는 소진하거나 사기가 떨어질 우려가 있다.

다섯째, 서비스 기준 부문화로서 사회사업 실천방법에 따라 부문화하는 방법이다. 개별 사회사업, 집단 사회사업 등의 형태이다. 그러나 통합적인 서비스 제공이 어렵다는 단점이 있다.

여섯째, 고객 기준 부문화로서 클라이언트에 따라 부문화하는 방법이다. 아동복지, 청소년복지, 노인복지 등으로 부문화한다. 그러나 한 개인의 문제를 해결하는 데는 이점이 있으나, 문제가 다양하고 복잡한 경우에 서비스 제공자의 기술로 감당할 수 없다.

일곱째, 서비스 접근통로 기준 부문화로서 클라이언트가 서비스에 접근할 수 있는 통로별로 업무를 부문화하는 방법이다. 서비스 개발과 시장을 개척하는 것으로 사회복지조직에서 이 기준은 별로 효과적이라 할 수 없다.

4 사회복지조직의 속성

사회복지조직은 일반조직과 마찬가지로 목적 면에서 공공성을 지니고 있고, 공공목적을 달성하기 위한 인적·물적 제 변수의 효율적인 조직이나 관리라는 점에서 공통적인 특성을 가지고 있다. 사회복지조직은 인간을 대상으로 하기 때문에 다음과 같은 고유의 특성을 가진다(Hasenfeld, 1985: 12-16).

첫째, 조직의 '원료'(raw material)가 도덕적 가치를 부여받은 인간이라는 사실이 조직활동의 대부분에 영향을 미친다. 사회복지조직이 사용하는 서비스 기술은 도덕적으로 정당화되어야 한다. 왜냐하면 클라이언트와 관련된 모든 활동은 중대한 도덕적 결과를 초래하기 때문이다.

둘째, 사회복지조직의 목표는 모호하고 애매하며 문제점을 가진다. 인간을 대상으로 하는 사회복지조직은 조직의 목표에 대하여 상이한 가치관과 규범을 가진 사람 간에 구체적인 합의를 찾기가 어렵다.

셋째, 사회복지조직을 둘러싸고 있는 도덕적 모호성으로 환경과의 관계에 많은 어려움을 야기한다. 사회복지조직에서 후원하는 외부 조직은 각자의 가치관과 목적을 달성하려고 하며, 운영자금을 외부의 재정 원천에 의존하고 있기 때문에 환경의 변화에 쉽게 영향을 받는다.

넷째, 사회복지조직은 바람직한 산출물을 얻기 위한 지식과 기술이 불완전하다. 그 이유는 다음 3가지 요인에 의해 비롯된다.

① 인간의 속성은 개인에 따라 다르기 때문에 조직의 '원료'로서의 인간은 변동적이고 불안정하다.
② 사람들이 기능하는 방법과 이들을 변화시키는 방법에 대한 지식이 단편적이고 불완전하다.
③ 사회복지기관이 변화시키고자 하는 많은 속성은 관찰 또는 측정할 수 없다.

다섯째, 사회복지조직의 핵심적인 활동은 워커와 클라이언트의 관계로 구성되어 있다. 워커와 클라이언트 간 관계의 질이 조직의 성패를 좌우하는 중요한 결정요인이 된다. 따라서 일선 워커의 직위와 역할이 매우 중요하다.

여섯째, 사회복지조직의 효과성을 확실하고 타당하게 측정할 표준도구가 없다. 이것은 앞에서 살펴본 조직목표의 다양성과 모호성, 서비스 기술의 불완전성, 인간 속성의 관찰과 측정의 어려움 등 때문이다. 이러한 특성은 변화와 혁신에 대해 다른 조직보다 저항을 크게 하는 요인이 된다.

5 사회복지조직의 구조

조직이 구조를 만드는 것은 조직의 목표를 보다 효과적이고 효율적으로 달성하기 위함이다. 조직은 목표를 달성하기 위해 의도적으로 구조화된 일정한 틀을 만들어야 한다.

1) 공식조직과 비공식조직

(1) 공식조직

공식조직(formal organization)이란 분업과 권한·책임의 계층제를 통하여 기구도표 상에 표현할 수 있고 가시적이고 계획적인 구조이다. 행정 책임자, 이사회, 위원회, 직원 등의 배열이고, 조직의 기구표에 나열된 지위와 관계를 의미한다.

공식조직의 구조적 4가지 기본 요소는 다음과 같다.

첫째, 분업이다. 분업은 과업 수행에서 구성원 간에 업무를 분담하는 것으로, 기능적 업무분담(업무의 분업화를 뜻함)과 전문화(특정 분야의 전문가가 업무를 담당하는 것)가 있다.

둘째, 위계질서이다. 위계질서는 조직의 구조적인 요소로서 위계적인 과정은 ① 명령의 개선: 상관으로부터 하부로의 위계질서를 갖는 명령계통이 존재한다. ② 명령의 통일성: 상부부서에서 하부부서를 지휘하고 통솔할 수 있는 명령의 통일성을 가져야 한다. ③ 권한의 위임: 하부조직 또는 구성원에게 적절하게 권한을 위임함으로써 조직의 효율성을 도모한다.

셋째, 구조이다. 조직의 구조는 업무의 역할과 범위를 명확히 구분짓는 의사결정 통로이다. 서비스부문(클라이언트를 대상으로 서비스나 프로그램을 제공하는 업무)과 관리부문(회계, 재정, 설비, 인사, 시설 등 운영과 관련된 업무)으로 나눈다.

넷째, 통제범위이다. 통제범위란 한 명의 상관이 효과적으로 통솔할 수 있는 부하직원의 수를 의미한다.

(2) 비공식조직

비공식조직(informal organization)이란 조직 내 빈번하게 접촉하는 구성원 사이에서 자연적으로 발생한 소규모 집단을 의미한다. 공식조직을 제도적인 조직이라고 한다면 비공식조직은 현실상의 조직이다.

비공식적 집단이 조직에서 갖는 유용성은 ① 비공식조직은 생각과 감정을 나눌 수 있는 의사소통 채널이다. ② 행정가는 비공식적인 자리에서 대화와 제의를 받아들여 집단의 응집력을 향상시킬 수 있다. ③ 비공식적 자리에서 구성원은 서로 지지하고 인정함으로써 직원의 자기존중을 향상시킨다는 점 등이다.

비공식적 집단 조직에서 발휘하는 기능은 ① 비공식조직은 공식조직의 결함이나 약점을 보완하고 유지한다. ② 공식조직 내 약점을 평가하고 새로운 욕구에 대한 주의를 환기한다. ③ 공식조직의 긴장감을 완화한다. ④ 변화를 위한 프로그램이나 계획에 기여한다는 점 등이다.

비공식적 집단이 갖는 조직에서의 역기능은 ① 거대한 비공식조직은 비합리적 의사결정을 초래할 수 있다. ② 조직의 목적이 도치될 수 있다. ③ 공식적 조직의 분열을 초래할 수 있다는 점 등이다.

2) 수직조직과 수평조직

(1) 수직조직(계선조직)

수직조직은 계선조직(line)이라고도 부른다. 명령과 복종관계를 가진 수직적 구조를 형성하여 목표달성에 중심이 되기도 하는 구조로서, 조직 내 "관장-부장-과장-팀장 등"과 같은 계층적인 형태를 띤다. 조직의 목표달성에 결정권을 가지며 서비스 대상자와 직접적인 참여를 가지고 조직의 목표달성에 기여한다.

수직조직의 구조는 크게 두 가지 차원으로 나누어 분석할 수 있다. 권한이나 명령계통을 나타내는 수직적 위계화와 정형화로 조직 구조를 파악해 볼 수 있다.

첫째, 수직적 위계(hierarchy)는 한 조직의 권한 배분이나 의사결정 방법과 관련되어 있다. 권한이란 의사결정, 하급자의 행동지휘, 자원할당, 상벌의 실시를 위한 합법적인 권리이다. 의사전달의 방법으로는 ① 한 조직에서 권한이나 의사결정 과정이 수직적으로 진행되거나 명령 하달식으로 진행될 경우를 중앙 집권식, ② 하급자의 의사결정을 존중하는 경우로 분권식이 있다. 대부분의 사회복지서비스 기관에서 예산이나 인사에 관한 의사결정 방법이나 이에 수반되는 권한 등은 수직적 위계의 상부에 집권화되어 있는 반면에, 서비스 개입방법이나 행사, 치료 계획 등을 결정하는 영역은 분권식 구조로 되어 있는 경우가 많다.

둘째, 정형화(formalization)는 업무수행에 있어서 신뢰성과 일관성을 높이기 위한 조직적 장치로서 규칙이나 절차 등을 통해 업무자의 재량적인 행동을 축소시키거나 의사결정 과정을 일상화시키는 것이다. 장점으로는 각 업무와 업무자에 대한 역할을 명확하게 제시할 수 있고, 역할 간 혼란을 방지하며, 직위에 따르는 권한의 임의적 사용을 억제할 수 있다는 점이다. 그러나 의사소통 과정이 엄격한 규칙이나 절차에 의존함에 따라 경직성의 증가로 창의력과 주도력을 저해한다는 단점이 있다.

수직조직이 갖는 장점으로는 ① 위계적인 구조로 권한과 책임이 분명하다. ②

결정권과 집행권을 가짐으로써 결정의 신속성을 꾀할 수 있다. ③ 통솔력을 행사할 수 있으므로 조직의 안정성을 확보할 수 있다는 점 등이다.

그러나 수직조직이 갖는 단점으로는 ① 대규모 조직에서는 불리하다. 즉, 책임자의 총괄적인 지휘·감독으로 업무량이 과중될 수 있다. ② 결정권이 있는 책임자가 독단적이며 주관적인 의사결정을 내릴 우려가 있다. ③ 특수 분야에 전문적인 지식을 활용할 수 없으며, 조직이 경직될 우려가 있다는 점 등이다.

(2) 수평조직(참모조직)

수평조직은 수직조직이 원활하게 기능을 수행할 수 있도록 지원하고 촉진하여 조직의 목표달성에 간접적으로 공헌하는 구조이다. 이는 주로 자문, 조언, 권고, 정보수집, 기획, 인사, 회계, 연구 등의 기능을 수행한다. 예를 들면, 기획관리실, 총무과, 자료실, 경리과, 홍보실, 비서실, 자문위원회 등과 같은 조직이 해당한다.

수평조직 구조가 갖는 장점으로는 ① 책임자의 통솔범위가 확대되어 업무의 효율성을 기할 수 있다. ② 전문지식과 경험을 활용할 수 있다. ③ 독단적이지 않으며 참여적이고 객관적인 의사결정이 가능하다. ④ 조직의 융통성이 있으므로 대규모 조직에 유리하다는 점 등이다. 그러나 단점으로는 ① 조직 내 인사관계가 복잡해진다. ② 책임 소재를 둘러싸고 갈등이 야기될 수 있다. ③ 운영과 행정의 지연이 야기될 수 있다. ④ 의사소통의 경로를 혼란에 빠뜨릴 수 있다는 점 등이다.

3) 행렬조직

행렬조직(matrix organization)이란 조직 구조의 한 방법으로 주로 업무 세분화에 따르는 문제에 대처하기 위한 것이다. 합리적인 수준의 분업은 살리면서 동시에 통합을 강조하는 이중적인 기능을 담고 있다.

행렬 구조의 특성은 조직 구성원은 1차적으로는 분과에 소속되어 있으면서 수직적인 위계에 의해서 통제를 받는다. 한편 조직 구성원은 각 프로그램 단위 혹은 팀 단위의 구분에 의해서도 나눈다. 각 프로그램 내에서 각 분과의 대표는 프로그램의 목적을 수행하기 위해 수평적인 협조관계를 유지해야 한다. 조직의 한 구성원은 분과와 프로그램에 대한 이중적인 역할(지역별, 인구별 행렬 구조 등도 가능)이 필요하다.

행렬 구조가 갖는 장점으로는 조직을 구조화하는 데 집중화, 분권화가 동시에 가능하다는 점이다. 일상적으로 수행되어야 할 기능은 수직적 위계의 축을 통해 비교적 일정하게 지속될 수 있는 반면에, 기관의 프로그램과 같이 외부환경에 의해 빈번한 변화를 겪게 되는 것들은 조직의 기본 골격과는 상관없이 이에 반응해서 자유롭게 변화할 수 있게 한다. 즉, 수직적이고 정형화된 구조가 주는 장점인 안정성과 수평적 구조가 주는 장점인 탄력성을 동시에 갖는다. 그러나 두 개의 권위 라인을 유지하는 데 따르는 복잡성과 비용의 증가, 역할과 권한이 명료하게 정의되지 않는 데 따르는 불협화음의 발생, 이중적인 역할을 갖게 됨에 따라 나타나는 역할 긴장, 업무수행에 대한 평가의 어려움 등의 단점이 나타나기도 한다.

6 위원회와 이사회

1) 위원회

사회복지조직은 목표를 달성하기 위해 일상업무를 수행하는 사회복지사 외에 특별한 업무를 처리하는 전문가로 구성된 합의제 기구이다. 위원회는 ① 기관의 활동을 방해하는 문제 탐구, ② 문제해결을 위한 계획의 개발, ③ 권고(recommandation)를 공식화하는 기능을 수행한다.

위원회의 위원은 일반적으로 ① 능력이 있는 사람, ② 해당 과업에 관심을 가지고 있는 사람, ③ 시간과 노력을 쏟을 수 있는 사람, ④ 여러 가지 측면에서 지역 대표가 될 수 있는 사람, ⑤ 소수집단의 권익을 대변할 수 있는 사람이 선임되는 것이 바람직하다(최성재·남기민, 1993: 122).

위원회 운영의 장점으로는 ① 조직 전반에 관계되는 문제에 관한 협조와 정보를 제공하는 데 효율적이다. ② 제안을 평가하거나 관련된 여러 전문가의 의견을 들을 수 있다. ③ 행정의 참여적 권리를 실현하여 지역주민의 참여를 독려할 수 있다는 점 등이다.

위원회 운영의 단점으로는 ① 위원회 유지에 비용이 많이 든다. ② 문제를 해결하는 데 시간이 많이 걸린다. ③ 위원의 책임감이 희박할 가능성이 있다. ④ 이해관계가 얽힌 대표의 참여는 문제를 전체적으로 보지 못한다는 점 등이다.

2) 이사회

이사회는 조직이 그 목표를 달성할 수 있도록 법률적 책임을 지고 있는 조직의 정책결정 기구이다. 이사회를 통해서 ① 지역사회로부터 피드백을 얻을 수 있고, ② 지역사회의 욕구와 이를 충족할 방법에 대한 지침을 제공받을 수 있으며, ③ 효과성과 효율성을 증대시킬 수 있는 방법을 모색하는 데 도움을 받을 수 있다.

이사회는 사회복지조직의 필요성과 존재에 대한 철학적·사회적 근거가 되기 때문에, 대부분의 사회복지조직에서 이사회의 설치는 법률적 요청사항으로 되어 있다. 이사회는 자연인이 아니면서 자연인과 같은 권리와 의무의 주체가 되는 법인의 상설기관이다. 법률적 의미에서 이사회는 법인의 사무를 집행하며, 원칙적으로 법인을 대표하며, 법률행위를 하는 직무권한을 가지는 상설적 필요기관이다.

이사회는 다음과 같은 기능을 수행한다. ① 조직의 목적 및 목표달성, ② 조직의 운영기구 설정, ③ 필요한 인적·물적자원의 조달, ④ 조직의 행정 책임자 채용 및 임명, ⑤ 정책의 결정, ⑥ 예산 인준 및 재정 원천에의 접근 촉진, ⑦ 조직 운영의 점검 및 평가, ⑧ 조직과 지역사회 간의 중개, ⑨ 지역사회의 계획 참여, ⑩ 정관의 변경 등이다.

이사회의 이사는 ① 조직과 조직 사업에 관심이 있는 사람, ② 지역사회 여러 집단의 대표자가 될 수 있는 사람, ③ 개인적으로 능력이 있는 사람, ④ 시간과 노력을 할애할 수 있는 사람으로서 자원봉사자 등이 선임되어야 한다.

이사회의 규정은 사회복지사업법과 민법에서 규정한다.

첫째, 사회복지사업법에서는 사회복지법인에는 대표이사를 포함 이사 5인 이상과 감사 2인 이상을 두고, 특별한 관계(출연자, 친족, 출연자 또는 이사의 사용인 등)에 있는 자가 이사 현원의 1/5을 초과할 수 없도록 규정하고 있다.

둘째, 민법에서는 사회복지사업을 하려는 민법상의 법인은 재단법인이든 사단법인이든 이사를 두도록 되어 있으나 이사의 수나 임기는 법인의 정관에 규정한다.

기출 및 예상문제

01 조직의 구성요소에 대한 설명으로 옳지 않은 것은? (17회차 출제)

① 예산, 구성원 수 등으로 조직의 규모를 나타낼 수 있다.
② 직무표준화 정도가 지나치게 높으면 구성원의 재량권은 낮아진다.
③ 사업의 종류가 많을수록 조직의 복잡성이 증가한다.
④ 집권화는 구성원의 자발적 참여와 재량권을 확대시킨다.
⑤ 분권화는 책임과 권한을 조직 내에 분산시키는 전략이다.

정답 : ④

④ 집권화는 중요한 의사결정 권한이 조직의 상충부에 집중되는 방식이다. 이 구조에서는 구성원들의 권한이 극히 제한되어 있기 때문에 창의성과 자율성이 저해될 수 있다.

02 부문화의 설명으로 옳지 않은 것은?

① 수(數) 기준 부문화는 같은 역할을 하는 사람들을 한 슈퍼바이저 밑에 소속시키는 방법이다. 그러나 개인의 능력차와 상관없이 공평한 기회를 제공하는 장점이 있다.
② 기능 기준 부문화로서 구성원의 선호도, 관심, 능력과 적성에 따라 업무를 부문화하는 방법이다.
③ 지리적 영역 기준 부문화는 지역 간 업무량 차이가 있을 수 있고 어려운 지역 담당자는 소진하거나 사기가 떨어질 우려가 있다.
④ 서비스 기준 부문화로서 개별사회사업, 집단사회사업 등의 형태이다. 그러나 통합적인 서비스 제공이 어렵다는 단점이 있다.
⑤ 고객 기준 부문화로서 클라이언트에 따라 부문화하는 방법으로 한 개인의 문제를 해결하는 데는 이점이 있으나, 문제가 다양하고 복잡한 경우에 서비스 제공자의 기술로 감당할 수 없다.

정답 : ①

① 개인의 능력차를 고려하지 못한다는 단점이 있다.

03 사회복지조직의 속성으로 옳지 않은 것은?

① 조직의 '원료'(raw material)가 도덕적 가치를 부여받은 인간이라는 사실이 조직활동의 대부분에 영향을 미친다.

② 사회복지조직을 둘러싸고 있는 도덕적 모호성으로 환경과의 관계는 중요하지 않다.

③ 사회복지조직은 바람직한 산출물을 얻기 위한 지식과 기술이 불완전하다.

④ 사회복지조직의 핵심적인 활동은 워커와 클라이언트 간 관계의 질이 조직의 성패를 좌우하는 중요한 결정요인이 된다.

⑤ 사회복지조직의 효과성을 확실하고 타당하게 측정할 표준도구가 없다.

정답 : ②

② 사회복지조직을 둘러싸고 있는 도덕적 모호성으로 환경과의 관계에 많은 어려움을 야기한다. 사회복지조직에서 후원하는 외부 조직은 각자의 가치관과 목적을 달성하려고 하며, 운영자금을 외부의 재정 원천에 의존하고 있기 때문에 환경의 변화에 쉽게 영향을 받는다.

04 수평조직에 대한 설명으로 옳은 것을 모두 고른 것은?

ㄱ. 수직적 구조의 계층이 완화 · 축소된 형태로 구성된다.
ㄴ. 조직의 규모가 작은 신생조직에 반드시 필요한 구조이다.
ㄷ. 위원회 등의 참모조직도 수평적 분화에 해당한다.
ㄹ. 책임자의 단독적 결정으로 결정의 신속성을 꾀할 수 있다.

① ㄱ, ㄴ, ㄷ　② ㄱ, ㄷ　③ ㄴ, ㄷ, ㄹ
④ ㄷ, ㄹ　⑤ ㄱ, ㄴ, ㄷ, ㄹ

정답 : ②

ㄴ. 소규모조직의 경우 수직구조의 형태가 많고 조직의 규모가 클 때 수평적 분화가 촉진된다.
ㄷ. 수평조직에서는 결정의 과정이 각각의 수평조직에 분산되기 때문에 의사결정이 다소 지연될 수 있다.

05 위원회와 이사회에 대한 설명으로 옳지 않은 것은?

① 위원회는 기관의 활동을 방해하는 문제 탐구, 문제해결을 위한 계획의 개발, 권고의 기능을 수행한다.

② 위원회 운영의 장점으로는 행정의 참여적 권리를 실현하여 지역주민의 참여를 독려할 수 있다는 점 등이다.

③ 이사회는 조직이 그 목표를 달성할 수 있도록 법률적 책임을 지고 있는 조직의 정책결정 기구이다.

④ 법률적 의미에서 이사회는 법인의 사무를 집행하며, 원칙적으로 법인을 대표하며, 법률행위를 하는 직무권한을 가지는 상설적 필요기관이다.

⑤ 이사회의 규정은 사회복지사업법과 사회보장법에서 규정한다.

정답 : ⑤

- 사회복지사업법에서는 사회복지 법인에는 대표이사를 포함 이사 5인 이상과 감사 2인 이상을 두고, 특별한 관계(출연자, 친족, 출연자 또는 이사의 사용인 등)에 있는 자가 이사 현원의 1/5을 초과할 수 없도록 규정하고 있다.
- 민법에서는 사회복지사업을 하려는 민법상의 법인은 재단법인이든 사단법인이든 이사를 두도록 되어 있으나 이사의 수나 임기는 법인의 정관에 규정한다.

Chapter 09

인적자원 관리

1 인적자원 관리의 개념

1) 인적자원 관리의 의의

인적자원 관리(HRM, human resource management)는 조직이 필요로 하는 인력의 모집, 채용, 유지, 개발, 평가를 포함하는 관리 과정이다. 일반적으로 인사관리라 부르며, 사회복지행정에서 중요한 부분을 차지한다. 스키드모어(R. Skidmore)가 사회복지조직에서 인력의 선발·유지·개발이 조직활동의 효과성·효율성과 직결되는 요인이라 지적하고 있는 것을 볼 때 그 중요성을 알 수 있다.

인적자원 관리는 조직 유지를 위해 적시에 직무 요건에 맞는 인원을 수급 계획하고, 모집과 선발, 인력 배치 및 오리엔테이션 그리고 교육 훈련과 인적자원 개발 단계를 거쳐 퇴직과 이직 등의 단계로 이루어진다.

2) 인적자원 관리의 목적

일반적으로 인적자원 관리의 목적은 첫째, 조직의 생산성 향상으로 조직의 직업 생활 만족도를 향상한다. 둘째, 인적자원 이용과 관련된 법과 규칙을 준수한다. 셋째, 개선된 기업 관계의 계발이다. 넷째, 모든 수준에서의 의사소통과 모든 필요한 합의점의 개발 등을 들 수 있다. 이로써 사회복지조직에서 인적자원 관리를 하는 주된 목적은, 사회적 약자인 클라이언트의 복지를 증진시키기 위해 효율적이고 이상적인 서비스를 제공하고자 하는 서비스 정신이 투철한 직원을 양성하는 것이라 할 수 있다.

3) 인적자원 관리의 기능

인적자원 관리의 주된 기능은 조달, 배치 할당, 개발, 제재 규약, 통제 및 적응 등이다. 먼저, 조달 기능은 모집과 충원, 선발을 말한다. 다음으로 배치 할당의 기능은 직무 분류와 할당, 임금 지불, 승진, 이직 및 해고 등이 해당한다. 개발 기능은 훈련, 사정, 코치, 동기부여 등이다. 그리고 제재 규약 기능은 작업환경에 대한 근로자의 규율과 협상, 고충 처리 및 절차 호소가 해당한다. 통제 및 적응의 기능은 인적자원 관리 제도를 설계하고 스태프(staff) 및 관리자와의 관계를 조정하고 정보유지 체제를 관리하는 것이다.

2 인적자원 관리의 과정

인적자원 관리의 과정으로는 인사 계획 수립, 모집 및 선발 과정, 훈련·개발 과정인데, 각 단계를 살펴보면 다음과 같다.

1) 인사 계획 수립

기관의 목적을 달성하기 위해 어떤 능력을 소유한 인력을 어느 정도, 언제 선발할 것인가 등 인사 충원에 대한 전반적인 계획을 세우는 것을 인사 계획이라고 한다. 인사 충원의 필요성을 분석하기 위해서는 ① 적정한 수를 유지하고 있는가, ② 업무에 관련한 기술을 보유하고 있는가, ③ 적절한 부서에 배치되어 있는가, ④ 업무 수행을 제대로 수행하고 있는가에 대한 전반적인 평가가 선행되어야 한다.

인사 계획 과정에서 필수적인 활동은 직무 분석(job analysis), 직무 기술서(job descripton) 및 직무 명세서(job specification)의 작성으로 그 내용은 다음과 같다

(French, 1987: 179-183).

첫째, 직무 분석은 기관의 모든 직무를 대상으로 각각의 직무를 수행하는 데 따르는 책임과 업무 내용을 수집·분석하여 종합적으로 분류한 것이다. 즉, 어떤 직위에서 어떤 일을 하는가를 분석하여 그 업무에 적합한가를 판단하는 기준으로 사용한다. ① 무엇을 하는가, ② 어떤 일을 하는가, ③ 왜 그 일을 하는가, ④ 그 일을 하는 데 필요한 기술은 무엇인가 등의 내용이 포함된다. 직무 분석은 직무 기술서를 작성하기 위한 기초자료로 활용되고 있다.

둘째, 직무 기술서는 특정한 직무의 성격, 내용, 능력 등을 구체적으로 기술한 것으로 전체 기관 구성원의 직무상 책임을 조직화한다. 조직원 모두의 직무 기술서를 합한 것이 바로 조직의 직무상 책임이라 할 수 있다. 따라서 모집·선발·배치와 직무 평가·인사고과 과정은 직무 기술서를 기초로 진행한다.

셋째, 직무 명세서에서는 특정 직무를 적절히 수행하는 데 요구되는 최소한의 자격 요건으로 ① 직위에 대한 설명(직위와 직무 내용), ② 의무와 책임, ③ 자격 조건, ④ 작업 환경, ⑤ 작업이 신체에 영향을 미치는 영향, ⑥ 관계 등의 내용이 포함된다. 예를 들어, 사회복지사를 모집하는 경우에는 1급 또는 2급 이상의 사회복지사 자격증 소지자 및 아동복지시설 근무경력 2년 이상자 등으로 명시한다. 따라서 직무 기술서는 직무 자체에 대한 기술이고, 직무 명세서는 직무 수행자의 요건과 관련된 사항이다(박내희, 1997: 232).

2) 모집 및 선발 과정

(1) 모집(recruitment)

모집은 자신의 조직에 합당한 자격을 갖춘 적절한 인원을 고용하는 것을 말한다. 전문성을 갖추고 있으며, 유능하고, 클라이언트 및 다른 직원과 원만한 대인관계를 맺을 수 있는 능력을 지닌 직원을 고용한다. 아무리 전문적이며 유능하다고 할지라도 다른 사람과 같이 어울려 지낼 수 없다면 사회복지조직에 도움을 주지 못한다(Skidmore, 1990: 192).

직원을 모집하는 방법은 일간지, 사회복지신문, 사회복지 관련 월간 및 계간지 등 각종 매스미디어를 활용하거나 대학의 사회복지학과와 같은 사회복지교육기관에 공문을 발송하여 추천을 의뢰하는 방법이 있다. 최근에는 인터넷을 통한 홍보가 증가하고 있다. 모집 공고에는 ① 직무명, 직무 분류 및 봉급 범위, ② 근무 지역 및 직무 분석, ③ 직무 명세서, ④ 최소한의 자격 요건, ⑤ 시험 및 면접 일시, ⑥ 신청 절차, ⑦ 지원 신청 및 마감 일시 등의 내용이 포함되어야 한다.

(2) 지원자에 대한 정보 획득

모집 공고를 통해 지원자를 확보한 후 여러 가지 방법으로 이들에 대한 정보를 얻는 것이 중요하다. 지원자에 대한 정보를 얻기 위해 사회복지조직에서 활용하는 방법은 다음과 같다.

첫째, 이력서이다. 이력서를 통하여 지원자의 교육적 배경이나 자격, 직업 경력과 근무 연한, 연령, 성별, 혼인관계 등과 같은 기본적인 인적 사항을 파악할 수 있다.

둘째, 추천서이다. 지원자의 성격이나 태도, 능력, 과거 활동 사항에 대한 제삼자의 평가 정보를 구할 수 있다. 대개의 경우 이것은 참고 자료 이상의 가치를 갖기 힘들지만 기관이 신뢰할 수 있는 추천인에 의한 추천서는 특별한 의미를 가질 수도 있다.

셋째, 시험이다. 지원한 직무에 필요한 지원자의 소질과 기술 등에 대한 정보를 얻는 데 가장 유리한 방법이다. 하지만 소질과 기술 등을 평가하기 위해서 어떤 유형의 시험방법과 내용을 기술할지에 대한 문제점이 있다.

넷째, 인터뷰이다. 종합적인 정보를 얻기 위한 방법으로 가장 많이 쓰인다. 직무와 관련한 질문이 직접적인 시험이라면 상식이나 가치와 관련된 질문은 간접적인 시험으로 간주되고 있다. 그러나 편견이 개입할 문제점이 있으므로, 철저히 구조화된 인터뷰 도구를 준비해야 하며, 면접자와 사후 평가자 구분, 편견을 배제하려는 의식적인 노력 등이 필요하다.

다섯째, 자격(증)이다. 적절한 시험방법이 없는 경우에는 관련 직무에 필요한 자격(증)으로 판단한다. 이 또한 일종의 시험으로, 해당 기관이 직접 시험을 실시하지 않고 공인된 기관으로 시험을 대신하는 것이다.

(3) 선발(selection)

지원자 중에서 기관이 필요로 하는 자질, 능력을 갖춘 자, 즉 직무 명세서를 기초로 하여 가장 적합한 지원자를 선발하는 과정이다. 한 번 채용한 직원은 내보내기가 어렵고, 또한 새로운 직원의 채용은 기관의 비용을 증가시키기 때문에 능력을 갖춘 인재의 선정은 신중한 결정이 필요하다. 실제적인 선발은 조직과 기관에 따라 여러 유형의 과정이 있을 수 있지만, 보통 직무 명세서 작성 → 서류 전형 → 선발 시험 → 선발 면접 → 경력 조회 → 신체검사 → 채용의 순서로 진행하는 것이 보통이다(French, 1987: 234-241).

선발을 위해 활용될 수 있는 도구는 서류, 시험, 면접 등이 있다. 이러한 선발 도구 중에서 흔히 쓰이는 방법의 하나가 시험이다. 시험은 객관성[1)](objectivity), 신뢰성[2)](reliability), 타당도[3)](validity), 난이도[4)](difficulty)가 확보되어야 한다. 표준화된 시험방법으로는 필기시험, 실기시험, 면접시험 등이 있다. 시험은 주관식시험과 객관식시험으로 나누는데, 주관식시험은 고도의 복잡성을 지닌 사고 능력을 측정하는 데 효과적이나 채점자의 객관성 확보가 필요하다. 객관식시험은 그 반대로 고도의 객관성은 확보할 수 있으나 복잡한 사고 능력을 측정하는 데는 비효율적이다. 실기시험은 필기나 면접 이외의 방법으로 실제 근무하는 경우와 같은 조건 하에서 같은 도구나 기구를 써서 일을 해 보는 것이다.

시험의 단점으로는 많은 사람을 한 번에 테스트하기 곤란하며, 채점에서의 객관성이나 신뢰성이 저하할 우려가 있다. 시험의 장점은 타당성이 높다는 것이다.

(4) 임명(appointment)

시험방법으로 어떤 방법을 사용하여도 채점이 끝나면 성적순, 직종별로 등급을 매겨 임용 후보자 명부를 작성한다. 이 명부에서는 시험 성적, 전공 분야, 근무 희망지, 기타 필요한 사항이 기재되고, 그 내용은 일정기간 동안 유효하다. 따라서 바로 임명되지 않은 임용 후보자도 빈자리가 발생하였을 때 다시 시험

---

1) 객관성은 누가 평가하더라도 동일한 결과가 나오는 것이다.
2) 신뢰성은 같은 시험을 수회 시행하여도 동일한 결과가 나오는 것이다.
3) 타당도는 측정하려고 의도한 것을 정확히 측정하는 것이다.
4) 난이도는 점수가 적당히 분포되도록 어려움과 쉬움의 정도를 조정하는 것이다.

을 치르지 않고 임명될 수 있는 자격이 부여된다. 일반적으로 임명 수준은 직원의 배경과 경험에 부합되어야 할 뿐 아니라 다른 직원과 비교해서 공정해야 한다.

직원을 임명한 후 조직이나 관리자는 조직의 목적, 구성, 직원, 이사회, 기관이 속해 있는 지역사회 등과 관련된 내용을 설명해 준다. 또한 직원의 구체적인 직무와 책임, 급여, 급여 지급 일자, 특별 급여, 근무 시간, 휴가, 직원 모임, 근무 규정, 위원회 구조, 직원개발 계획, 다른 조직과의 관계, 서비스를 받는 지역사회 사람과의 관계 등을 밝힐 필요가 있다. 선발된 조직원을 적재적소에 배치하고, 조직과 업무·환경 등에 대해 전반적인 설명을 하며, 조직의 잠재력에 대해 적극적으로 말하는 관리자는 새로 임명된 직원에게 도움이 될 것이다.

3 직원개발(staff development)

사회복지행정에서 직원개발은 인적자원의 활용 및 잠재력 계발이라는 측면에서 매우 중요하다.

1) 직원개발의 개념과 목적

직원개발은 사회복지조직에서 활동하는 직원의 소양과 능력을 개발하고, 직무 수행에 필요한 지식과 기술을 향상시키며, 가치관과 태도를 바람직한 방향으로 변화시키기 위한 교육 및 훈련활동이라 할 수 있다(성규탁, 1993: 303). 따라서 직원개발의 성격은 실무자를 대상으로 업무 관련 지식이나 기술 강화를 하는 것에서 최근에는 업무 수행 능력의 향상을 유도할 수 있는 조건을 개선함에 따라 업무 환경의 질을 개선시키고자 하는 노력도 포함된다. 즉, 의사소통의 개선, 작업집단 내에서의 결속력 강화, 불신이나 파괴적 경쟁의 제거 등이 있을 수 있다. 그리고 직원개발은 상급자가 하급자에 대한 일방적인 변화나 수정이 아니라 하급자와 상급자 간의 상호 조정을 통해 이루어지는 것이 바람직하다.

직원개발의 1차적인 목적은 직원으로 하여금 새로운 지식과 기술 및 전문적 태도를 향상시켜 조직이 제공하는 서비스의 효과성을 높이려는 데 있다. 2차적인 목적으로는 함께 토론하고, 감정을 공유하고, 함께 활동하는 것과 같은 직원 간의 상호작용을 통해서 서로 더 잘 이해하고 연대감을 높임으로써 직접적·간접적으로 조직의 효과성을 높이려는 것이다.

직원개발의 목적을 구체적으로 살펴보면 다음과 같다(성규탁, 1993: 305-306).

첫째, 능률성 향상이다. 사회복지조직의 운영·관리를 원활하게 할 수 있고 궁극적으로는 기관이 제공하는 서비스의 효과성을 높인다.

둘째, 사기를 북돋는다. 의사소통의 개선 및 업무의 결속력을 높이기 위한 수단이다.

셋째, 조직의 발전이다. 조직의 침체를 방지하고 개혁을 불러일으키는 수단이 된다.

넷째, 안정성과 융통성의 향상이다. 교육·훈련을 받은 직원이 확보된다면 어느 정도 조직체의 안정성과 융통성을 확보될 수 있다. 즉, 개인으로 하여금 일을 보다 잘 수행하도록 변화시키는 것뿐만 아니라 하급자나 상급자 모두 함께 배우고 서로 문제를 잘 해결해 나가기 위해서이다.

2) 직원개발의 유형

(1) 신규 채용 훈련

적응 훈련 또는 기초 훈련, 오리엔테이션(orientation)이라 부른다. 조직과 서비스 및 지역사회를 직원에 소개하는 것이다. 일반적으로 조직의 역사와 서비스, 기본 정책과 규정 및 절차, 조직 구조, 특별 급여나 봉급, 작업 시간과 휴가, 병가 등에 관한 기본적인 정보, 승진과 봉급 인상과 같은 제반 기회와 도전 등의 사항을 소개한다(최성재·남기민, 1993: 208-210).

(2) 일반 직원 훈련

직무 수행의 개선을 위한 교육 훈련으로 일반 직원에게 필요한 새로운 기법을 습득하게 하는 등의 직무 수행 능력을 향상시키는 것을 목적으로 한다. 이와 함께 조직의 직원으로서 갖추어야 할 가치관과 태도의 변화를 위한 교육 프로그램이 있다. 일반 직원 훈련은 주로 현직 훈련의 형태로 실시한다. 훈련의 효과를 얻기 위해서는 장기적이고 지속적으로 실시되어야 하는데, 이는 직무에 대해 바람직한 방향으로 생각하고 실천하는 행동 규범으로 확립시키기 위한 것이다.

(3) 감독자 훈련(supervisory training)

감독자 훈련은 슈퍼바이저(supervisor), 즉 1인 이상의 부하를 통솔하고 감독할 책임을 진 일선 지도 감독자인 계장·과장을 훈련시키는 것을 말한다. 종래에는 이들 슈퍼바이저에 대한 훈련이 경시되어 오다가 일선 업무의 감독에 대한 중요성이 커짐에 따라 점차 강조되고 있다. 이들에 대한 훈련의 내용은 업무 전체 분야로서 사기, 리더십, 의사전달, 인간관계, 인사 관리 등 거의 전 분야에 걸쳐 있으며, 훈련 방법으로는 강의(lectures), 회의(conference), 토의(discussion), 사례 발표(팀별, 개인별) 등이 이용되고 있으며, 이 중 가장 많이 활용되는 것은 회의이다.

(4) 관리자 훈련

관리자 훈련은 감독자보다 직위가 높은 계층에 속한 중·고급 관리자에 대한 훈련을 의미한다. 일반적으로 이들 관리자에게 요구되는 능력의 유형은 정책 수립에 관한 것과 리더십에 관한 것으로 구분할 수 있다. 전자는 합리적으로 목표와 정책 및 계획 등을 선택·결정할 수 있는 능력을 고취시키는 종합적인 판단 능력 교육이다. 후자는 조직체의 발전을 유도, 촉진하고 인간관계를 조성하며 동기부여를 행하는 것을 의미한다. 훈련 방법으로는 사례 발표, 회의, 토의 방법, 분임 토의 등이 널리 이용되고 있다.

3) 직원개발의 방법

(1) 강의

직원개발을 위한 가장 공통적인 도구로서 일정한 장소에 직원을 모아 놓고 관련 전문 지식과 기술 및 태도를 전달하는 방법이다(Skidmore, 1990: 229). 강의의 단점은 강사가 유능하지 못하거나 직원이 무성의할 때에는 효과를 거둘 수 없다는 점이다. 장점은 짧은 시간에 많은 사람을 대상으로 교육 내용을 체계적으로 전달하므로 경비를 절약할 수 있다. 따라서 강의의 단점을 보완하기 위해 영화, 슬라이드 등 시청각 기제를 사용하여 강의 전·후 또는 중간에 실습·사례 연구·역할 연기 등으로 실시함으로써 강의방법을 보완하는 것도 하나의 방법이다.

(2) 회의

회의는 어떤 주제에 관한 논의 내지 토의가 이루어지는 공식적 모임이다. 회의에서는 정보의 상호 교환이 강조되는데, 일반적인 지식의 전달이 아니라 서로의 의견 교환을 통해서 배운다. 이 방법은 상호 간의 토의가 강조되기 때문에 회의 참여자는 회의에 임하기 전에 토의할 주제에 관해 적어도 어느 정도의 지식을 갖고 있어야 한다. 회의의 단점은 참여자가 토의할 주제에 대해서 아무런 사전 지식이 없으면, 탁상 토론이 될 가능성이 있고, 회의에 영향을 끼치는 참여자 중심으로 일방적인 진행이 될 수 있으며, 소규모 집단에만 가능하다는 점이다.

(3) 토의

토의는 한 주제에 대하여 소수의 사람이 먼저 주제 발표를 한 다음 여러 사람이 토론을 벌이는 방법이다. 자유롭고 공개적인 분위기에서 자신의 의견을 제시하고 다른 사람의 의견을 듣는 것이다. 그러나 토의의 단점은 많은 사람이 참여하기 때문에 사람마다 자기 의견을 개진할 기회를 갖기 힘들고, 결론 없이 끝나는 데 대한 불만이 생길 가능성이 있다는 점, 또 토의의 초점을 잃을 수 있다는 점이다. 토의 방법은 포럼(forum),[5] 패널(panal),[6] 심포지엄(symposium),[7] 대담(dialogue)[8] 등으로 성질에 따라 나눌 수 있다.

(4) 계속 교육(continuing education)

계속 교육은 학교 교육이 끝난 사회복지조직의 직원을 대상으로 그들의 전문성을 유지하고 향상시키기 위해 계속적으로 필요한 교육을 하는 것을 말한다. 장점으로는 필요 및 직원의 욕구에 따라 융통성 있게 실시할 수 있다는 점이다. 단점은 철저한 계획이 마련되어 있지 않다면 일시적일 가능성이 많고 교육기관과 조직 간 협조가 이루어지지 않는다면 큰 실효를 거두기 힘들다.

(5) 슈퍼비전(supervision)

슈퍼비전은 직원이 실제 직위에 앉아 일을 하면서 윗사람으로부터 직무에 관하여 지도 감독을 받는 것이다. 이는 현장 교육(OJT, on the job training)과 같다. 사회복지조직의 직원개발에서 특히 슈퍼비전은 중요한데, 서비스 전달을 담당하고 있는 일선 사회복지사의 경우 유능한 슈퍼바이저로부터 전문적인 슈퍼비전을 받으면 크게 능력을 키울 수 있다. 장점은 직무를 수행하면서 직무와 관련된 훈련을 받는다는 점이며, 단점은 다수를 동시에 훈련할 수 없으며 슈퍼바이저로의 많은 시간을 빼앗는 것이다.

---

5) 포럼은 일반적으로 패널리스트나 연사의 주도 하에 이루어지는 토론회로서, 청중도 토론회에 참여할 수 있다. 포럼은 2인 이상의 연사가 서로 상반되는 견해를 가지고 청중에게 연설을 하며, 사회자는 쌍방의 견해를 요약해 주고 토론을 이끌어가는 역할을 한다.

6) 패널은 두 명 이상의 연사가 나와 자신의 의견을 피력하는 형태로 이루어지며, 패널리스트와 더불어 청중도 토론에 참여할 수 있다. 사회자가 패널 모임을 이끌게 되는데, 이러한 패널 형태의 모임은 회의의 한 부분으로 개최될 수 있다.

7) 심포지엄은 포럼과 유사한 형식을 취하지만 포럼에 비해 형식적이다. 운영 방식은 연사가 청중에게 프레젠테이션을 하며 청중이 질의를 할 수도 있는데, 포럼에 비해 청중이 참여할 수 있는 기회가 적다.

8) 대담은 두 사람이 대화를 이끌어 가고 참석자가 이를 참관하는 토론 방식이다.

(6) 사례 발표(case presentations)

사례 발표는 사례 연구(case study)라고 부르기도 한다. 이는 조직 내의 현상을 비교적 단순화시킨 과제를 사례의 형식으로 제시하고, 주로 토의에 의해 문제의 본질이나 해결책을 규명하는 방법이다. 사례 발표의 장점은 분석적 사고 능력과 문제 해결 능력 개발에 도움을 준다는 점이지만, 반면 사례 선정을 잘못하여 흥미와 관심을 끌지 못할 경우에는 효과가 적다. 직원은 전문적 윤리 규범상 그밖에 다른 곳에서는 이들 사례를 공개하고 토의하지 않는다.

(7) 역할연기(role playing)

역할연기는 어떤 사례를 여러 직원 앞에서 2인 또는 그 이상의 직원이 실제로 연기한 후 여러 직원이 연기를 평가하고 토론한 후 사회자가 결론적인 설명을 하는 것이다. 이 방법의 장점은 인간관계 훈련에 효과적이며 좋은 경험을 몸소 얻을 수 있다는 점이다. 단점은 연기에 소질이 없는 사람은 직접 역할연기를 하기 힘들고, 또 사전 준비가 많이 요구된다는 점이다.

(8) 감수성 훈련(sensitivity training)

10~16명 정도의 소집단 형태로 교육 대상자를 구성하여 이들로 하여금 기존 조직의 귀속 관계에서 완전히 벗어나 자유로운 분위기 속에서 서로 토론을 하여 자신과 다른 사람의 태도에 대한 자각과 감수성을 기르려고 하는 훈련이다.

이외에 직원개발 방법에는 시찰 견학(observation), 실습(internship), 전직(transfer), 순환 보직(rotation) 등 다양하다. 이처럼 많은 직원개발 방법 중에서 어떤 것을 선택하느냐는 직원개발의 목적, 직원의 특성 및 기타 시설과 경비 등 제반 사항을 감안하여 결정해야 한다.

4) 직원의 평가와 개선

(1) 직원의 평가

직원의 평가는 직무 수행(job performance) 정도를 평가하는 것을 말하며, 조직이나 프로그램의 운영과 관리를 위해서 필요하다. 평가로 인해 직원은 그들의 조직에 대한 노력과 기여도가 조직의 상급자에게 인정받는 계기가 될 수도 있지만, 그것보다 직원이 조직을 위해 그들이 활동한 것에 대한 피드백을 받게 된다는 것이 더 중요하다(김영종, 2007: 184). 일반적으로 직원의 평가는 직무 능력 평가와 직무 만족도 평가를 포함한다.

① 직무 능력 평가

조직 업무자에 의해 개인적 혹은 집단적으로 나타나는 직무 행동을 말한다. 일반적으로 생산성(혹은 산출물), 효율성, 서비스의 질, 서비스의 효과성 등 몇 가지 기준을 통해 측정될 수 있다(Patti, 1983: 163-166).

첫째, 생산성(productivity) 혹은 산출물은 주로 산출(output)량을 기준으로 나타낸다. 예를 들면, 사회복지조직에서 직원의 업무 수행 능력은 주로 서비스를 산출하는 양으로서 클라이언트의 수, 인터뷰 실행 건수, 지원자의 수, 서비스 실천 건수 등이다.

둘째, 효율성(efficiency)은 직원이 보여준 활동 및 활동의 결과가 자신이 투입한 비용에 비해 얼마나 경제적인지를 나타내 주는 것이다. 사회복지조직에서 효율성은 한 서비스에 동원된 투입물에 비하여 어느 정도의 산출물이 나왔는가를 파악하는 '투입과 산출물의 관계'와 투입물에 비해 어느 정도의 성과가 있는지의 관계를 나타내는 '투입과 서비스의 성과'로 구분한다.

셋째, 생산성이 서비스 제공자의 관점에서 직무 수행 능력을 바라보는 관점이라면, 서비스의 효과성(effectiveness)은[9] 클라이언트의 관점에서 나타내는 효과를 기준으로 삼고 있다.

---

9) 효과성은 직원이 클라이언트에게 나타낸 활동이 서비스의 목적 성취를 얼마나 이루었는지를 나타내 주는 것이다. 일반적으로 느낌서와 자술서, 단일 사례 기법 등을 통하여 측정 가능한 것으로 서비스의 질과 효과성은 업무 수행 능력의 측정을 위해 가장 중요하게 다루어져야 한다.

넷째, 서비스의 질(quality of service)은 일선 직원이 조직 및 목적 성취를 위해 가장 적절하다고 여겨지는 방법, 기술, 행정적 절차를 얼마나 효과적으로 잘 활용하고 있는지를 나타내는 것이다. 서비스의 질을 판단하는 기준은 이전 프로그램의 경험이나 전문적인 판단에 근거하여 만들어진다. 슈퍼바이저, 동료 혹은 클라이언트로부터 나오는 서비스 평가도 서비스의 질을 사정하기 위한 중요한 참고자료로써 활용된다.

② 직무 만족도 평가

이는 직원이 일과 직무 환경에 대해 갖는 태도 및 인지를 말하는 것으로, 직무 수행 능력이 개별 직원의 행동과 그 결과를 다루는 데 비해서 직무 만족도는 대개 직원의 직무와 조직 상황에 대한 주관적인 느낌을 측정하는 것이다. 다양한 방법으로 측정할 수 있는데 급여, 승진 기회, 동료와의 관계, 슈퍼비전, 의사결정에의 참여, 조직에 대한 소속감 등과 같이 직장이나 일에 대한 직원의 기분을 묻는 것 등이 포함된다.

따라서 직무 능력 향상을 위한 바람직한 리더십과 의사결정 스타일, 좋은 업무 환경, 적절한 슈퍼비전 등이 원활히 제시될 때, 사회복지조직에서는 직원의 직무 수행 능력과 직무 만족도를 높게 유지하는 매우 중요한 요인이라 할 수 있다.

(2) 보상 체계

조직의 직원은 기관 목적의 성취를 위해 자신의 에너지와 노력을 기여함에 따르는 인센티브와 보상을 기대하는데, 이러한 보상에는 물질적, 심리적인 것이 모두 포함된다.

인사관리를 위한 보상 및 인센티브 시스템은 다음과 같은 기준을 따라야 한다.

첫째, 보상 수준의 적절성이다. 직원의 기본 욕구를 충족시킬 수 있을 만큼 충분한 수준의 보상을 한다.

둘째, 평등성이다. 외부적으로는 다른 조직의 보상 수준과 같거나 높아야 하고, 내부적으로는 직원 간에 공평한 배분이 이루어지도록 한다.

셋째, 개별성이다. 개인의 욕구에 적합한 보상이 이루어지도록 한다.

넷째, 수행 능력에 따른 보상이다. 개인적 및 집단적 수행 실적에 보상을 연계한다.

다섯째, 보상 체계의 구조화이다. 관리 스타일과 조직 위계에 적합하게 보상을 배분한다.

여섯째, 직원에 대한 보상 체계는 기본적으로 급여, 초과 근로 수당, 근속 수당, 인센티브 시스템, 연금이나 유급 휴가와 같은 부가 급여 등이 포함된다.

4 동기부여(motivation)

동기부여란 '인간의 행위를 유발하고 그 행위를 유지하며, 나아가 그 행위를 목표 지향적인 방향으로 유도해 나가는 과정'으로 이해할 수 있다. 예를 들면, 인간의 행위는 욕구가 발생하면 그것을 충족시킬 수 있는 유인 또는 목표를 향한 동기부여에 의해 일어난다. 즉, 인간 욕구가 곧 행동을 가져오는 것이 아니라 동기부여가 있어야 행동을 유발할 수 있다(박연호, 1995: 379).

이와 같이 동기부여는 사회복지서비스를 담당하는 사람의 효율적인 인적관리의 중요한 요소로서, 사회복지조직에 기여하는 동기부여 이론을 살펴보면 다음과 같다.

1) 테일러(F. Taylor)의 과학적 관리론

테일러는 스톱워치의 사용과 일한 양에 따라 보수를 받는 상여금 제도를 소개하였다. 테일러의 과학적 관리론은 금전 및 소득의 증가가 생산에서 주요한 동기부여 요소라는 생각에 기초를 두고 있다. 이와 같은 과학적 관리론은 주목받을 만하지만 금전적 보상만으로 생산 및 서비스의 증가를 가져올 수 있는 요소는 아니라는 문제점이 있다.

2) 매슬로우(A. Maslow)의 욕구 5단계 이론

매슬로우는 인간의 기본적 욕구와 만족에 대하여 설명하는데, 그는 기본적인 욕구의 내용을 '생리적 욕구, 안전의 욕구, 사회적 욕구(애정의 욕구), 존경의 욕구, 자아실현의 욕구' 등 5가지로 분류하였다. 생산성을 증가시키고 동기부여를 할 수 있는 방법은 직원의 욕구가 무엇인지 이해하고 작업 기회를 통해서 그들의 욕구를 충족시킬 수 있도록 도움을 제공해야 한다는 것이다. 매슬로우는 인간의 욕구는 가장 낮은 단계부터 시작하여 가장 높은 단계로 올라가는 계층별 욕구이론의 형태를 보여주고 있는데, 기초적인 욕구가 만족되면 그 상위의 욕구에 대한 만족을 지향하는 방법으로 가게 된다고 주장하였다. 하지만 인간 행동은 아주 개별적이기 때문에 그의 5단계 욕구이론 순서에는 많은 예외가 있다는 비판을 받고 있다.

3) 메이오(E. Mayo)의 인간관계이론

행정가 또는 관리자는 동기 부여자가 되는 것이 당연하고 작업의 개발과 생산성을 높이는 데 핵심적인 인물이 되어야 함을 지적하고 있는 인간관계이론에서는 생산성이 높은 조직의 부서는 부서의 구성원 각자가 서로 호의적인 태도를 갖고 있는 것으로 보고 있다. 즉, 그들은 모두 사이가 좋고, 서로 도우며, 동기부여를 한다는 것이다. 이 이론은 의사결정 및 기획 과정에 직원을 관여시키고 직원의 광범위한 참여를 강조한다. 사회복지조직의 직원이 어떤 일을 기획하고, 결정하는 데 중요한 역할을 할 수 있다고 느낄 때, 그들은 더욱더 적극적으로 참여하고 더 좋은 서비스를 제공하도록 하는 동기가 부여될 수 있다.

4) 행동 수정이론

직무 만족뿐만 아니라 개인적 상담과 관련하여 많은 학습 이론이 제시되고 있는데, 이들 중 하나가 행동 수정 또는 조작적 조건화이다. 이 이론에 의하면 개별적이거나 집단에서의 이상 행동은 보상과 처벌 기대에 의하여 영향을 받는다. 행동 수정이론은 보상이 일반적으로 처벌보다 더 바람직한 것으로 강조한다.

자블론스키(Jablonsky)와 데브리즈(Devries)는 조작적 조건화를 통하여 조직 구성원에게 최대한 영향을 미치기 위한 조직의 기본적 규칙을 다음과 같이 제시하였다. 첫째, 바람직한 행동을 얻기 위한 중요한 수단으로서 처벌을 사용하는 것을 피하라. 둘째, 바람직한 행동을 적극적으로 강화하라. 그리고 가능한 한도에서 바람직하지 않은 행동을 무시하라. 셋째, 바람직한 반응과 강화 사이의 시차를 최소화하라. 넷째, 적극적 강화를 상대적으로 자주 적용하라. 다섯째, 개인의 반응 수준을 확인하고 최후의 복합적인 반응을 얻기 위한 구체적 절차를 사용하라. 여섯째, 적극적인 또는 소극적인 것으로서 개인이 경험하는 상황을 확인하라. 일곱째, 아주 명백한 용어로 바람직한 행동을 명시하라.

5) 맥그리거(McGegor)의 X이론과 Y이론

X이론과 Y이론이란 용어는 고전이론과 인간관계이론을 상호 비교함에 있어 용어의 다양성과 혼란을 피하기 위해 사용한 것이다. X이론은 고전적 접근법을, Y이론은 인간관계적 접근법을 의미한다. X이론에 의하면 근로자에게는 민주적 참여를 최소화해야 하며, 집권적이고 권위적인 지시와 통제가 필요하다는 것이다. 한편 Y이론은 근로자를 의사결정에 광범위하게 참여시킴으로써 덜 집권화시킬 것과 최소한의 통제와 지시를 강조한다. 외부 통제의 필요성과 처벌에의 위협을 최소화시켜야 한다는 것이다.

이에 근거하여 관리자는 주어진 시점에서 존재하는 특수한 상황에 따라 변화를 가지고 중간적 접근을 사용할 것을 강조하는 룬트슈테트(Lundstedt)의 Z이론을 제시하였다. Z이론에서 고려하는 인간은 과학자나 학자와 같은 특수 분야에 종사하는 사람으로서, 그들이 각자 자유의지에 따라 행동하도록 분위기만을 조성할 뿐 인위적 동기부여는 가능한 억제하자는 것이다.

6) 허츠버그(F. Herzberg)의 동기-위생이론

이 이론은 2가지 기본적인 인간의 욕구를 만족시켜야 하는데, 하나는 고통을 피하려는 욕구이고, 다른 하나는 심리적 성장과 만족을 성취하려는 욕구라고 말한다. 근로자를 만족시키는 요소는 그들이 무엇을 하느냐 하는 것과 관련되어 있다고 제시한다. 중요한 것은 일의 내용과 심리적 만족이다. 한편 불만은 고통에 의해 생겨나는데 이 고통은 작업환경 속의 위생적인 문제가 원인이다. 직장에는 그 자체가 직무 만족이나 적극적인 동기부여를 가져오는 것은 아니나, 특히 그것이 결핍되면 불만의 요인이 되어 근무 의욕에 영향을 미치는 중요한 위생적인 요소가 있다고 제시하고 있다.

이것은 직장의 정책 및 행정, 기술적인 슈퍼비전, 윗사람과의 대인관계, 동료와의 대인관계, 아랫사람과의 대인관계, 봉급, 일에 대한 안정감, 개인적인 생활, 작업 조건, 지위 등을 말한다. 따라서 위생적인 요소는 어떤 면에서 소극적인 동기부여 요소라고 볼 수 있다. 한편 적극적인 면에서 진정한 동기부여 요소는 성취, 인정, 향상, 일 자체, 성장 가능성, 책임 등이다.

5 슈퍼비전

1) 슈퍼비전의 개념

슈퍼비전이라는 말의 어원은 '위에서 내려다 보다', '감독하다', '통제하다'인데, 그 의미대로 어떤 상급자와 하급자와의 관계에서 상급자가 감독하고 지도하는 의미는 약하다. 슈퍼비전을 주는 사람인 슈퍼바이저의 역할은 주로 슈퍼비전을 받는 상대방 슈퍼바이지(supervisee)를 지적하고, 용기를 북돋워 주고, 정보를 제공하고, 상대방의 말을 듣는 것이라고 스키드모어는 정의하고 있다.

The Social Work Dictionary에서는 슈퍼비전(지도 감독)은 '사회사업가들이 기술을 더욱 개발하고 정교화하도록 돕고, 클라이언트에게 품질보증을 제공하기 위해 사회사업 기관에서 광범위하게 이용하는 행정적·교육적 과정'으로 정의하고 있다.

카두신(A. Kadushin, 1976)은 슈퍼비전에 대하여 "사회사업에서 슈퍼바이저(지도 감독자)는 피감독자의 업무 수행을 지도, 조정, 향상 및 평가하도록 권한을 위임받은 기관의 행정 간부이다. 슈퍼바이저는 피감독자와의 상호작용에서 긍정적인 관계 아래 행정적, 교육적·지지적 기능을 수행한다. 슈퍼바이저의 궁극적인 목적은 기관의 정책과 절차에 따라 양적, 질적으로 최상의 서비스를 클라이언트에게 전달하는 것"이라고 정의한다. 이 정의는 피감독자와의 상호작용에서 '긍정적인 관계 아래' 이들 업무의 수행을 강조하고 있다. 슈퍼바이저와 피감독자의 관계는 세 가지 요소로 구성된다. ① 라포 형성(사이좋게 지내는 일반적인 능력), ② 신뢰(슈퍼바이저에게 숨기지 않고, 성공뿐만 아니라 실수와 실패도 공유할 수 있는 사회사업가의 능력), ③ 관심(클라이언트뿐만 아니라 사회사업가의 관심에 대해 슈퍼바이저의 의사소통) 등이다.

2) 슈퍼비전의 기능

교육적·행정적·지지적 기능으로 살펴볼 수 있다. 또한 카두신은 슈퍼바이저의 자질로서는 풍부한 지식과 실천 기술, 접근의 용이성, 진지한 자세, 솔직성, 긍정적인 보상이 있어야 한다고 말했다.

(1) 교육 기능

카두신(1976)은 교육적인 슈퍼비전을 '특별한 문제에 부딪히고, 개별화된 교육 프로그램을 필요로 하는 특정 워커의 욕구에 초점을 두는', 보다 구체적인 종류의 직원개발로 설명하였다. 즉, 교육적 기능은 사회복지사에게 전문적 지식과 기술 등을 증진시키는 역할로서 '교수, 학습의 촉진, 훈련, 경험과 지식 공유, 정보 제공, 명확화, 안내, 문제 해결법 원조, 전문적 성장 제고, 조언, 제안, 문제해결 원조'가 있다.

(2) 행정 기능

사회복지사에게 지시, 지도, 행정적 업무를 돕는 역할로서, '직원의 채용과 선발, 임명과 배치, 업무 계획과 지시, 업무 조정, 업무 모니터링, 의사소통 촉진, 변화 매개자의 역할 등'이다.

(3) 지지 기능

사회복지사에게 스스로 업무할 수 있도록 용기를 주고 지지해 주는 역할로서, '스트레스 유발 상황 방지, 스트레스 해소·대처와 원조, 신뢰 형성, 결정에 대한 책임 공유, 동료를 통한 지지 제공을 통한 업무 관련 긴장의 완화 등'이다.

6 직원 소진

1) 소진(burn out)

소진은 인간에 대한 서비스를 주로 담당하는 휴먼 서비스 분야에서 나타나는 현상으로, 인간관계로 인해 표출된 직무 스트레스가 소진의 중요한 원인이다. 일반적으로 소진은 직무가 주로 대상자에 대한 이해나 감정이입을 전제로 서비스를 제공하는 교사, 간호사, 사회복지사 등과 같이 타인을 돕는 일과 관련된 직종에서 나타나기 쉬운 현상이다.

직무에 만족하지 못한 업무자는 감정의 고갈, 소외, 업무와 클라이언트에 대한 관심 상실 및 무관심 같은 부정적인 태도를 보이기 쉬우며, 소진 증후군(burn out syndrome)을 나타낸다.

2) 소진의 단계

소진은 몇 가지 단계를 거치며 발전한다.

첫째, 열성 단계이다. 사회복지사가 자기 일에 대해 희망과 정열, 때로는 비현실적인 기대를 갖고 많은 시간과 정열을 투자하는 단계이다.

둘째, 침체 단계이다. 근무는 하되 이제 일이 다른 모든 것을 대체할 만큼 흥미 있는 것으로 느껴지지 않는 단계로, 사회복지사는 오히려 보수, 근무 시간과 근무 환경 등에 신경을 쓰고 개인적인 욕구 충족을 더 중요하게 여기게 된다.

셋째, 좌절 단계이다. 사회복지사는 자신의 직무 수행 능력과 일 자체의 가치에 대한 의문을 갖게 되어 업무 환경 내의 여러 제한점을 자기가 하는 일에 대한 위협으로 보게 되고, 노력에 비해 성과가 적다고 불평한다. 가장 전형적인 증상은 클라이언트와의 직접적인 접촉을 회피하고 피로, 두통, 복통 등의 경험을 호소한다.

넷째, 무관심 단계이다. 자신을 좌절로부터 방어하기 위해 냉담해지는 단계로, 정신적·신체적으로 기권 상태에서 클라이언트에게 무관심해지거나 아예 직업을 떠나는 단계이다(윤혜미, 1991: 118-141).

3) 소진의 원인

소진이 발생하는 원인은 크게 사회복지사 자신의 성격이나 퍼스낼리티(personality)[10] 등 개인적 요인과 클라이언트 요인, 직무 요건 및 슈퍼비전 요인으로 볼 수 있다.

소진에 대한 개별 기관 차원의 구체적 대응 전략으로는 다음과 같이 제시할 수 있다(김상환, 2001: 84).

첫째, 각 기관별로 직원의 소진 정도를 정기적으로 파악하는 것이다.

둘째, 소진의 주 원인을 규명하는 것이다.

셋째, 소진에 대한 대응 전략을 수립하는 것이다.

넷째, 대응 전략을 평가하는 것 등이다.

조직 수준에서 소진을 예방하기 위한 전략으로는 다음과 같이 제시할 수 있다.

첫째, 소진을 일으키는 조직 구조적 요인인 사회복지사의 직무 수행에서 자율성과 통제권을 확대하는 방안이다.

둘째, 중요한 결정에 사회복지사의 참여 기회를 보장하고 수직적 의사소통의 경로를 마련하는 방안이다.

---

10) 퍼스낼리티란 남과 나를 구별할 수 있는 나만이 가지고 있는 독특한 성질을 말하는데, 여기서 독특한 성질이란 나의 생김새는 물론 성격, 특성, 인품, 자질, 됨됨이 등 나와 관련된 나의 부속물 모두를 포함한다. 그러므로 남과 구별되는 '나'다움이 곧 퍼스낼리티이다.

셋째, 사회복지사 대 클라이언트의 비율을 낮추어 주는 방안이다.
넷째, 정신적·정서적 부담이 가중될 때 타임아웃이 가능하게 하는 방안이다.
다섯째, 사회복지사가 장점을 살릴 수 있도록 조직에 융통성을 부여하는 방안이다.
여섯째, 적절한 교육 훈련의 기회를 정기적으로 제공하는 방안이다.
일곱째, 일터의 물리적 환경을 개선하는 방안 등이다.

기출 및 예상문제

01 카두신이 제시한 슈퍼비전의 3대 기능 중 교육적 기능에 해당하는 것은? (　　)
(3회 기출문제)

① 업무조정　　② 신뢰형성
③ 정보 제공　　④ 의사소통 촉진
⑤ 스트레스 대처

정답 : ③
① ④ 업무조정, 의사소통 촉진은 행정적 기능, ② ⑤ 신뢰 형성과 스트레스 대처는 지지적 기능

02 사회복지전문직 관리자가 수행할 슈퍼바이저의 역할에 해당하는 것을 모두 고르시오. (　) (8회 기출문제)

㉠ 교육자	㉡ 감독자	㉢ 상담자	㉣ 소비자

① ㉠, ㉡　② ㉢, ㉣　③ ㉡, ㉢　④ ㉠, ㉣　⑤ ㉠, ㉡, ㉢

정답 : ①
사회복지행정가는 교육적·행정적·지지적 슈퍼바이저의 역할을 수행한다.
교육적 슈퍼비전: 직접서비스를 제공하는 일선 사회복지사에게 전문적인 지식과 기술을 증진시키는 역할로 전통적인 교육 기능을 강조
행정적 슈퍼비전: 사회복지사에게 지시, 지도, 행정적 업무를 돕는 역할
지지적 슈퍼비전: 사회복지사에게 스스로 업무할 수 있도록 용기를 주고 지지해 주는 역할

03 (　　　)은 직원들의 소양과 능력을 개발하고 직무 수행에 필요한 지식과 기술을 향상시키며 가치관과 태도를 바람직한 방향으로 변화시키기 위한 교육 및 훈련활동을 말한다.

정답 : 직원능력개발

04 다음 중 A씨와 B씨에게 주어진 직원능력개발 방법은 무엇인가? ( )

동문종합사회복지관은 다음 주에 전 직원이 함께하는 2박 3일 워크숍을 진행하기로 했다. 워크숍 기간 중 하나의 프로그램으로 인턴 과정이 끝난 A씨와 B씨에게 서로 돌아가면서 상담자와 피상담자 역할을 하도록 하고, 직원들이 그 장면을 보고 토론하기로 했다.

① 역할연기 ② 사례발표 ③ 임시대역 ④ 포럼 ⑤ 토의

정답 : ①

여러 직원들 앞에서 2인 또는 그 이상의 직원들이 실제로 연기한 후 여러 직원들이 평가, 토론하여 사회자가 결론적인 설명을 하는 방법이다.

- 사례발표: 직원들이 돌아가면서 사례를 발표하고 다른 직원들이 평가와 토의를 진행하는 방식이다.
- 임시대역: 공연에서 배역을 대신 연기하는 것에서 온 용어로, 상사의 부재 시에 대비하여 직무수행을 대리하게 하는 방식이다.
- 포럼: 토의법의 하나로 특정 주제에 관하여 새로운 자료와 견해를 제공하여 관심을 높이고, 나아가 필요한 정보를 제공하여 문제를 명확하게 한 후 각자의 의견을 표명하도록 촉진하는 것이다.
- 토의: 소수의 사람들이 주제발표를 한 다음 여러 사람이 찬반논쟁을 벌이는 방식이다.

05 사회복지기관에서 진행하는 수퍼비전에 관한 설명으로 옳지 않은 것은? ( )

① 직원개발에 주된 관심을 두는 공식적이고 행정적인 과정이다.
② 카두신은 사회복지조직에서 슈퍼바이저의 역할을 3가지 영역으로 정의하였다.
③ 행정적인 상급자, 교육자, 상담자로서의 역할을 한다.
④ 슈퍼비전을 통해 직원의 소진을 예방할 수 없다.
⑤ 사회복지사에게 업무에 필요한 전문적인 지식과 기술 등을 증진시킨다.

정답 : ④

슈퍼비전을 통해 직원의 소진을 예방할 수 있다.

06 다음 중 지지적 슈퍼비전에 대한 설명으로 옳지 않은 것은? ( )

① 일선 사회복지사가 스스로 업무를 진행할 수 있도록 용기를 주고 지지해준다.
② 사회복지사와의 신뢰 형성
③ 일선 사회복지사에게 지시, 지도, 행정적 업무를 돕는다.
④ 결정에 대한 책임 공유
⑤ 심리적 지지와 긴장의 완화

정답 : ③

행정적 슈퍼비전: 일선 사회복지사에게 지시, 지도, 행정적 업무를 돕는다. 직원의 채용과 선발, 사회복지사의 임명과 배치, 업무의 계획 수립 및 위임, 업무에 대한 모니터링, 의사소통의 촉진, 변화의 매개자, 행정적 수장으로서의 역할

07 다음 중 소진을 방지하기 위한 전략으로 옳지 않은 것은? ( )

① 역할교대, 워크숍, 교육훈련
② 정서적 지지를 위한 분위기 조성
③ 비효율적인 서류 업무 및 부수적인 업무 축소
④ 근무시간 선택 등 다양한 근무제도 도입
⑤ 엄격한 관리와 통제

정답 : ⑤

소진을 막기 위해서는 직무재배치, 보수교육, 적절한 지도와 감독, 슈퍼비전의 활용, 지속적인 동기부여, 휴가 및 보너스 등의 포상, 안식월 제도 등을 활용할 수 있다.

Chapter 10

재정 관리[1)]

1 재정 관리의 개념

재정 관리는 조직의 목표 달성을 위해 필요한 재정 자원을 합리적·계획적으로 동원·배분하고, 효율적으로 사용·관리하는 과정이다. 재정 관리는 예산(재정 계획)을 수립하고, 예산상의 수입(세입)과 지출(세출) 활동을 관리(예산·집행)하고, 재정 자원의 수입과 지출에 관한 사항을 기록·정리(회계)하고, 재정 관리의 전반적인 과정을 평가(재평가)하는 절차로 이루어진다(최성재·남기민, 2002: 250).

사회복지조직에서의 재정 관리의 개념은 복지기관의 필요한 재원을 합리적·계획적으로 동원·배분하고 이를 효율적으로 사용·관리하는 과정이다. 따라서 재정 획득, 예산 수립, 예산 집행, 회계(수입, 지출), 재정 평가 과정을 포함하고 있다. 보건복지부에서 제정한 「사회복지법인 및 사회복지시설 재무·회계규칙」은 사회복지법인의 재무·회계의 명확성과 공정성을 기하기 위해서 사회복지사업법 제23조 제4항, 제34조 제3항 및 제45조 제2항의 규정에 따라 사회복지법인의 재무·회계에 관한 사항을 예산, 결산, 회계, 감사의 영역으로 재정 관리의 범위를 지정하고 있다.

---

1) 재정 관리(financial management)는 조직이 목표의 달성을 위해 필요한 재정 자원을 합리적이고 계획적으로 동원·배분하고 효율적으로 사용·관리하는 과정이다.

2 사회복지조직의 재정 관리의 특성

사회복지조직의 가장 큰 특징 중 하나는 자원 의존성이 강하다는 것이다. 자원 중에서도 재원에 대한 의존성이 높은 편이어서, 사회복지조직은 편성되는 예산에 따라 사업을 진행할 수 있다. 따라서 사회복지조직의 행정가는 항상 안정적인 재원확보를 위한 노력에 많은 신경을 쓰게 된다(황성철 외, 2003: 181).

사회복지조직의 재정 관리의 특성을 살펴보면 다음과 같다(Hasenfeld, 1992).

첫째, 사회복지조직은 일반적으로 재원의 지속적인 조달을 직접적으로 통제할 수 없으며 통제하려 하지도 않는다. 사회복지조직은 법적으로 위임된 서비스라 할지라도 재정 할당 정도를 스스로 정할 수 없고, 입법기관에서 정해 주어야 한다. 이는 사회복지조직이 예산과 관련된 정책 결정 과정에 참여할 수 있는 권한을 제한당하는 것을 의미한다.

둘째, 사회복지조직은 매우 다양한 재원을 갖는다. 예를 들면, 정부 지원금, 재단 지원금, 기부금, 협찬 후원금, 수입 사업에 의한 이용료 등 다양하다. 이러한 각각의 유형은 사회복지조직의 특성에 따라 중요성의 비중이 달라진다.

셋째, 다양한 원천으로부터 재원을 확보하기 위해 사회복지조직은 특별한 업무를 수행해야 한다. 즉, 재단에 사업 제안서를 쓰거나, 정부와 계약관계를 맺고, 기부자에게 후원금을 요청하거나, 사회복지서비스에 참여하는 대상자의 이용 요금, 기부금품을 모집하거나 접수 받고, 특별행사를 조직하는 등 다양한 재원 확보 전략을 추진해야 한다.

3 예산 수립

1) 예산의 개념

예산(budget)은 보통 조직에서 1년 동안의 재정 계획을 의미한다. 공공 사회복지조직의 적용 법규는 2007년 1월 1일부터 국가재정법의 적용을 받지만, 그 이전에는 예산회계법의 적용을 받았다. 또한 민간 사회복지조직의 적용법규는 「사회복지법인 및 사회복지시설 재무·회계규칙」의 적용을 받고 있다.

우리나라 정부 예산 제도의 특징은 법규범적인 성질과 회계연도는 매년 1월 1일부터 12월 31일까지이며, 프로그램 방식(성과주의 예산)에서 품목별 예산으로 형식이 변경되었다.

2) 예산의 성격

예산의 성격에 따른 학자의 견해는 다양한데, 대표적이고 공통적인 성격 특성을 열거하면 다음과 같다.

첫째, 정치적인 성격이다. 예산은 자원 배분이 초점이 되는데 부서 간에 경쟁과 투쟁을 통하여 정치적으로 결정되기 때문이다.

둘째, 프로그램(사업) 기획 성격이다. 예산 수립은 목표 달성을 위한 활동과 관련된 자금 문제이므로 사업 기획 절차와 서로 밀접하게 연결되어야 한다. 즉, 프로그램을 수행하기 위해서 프로그램 기획 과정인 목적과 목표 설정－예산 편성－추진 일정 수립－기대효과 분석－효과성 평가 기준 설정 등을 포함하므로 예산 수립은 프로그램 기획 과정인 것이다.

셋째, 프로그램(사업) 관리 과정의 성격이다. 예산 수립은 조직의 관리자가 조직 각 단위의 활동과 책임자의 시행 일정을 검토하므로 프로그램 관리 과정이다.

넷째, 회계 절차 성격이다. 회계 담당자가 자금의 내·외적 흐름을 통제하고 재정 활동을 승인하는 근거가 되므로 예산 수립은 회계 절차의 성격을 가진다.

다섯째, 인간적인 과정의 성격이다. 서비스 제공에서 클라이언트, 직원, 지역사회주민에게 영향을 미치기 때문에 이들과 접촉·대화하여 의견이 반영되어야 할 필요성이 있기 때문이다.

여섯째, 미래를 변화시키는 과정의 성격이다. 예산은 다음 해의 사업 시행 전에 수립하는 장래 활동에 대한 계획이다. 이에 따라 새로운 활동을 할 수 있는 미래를 변화시키는 과정이다.

3) 예산의 종류

예산은 기준에 따라 일반회계와 특별회계로 구분한다. 하지만 사회복지조직에서는 구체적인 구별이 없고 일반적으로 일반회계에 따라 구분한다. 일반회계는 사회복지조직의 건전 운영을 목적으로 대상자 및 직원의 복지증진을 위해서 운영되는 회계라고 할 수 있다.

(1) 본예산

법인의 대표이사는 법인회계에 속하는 예산을 편성하여 회계연도 개시 1개월(30일)전까지 이사회의 의결을 거쳐 확정하고, 지체 없이 시설 회계에 관계되는 예산 내역을 시설의 장에게 통지하여야 한다. 통지를 받은 시설의 장은 시설 회계의 예산을 편성하여 매 회계연도 개시 20일 전까지 이를 당해 법인 대표이사에게 제출하고 대표이사는 회계연도 개시 10일 전까지 이사회의 의결을 거쳐 확정하여야 한다. 이렇게 편성된 예산을 본예산이라고 한다(「사회복지법인 및 사회복지시설 재무·회계규칙」 제10조).

(2) 수정예산

일반적으로 국가나 지방자치단체의 보조금은 다음 회계연도 기간 동안에 주어지게 되므로 수정예산의 편성은 반드시 필요하다. 따라서 이미 시설에서 작성되어 법인 이사회에 제출된 예산에 대한 수정이 필요한데 그 가운데 일부가 수정된 예산을 수정예산이라고 한다.

(3) 추가경정예산

시설의 예산이 성립되고 회계연도가 개시된 후에 새로이 발생한 사유로 이미 성립된 예산에 변경을 가할 필요가 있을 때 시설장은 이사회에 추가로 예산을 편성하여 제출하는데 이를 추가경정예산이라고 한다(「사회복지법인 및 사회복지시설 재무·회계규칙」 제13조). 본예산과 추가경정예산은 별개로 성립되나 일단 성립되면 시설 예산의 총 규모를 파악하기 위해 하나로 통합하여 운영하게 된다. 대표이사 또는 시설장은 추가경정예산이 확정된 날부터 7일 이내에 이를 시장·군수·구청장에게 제출하여야 한다.

(4) 준예산

「사회복지법인 및 사회복지시설 재무·회계규칙」 제12조(준예산)의 규정에 따라 회계연도 개시 전까지 법인의 예산이 성립되지 아니한 때에는 대표이사가 시장·군수·구청장에게 그 사유를 보고하고, 예산이 성립될 때까지 임직원의 보수, 법인 및 시설 운영에 직접 사용되는 필수적인 경비, 법령상 지급 의무가 있는 경비를 전년도 예산에 준하여 집행할 수 있는데 이를 준예산이라고 한다.

4 예산 체계(예산 형식)의 모형

예산을 추구하는 지향점(무엇이 가장 중요한가?)을 기준으로 보면 주로 4가지 모형[품목별(항목별), 성과주의, 기획, 영기준]으로 분류할 수 있는데, ① 품목(항목)별 예산(LIB, line-item budget; 예산의 통제 기능), ② 성과주의 예산(PB, performance budget; 예산의 관리 기능), ③ 계획 예산(PPBS, planning-programming-budgeting system; 예산의 기획 기능), ④ 영기준 예산(ZBB, zero-base budget; 예산의 감축 기능)이다. 실제로는 한 모형이 전적으로 사용되기보다는 두 가지 이상의 모형이 결합되어 적용되는 경우가 많다(최성재·남기민, 2002: 252-260).

1) 품목별(항목별) 예산

품목별 예산은 정부와 비영리조직의 가장 기본적인 예산 형식이며, 가장 많이 사용되는 형식이다. 흔히 항목별 예산이라고 부른다. 다양한 수입과 지출 품목이 명시되고 각 목록마다 예상되는 예산의 양이 명시되어야 하는데, 기관의 회계 처리는 보통 이러한 항목으로 조직화되고 수입의 지출 내역을 얻을 수 있게 함으로써 장래 기획안의 기초로 활용된다. 지출 항목별 회계와 전년도에 기초하여 작성되며 액수의 점진적인 증가에 기초를 둔 점진주의적 특성을 가진다.

품목별 예산의 장점은 지출 근거가 명확하므로 예산 통제에 효과적이고, 예산 항목별로 지출이 정리되므로 회계에 유리하다는 점이다. 단점으로는 전년도 예산을 기준으로 점진주의적 특성을 갖기 때문에 예산 증감의 신축성이 없고, 전반적인 인상률을 적용하므로 예산 증감 기준의 타당성이 희박하고 효율성을 무시한다. 또한 프로그램 목표나 내용, 결과를 고려하는 것이 부족하기 때문에 조직의 활동을 알기 어렵다는 점 등이다.

표 10-1 품목별 예산의 예시 (단위: 원)

지출 항목	전년도 예산	금년도 예산
급 여	83,580	92,290
임 대 료	6,500	7,300
소모품비	6,330	7,000
장 비 비	3,390	5,500
총 지 출	99,800	112,090

2) 성과주의 예산

성과주의 예산은 기능주의 예산 또는 프로그램 예산 관리라고도 하는데, 품목별 예산의 약점인 활동을 표시하기 위하여 개발되었다. 성과주의 예산은 지출을 프로그램의 실행 결과가 나타나는 '성과'에 관심을 두기 때문에 예산의 관리 기능이 있다. 조직의 활동을 기능별, 프로그램별로 나누고 다시 세부 프로그램으로 나누어 프로그램 단위 비용을 편성하는 과정 중심 예산 형식이다. 사회복지조직의 책임성과 관련하여 중요성이 강조되고 있다.

성과주의 예산의 장점은 목표와 프로그램을 분명히 알 수 있고, 프로그램의 목표와 운영에 대한 모니터링이 가능하다. 또한 예산 할당의 기준이 성과물에 근거를 두기 때문에 프로그램의 효율성을 기할 수 있고, 단위 비용을 계산하여 자금 배분을 합리적으로 할 수 있다. 성과주의 예산의 단점은 직접 비용과 간접 비용을 계산해야 하므로 범위를 정하는 것이 쉽지 않고, 비용 산출의 단위(시간, 횟수, 클라이언트 수) 설정과 단위 비용 책정의 어려움이 있다.

표 10-2 성과주의 예산의 예시

(단위: 원)

담당부서	세부사업명	예 산
복지사업부	• 집단 식사 제공 프로그램 진행비 식사: 4,000원×10명×12개월=480,000	480,000
	• 집단 상담 프로그램 진행비: 3만원×4회×12개월=1,440,000	1,440,000
	• 문화 체험 프로그램 견학비: 3만원×2회×20명×12개월=14,400,000	14,400,000
총 지 출		16,320,000

3) 계획 예산

계획 예산은 1954년 미국의 랜드연구소(The RAND corporation)에서 개발한 것으로, 목표와 목적, 프로그램이 예산 체계의 중요한 부분이었다. 즉, 장기적인 사업 계획(목표 설정 및 실시 계획)을 세우고 이를 뒷받침하는 예산을 통합하여 수립하는 예산 체계이다. 프로그램 목표와 장기적인 사업 계획을 수립, 프로그램을 기획하고 예산을 수립하는 과정으로 프로그램과 예산을 통합한 것이 특징이다.

계획 예산은 목표와 프로그램을 명확히 하고 장기적인 프로그램 계획의 바탕 위에 이루어지기 때문에, 장점은 목표와 프로그램을 명확히 알 수 있고 재정 자원을 합리적으로 배분할 수 있으며, 프로그램 계획과 예산 수립의 괴리를 막을 수 있고 프로그램의 효과성을 높일 수 있다. 계획 예산의 단점은 장기적인 계획에 의해 프로그램 목표와 재정 계획이 뒷받침되어야 한다는 점과 결과에만 치중하여 과정을 무시하는 경향이 있으며, 권력과 의사결정이 중앙집권화할 우려가 있다는 것이다.

표 10-3 계획 예산의 예시

목 표	구체적 목표	달성 가능한 대안
직원 노동기술 개발	1. 훈련	1) OJT(직장 내 훈련) 2) 직업 훈련

4) 영기준 예산

영기준 예산은 예산 편성에서 전년도 예산과는 무관하게 영의 상태에서 기존 프로그램이나 신규 프로그램의 정당화를 역설하고, 프로그램 우선순위에 따라 예산을 편성하는 형식이다. 즉, 현재의 프로그램 효과성과 효율성, 시급성에 따라 예산의 증감을 결정하는 예산 체계이다. 매년마다 모든 프로그램을 새로 시작한다는 전제 하에 서로 비교하여 우선순위에 따라 예산을 배분하는 제도로서, 예산의 감축 기능에 적합한 관리 중심의 예산 제도이다.

영기준 예산의 장점은 예산 절약과 프로그램 쇄신에 기여하고, 재정 자원을 합리적으로 배분하고 탄력성에 기여한다. 또한 프로그램의 효과성과 효율성에 기여한다는 점이다. 영기준 예산의 단점은 의사소통, 의사결정, 프로그램 평가에 대한 관리자의 전문성과 객관성이 필요하고, 합리성만을 강조하므로 심리적인 요인을 무시하는 경향이 있으며, 장기적인 프로그램에 대한 예산 계획으로는 부적절하다는 점 등이다.

5 예산 집행과 결산

예산안이 통과되면 예산안의 기능은 자원을 확보하기 위한 수단에서 조직의 목적을 달성하기 위한 업무 진행을 지원하는 수단으로 변화한다. 또 예산안은 행동을 하기 위한 계획이었지만 이제부터는 계획을 실천하기 위한 지침 역할을 한다.

예산 집행(budget execution)과 결산 과정에서 사회복지조직의 자원 출처 다원화로 인한 문제는 있으나, 예산 집행의 주된 기능은 각 프로그램별로 예산의 출처를 명확하게 구분하여 지출하도록 하는 데 있다. 이것은 예산의 각 자원 제공처에 대해서 예산 집행과 결산에 따르는 책임성을 확실히 하기 위한 것이다(김영종, 2007: 214).

1) 예산의 집행

(1) 예산 집행의 개념

예산 집행이란 세입·세출 예산이 담고 있는 정책 목표와 프로그램을 성취하는 데 필요한 수입과 지출을 실행하는 일체의 행위를 의미한다. 모든 예산은 사업을 수행해서 업적을 올려야 할 많은 계획을 내포하고 있는데, 이러한 사업 계획을 실천에 옮기는 것이 예산 집행이다(박차상, 2002: 415).

예산을 집행할 때에는 예산회계법, 법인재무·회계규칙 등을 준수하여야 한다. 예산에 기초하여 수입·지출에 대한 월 계획서를 작성하고 월 배정액의 범위 내에서 예산의 집행 목적에 맞게 집행하여야 한다. 예산 집행의 목적은 예산안을 심의·확정한 본래의 의도를 충실히 구현하고, 재정적인 한계를 준수하는 데 있다. 그러나 재정 관리에서 예산의 신축성을 유지하기 위하여 예산의 이용·전용 등이 사용되고 있다. 법인의 대표이사는 관·항목 간의 예산을 전용할 수 있는데, 이때에는 관할 시장·군수·구청장에게 즉시 보고하여야 한다(「사회복지법인 및 사회복지시설 재무·회계규칙」 제16조).

(2) 예산 통제의 원칙

예산을 집행하는 과정에서는 사용 제한이 있다. 보조금도 목적 외의 용도에 사용할 수 없으며(사회복지사업법 제42조 제2항), 후원금도 후원자가 지정한 사용 용도외의 용도로 사용하지 못한다(사회복지사업법 시행규칙 제41조의7). 즉, 사회복지사업법 시행규칙 제15조에 따르면, 법인 회계 및 시설 회계의 예산도 원칙적으로 세출 예산이 정한 목적 외에는 사용할 수 없다.

(3) 예산 집행에서 통제 기제

예산 집행을 통제하는 기제는 다음 7가지로 구분할 수 있다(Weiner, 1990: 301-304).

첫째, 분기별 할당 방법이다. 수입과 지출, 예산의 지출을 분기별로 조정하여 수입·지출의 균형과 유지할 필요가 있다. 행정 책임자는 이러한 재정 집행 사정을 하부 활동 책임자에게 이해시키고 상의하여 할당 효과가 나타나도록 하여야 한다.

둘째, 지출의 사전 승인 방법이다. 지출할 때에는 최고 행정 책임자의 사전 승인을 받아야 한다. 이와 같은 사전 승인은 수입·지출의 균형을 유지하는 데 도움이 되고, 때때로 승인을 의도적으로 연기하여 지출을 억제하기도 한다.

셋째, 자금 지출의 취소 방법이다. 예산이 인가되지 않거나 삭감되었을 경우 지출을 잠정적으로 취소할 수밖에 없다.

넷째, 재정 현황의 정기적 보고 방법이다. 지출에 대한 월·분기별 재정 현황을 보고 받아 검토해야 한다.

다섯째, 대체(예산 전용) 방법이다. 사업별로 과도 지출 또는 과소 지출되었을 경우 과소 지출에서 과다 지출분을 메우기 위해 대체할 필요가 있다.

여섯째, 지불 연기 방법이다. 조직의 내외부로부터의 지불 요청에 대하여 의도적으로 정당한 방법을 통해 연기함으로써 수입 예산의 입금 여유를 갖는 것이다.

일곱째, 차용 방법이다. 은행이나 사회복지 관련 단체로부터 장·단기적 대출을 받을 수 있다.

(4) 예산 집행의 비용 배분

예산 집행은 프로그램의 효율성·효과성 측정과 연계되므로, 이들의 측정을 위해 프로그램마다 생산 비용(예산)을 배분할 필요가 있다. 생산 비용은 산출물 변화에 따른 비용 측면과 프로그램 목적에 대해 직·간접으로 소요되는 비용 측면, 다수의 프로그램 등에서 각각 프로그램에 대한 비용 측면, 각각의 프로그램에 대한 행정 비용 배분 측면으로 나눌 수 있다(김영종, 2007: 216-220).

첫째, 산출물 변화에 따른 비용 측면은 가변 비용, 반가변 비용, 고정 비용으로 분류할 수 있다. 먼저 가변 비용은 생산량에 정비례해서 움직이는 것으로, 예를 들면 물품 구입비, 물세, 전기세 등이 있다. 반가변 비용은 생산량의 증가에 대해 단계적인 증가를 보이는 비용이다. 고정 비용은 생산량의 증가에 관계없이 일정하게 드는 비용으로, 임대료 등이 이에 해당된다. 일반적인 생산 조직에서는 이러한 구분으로 비용을 설정하는 것이 보통이며, 대부분 복수의 자금으로 운영되고, 다양한 프로그램으로 구성되어 있는 사회복지기관 또는 조직에서는 그대로 적용하기 힘들다.

둘째, 프로그램(서비스) 목적에 대한 직·간접적인 비용 측면은 직접 비용과 간접 비용으로 구분할 수 있다. 먼저 직접 비용은 한 프로그램의 운영에 직접적으로 투입되는 비용으로, 프로그램 홍보비와 직접 서비스 비용 등이다. 간접 비용은 일반 행사비나 간접 경비, 일반 목적의 회의비 등이 있다. 비교적 단순하거나 잘 규정된 업무 과정을 갖는 조직에서는 직접 비용과 간접 비용에 대한 구분이 쉽게 이루어질 수 있으나 대부분의 조직에서는 비용 할당 시 이러한 구분이 쉽지 않다.

셋째, 다수의 부서나 다양한 프로그램이 있는 경우, 각 부서별 또는 각 프로그램별로 비용을 산정해야 하는데, 기술 비용과 임의 비용이 해당한다. 먼저 기술 비용은 행정 관리자가 특정 활동에 대해서 한 부서나 단위에 부과하여야 할 비용을 합당하게 결정하는 비용으로 부식비와 물품비 등이다. 임의 비용은 비용 할당의 합리적인 근거를 갖지 못할 때 산정하는 비용이다. 건물 유지비에 행정 관리자의 재량권으로 각 부서나 단위에 비용을 할당하는 것을 말한다.

넷째, 행정 비용으로서 인적 비용과 물적 비용으로 구분할 수 있다. 예를 들면, 인적 비용은 한 명의 과장이 2개의 프로그램을 운영할 때 각 프로그램당 과장의 활동을 배분하여 인적 비용으로 계산할 수 있다(A 프로그램 5시간, B 프로그램 3시간), 물적 비용은 2개의 프로그램을 수행하는 데 하나의 복사기를 사용하는 경우, 그 수리비를 각각의 프로그램에 얼마씩 물적 비용으로 계산하는 것이다. 프로그램이나 서비스의 효율성·효과성을 정확히 측정하기 위해서는 이러한 행정 비용도 업무일지나 사용대장을 통하여 기술 비용으로 전환시키는 노력을 해야 한다.

(5) 예산 수입과 지출

① 수입

수입(receipt)은 정부회계일 경우 세금이 주종을 이루는데, 세입 예산을 이루는 모든 거래를 의미한다. 사회복지관·시설의 수입은 정부 보조금, 법인 수입(이사의 부담금, 법인의 수익 사업 수입), 지원 보조금(외부 단체 보조금), 기부금(결연 후원금, 일반 성금), 기타 수입(은행 이자, 일시차입금) 등으로 다양하다.

사회복지조직에서는 법인의 대표이사와 시설장이 수입과 지출에 관한 사무를 관리하지만, 수입 및 지출 행위와 관련된 사무를 소속 직원에게 위임할 수 있다(「사회복지법인 및 사회복지시설 재무·회계규칙」 제21조). 그리고 법인과 시설에는 수입과 지출의 현금 출납 업무를 담당하는 수입원과 지출원을 둘 수 있으며, 소규모 법인이나 시설에서는 수입원과 지출원을 동일인으로 할 수 있다(「사회복지법인 및 사회복지시설 재무·회계규칙」 제22조).

② 지출

일반적으로 정부회계에서의 지출(outlay)은 수표의 발행을 뜻하며 수표를 현금으로 교환해 주는 것을 지급이라고 한다. 사회복지조직이 지출 원인 행위를 할 때에는 지출 결의서를 작성하여 최고 책임자 내지 상급자의 결재를 받아야 한다.

지출은 지출 사무를 관리하는 자(법인 대표자와 시설장) 및 그 위임을 받은 자(지출원)가 행한다. 이때 상용 경비 또는 소액 경비 지출을 제외하고는 금융기관 예금통장에 의하여 행하여야 한다. 지출 결의서에 의하여 금전을 지출할 때에는 세금계산서, 간이세금계산서, 영수증 등을 교부받아야 한다(신복기 외, 2004: 312-313).

또한 지출에 따른 지출 관리를 하여야 하는데, 지출 관리는 주로 회계감사를 통하여 이루어지고, 예산 집행 과정 중의 일부이다. 지출이 적당한 금액으로 이루어졌는가, 보조금은 그 규정에 따라 행해졌는가, 보조금은 적절하게 제공되고 있는가 등에 대하여 재정 기록을 감사하는 것이다. 따라서 지출 관리는 결산을 위한 회계감사와는 달리 회계연도에서 지출을 관리하기 위한 주기적 지출 통제 기능이라고 할 수 있다.

2) 예산의 결산

결산이란 한 회계연도의 수입과 지출을 확정적인 계수로 표시하는 절차이다.

세입·세출 결산 보고서(수입·지출 결산서)는 각 중앙관서의 장(법인은 대표이사, 시설은 원장)이 작성하므로 예산 집행의 마무리 단계라고 할 수 있다.

사회복지조직에서 결산이 필요한 것은 법인 이사회의 의도대로 법인 및 시설이 예산을 집행하였는가를 규명하고, 결산상의 흑자·적자의 크기 확인, 결산 결과를 다음 해의 예산에 반영하기 위한 것이다.

결산은 예산에 의하여 행동한 기관의 사후적 재정 보고의 성격을 띠고 있다. 따라서 사회복지조직의 집행부나 부서는 결산에 의해서 사후 감독을 받는다. 그러므로 예산의 심의·의결기관이나 기구의 재정 통제는 새로운 예산의 심의와 결산 심사에 의하여 가능한 것이다. 또한 결산은 집행부가 예산의 심의·의결기관이나 기구의 의도대로 예산을 집행했는가를 사후적으로 감독하는 것이기 때문에, 이것은 집행부의 책임을 해제시켜 주는 역할을 할 뿐만 아니라 감독관청의 감독을 유도하는 역할도 한다(김기태 외, 2005: 212).

사회복지법인은 대표이사가 법인회계와 시설 회계의 세입·세출 결산 보고서를 작성하여 이사회의 의결을 거친 후 다음 연도의 3월 31일까지 시장·군수·구청장에게 제출한다(「사회복지법인 및 사회복지시설 재무·회계 규칙」 제19조). 사회복지시설은 원장이 수입·지출 결의서와 사업 실적 보고서를 법인 이사회에 제출해야 한다. 시장·군수·구청장은 결산 보고서를 제출받은 때에는 20일 이내에 법인과 시설의 세입·세출예산의 개요와 후원금품의 수입 및 사용 내역 개요에 대한 사항을 게시판에 20일 이상 공고하고, 법인의 대표이사로 하여금 법인·시설의 게시판에 20일 이상 공고하도록 해야 하며, 일간신문이나 정기간행물에 게재하는 것으로 대체할 수도 있다.

6 회계와 회계감사

1) 회계

회계(accounting)는 현금·상품 등 각종 재화의 증가와 감소, 채권이나 채무 및 자본의 증감 변화를 일정한 원리 원칙에 따라 체계적으로 장부에 기록·계산·정리하여 그 원인과 결과를 명백히 밝히는 것이다. 즉, 재정 거래를 분류하여 기록하고, 그 결과를 해석하는 표준화된 방법이다.

회계의 목적에 따라 재무회계(financial accounting)와 관리회계(managerial accounting)로 구분한다. 재무회계는 내부 및 외부 정보 이용자의 경제적 의사결정에 필요한 내용을 일정기간 동안 수입과 지출 사항을 기록하여 보고하는 것으로, 주요 내용으로는 거래자료 기록, 시간표 작성, 분개 작성, 결산 등이 있다. 관리회계는 행정 책임자(경영자)가 행정적인 의사결정을 하는 데 필요한 재정 관계 자료를 정리하는 것으로, 주요 내용으로 예산 단위의 비용을 계산하여 예산의 실행 성과를 분석하는 것 등이 있다.

회계의 중요 업무 활동을 보면 기록 업무, 회계 정리 업무, 재정 보고서 작성 및 보고 업무를 위주로 하고, 홍보 차원으로 회계 활동의 주요한 것을 인쇄하여 발행하는 업무 등이 있다. 이를 구체적으로 살펴보면 다음과 같다.

첫째, 기록 업무는 수입과 지출에 관한 기록 장부를 마련하고 회계 원칙에 따라 장부에 기록하는 일을 의미한다. 둘째, 정리 업무는 기록한 회계 사항을 월·분기별로 종결하여 정리하는 업무로서, 재정 상태를 파악하기 위한 재정 보고서 작성을 위해 반드시 필요한 업무이다. 셋째, 재정 보고서 작성과 발행은 조직의 재정 상태를 파악하고 재정 자원의 사용 현황을 알리기 위해 일정한 양식의 보고서를 작성하여 정부 및 이사회에 보고하는 것을 의미한다.

2) 회계감사

감사(audit)란 사회적으로 할당된 자원에 대한 청지기로서의 조직이나 프로그램이 그 역할을 적합하게 수행하고 있는지를 확인하는 작업이다(김영종, 2007: 220). 또한 회계감사란 조직의 수입·지출 결과에 관한 사실을 확인하고 검증하며, 이를 보고하기 위하여 장부 및 기타 기록을 체계적으로 검사하는 것을 의미한다. 회계감사는 결산과 더불어 예산 과정 중 마지막 과정으로서, 예산을 정확하게 그리고 효율적으로 집행하기 위해서 필요하다. 이는 회계 제도가 정확하게 활용되고 있는가를 검증하는 것이다.

사회복지법인과 시설에 대한 회계감사는 사회복지법인 및 사회복지시설 재무·회계 규칙 제42조 제1항과 제2항 규정에 의해 매년 1회 이상 감사를 실시하며, 법인의 대표이사는 시설의 장과 수입원 및 지출원이 사망하거나 경질되는 경우에는 그에 속하는 수입, 지출, 재산, 물품 및 현금 등의 관리 사항을 감사로 하여금 감사하게 해야 한다.

그러나 민간 재정의 투명성을 위해서는 감사에 의존하는 것에 우선하여 민간 사회복지조직이 재정 운영을 지역사회와 주민들이 신뢰할 수 있도록 투명하게 관리하도록 해야 하며, 절차와 규정에 따라 제도적으로 공개하여 후원자들이 정보를 파악할 수 있도록 하는 노력이 필요하다.

회계감사의 유형은 감사를 실시하는 주체, 대상 조직, 영역에 따라 구분할 수 있는데, 구체적으로 살펴보면 다음과 같다.

① 주체에 따른 분류로서, 내부 감사와 외부 감사가 있다. 내부 감사는 조직의 내부인 중 최고 행정 책임자 또는 다른 중간 행정 책임자가 행하는 감사를 의미한다. 외부 감사는 조직 외부의 독립된 회계기관, 회계사, 정부의 업무 감독기관에서 행하는 감사를 의미한다.

② 대상 조직에 따른 분류로서, 정부기관 감사와 법인 감사 그리고 법인이 운영하는 시설 감사가 있다. 먼저 정부기관 감사는 정부의 감독관청 및 감사원이 행하는 감사를 의미하며, 법인 감사는 법인에서 지정한 외부의 회계기관 또는 정부의 감독관청이 행하는 감사를 말한다. 법인이 운영하는 시설 감사는 당해 법인, 외부 회계기관 및 감독관청이 행하는 감사를 의미한다.

③ 영역에 따른 분류로서, 규정 순응 감사와 운영 감사가 있다. 먼저 규정 순응 감사는 기관의 재정 운영이 적절한 회계 절차에 따라 시행되었는지, 재정이나 다른 보고서가 적절하게 준비되었는지, 기관에 적용된 각종 규칙과 규제를 기관이 적절하게 따랐는지 등을 확인하는 것이다. 규정 순응 감사의 단점은 지나치게 규칙에 충실하다 오히려 탄력성을 잃어 생산의 효율성을 저해할 수도 있다는 것이다.

또한 운영 감사는 바람직한 프로그램 결과의 성취 여부, 목표 성취의 경제성과 효율성 등의 문제와 예산과의 관련성에 초점을 둔다. 그러므로 기능별 예산과 프로그램 예산에 적합하며, 경제성과 효율성, 프로그램의 결과에 초점을 두고 점검한다. 첫째, 경제성과 효율성: 예산 부서가 자신들의 자원을 경제적이거나 효율적으로 관리 활용하고 있는지에 대해 판단하고 비효율적인 것에 대한 원인을 분석하는 것이다. 둘째, 프로그램의 결과: 의도된 결과나 급부가 성취되었는지, 자원 제공 기관에 의해 의도된 목적이 달성되었는지, 동일한 성과를 더 낮은 비용으로 산출할 수 있는 대안이 고려되었는지 등에 대해 판단하는 것이다.

기출 및 예상문제

01 영기준 예산에 대한 설명이 아닌 것은? (4회 기출문제)

① 예산절약과 프로그램의 쇄신에 기여한다.
② 재정자원의 합리적인 배분과 탄력성 기여한다.
③ 장기적인 프로그램 운영에는 적절하지 않다.
④ 전년도 사업실적을 반영하여 예산 계획을 세운다.
⑤ 프로그램의 예산결정 단위별로 우선순위를 결정하기 어렵다.

정답 : ④
영기준 예산 방식은 올해 진행될 프로그램들의 우선순위에 따라 예산을 배정하기 때문에 전년도 예산 및 실적과 무관하게 예산을 책정한다.

02 (　　)란 조직의 수입·지출의 결과에 관한 사실을 확인하고 검증하며 이를 보고하기 위하여 장부 및 기타 기록을 체계적으로 검사하는 것을 말한다.

정답 : 회계감사

03 예산모형에 해당하지 않는 것은?

① 항목별 예산　② 성과주의 예산
③ 비목항별 예산　④ 프로그램기획 예산
⑤ 영기준 예산

정답 : ③

04 계획예산제도(PPBS)에 관한 설명으로 옳지 않은 것은? (12회 기출문제)

① 목표개발에서부터 시작된다.
② 조직의 통합적 운영이 편리하다.
③ 조직품목과 예산이 직접 연결되지 않아 환산작업에 어려움이 있다.
④ 단위원가계산이 쉬워 단기적 예산변경이 유리하다.
⑤ 의사결정에 있어서 과학적이고 합리적인 기법을 활용한다.

정답 : ④
이 방식에서는 구체적으로 사업에 필요한 품목들이나 단위원가가 제시되지는 않는다.

05 성과주의 예산에 관한 설명으로 옳지 않은 것은? (14회 기출문제)

① 수행하는 업무에 중점을 둔다.
② 각 세부사업을 '단위원가*업무량=예산액'으로 표시하여 편성을 한다.
③ 간편하고 주로 점증식으로 평가된다.
④ 기관의 사업과 목표를 이해하는 데 도움을 준다.
⑤ 예산 집행에 신축성을 부여한다.

정답 : ③
예산제도들 중 가장 간편하고 점증적인 방식은 품목별 예산이다. 품목별 예산은 인건비, 교육비, 재료비, 소모품비 등 각 항목에 따라 필요한 예산을 적어 나열하는 방식이다.

06 사회복지조직의 재정원천 중 다음에 해당하는 것은 무엇인가?

> 정부가 발행한 쿠폰을 통해 수요자가 공급자를 선택하면, 공급자는 정부에게 쿠폰을 제시하여 재정을 지원받게 된다. 즉, 공급자인 제공기관에 대한 보조금인 동시에 수요자인 이용자에 대한 보조금으로서의 성격도 갖는다.

① 간접비용
② 바우처
③ 포괄보조금
④ 아웃소싱
⑤ 위탁비

정답 : ②
바우처 제도는 이용자의 선택권을 강화한다는 측면과 함께 공급자 간 경쟁을 통한 품질향상을 꾀한다는 측면도 있다.

07 사회복지조직의 예산 결정에서 예산에 첨부하여야 할 서류(재무·회계 규칙 제11조)가 아닌 것은?

① 예산총칙
② 세입·세출명세서
③ 추정대차대조표
④ 추정수지계산서
⑤ 업무일지

정답 : ⑤
예산에는 예산총칙, 세입·세출명세서, 추정대차대조표, 추정수지계산서, 임·직원 보수일람표, 당해 예산을 의결한 이사회 회의록 또는 해당 예산을 보고받은 시설운영위원회 회의록 사본이 첨부되어야 한다. 단, 단식부기로 회계를 처리하는 경우에는 예산총칙, 세입·세출명세서, 임·직원 보수일람표, 당해 예산을 의결한 이사회 회의록 또는 해당 예산을 보고받은 시설운영위원회 회의록 사본이 첨부되어야 한다.

08 영기준 예산에 관한 설명으로 옳은 것은?

① 프로그램 평가의 객관성이 강조된다.
② 내년도 예산의 증감을 쉽게 예측할 수 있다.
③ 단위원가를 계산하는 것이 핵심이다.
④ 점증주의적 특징이 강하게 나타난다.
⑤ 장기 사업이 많은 경우 특히 더 유용하다.

정답 : ①

① 영기준 예산은 해마다 그 해에 진행될 프로그램들을 평가하여 우선순위에 따라 예산을 배분하는 방식이다. 따라서 각 프로그램을 평가함에 있어서 객관성과 전문성이 요구된다.

09 사회복지조직의 결산에 관한 설명으로 옳지 않은 것은?

① 법인의 대표이사는 법인회계와 시설회계의 세입·세출결산보고서를 작성해야 한다.
② 결산은 회계연도 기간 동안의 재정보고서를 작성하기 위한 과정이다.
③ 법인의 대표이사는 당해 법인과 시설의 게시판에 결산 개요 등을 공고해야 한다.
④ 작성된 결산보고서는 시·군·구청장에게 제출한 후 이사회의 의결을 거쳐야 한다.
⑤ 결산보고서에 첨부해야 할 서류는 복식부기냐, 단식부기냐에 따라 다르다.

정답 : ④

작성된 결산보고서는 이사회의 의결을 거친 후 시·군·구청장에게 제출해야 한다.

10 품목별 예산에 대한 설명으로 옳지 않은 것은?

① 비교적 간편하고 단순하게 사용할 수 있다.
② 전년 대비 예산 증감에 대한 근거가 명확하다.
③ 지출근거가 명확해서 통제적 기능에 유리하다.
④ 점증주의적 예산편성이라는 특징이 있다.
⑤ 사회복지기관에서 많이 사용되고 있다.

정답 : ②

품목별 예산은 관례적으로 전년도 예산을 기준으로 액수를 점진적으로 증가시키는 점증주의적 예산편성을 특징으로 한다.

11 동문지역아동센터에서는 〈어머니와 함께하는 신나는 방학교실〉이라는 신규 프로젝트를 기획하며 사업의 효율성과 효과성을 제고하려고 한다. 이때 어떠한 예산 모형에 따라 예산안을 작성하는 것이 적절한가?

① 영기준 예산
② 점증주의 예산
③ 프로그램기획 예산
④ 항복별 예산
⑤ 성과주의 예산

정답 : ①
영기준 예산은 전년도 예산과 무관하게 신규 프로그램의 정당화를 역설하고 프로그램의 우선순위에 따라 예산을 편성하는 방식으로 재정자원의 합리적인 배분이 가능하며 탄력적인 특성을 갖는다.

12 다음은 사회복지 예산 가운데 어느 형식의 예산에 관한 설명인가?

> 조직에서 제공하는 서비스와 관련되어 있는 예산방식이다. 주로 장기적인 사업계획을 수립하고 기획할 때 프로그램과 예산을 통합할 수 있는 방식으로 무엇보다 예산이 프로그램의 목표와 결부되어 있다는 특징이 있다.

① 성과주의 예산
② 프로그램기획 예산
③ 총계예산주의
④ 영기준 예산
⑤ 항목별 예산

정답 : ②
프로그램기획 예산방식은 프로그램의 계획과 예산 수립의 괴리를 좁혀 프로그램의 효과성을 높이기 위해 개발되었다. 프로그램의 목표와 재정 계획을 결부시켜 장기적인 기획을 뒷받침할 수 있는 방식이다.

13 영기준 예산제도에 관한 설명으로 옳은 것은?

> ㄱ. 관례적 예산에서 탈피할 수 있다.
> ㄴ. 재정자원을 탄력적으로 활용할 수 있다.
> ㄷ. 전년도 예산에 물가상승분을 반영하여 올해 예산을 책정한다.
> ㄹ. 합리성보다 심리적인 요인에 따라 예산을 책정한다.

① ㄱ, ㄴ
② ㄱ, ㄷ
③ ㄴ, ㄹ
④ ㄱ, ㄷ, ㄹ
⑤ ㄱ, ㄴ, ㄹ

정답 : ①
- 전년도 예산과 무관하게 기존 프로그램과 신규 프로그램을 막론하고 모두 같은 선상에서 우선순위를 정하여 예산을 책정하는 방식이다.
- 관례적으로 예산을 증가시키지 않기 때문에 합리적이고 탄력적인 예산 배분이 가능하다.
- 예산을 예측할 수 없어 여러 해에 걸쳐 운영되는 프로그램이 예산을 받기에는 불리할 수 있다.

14 사회복지서비스 프로그램을 위한 예산을 편성할 때 예산안에 기본적으로 들어가지 않는 내용은?

① 복지기관의 설립 배경
② 프로그램 비용
③ 서비스 활용 추정치
④ 서비스에 대한 정의
⑤ 프로그램 목적 개요

정답 : ①

사회복지기관은 정부, 단체 등 다양한 자원 제공처로부터 재원(프로그램 예산)을 제공받는데, 이때 재원을 제공하는 곳에서 인정받을 내용을 표시한 것, 즉 기관의 재정활동 계획을 문서화한 것이 예산안이다. 사회복지기관이 목적한 사업을 적절히 실행할 것인지, 결과도 적절한 것인지에 대한 내용을 포함시켜서 재원 제공자에게 금전적인 방법으로 알려주는 것이며, 사업과 프로그램에 대한 구체적인 정보를 담는 것이다.

15 (　　)이란 일정기간(회계 기간 또는 사업 연도)이 경과한 시점의 재정상태 및 일정 기간 동안의 경영성과를 파악하고, 재무상태의 변동을 밝히기 위해 장부마감을 하고 결산서를 작성하는 절차를 말한다.

정답 : 결산

Chapter 11

사회복지조직의 마케팅과 홍보

1 마케팅

1) 마케팅의 개념

마케팅(marketing)이란 일반적으로 "개인과 집단이 다른 사람들과의 제품과 가치의 창조와 교환을 통하여 자신들이 필요로 하고 원하는 것을 획득하는 사회적 및 경영 관리적 과정"으로 정의된다(Kotler, 1991: 1).

코틀러(P. Kotler, 1985: 6-7)는 마케팅이란 조직의 목표를 달성하기 위하여 표적 시장(target markets)에서 자발적인 가치의 교환(voluntary exchanges of values)이 이루어지도록 만들어진 프로그램의 분석(analysis), 기획(planning), 집행(implementation), 통제(control)하는 과정을 포함한다고 주장한다. 또한 마케팅의 성패는 조직이 제공할 수 있는 물품을 표적 시장의 욕구에 따라 결정하고, 사람들에게 알리고 동기를 부여하며, 서비스를 제공하기 위해 효과적인 가격 설정과 홍보 및 유통 경로를 사용하는 것에 달려 있음을 강조하고 있다.

사회복지조직에서의 마케팅이란 조직 목적 달성을 위한 가치 지향적인 마케팅 목적으로 목표 집단에게 사회적 이념이나 주장 및 관행의 수용을 증대하도록 모색하는 프로그램을 기획·집행·통제하는 것이다. 이때 목표 집단의 반응을 극대화하기 위하여 시장 세분화, 소비자 조사, 개념 구성, 정보 전달 등을 활용한다.

2) 사회복지조직의 마케팅 필요성

사회복지기관에서 재정 확보를 위한 전략으로 마케팅 기법이 도입된 것은 최근의 일이다. 사회복지기관이 후원자를 개발하기 위해 처음 사용한 방법으로는, 사회복지대상자의 참혹한 상황을 소개하고 동정심을 유발하여 기부금을 제공받는 방식으로 이루어졌다. 그러나 이는 사회복지대상자의 인권이나 복지권을 고려할 때 비인도적 방식이라는 비판을 받고 있다.

사회복지기관은 후원자 개발의 필요성이 대두함에 따라 마케팅 기법이 필요하게 되었는데, 이외에도 다음과 같은 측면에서 고려되었다.

(1) 책임성 측면

사회복지조직은 정부의 보조금이나 기타 단체의 기부금으로 운영하기 때문에 서비스 제공에 효율성과 효과성을 달성할 책임을 가진다. 이러한 책임성의 요구에 부응하려면 비영리조직의 운영도 전략적인 마케팅 도입이 절실하다.

(2) 대상자 관리 측면

클라이언트, 기부자, 지역사회를 고객으로 인식하여 욕구를 세분화하고, 관리에 있어 궁극적으로 고객 만족을 이끌어내는 마케팅 접근이 필요하다.

(3) 서비스 개발 측면

사회복지조직의 특성상 외부환경의 강한 영향을 받게 되는데, 급변하는 정치적·사회적·법적·문화적 환경을 세분화하고 분석하여 서비스 개발에서 상품의 가치를 높여야 한다.

(4) 재정 확보 측면

조직의 목표를 달성하기 위해 필요한 재정 자원의 계획과 동원, 배분, 효율적인 사용과 책임성 있는 관리는 필수적이며, 그 원동력이 되는 재정 확보는 가장 중요하다.

3) 마케팅 믹스(marketing mix)

마케팅 믹스는 마케팅 도구를 말하는 것으로, 마케팅의 주체가 표적 시장에서 반응을 얻기 위해서 혼합·통제 가능한 마케팅 도구의 집합을 의미한다. 마케팅 기획 과정은 4P로 구성되는데, 4P란 상품(product), 가격 결정(price), 촉진(promotion), 장소(place)를 의미한다. 예를 들어, 사회복지기관에서 서비스의 질을 높이기 위해 상품에 많은 예산을 투자하면 홍보 분야에는 상대적으로 낮은 예산이 배정될 수밖에 없다.

표 11-1 복지조직의 마케팅 도구

복지 조직의 마케팅 4P 도구
1. **상품**(프로그램) 차별화 전략 • 사회적 이슈, 테마 부합 프로그램(food bank, 제3세계 어린이 돕기) • 행복, 기쁨, 긍정적 변화를 주는 프로그램 • 아이디어 제품 개발(이웃돕기 캠페인)
2. **가격** 및 후원금 개발 전략 • 시장상황 변화 고려 및 후원자의 추이 파악 • 경쟁관계에 있는 타 복지조직의 프로그램 가격 • 가격 = 지불 비용 + 기회 비용 + 심리적 비용(자기 이익 포기에 따른 불안감)
3. **장소**(유통) 전략 • 접근 편리성 방안 강구(운송수단, 위치 등) • 모금 도구 및 장소 개발
4. **촉진** 전략 • 홍보, 이벤트, 자원봉사자 활용 접근

한편, 비영리 기관의 마케팅에 관해 언급한 파인(S. Fine, 1992: 4-9)은 비영리 기관에서 4P만을 가지고 최적의 함수를 도출해 내는 것은 무리가 있다고 주장하면서 추가적으로 3P가 함수에 포함되어야 한다고 강조하였다. 즉, 마케팅을 하는 주체인 생산자(producer), 마케팅을 통해 호소해야 하는 대상자인 구매자(purchaser), 과학적인 탐구과정인 조사(probing) 등이 마케팅 함수에서 고려되어

야 한다는 것이다. 이는 마케팅 전략을 수립하는 데 보다 광범위한 틀을 제공하고 있어 사회복지기관의 마케팅 전략에 적합한 모델이라고 여겨진다. 따라서 파인의 7P모델을 중심으로 사회복지기관의 마케팅 전략을 제시하는 것이 바람직하다고 여겨지며, 이러한 맥락에서 후원자 개발을 위한 사회복지기관의 마케팅 기본틀은 다음과 같이 제시할 수 있다.

(1) 생산자(producer)

마케팅을 위해 구매자와 교환할 아이디어를 창출하고 메시지를 생산해 내는 주체를 의미하며, 후원자 개발을 위한 마케팅에서는 사회복지기관이 생산자가 된다. 사회복지기관의 주된 목표는 사회복지 대상자에게 서비스를 제공하여 삶의 질을 증진시킴으로써 더불어 사는 복지사회를 실현하는 데 기여하는 것이다.

이러한 목표를 달성하기 위해 잠재적 후원자라고 할 수 있는 일반 시민이 사회복지에 관심을 갖고 후원할 수 있도록 도와줄 필요가 있고, 우선 사회복지기관은 마케팅의 주체인 생산자가 되어 사회복지기관의 목표에 대한 가치를 확신시켜야 한다. 이를 위해 사회복지기관은 일반 시민들로부터 믿고 의지할 만한 기관으로서 신뢰를 받아야 하며, 사회복지대상자의 중요한 대변인 역할을 하여야 한다.

(2) 구매자(purchaser)

기업의 마케팅에서 구매자는 일반적으로 잠재적 고객을 의미하며, 사회복지기관의 후원자 개발을 위한 마케팅에서 구매자는 잠재적 후원자이다. 잠재적 후원자가 될 사람은 마케팅 초기 단계에서 반드시 파악되어야 하며, 사회복지기관은 이들에게 특별한 인상을 심어주면서 호소할 필요가 있다. 이를 효율적으로 하기 위해서 대상을 특정 기준에 따라 여러 범주로 나누는 것이 바람직한데, 이 과정을 시장 세분화(목표 시장 분석)라 한다.

(3) 상품(product)

상품은 구매자의 욕구를 충족시키기 위한 산출물을 의미한다. 사회복지기관은 잠재적 후원자의 공감을 얻어낼 수 있는 가치를 구체적인 상징물로 만들어 내야 한다. 예를 들어, 굿네이버스의 마케팅 상품으로 잘 알려진 '사랑의 저금통'은 제3세계의 굶주린 아동들을 돕기 위해 만들어진 것으로, 상품과 관련하여 중요한 것이 그 명칭이다. 상품의 이름에 따라 구매자의 반응이 크게 다르기 때문에 적합한 이름을 붙여주는 것은 매우 중요한데, 이를 위해서는 언어심리학적인 감각이 필요하다.

또한 상품을 개발하는 데 중요한 것은 생산자가 판매하려고 하는 것을 강조하는 것이 아니라 구매자가 사려는 것이 무엇인지를 파악하는 것이다. 사회복지기관의 후원자 개발을 위한 마케팅은 후원금 자체에 중점을 두기보다는 후원 행위를 통한 사회적 기여와 소외 계층의 삶의 질 향상에 중점을 두고 상품을 개발하여야 할 것이다.

(4) 가격(price)

가격은 구매자가 그 상품을 얻기 위해 기꺼이 지불하고자 하는 대가를 의미한다. 생산자는 가격을 결정하기 전에 사람들이 그 상품에 어떤 가치를 부여하고 있는지를 반드시 파악하여야 한다. 그 상품의 가치를 지나치게 낮게 여기고 있다면, 가치를 높이는 과업이 선행되어야 할 것이다.

가치는 돈으로만 측정되는 것은 아니므로, 상품의 거래에서 구매자가 지불하는 것에는 시간, 노력, 생활양식의 변화 혹은 다른 기회비용이 포함된다는 것을 알아야 한다. 특히 사회복지기관에서 잠재적 후원자를 대상으로 마케팅 전략을 세울 때 이들 '사회적 가격'이 반드시 고려되어야 한다. 예를 들어, 후원자가 후원금을 내기 위해 은행에 가야 하고, 또 그곳에서 긴 줄을 서서 대기해야 한다면 후원을 위해 너무 높은 사회적 비용을 지불하게 하는 것이라는 사실을 명심해야 할 것이다. 따라서 후원 절차의 단순화는 사회적 비용을 감소시키고, 이는 좋은 홍보의 소재가 되기도 하며 후원자에는 만족감을 더 높일 수 있다.

(5) 홍보(promotion)

홍보는 마케팅 함수의 필수적인 요소로 의사소통(communication)을 의미한다.

홍보는 창의성과 다양성이 요구되고, 특히 중요한 것은 기발한 아이디어이다. 사회복지기관에서의 홍보 또한 창의적인 아이디어 발휘가 요구된다. 한편 상품을 홍보하는 통로는 매우 다양한데, 일반적으로 대중매체가 많이 사용된다. 이 외에도 광고, 대변, 로비 활동, 교육 프로그램이나 사람과의 직접적인 대면 방법 등 다양한 방법이 활용된다.

(6) 장소(place)

장소는 마케팅 상품을 구매자가 구입하기 가장 적합한 때와 장소에 그곳에 있도록 하는 것을 의미한다. 즉, 상품에 대한 구매자의 접근 용이성을 말한다. 최근 대학들이 장소의 중요성을 인식하고 인구 밀집지역에 분교 캠퍼스를 설립하거나 아예 산업체 안에 대학을 설치하는 것이 대표적인 예이다. 시장조사를 통해 잠재적 후원자가 밀집되어 있는 곳이 있다면 사회복지기관의 후원자 개발을 위한 마케팅팀은 그곳에 가야 한다. 예를 들어, 중·고등학생을 대상으로 후원자 개발을 하는 경우에는 학교로, 직장인을 대상으로 마케팅을 할 경우는 기업으로, 교인을 대상으로 할 경우는 교회로 방문하는 통로를 개발하여야 한다.

(7) 조사(probing)

소비자 조사는 마케팅 담당자가 활용하는 가장 중요한 도구인데, 때로는 지나치게 남용되는 문제점이 있다. 이는 대부분의 경우 조사가 너무 과장되거나 불충분하기 때문에 일어나는 현상이다. 오늘날과 같은 첨단 정보화 사회에서는 낡은 정보나 저품질의 정보는 전혀 가치가 없다. 따라서 조사는 필요성이 매우 높을 때 행해야 하며, 철저하고 주의 깊게 이루어져야 한다.

4) 마케팅 활동의 과정

사회복지기관에서 후원자 개발에 초점을 둔 마케팅 과정은 다음과 같은 내용으로 구성한다. ① 후원자 개발 가능성의 분석, ② 시장조사, ③ 마케팅 목표 설정, ④ 시장 세분화 및 표적 시장 선정, ⑤ 후원자 개발 프로그램 수립, ⑥ 마케팅 실행이다. 구체적으로 살펴보면 다음과 같다.

(1) 후원자 개발 가능성 분석

사회복지기관은 후원자 개발에 앞서 마케팅 활동을 수행하는데, 이때 영향을 미치는 환경 요인을 검토할 필요가 있다. 환경 요인은 사회제도적 환경과 조직 내부 환경으로 구분해 볼 수 있다. 사회제도적 환경은 모금과 관련된 각종 법규와 정부정책, 경제 상황 등에 관한 내용을 포함하며, 조직 내부의 환경은 조직의 경쟁력과 조직 내 자원의 분석을 의미한다.

환경 요인 분석은 이른바 스와트(SWOT; strength－강점, weakness－약점, opportunity－기회, threat－위협)[1] 분석을 통해 체계적으로 파악할 수 있다. 즉, 후원자 개발 가능성을 분석하기 위해 조직의 직원이 일하는 환경과 자원을 파악하는 것이다. 현재 해당 기관의 강점(예: 좋은 이미지)과 약점(예: 내부의 지원 부족), 기회(예: 결식아동의 증가와 같은 사회적 욕구 증가)와 위협(예: 경제난) 등이 무엇인지 하나씩 점검해 보는 일이다.

전략적인 기획 측면에서 SWOT 분석의 결과를 SO 전략, ST 전략, WO 전략, WT 전략으로 볼 수 있다. SWOT 분석은 마케팅 계획에 어떠한 방식으로 반영할 것인가가 중요하다. 후원자 개발에 대한 마케팅 전략이 부진한 사회복지기관에서는 담당자나 정책결정자의 직감적 판단에 의존할 수밖에 없으므로, 보다 정확한 예측을 위해서는 경험을 바탕으로 한 과거 실적에 대한 정보의 분석이 필요하다.

(2) 시장 욕구 조사

시장 욕구 조사는 마케팅 초기 단계에서 이루어지는데, 마케팅 기관은 시장에 관해 최소한 다음 4가지 점을 사전에 분명히 파악하고 있어야 한다.

첫째, 상품이나 서비스에 대한 욕구가 있는가? 둘째, 욕구를 지닌 사람들이 상품이나 서비스를 사는데 관심이나 잠재적 욕구가 있는가? 셋째, 그들이 상품을

---

1) SWOT 분석은 조직의 내부 환경 분석으로 조직의 강점과 약점, 조직의 외부 분석인 기회와 위기를 분석하여 활용하는 기법이다.

사기 위한 돈이 있는가? 넷째, 충분한 돈을 소유한 사람이 원하는 상품이나 서비스를 위해 기꺼이 쓰고자 하는 의지가 있는가?(Kinnear and Bernhardt, 1990: 101) 등이다.

사회복지기관에서 시장조사는 잠재적 후원자와 그들이 원하는 바를 찾아내는 작업이다. 이것을 6하 원칙에 입각하여 제시하면, '누가 후원하기를 원하는가(who), 어떠한 분야에 후원을 원하는가(what), 언제 후원하기를 원하는가(when), 어디에서 후원하기를 원하는가(where), 어떤 방식으로 후원하기를 원하는가(how), 왜 사람들은 경쟁 기관에 후원하지 않고 우리 기관에 후원하고자 하는가(why)'로 구성해 볼 수 있다.

(3) 마케팅 목표 설정

먼저 기관의 목적을 살펴볼 필요가 있는데, 목적은 실행계획을 보다 더 구체적으로 제시하는 목표와는 구분이 된다. 사회복지기관의 목적은 대부분의 기관에서 소명 헌장(mission statement) 형식으로 제시한다. 소명 헌장은 기관의 기본적인 목적으로 현재의 상태와 미래의 방향을 제시해 준다. 즉, 소명 헌장은 "우리가 하고 있는 일은 무엇인지?", "우리가 어디로 가야 하는지?" 등의 내용을 포함하는 기관의 선언문으로서, 기관의 존재 이유와 사명을 조직 구성원에게 명확하게 인식하도록 해주는 것이다. 사회복지기관의 사업이나 프로그램도 소명 헌장에 근거하여 개발된다. 따라서 후원자 개발을 위한 마케팅 목표 설정도 소명 헌장에 근거하여야 한다.

목표의 설정은 정확한 문제의 진술, 표적 집단의 성격과 규모, 기관의 정책, 자원 동원 등의 변수에 의해 범위와 방향이 정해진다. 일반적으로 목표는 상위 목표(goals)와 하위 목표(objectives)로 구분할 수 있다. 상위 목표는 장기적으로 달성할 결과를 의미하며, 대개 일반적 용어로 표현한다. 반면에 하위 목표는 1년 이내의 단기적인 목표를 의미하며, 언제까지 어떠한 프로그램이나 서비스로 무슨 일이 일어날 것인가를 보다 구체적인 용어로 표현한다. 예를 들면, 프로그램 목적이 '주민의 소득 향상'이라고 할 때, 구체적인 프로그램 목표 설정은 '서울시 광진구 지역 60세 이상 노인의 50% 이상을 소득 50% 증가시키기 위한 직업알선

센터 운영 비용 2,500만원 모집'이 된다.

목표는 마케팅 기획 초기 단계에서 명확하게 규명되어야 하며, 특히 하위 목표는 중요성의 우선순위가 제시되어야 한다. 목표는 목표 자체로 완성될 수 없다. 사전 조사와 목표 달성을 위한 프로그램 그리고 결과에 대한 평가가 항상 함께 있어야 한다. 특히 하위 목표는 구체적(specific)이고, 측정 가능(measurable)하며, 달성가능(attainable)하고, 결과 지향적(result-oriented)이면서, 시간적 한계(time-bounded)가 명확히 제시되어야 한다. 이들 영어의 머리글자를 따서 스마트(SMART) 목표라 한다. 그리고 목표에는 과정과 결과(달성 여부)를 체크할 수 있는 지표(indicator)가 반드시 포함되어야 한다.

모금 목표액을 설정하는 데는 다음과 같은 방법이 있다. 첫째, 증액법(incremental approach)이다. 조직은 작년의 수입을 참작하여 인플레이션을 상쇄할 정도를 증액시키고 나서 예상되는 경제 환경에 따라 가감하여 모금액을 수정한다. 둘째, 욕구법(need approach)이다. 조직의 재정 욕구를 예측하고 그 욕구에 따라 모금 목표를 설정한다. 셋째, 기회법(opportunity approach)이다. 조직은 모금 비용이 상이한 수준에서 각 기부자 집단별로 모금할 수 있는 금액이 얼마인지를 측정하여 목표를 정하는 방법이다. 이는 각 기부자의 잠재력을 고려하여 모금 전략을 세우는 것으로 가장 건실한 방법이라고 할 수 있다(홍부길, 1994: 231-232).

(4) 시장 세분화(목표 시장 분석)와 표적 시장 선정

마케팅에서 시장 세분화는 기본적으로 소비자의 욕구가 동일하지 않다는 가정에서 출발한다. 사람은 각자 다양한 욕구와 기호를 가지고 있으므로 상이한 욕구를 충족시키는 상품이나 서비스도 개인별로 달라야 한다. 비슷한 소비자 집단을 '세분 시장'(segment)이라 하며, 마케팅에서는 모든 제품 또는 서비스와 관련된 시장은 여러 개의 세분 시장으로 구성되어 있다.

시장을 다양한 부문으로 나누어 거기에 적합한 전략으로 마케팅을 하는 작업이 '시장 세분화'(market segmentation) 작업이다. 그러나 전체 시장을 하나의 시장으로 보고 마케팅 활동을 할 것인지 혹은 각 세분 시장별로 마케팅을 할 것인지는 기업이나 사업 단위의 판단에 달려 있다. 아무리 욕구가 이질적이라 할지라도 각 세분 시장의 규모가 사업성을 충족시킬 수 있는 수준에 미달한다면 세분화는 불가능하다(손준상, 1998: 62).

시장 세분화 작업을 통해 시장을 동질적인 범주에 따라 구분한다. 이와 같은 동질적인 부문을 파악해서 해당 기관이 공략 가능하다고 판단하여 선택한 시장이 표적 시장이다. 기관은 표적 시장에 알맞은 상품을 개발하여야 마케팅 기회를 더 잘 발견할 수 있고, 표적 시장의 선정을 통해 가장 큰 구매 관심을 지닌 구매자에게 마케팅 노력을 집중시킬 수 있다. 표적 시장을 선택할 때 가장 중요한 것은 선택한 표적 시장에서 마케팅 활동을 수행하여 이익을 남길 수 있는가 하는 점이다.

시장을 세분화하는 작업에서는 구분되는 변수를 찾아내는 일이 중요한데, 어떤 변수가 소비자의 행동을 가장 두드러지게 나타내주는지 알아야 한다. 소비자 시장의 변수는 크게 지리적 변수, 인구 통계학적 변수, 심리적 변수, 행동적 변수 등으로 나눌 수 있다. 먼저 지리적 변수는 지역 단위, 지역의 크기, 인구 밀도 등으로 구분하여 파악할 수 있으며, 더 나아가 지리적 변수 안에 인구 통계학적 변수를 포함할 수 있다. 인구 통계학적 변수는 고객의 나이, 성, 가족 상황, 소득, 직업, 교육, 종교, 사회계층 등이 될 수 있다. 이들 인구 통계학적 변수는 효과적인 시장 공략에 매우 중요한 요소이다(강철희, 1998: 1-30). 심리적 변수는 다른 변수에 비해 어느 정도 미묘한 점이 있으며 정확히 규정하기가 쉽지 않다. 심리적 변수에는 사람의 개성, 생활 스타일, 소속감, 관계의 지속성 등이 있다. 예를 들어, 자원봉사자나 기부자가 기관에 시간과 기금을 제공하는 행위는 기관과의 유대감과 친밀감을 형성할 수 있다. 기관에서는 잠재적 후원자에게 기관에 대한 소속감과 참여 행위의 자부심을 갖게 함으로써 기부 행위를 촉진시킬 수 있다. 행동적 변수에는 구매자가 상품에 대하여 갖고 있는 지식, 태도, 사용 반응 등에 기초하여 구분할 수 있는데, 이들 변수는 전부 시장 세분화에 적용할 필요는 없다. 변수는 상품의 내용에 따라 그 중요성을 달리 나타낼 수도 있다. 그리고 너무나 많은 변수를 사용하면 오히려 과다한 목표와 복잡한 프로그램으로 비효과적인 작업이 될 수 있다(양용희 외, 1997: 50-51).

(5) 후원자 개발 프로그램 수립

사회복지기관에서 후원자는 결연 후원자, 정기 후원자, 비정기 후원자, 프로그램 후원자 등으로 구분할 수 있다(홍부길 편, 1988: 210). 후원자 개발 프로그램은 후원자의 유형에 따라 다르게 마련하고, 각 후원자 유형의 특성을 고려하여 후원자 개발 프로그램을 수립할 필요가 있다.

먼저 결연 후원은 후원자와 클라이언트를 연결하여 재정적, 정신적 지원을 하도록 하는 방식으로, 실제로 모금 실적이 좋은 사회복지기관은 모금액의 2/3를 결연 후원금에 의존하고 있다. 결연 후원은 후원자에게 클라이언트에 관한 정보를 구체적으로 제공함으로써 클라이언트의 욕구에 맞는 후원을 하여 후원자가 직접 보람을 느끼게 함으로써 장기적인 후원을 가능하게 한다. 또한 물질적인 지원뿐만 아니라 정신적인 지지도 가능하게 해준다. 그러나 클라이언트의 신상이 공개됨으로써 인격적인 손상을 가져오거나 스티그마(stigma)를 느끼게 할 우려도 있다.

정기 후원자는 정기적(월, 분기)으로 후원금을 내는 사람이다. 그 방식은 결연 후원과 동일하지만 구체적인 후원 대상이 정해져 있지 않은 것이 차이점이다. 대부분의 소규모 사회복지시설에서 후원자를 개발할 때 선호하는 방식이다. 정기 후원은 결연 후원과는 달리 후원 금액을 소액에서부터 고액까지 다양화하여 후원자가 기부할 수 있는 폭을 넓혀 주는 장점이 있다. 그러나 구체적인 후원 대상이 정해져 있지 않기 때문에 후원 지속률이 결연 후원에 비해 떨어지는 단점이 있다.

비정기 후원은 정기 후원과 성격이 비슷하나 비정기적으로 후원금을 낸다는 점에서 차이가 있다. 결연 후원이나 정기 후원처럼 정기적으로 장기간에 걸쳐 후원금을 낸다는 것에 부담을 느끼는 잠재 후원자를 대상으로 개발할 수 있다. 대표적인 사례는 모금 저금통을 만들어 배포하는 것인데, 관리상의 문제가 있어 대부분의 기관에서 크게 성공하지 못하고 있는 방법이다. 하지만 모금 저금통 배포 등을 통해 모금 운동을 성공적으로 운영하는 기관으로는 사회복지기관 굿네이버스[2]가 있다. 이 기관은 '결식아동 돕기 사랑의 동전 모으기' 행사를 전반

2) 굿네이버스는 가난하고 소외된 지구촌 이웃들의 문제에 관심을 가지며 전문적으로 해결해야 한다는

기, 후반기로 나눠 각 교육기관(유아교육기관, 초, 중, 고), 교회, 기업체를 주 대상으로 좋은 모금 효과를 거두고 있다.

프로그램 후원은 특정 사업이나 프로그램을 홍보하여 모금하는 방법이다. 최근 실직 가정 결식 아동 돕기 모금이나 실직 노숙자 자립 지원을 위한 모금 등이 대표적인 예이다. 프로그램 후원자를 개발할 때는 특정 개인의 욕구보다는 이슈가 되고 있는 사회문제나 욕구에 초점을 맞추어 이슈를 잘 표현할 때 효과를 높일 수 있다.

(6) 마케팅 실행 방법

후원자 개발을 위한 마케팅 방법에는 DM(direct mail), 이벤트, 대중매체(신문, 잡지, 방송 등) 광고, 자동응답시스템(ARS), 컴퓨터 통신, 명분 마케팅(CRM, cause-related marketing) 등이 있다.

① DM

후원을 요청하는 편지를 잠재적 후원자에게 발송함으로써 후원자를 개발하는 방식이다. 가장 전통적인 마케팅 방법 중의 하나이다. DM은 불특정 다수에게 보내기보다는 표적 시장을 선정하여 지역, 나이, 사회적 지위, 소득 등에 따라 대상자 목록을 확보하여 보낼 때 효과를 발휘할 수 있다(Greenfield, 1991). DM은 겉봉투, 호소 서신, 첨부물 등으로 구성된다. 겉봉투는 받는 사람으로 하여금 관심을 가지고 속을 뜯어 볼 수 있도록 디자인과 형식에 있어 세심한 고려를 해야 한다. 호소 서신에는 후원자 개발의 목적과 내용이 뚜렷하게 나타나야 하며, 가능한 간결한 문장으로 한눈에 들어오도록 구성하는 것이 중요하다. 또한 내용은 구체적인 사례를 들어 긴급성과 욕구를 제시하고 도움을 통한 문제 해결 가능성을 제시한다. 첨부물은 사진, 관련 기사, 지로 용지, 기관 소개서 등이 포함된다. 너무 산만하게 여러 가지를 첨부하기보다는 호소력이 강한 사진이나

사회적 요청에 부응코자 1991년 3월 한국인에 의해 설립된 국제 비영리 단체이다. 1996년에는 국내 최초로 유엔경제사회이사회(UN ECOSOC)로부터 NGO 최상위 지위인 포괄적 협의 지위(general consultative status)를 부여 받았으며, 지난 2007년에는 유엔 새천년개발목표(MDGs)와 관련한 사업의 성과를 인정받아 새천년개발목표상(MDGs Award)을 수상하였다.

신문 기사를 잘 편집하여 동봉하는 것이 바람직하다. 하지만 현재는 인터넷이 발달하면서 인터넷 활동 공간으로 변경되어 실시하는데, 주로 카페, 이메일, 홈페이지 게시 등의 방법을 활용하고 있다.

② 이벤트 활용

이벤트는 후원의 특정 동기를 부여하기 위하여 특정 기간과 장소에서 사전 계획 하에 특별한 활동을 벌이는 커뮤니케이션 과정이라고 할 수 있다. 이벤트는 전달자와 수용자가 현장에서 오감(시각, 청각, 촉각, 후각, 미각 등)으로 느끼고 커뮤니케이션함으로써 입체적으로 경험하고 지각하여 기억이 오래 남도록 하는 것이 특징이다. 후원자 개발을 위한 사회복지기관의 이벤트로는 자선 음악회, 모금 만찬회, 전시회 등이 있다. 이벤트는 비용이 많이 들어 모금을 많이 하기 위한 목적만으로는 적합한 방법이 아니다. 하지만 이벤트를 통해 대중의 공감대를 형성하고, 잠재적 후원자와의 관계를 형성하며, 사회복지에 대한 대중 홍보 효과를 얻을 수 있다.

③ 대중매체 이용

대중매체(신문, 잡지, 방송 등) 광고는 주로 영리 부문에서 사용하는 마케팅 방법이다. 후원자 개발을 위한 사회복지기관의 대중매체 활용은 아직 미진한 실정이나 라디오나 잡지 등을 통한 마케팅이 점차 활성화되고 있다. 특히 잡지를 통해 후원자를 개발하고자 할 경우에는 잡지의 판매 부수, 독자층, 성격 등을 고려하여야 하며, 광고의 성과를 올리기 위해서는 한 잡지에 적어도 6개월 이상 광고를 해야 효과를 볼 수 있다.

④ 자동응답시스템(ARS)

자동응답시스템은 최근 가장 활성화되고 있는 모금 방법이다. 모금 방송 시청자는 이 시스템을 통하여 전화를 걸면 통화당 일정 금액의 후원금이 자동으로 전화요금에 부과되어 전화요금과 함께 기부금을 제공하는 방식이다. 최근 자동응답시스템이 성공을 거두고 있는 것은 손쉽게 적은 금액으로 부담 없이 후원에 참여할 수 있는 장점이 있기 때문이다.

⑤ 컴퓨터 통신의 활용

컴퓨터 통신을 활용한 후원자 개발은 점차 활성화되고 있는 방법이다. 실제로 정보화가 가장 앞선 미국에서는 컴퓨터 통신을 통한 모금과 후원자 개발이 급속하게 증가하고 있다. 모금 기관의 선두 주자라 할 수 있는 굿네이버스는 저자가 근무하던 2003년부터 인터넷 모금에 대한 중요성을 인식하고 직원 교육을 하고, 직원의 모금 방법에 대한 인식 전환을 모색하였다. 후원자는 온라인에서 이메일 및 카페 게시물을 통해서 신용카드로 후원금을 계좌로 보내거나 기금 후원을 약속한다. 인터넷 공간의 게시판, 대화방, 동호회 등을 통해 후원 요청을 할 수도 있다. 또한 통신회사에 IP를 등록하여 기관 홍보와 함께 후원자를 개발하는 방법도 있고, 광고비를 지불하고 후원자를 모집하거나 기부금을 요청하는 광고를 할 수도 있다.

⑥ 명분 마케팅(CRM, cause-related marketing)

1980년 이후 사회복지기관을 포함한 비영리 기관이 모금을 위해 많이 활용하는 마케팅 기법으로, 기업과 연계하여 많이 활용한다. 미국의 American Express Card에서 처음 시도한 방법인데, 회사는 카드 속에 그려져 있는 자유의 여신상을 판촉에 활용하였다. 즉, 자유의 여신상 복원 사업을 펼치는 시민단체와 연계하여 개인이 사용한 카드 금액의 일정 비율을 시민단체에 기부하는 방식으로 이루어졌다. 이러한 방식은 기업의 이미지를 높여 기업의 상품 판매에도 긍정적인 영향을 미치면서 동시에 사회복지기관의 후원자 개발에도 기여한다.

(7) 마케팅 관리

사회복지조직에서 후원자나 기부자를 개발하는 것도 중요하지만, 기부자를 계속 유지, 관리하는 것 또한 중요하다. 관리 방법은 첫째, 신규 후원자 관리이다. 감사 편지, 후원 안내문, 신규 후원자 추천용 신청서 발송 등의 방법이 있다. 둘째, 기존 회원 관리이다. 1년에 두 번 감사 편지 발송, 소식지 발송, 연말

성탄카드 발송 및 생일 카드 발송, 1년에 한 번 후원자의 밤 행사 등의 방법이 있다.

(8) 평가

마케팅 평가는 종합적인 평가와 함께 새로운 외부 조직 환경에 대한 분석으로 연계되는 과정이다. 이를 위해 조직의 존재 이유가 되는 사명에 기초한 사회적 욕구에 대한 분석이 필요하다. 이 점에서 마케팅 평가 과정은 종료가 아닌 새로운 과정으로서의 변환을 의미한다. 이를 통해 기관의 마케팅 방법에 대해 살펴보고 더 전략적인 방법을 통해 많은 후원자 모집이 가능하다.

2 홍보

현대사회를 PR(public relations)의 시대 또는 정보화의 시대라고 한다. 이 단어가 내포하는 의미는 다양하지만, 사회복지서비스를 제공하는 기관이나 시설의 입장에서 본다면 다양한 정보 속에서 자신들의 기관 또는 프로그램을 효과적으로 알리고 전달하는 행위가 필요함을, 그리고 서비스의 수혜자인 고객의 입장에서는 자신에게 필요한 정보와 지식, 기술에 적절하게 접근하여 활용하는 정보추구 노력이 필요하다는 것을 시사한다.

1) 홍보의 개념

홍보란 원래 '대중과의 관계'를 뜻하지만, 그 관계는 '관계의 상태'만을 의미하기보다는 '대중과의 관계를 원활히 하기 위한 활동'으로 동태적·목표 지향적인 개념으로 파악할 수 있다. 홍보는 단순히 상대방에게 알리는 것만을 의미하는 것이 아니라 특정 목표를 가진 조직이 자신과 접촉하는 개인, 집단, 대중과의 전체적인 관계를 호의적으로 유지하려는 활동 과정을 의미한다.

사회복지조직의 홍보는 사회복지조직 관리 기능의 하나이다. 광의로 보면 사회복지사업을 알리고, 이해하게 하고, 좋아하게 하고, 이용하게 하고, 지지하게 하는 모든 것과 관련된 활동을 의미한다. 홍보는 여론의 분석, 서비스를 이용하는 집단과 개인의 특성 파악, 대중매체의 선정과 효율적인 이용, 현재의 주된 관심사에 대한 PR의 시기, 실무자 간 팀워크 및 다른 기관과의 협동 노력 등을 포함한다(김익균·고순철, 1997: 285).

또한 홍보의 개념에는 우리가 일상적으로 사용하는 광고, 이미지 만들기, 좋은 관계 유지, 선전, 마케팅, 여론, 대중 정보(public information), 지역사회 관계(community relation), 고객 관계(customer relation)와 같은 의미도 포함되어 있다.

2) 홍보의 과정

홍보 활동은 홍보의 목적을 달성하기 위한 일련의 활동 과정이라고 할 수 있다. 사회복지조직이 대중과의 관계를 우호적으로 맺기 위해서는 과학적이고 체계적인 홍보 활동이 필요하다. 홍보 활동은 ① 조사 연구 또는 정보 수집 단계, ② 계획 또는 목표의 설정 단계, ③ 시행 또는 커뮤니케이션 단계, ④ 평가 단계 등 4단계로 구분한다.

(1) 조사 연구 및 정보 수집 단계

사회복지행정가는 홍보 계획을 수립하기 전에 대중이 사회복지기관이나 시설의 존재, 목적, 정책, 프로그램 및 활동 등에 얼마나 알고 있으며, 어떻게 생각하고 있는가를 파악하여야 한다. 이유는 지역사회에서 활동하고 있는 사회복지조직의 입장에서 볼 때 잠재적 프로그램 수혜자인 지역사회 주민의 의견과 태도는 사회복지조직의 활동과 프로그램에 대한 방향을 제시해 줄 뿐만 아니라, 궁극적으로는 사회복지조직이 지역사회 내에 어느 정도 뿌리를 내리고 활동할 수 있는가에 영향을 주기 때문이다.

① 주체에 대한 정보

기본적으로 홍보의 주체는 홍보를 의뢰하는 개인이나 조직을 의미한다. 홍보의 주체는 주로 홍보와 관련된 예산을 지원하거나 홍보의 방향을 설정해 주기 때문에 충분한 정보를 획득해야 한다. 조사 활동에서 홍보 주체의 재정 상태, 조직 구조, 과거와 현재의 홍보 실적 및 효과, 조직 및 기관의 임무와 성격, 조직 책임자 및 구성원의 홍보에 대한 가치관, 조직이 제공하고 있는 서비스에 대한 충분한 정보를 획득한다.

② 목적에 대한 정보

홍보 목적에 대한 분석은 실제로 실시하고자 하는 홍보 활동의 목적이 무엇인가를 명확하게 판단하도록 한다. 홍보 활동은 크게 보아 사전 반응적인 홍보 활동과 사후반응적인 홍보 활동으로 구분할 수 있다. 사전 반응적 프로그램이란 조직이 대중의 호의적인 여론을 조성하고 진작시킬 목적으로 수행하는 홍보 활동을 의미한다. 사후 반응적 프로그램이란 문제가 발생했을 때, 그 문제를 해결하기 위하여 실시하는 홍보 활동이다.

③ 대상에 대한 정보

홍보 대상자에 대한 분석은 홍보 대상의 특성을 파악하는 것을 의미하며, 홍보 대상, 즉 목표 집단의 인구학적 특성, 사회경제적 특성, 사회심리적 특성 등에 대한 지식 및 정보는 목표 집단의 특성에 맞는 홍보 매체를 선정할 수 있게 하거나, 홍보 메시지를 고안할 수 있도록 하는 중요한 요소가 된다.

(2) 홍보 계획의 수립 단계

① 계획 수립 시 고려 사항

홍보 과정의 두 번째 단계는 조사 내용을 기초로 홍보 전략을 수립하는 계획 과정이다. 홍보를 계획한다는 것은 홍보를 위해서 해야 할 일과 그 방법에 대하여 구체적인 행동 방안을 마련하는 단계이다. 홍보 계획은 목적 측면에서는 예방적 계획(사전 반응적 계획)과 교정적 계획(사후 반응적 계획)이다. 또한 시간 차원에서 장기 계획과 단기 계획으로 구분할 수 있다. 장기 계획은 조직이 대중과의 우호적인 관계를 형성하고 유지하며 강화하는 데 목적을 둔 장기적 성격의 계획이라면, 단기 계획은 장기 계획에서 설정된 구체적 사업의 실천과 당면한 문제의 해결을 의도하는 것이라 할 수 있다.

어떤 유형의 홍보 계획이든 수립 단계에서 고려해야 할 일반적인 사항은, 홍보 계획이 연속성과 지속성을 갖는 지속적 과정이어야 하고, 지역사회 주민이 계획 수립에 참여할 수 있도록 기회를 제공해야 한다. 또한 지역사회 주민의 공통 욕구를 충족시키는 데 초점을 맞추고 지역사회 주민에게 만족감을 줄 수 있는 목표를 수립해야 한다. 그 이후 홍보 활동의 성과 또는 달성 정도를 정확히 평가할 수 있는 방법이 포함되어야 한다.

② 홍보 계획(안)의 작성 절차

홍보 계획은 무엇을 계획할 것인가라는 계획 대상, 어떤 목표를 선택할 것인가라는 계획 목표 그리고 누가 계획을 수립하는가라는 계획의 주체, 어떻게 효과적인 계획을 세울 것인가라는 계획 효과, 계획 수립에 필요한 노력과 시간 및 예산이라는 요소를 포함해야 한다.

이러한 홍보 계획안의 작성 절차는 다음과 같다.

㉠ 문제의 규정이다. 문제의 규정은 무엇이 문제인가를 명확하게 하는 것을 의미한다. 문제에 대한 명확한 이해 없이는 목적을 설정할 수 없다. 문제를 규정하기 위해서는 홍보 주체와 의논하고, 문제를 해결하기 위한 대안을 개발, 조사 연구를 실시해야 하며, 홍보 주체의 장기적인 목표 시각에서 아이디어를 추구하여야 한다.

㉡ 목표의 설정이다. 문제가 규명되면 문제를 해결하기 위한 구체적 목표를 설정하여야 하며, 문제가 일단 밝혀지면 목표를 수립하기가 쉬워진다. 목표는 다음과 같은 질문을 통해서 점검되어야 한다. 그 목표가 문제를 해결할 수 있는가? 목표는 현실적이고 달성 가능한 것인가? 목표 달성은 홍보 주체가 이해할 수 있도록 측정될 수 있는 것인가? 등이다.

㉢ 수용자 규정이다. 수용자 규정이란 홍보 활동이 목표로 삼는 대상자를 정확하게 규정하는 것을 의미한다. 메시지가 겨냥하는 가장 중요한 수용자 집단을 가능한 한 정확하게 규정해야 하며, 만일 집단이 여럿이라면 어느 집단이 홍보의 목적을 달성하는 데 가장 중요한지 목록을 작성할 필요가 있다.

㉣ 전략 개발이다. 전략이란 홍보의 목표를 달성하기 위한 대안 모색과 개발

및 최종 대안을 선택하는 활동을 의미한다. 전략은 목표를 어떻게 달성할 것인가를 기술한 것으로, 전반적인 홍보 노력에 대한 지침과 테마를 제공하는 행동 계획이다. 각 목표를 대상으로 하나 또는 여러 전략이 있을 수 있으며, 전략은 홍보 목표와 특성에 따라 광범위할 수도 있고 구체적일 수도 있다.

ⓜ 전술 개발이다. 전술은 각 목표를 달성하기 위해서 제안된 구체적인 활동을 항목별로 기술한 계획이다. 이때 커뮤니케이션 도구가 수용자에게 적합한 것인지를 확실히 하여야 한다.

ⓑ 시간표 작성이다. 시간표 작성이란 시간적 차원에서의 홍보 활동의 구체적인 활동 계획을 말한다. 전체적인 홍보 프로그램의 틀 안에서 각 홍보 활동의 시작과 끝을 보여주는 시간표를 차트 형식으로 준비한다.

ⓢ 예산 확보이다. 예산 확보란 홍보 활동에 소요될 것으로 예상되는 비용의 조달과 지출 계획을 말한다. 홍보 계획을 수행하는 데 필요한 비용은 정확히 계산하여야 하고, 예산의 10%는 예비비로 책정한다.

ⓞ 평가 절차이다. 홍보 활동을 시행한 이후 홍보 목적의 달성 정도를 측정하는 단계의 활동이다. 홍보 프로그램의 성공 여부를 평가하기 위해서는 사전에 평가 기준을 수립해 두어야 한다. 평가 기준은 현실적이며, 신뢰성이 있어야 하고, 홍보 주체의 기대에 부합되어야 한다. 목표를 설정할 때 각 목표가 프로그램을 수행한 후 적절히 평가될 수 있도록 한다.

(3) 계획의 집행 단계

홍보 계획을 실체 행동으로 옮기는 단계가 집행 단계 또는 실행 단계인데, 이 단계는 대중에게 알리고, 설득하여, 대중의 태도와 행동을 변화시키는 과정을 의미한다. 즉, 홍보 메시지를 대중에게 전달하는 커뮤니케이션 과정으로서 전체 홍보의 과정 중 가장 핵심적인 단계라 할 수 있으며, 실제 홍보실무자의 역할은 대부분 이와 관련된다.

(4) 계획의 평가 단계

홍보의 최종 단계는 평가인데, 평가의 결과는 다시 제1단계로 환류되어 보다 나은 홍보 계획 수립을 위한 정보와 지침으로 활용된다. 평가는 연속적 홍보 과정의 한 부분으로서 전체적인 계획과 세부적인 실천 사항의 내용과 방법 그리고 홍보 활동의 효과를 분석하는 작업이라고 할 수 있다. 홍보 활동은 주기적으로 평가되어야 하는데, 그 기준은 다음과 같다.

① 목표(objective): 목표가 분명한가?. 목표를 지역사회가 이해하고 있는가?, 목표는 문제의 해결과 욕구의 충족에 적합한가? 등이다.

② 조직(organization): 홍보 기능이 단일 조직에 집중되어 있는가? 각 부·과에 분산되어 있는가? 홍보 책임자는 홍보 업무의 중요성을 조직 내에서 인식될 만큼 적절한 경영자의 후원을 받고 있는가? 홍보부의 직원, 규모와 능력이 소기의 목표를 달성하기에 적합한가? 등이다.

③ 내용(content): 홍보 계획과 활동은 지역사회 주민, 클라이언트, 지역사회, 지역사회 내 타조직 등을 적절하게 고려하고 있는가? 등이다.

④ 결과의 측정(measurement of results): 홍보 활동의 결과를 측정하는 데 필요한 직원, 경영자의 후원이 충분한가? 동종의 타 조직 홍보 활동을 비교·평가하는 데 외부 전문가의 도움이 필요한가? 등이다.

⑤ 통제(control): 결과의 측정에 따라 홍보 활동의 재검토가 이루어지는데 차후의 홍보 활동을 개선하기 위하여 어떠한 조치를 취하였는가? 등이다.

3) 홍보의 요소와 홍보 전략

홍보 효과는 홍보 주체가 전달하고자 하는 메시지의 내용, 그에 따른 매체의 선정이 홍보 대상자의 정보 접근성과 정보 이용 가능성과 합치될 때 극대화될 수 있다. 따라서 효율적인 홍보 전략은 어떻게 하면 적은 비용과 노력으로 홍보 대상자의 정서에 맞는 매체를 선정하고, 메시지 내용을 전달할 것인가에 달려 있다고 볼 수 있다.

(1) 홍보의 요소

① 홍보 주체

홍보 주체란 어떠한 목적이나 주어진 홍보의 기능을 수행하기 위하여 홍보 활동을 전개하는 자를 의미한다. 홍보의 주체가 개인이든 조직이든 홍보 주체의 신뢰성이 홍보 활동의 전개에 많은 영향을 미치게 된다. 신뢰성(credibility)이란 수용자가 인지하는 전달자에 대한 믿음의 정도로서, 그 유형을 세 가지로 구분할 수 있다.

㉠ 초기 신뢰성: 실제 커뮤니케이션이 이루어지기 전에 전달자가 가지고 있는 것처럼 보이는 신뢰성이다. 동일한 지역사회 조직 또는 기관일지라도 사람마다 선호도가 다른 것은 초기 신뢰성에 차이가 있기 때문이다.

㉡ 유도된 신뢰성: 커뮤니케이션을 하는 동안 수용자가 전달자에 대하여 느끼는 신뢰성으로서, 지역사회 조직이 기관의 활동이나 서비스를 받는 동안 주로 형성된다. 유도된 신뢰성은 메시지의 구성 방식이나 전달자의 의도성에 영향을 받는다.

㉢ 종국적 신뢰성: 커뮤니케이션이 끝난 후 전달자에 대해 갖는 신뢰성을 의미하는 것으로, 종국적 신뢰성은 초기 및 유도된 신뢰성의 결과로 나타난다. 그전보다 신뢰성이 더 높아지거나 낮아질 수도 있으며, 어느 면에서 본다면 홍보는 지역사회 조직이나 기관의 신뢰성을 어느 정도 유지시킬 수 있는가와 관련된다고 할 수 있다.

② 홍보 대상(수용자)

홍보의 대상은 조직의 입장에서 볼 때 불특정 다수가 되고, 지역사회 사회복지기관이나 시설의 입장에서는 홍보의 대상을 지역사회 경계 범위 내로 한정하거나, 제공하고 있는 서비스나 프로그램의 성격에 따라 목표 집단을 홍보 대상으로 설정할 수도 있다.

홍보 대상인 수용자가 가지는 특성은 크게 7가지로 구분해 볼 수 있다.

㉠ 조정자로서의 수용자: 수용자는 전달자의 의도를 순수하게 받아들이는 수동적인 존재가 아니며, 그 의도를 정지, 변형, 굴절시키는 조정자로서의 역

할을 한다. 따라서 수용자는 주어진 정보에 대하여 선별 주의, 선별 지각, 선별 파지, 선별 상기 등 수용자 자신에게 익숙하거나 자신의 수준에 맞는 정보에 대해서만 반응하게 된다.

㉡ 정보처리자로서의 수용자: 수용자에 따라 선호하는 정보의 유형이나 정보를 다루는 방법이 다르다.

㉢ 자기방어자로서의 수용자: 수용자는 자신의 기존 태도와 일치하는 정보는 열심히 추구하지만, 상충되는 정보에 대해서는 되도록 피하고자 하는 경향을 보인다.

㉣ 동조자로서의 수용자: 경우에 따라 수용자는 전달자에 대해 아첨하는 태도를 보이거나 조건적으로 순종하는 순응 경향을 보이는 경우도 있다.

㉤ 문제 해결자로서의 수용자: 수용자는 일단 정보에 접하게 되면 그 정보를 이용하여 자신의 문제를 해결하고자 하는 경향을 보인다.

㉥ 집단 구성원으로서의 수용자: 수용자는 자신이 속한 집단에 따라 동일한 메시지에 대해 다른 반응을 나타내는 경향이 있다. 따라서 수용자가 속한 집단의 배경에 대한 이해가 필요하다.

㉦ 커뮤니케이션 체계로서의 수용자: 수용자는 정보를 받기만 하는 것이 아니라 자신이 습득한 정보를 타인에게 전달하고자 하는 경향이 있다.

③ 홍보 메시지

메시지란 정보 전달자와 수용자가 정보, 사상, 감정 등을 서로 이해할 수 있는 공통된 의미로 상호 교환함으로써 서로의 행동이나 태도에 영향을 미치기 위한 내용을 기호화하고 처리한 것이다. 또한 의도적으로 상대방에게 제공하는 커뮤니케이션의 자극으로 정의한다. 홍보 메시지는 홍보의 주체가 수용자의 태도나 행동을 변화하기 위해 제공하는 다양한 유형의 커뮤니케이션 자극이라고 할 수 있는데, 홍보 효과는 이러한 자극의 처리와 밀접하게 관련되어 있다.

홍보 메시지 처리는 내용의 선택, 조직, 배열 등의 처리와 언어의 선택, 문체, 사진과 그림 등의 기호 처리, 메시지 간의 편집이나 지면 구성 등의 처리가 포함된다. 그리고 메시지 처리는 인지, 태도, 행위라는 측면에서 구체성, 종합성, 수용 가능성, 적합성, 회상력, 설득력 등과 같은 특성적 요소가 사전에 철저하게 평가되어야 한다.

④ 홍보 매체

메시지를 전달하는 유형은 여러 가지 기준에 의해 구분할 수 있다. 여기에서는 인간의 감각 형태를 기준으로 그 유형을 구분한다.

㉠ 청각적 매체: 대면 매체(대화, 면접, 회합, 회의)와 중개 매체(전화, 라디오, 인터콤, 연설) 그리고 상징 매체(벨, 버저, 신호)가 있다.

㉡ 시각적 매체: 문자 매체(편지, 게시판, 소식지)와 도형 매체(그림, 사진, 지도, 상형문자) 그리고 문자 및 도형 매체(포스터, 차트, 만화)와 상징 매체(조명, 깃발, 기타 기호)가 있다.

㉢ 시청각 매체: 영화, 텔레비전, 전시 등이 있다.

(2) 홍보 전략

① 홍보 원리

홍보 구성 요소를 중심으로 한 홍보 원리와 홍보 내용을 중심으로 한 홍보 원리가 있다.

㉠ 홍보 활동을 효과적으로 전개하기 위해서는 다음과 같은 구성 요소의 특성을 고려하여 홍보 전략을 수립한다. 신뢰성(credibility, 수용자는 전달자를 신뢰)과 상황(context, 홍보 전략은 현실과 일치되도록 수립) 그리고 내용(content, 홍보 메시지는 수용자에게 의미가 있어야 하고, 수용자와 관련성이 있어야 하며, 수용자의 가치관과 일치)과 명료성(clarity, 메시지는 단순한 형태로 표현)을 갖고, 계속성(continuity)과 일관성(consistency, 메시지의 일관성과 메시지의 반복은 사실과 태도의 습득에 공헌) 그리고 채널(channels, 매체는 수용자에게 익숙한 것)과 수용자의 능력(capability, 수용자의 능력을 감안한 후 홍보 전략 수립)에 맞아야 한다.

㉡ 홍보 내용을 중심으로 한 홍보 원리는 홍보 내용이 전달할 가치가 있어야 하며, 사실에 기초하고, 정직해야 하며, 이해하기 쉬워야 한다. 또한 생생하여야 하고, 매력적이며, 오랫동안 흥미를 유지시켜 줄 수 있어야 한다. 그리

고 특정 목표 집단을 대상으로 하여야 하는데, 반복적인 전달과 선정적이기 보다는 교육적이어야 한다.

② 홍보의 방향

사회복지조직이 지역사회의 인정을 받고 효과적으로 지역사회 자원을 동원하여 서비스를 생산하고 이를 지역사회에 전달하기 위해서는 치밀하고, 계획적이며, 과학적인 홍보 활동을 전개하여야 한다. 이를 위한 방향을 제시하면 다음과 같다.

㉠ 홍보 활동에서 정보의 흐름은 수직적·수평적으로 이루어져야 한다. 홍보 담당자와 수용자(목표 집단) 간 전달되는 수직적 정보 흐름의 축과 홍보 관련 기관 간 및 기관과 고객 간 쌍방적 관계가 보장되는 수평적 정보 흐름의 축이 이루어져야 한다.

㉡ 목표 집단의 욕구와 문제에 기초한 정보의 인지 및 창출이 이루어져야 한다. 일반적으로 기관과 목표 집단 간에는 정보의 내용이나 깊이, 시기 등에서 격차를 보인다. 예를 들면, 기관에서는 일반적인 정보를 제공하는데, 목표 집단은 구체적인 정보를 원한다. 정보의 깊이도 기관은 단순한 사실을 전달하는 데 그치나 목표 집단은 설명적이고 이해 가능한 수준의 정보를 원한다. 따라서 홍보 주체와 홍보 대상 사이에 존재하는 격차를 해소하기 위해서는 수용자(목표 집단) 집단의 대표를 홍보 계획 과정에 참여시킬 필요가 있다.

㉢ 현대사회에서 조직의 중요한 관리 활동은 홍보 관리 활동이다. 사회복지기관이나 시설에서는 홍보를 담당하는 실무자를 위한 교육과 훈련 기회를 제공하여 전문 능력과 자질을 계발하여야 한다.

기출 및 예상문제

01 (　　) 이란 소비자에게 상품과 서비스를 제공하면서 구입하도록 격려하는 활동으로 규정할 수 있다.

정답 : 마케팅

02 사회복지기관 마케팅 전략에 해당하지 않는 것은? (8회 기출문제)

① 생산자 관점 강화
② 마케팅 믹스 고려
③ 비영리조직의 사명 중시
④ 품질관리 강조
⑤ 소비자 만족 중시

정답 : ①

사회복지기관 마케팅이 성공을 거두기 위해서는 소비자인 클라이언트의 관점이 강화되어야 한다.

03 사회복지 마케팅에서 고려해야 할 서비스 특성으로 옳은 것은? (10회 기출문제)

① 서비스의 생산과 소비는 주로 분리된다.
② 일반적으로 소비자가 서비스를 이용하기 전에 평가한다.
③ 대체로 목표달성에 대한 측정이 가능하다.
④ 표준화된 서비스로 대량생산할 수 있다.
⑤ 제공된 서비스를 반환하거나 되팔기 어렵다.

정답 : ⑤

① 사회복지서비스는 생산과 소비가 동시에 발생한다.
② 서비스 이용 전보다는 이용 후에 평가가 이루어진다.
③ 다양하고 추상적인 목적들이 동시에 존재하여 이에 대한 측정이 어렵다.
④ 사회복지서비스는 사람을 대상으로 하기 때문에 개개 클라이언트마다 다른 서비스가 필요하고 무형적인 특징을 갖는다. 이로 인해 표준화하기가 어렵고 대량생산이 불가능하다.

04 사회복지기관에서 마케팅의 중요성이 대두되는 배경으로 옳지 않은 것은? (11회 기출문제)

① 서비스 제공 조직들 간 경쟁 증가
② 서비스 이용자의 선택권 확대
③ 사회적 돌봄 서비스의 시장 방식 공급 확대

④ 사회서비스 분야의 서비스구매계약(POSC) 확대
⑤ 고객 중심의 서비스 제공 요구 증가

정답 : ④
사회서비스 분야에서는 서비스구매계약 방식보다는 바우처 방식이 확산되고 있다.

05 (   ) 란 마케팅의 모든 요소를 통합하여 그 효과를 최대한 발휘하는 것을 말한다. 4P "상품전략, 가격전략, 유통전략, 촉진전략"이 있다.

정답 : 마케팅 믹스

06 사회복지기관에서 기부자, 후원자 확대를 위한 마케팅 전략을 수립함에 있어 고려될 수 있는 사항으로 거리가 먼 것은?

① 기부자, 후원자에게 제공할 수 있는 사은품을 마련한다.
② 기부금이나 후원금이 어느 사업에 쓰일지를 알린다.
③ 핸드폰 소액결제 기부를 추진한다.
④ 유사한 서비스를 제공하는 타 기관을 비방한다.
⑤ 1인당 후원금을 월 2만원 이상으로 정한다.

정답 : ④
사회복지법인 및 사단법인이 증가하면서 경쟁력을 갖추어야 할 필요는 있지만 마케팅 전략은 도덕적, 윤리적 정당성을 잃지 않도록 해야 한다.

07 사회복지 분야에서 마케팅이 강조된 원인으로 볼 수 없는 것은?

① 사회서비스의 시장 방식 공급 확대
② 기관의 재원 확보
③ 고객 중심의 서비스 제공 요구 증가
④ 국가 정책에 부응하는 서비스 개발
⑤ 사회복지 관련 서비스 제공 기관의 증가

정답 : ④
사회복지 마케팅은 책임성 강화의 측면, 이용자 관리의 측면, 서비스 개발의 측면, 재정 확보의 측면, 환경변화에 대한 대응 등의 다양한 측면에서 강조되고 있다.

08 프로그램 참여자 모집을 위한 홍보 전략 수립 시 고려해야 할 사항으로 적절하지 않은 것은?

① 기관의 이미지
② 기관의 환경적 조건
③ 잠재적 클라이언트의 특성
④ 한 가지 방법에 집중 투자
⑤ 표적 집단

정답 : ④

반드시 한 가지 방법만 선택해야 하는 것은 아니며, 한 가지 방법에 집중 투자하는 것보다는 다양한 방법을 혼합하여 사용하는 것이 효과적이다.

09 다음 중 마케팅 믹스(4P)에 대한 설명이 바르지 않은 것은?

ㄱ. 촉진(Promotion) - 어떤 방식으로 홍보를 진행할 것인가.
ㄴ. 성과(Performance) - 무엇을 목적으로 프로그램을 진행할 것인가.
ㄷ. 상품(Product) - 어떤 프로그램을 제공할 것인가.
ㄹ. 대상사(Person) - 어떤 사람들에게 제공할 것인가.

① ㄴ, ㄷ
② ㄱ, ㄷ
③ ㄴ, ㄹ
④ ㄱ, ㄴ, ㄹ
⑤ ㄴ, ㄷ, ㄹ

정답 : ③

마케팅 믹스(4P)는 상품(Product) 전략, 가격(Price) 전략, 유통(Place) 전략, 촉진(Promotion) 전략으로 구성된다.

10 마케팅을 진행하기 전 검토해야 할 기관의 내·외부 환경에 관한 분석 기법은 무엇인가?

① MBO
② PERT
③ Shed-u Graph
④ Gantt Chart
⑤ SWOT

정답 : ⑤

SWOT는 마케팅 전략 수립을 위한 기관환경 분석 방법으로 내부환경을 분석하여 조직의 강점(Strength)과 약점(Weakness)을 발견하고, 외부환경을 분석하여 기회(Opportunity)와 위협(Threat) 요인을 찾아내는 것이다.

11 우편물, 전자우편, 쿠폰, 전화, 직접 방문 등을 이용한 마케팅 방법이 갖는 특성으로 옳은 것은?

> ㄱ. 마케팅 활동에 대한 평가가 용이하다.
> ㄴ. 마케팅 대상과 의사소통 대상의 차이를 최소화함으로써 마케팅 비용이 절감된다.
> ㄷ. 마케터의 계획에 따라 기간이나 횟수 등을 보다 쉽게 통제하고 관리할 수 있다.
> ㄹ. 즉각적인 반응을 이끌어내기에 어려움이 있다.

① ㄱ, ㄴ, ㄷ　② ㄱ, ㄷ　③ ㄴ, ㄷ, ㄹ
④ ㄷ, ㄹ　⑤ ㄱ, ㄴ, ㄷ, ㄹ

정답 : ① 안내책자를 본 후 바로 전화나 인터넷을 통해 후원을 확정할 수 있다.

12 마케팅 과정 중 기관이 관심을 갖는 문제에 대해 지역사회가 가지고 있는 인식과 태도를 분석하는 과정에 해당되는 것은?

① 기부시장 분석　② 시장욕구 분석
③ 기관환경 분석　④ 마케팅 계획 작성 및 실행
⑤ 마케팅 도구 설정

정답 : ②
시장 욕구 분석 단계는 시장조사의 성격을 띠는 단계로, 서비스에 대한 관심, 후원에 대한 관심, 금전적 상황, 후원의 의지 등을 파악한다.

13 다음의 동문사회복지사협회가 활용하고 있는 마케팅 전략은?

> 동문사회복지사협회는 회비 징수 과정에서 월회비보다 연회비 또는 평생회비를 납부할 시 할인해주는 방법을 활용하고 있다.

① 유통 전략　② 가격 전략
③ 촉진 전략　④ 상품 전략
⑤ 생존 전략

정답 : ②
마케팅 믹스(4P)
- 가격 전략: 서비스와 프로그램의 가격을 어느 수준으로 정할 것인가.
- 상품 전략: 어떤 상품을 제공할 것인가.
- 촉진 전략: 어떻게 홍보하여 판매를 증진시킬 것인가.
- 유통전략: 어떻게 접촉하도록 할 것인가(접근성).

14 **다음 중 사회복지기관의 홍보내용이 아닌 것은?**

① 사회복지기관의 시설 및 이미지 홍보 ② 자원봉사자 모집 홍보
③ 후원자 개발 홍보 ④ 프로그램 홍보
⑤ 기관장 개인가족 홍보

정답 : ⑤

사회복지기관의 홍보내용은 ① 사회복지기관의 시설 및 이미지 홍보, ② 자원봉사자 모집 홍보, ③ 후원자 개발 홍보, ④ 프로그램 홍보가 있으며 기관장 개인가족의 홍보는 해당되지 않는다.

Chapter 12

정보 관리와 문서 관리

1 정보 관리

1) 정보

(1) 정보의 개념

정보(information)란 있는 그대로의 사실을 적절히 가공하여 의미 있는 형태로 변화시킨 산출물을 말한다. 정보는 사용자가 의사결정을 할 때 도움을 제공한다는 데 그 가치가 있다.

데이비스(B. Davis)와 올슨(H. Olson, 1984: 23)은 정보의 의미를 '수신자에게 의미 있는 형태로 처리된 데이터이며, 현재 또는 미래의 결정이나 행동에 실제적이거나 인지(perceived)된 가치를 가지고 있는 것'이라고 정의하였다. 즉, 정보란 수신자에게 의미를 주는 형태로 존재하고 현재와 미래의 활동에 인식을 주는 자료이다. 정보는 어떤 개인이나 조직의 특정 목적을 위하여 만들어진 기호 및 기호의 체계이며, 어떤 의도 하에 정리 또는 가공한 자료의 집합인 것이다. 정보는 자료로 구성된다. 일정한 목적에 기여하는 효용을 가질 수 있도록 자료를 처리·정제한 것이 정보이다.

(2) 정보의 기능과 특성

정보의 기능을 간단히 요약하면, ① 진실과 허위성(true or false)이다. 허위 정보이지만 수신자가 그것이 진실된 정보라고 믿으면 그 정보가 진실인 것처럼 효과가 나타날 수 있다. ② 참신성(new)이다. 정보는 수신자에게 새롭고 완전히 참신한 것이 될 수 있다. ③ 부가성(incremental)이다. 정보는 수신자에게 이미 이용되고 있는 정보에 새로운 것을 부가하고 최신의 것을 보충하는 것이다. ④ 수정성(corrective)이다. 정보는 과거의 허위 정보를 수정하는 역할을 한다. ⑤ 확실성(confirmatory)이다. 정보는 이미 존재하고 있는 정보를 확인시켜 주는데, 이것은 수신자로 하여금 정보 수정의 필요성을 인식하게 한다.

정보의 특성은 단순한 자료가 아니고 사용자에게 의미가 있어야 한다. 또한 어떤 업무나 처리 과정 등을 지원하는 것으로, 미래의 불확실성을 감소시킨다. 그리고 불균형·불안정·갈등·무질서 등을 감소시켜 주는 것으로, 인간 또는 조직과 환경 사이에 교환되는 내용이 된다.

(3) 정보의 종류

아지리스(C. Argyris)는 조직의 3대 기능으로 ① 외부 환경에의 순응, ② 조직 목표의 추구, ③ 내부 체제의 유지 등을 들고 있다. 이것을 경영 정보·업무 정보·관리 정보라고 할 수 있다. 경영 정보는 운영 방침의 확립·새로운 정책의 입안·사업 간 조정에 필요한 정보(외부 환경에의 순응)이다. 업무 정보는 개개 사무 집행에 필요한 정보, 그 집행을 감독하기 위해 필요한 정보(조직 목표의 추구)이다. 관리 정보는 예산 집행·인사·정원·문서 등 내부 관리에 필요한 정보(내부 체계의 유지)이다.

(4) 효용성의 조건

정보의 구체적인 사안별 효용성(가치)은 이용 목적에 따라 상이하다. 일반적으로 정보의 효용성 또는 가치를 결정하는 기준은, ① 적합성(정보가 특정한 용도에 접합), ② 정확성(정확한 정보는 오류가 없는 정보로서 정확성은 정보의 질에 관한 기준), ③ 포괄성(특정 사안에 대해 온전한 정보 제공), ④ 적시성(필요한 때 필요한 정보 제공), ⑤ 접근 가능성(의사 결정자가 정보를 알고 사용)이다.

2) 정보 기술의 개념

정보 기술의 개념에는 다음과 같은 요소가 포함되어 있다(총무처 직무분석기획단, 1997: 520-521).

첫째, 전산화의 개념이다. 종전에 사람이 처리하던 일을 컴퓨터가 대신 처리할 경우 작업 속도를 향상시키고 오류를 줄일 수 있다. 전산화를 통해 대외적으로 고객에 대해 신속하고 정확한 서비스를 제공할 수 있으며, 대내적으로는 업무 능률을 향상시킬 수 있다.

둘째, 데이터베이스의 구축이다. 서류의 형태로 보관되어 있던 자료의 전산 입력, 새로운 자료의 수집·입력, 각 부서와 기관에 분산되어 있는 자료의 통합, 입력된 자료를 쉽게 찾을 수 있는 검색 체계 등 효율적인 데이터베이스 구축은 컴퓨터의 효과적인 활용에 필수적이다.

셋째, 정보 공유 및 통신의 개념이다. 개개의 컴퓨터는 설치되어 있는 부서 또는 직원만이 이용할 수 있다.

넷째, 정보 기술의 큰 장점은 업무 처리가 신속하고 편리하다는 것이다. 업무 처리 시간 단축, 인건비 절감, 정보의 공유로 비용 절감을 꾀할 수 있다.

3) 정보 자원 관리

(1) 정보 자원 관리(IRM, information resources management)의 정의

정보화는 사회의 전반적인 현상으로 사회복지 영역에서도 전산화와 정보의 중요성은 이미 널리 인식되고 있다. 사회복지뿐만 아니라 사회의 모든 영역에서 제한된 재원과 경비의 절감이라는 압력이 가해지고 있는 만큼 정보 자원 관리의 중요성은 강조되고 있다.

정보 자원이란 정보 그 자체와 그것을 다루는 기술로, 즉 컴퓨터 하드웨어와 소프트웨어·통신·사무자동화 체제와 인적·재정적 자원을 포괄한다. 그동안 정보 자원 관리는 사회복지 분야에서 중시되지 않았지만 관리 업무의 필수적인 기능의 하나라고 할 수 있다. 정보 자원 관리(IRM)란 '조직의 정보 시스템과 관련된 하드웨어·소프트웨어·인력·데이터베이스·원거리 통신 시스템·조직 구조와 절차 등을 관리하고 조정하는 것'(문신용, 1999: 5)으로, 이전의 정보 시스템적 사고와 달리 정보를 다루는 하드웨어 및 소프트웨어와 같은 정보 기술 자체의 관리에 대한 관심보다 정보 자원 자체에 대한 관리에 초점을 맞추고 있다.

스콧(Scott, 1986)은 정보 자원 관리를 실체라기보다는 개념·사고방식·견해로 인식해야 한다면서 정보 시스템의 구성 요소인 하드웨어와 소프트웨어보다는 정보 시스템 처리의 산물인 정보 자체에 초점을 두고, 주 관심사를 정보 기술 자체보다는 정보 자체의 관리에 두어 전체적인 관점에서 정보를 조직화하고 통합화하는 접근법이라고 주장하였다(문신용, 1999: 5-6 재인용).

크레슬라인과 마르쉔드(Kresslein and Marchand, 1987)는 정보 자원의 개념을 5가지로 요약하였다(문신용, 1999: 6-7 재인용).

① 정보를 전략적인 경영 자원의 하나로 인식한다.
② 정보 자원에 대한 책임 소재를 명확히 규정하고, 그와 관련된 권한과 의무의 통제를 상세히 정의한다.
③ 정보 자원 계획은 조직의 전략 계획과 밀접하게 결합되어 있어야 한다.
④ 여러 가지 정보 자원 관련 기술은 그 생산성의 극대화를 위하여 통합적으로 관리한다.
⑤ 정보 자원 관리에서 조직의 모든 구성원 각자가 효과적인 정보 생산자이며 동시에 정보 소비자가 될 수 있다.

(2) 정보 자원 관리의 필요성

정보 자체의 요인인 과학기술의 급속한 발달과 매스컴 전달 체계의 확산으로 수많은 정보의 홍수 속에서 필요한 정보의 입수가 곤란해져 풍요 속의 빈곤 현상을 가져왔다. 이에 정보의 양을 조절하기 위한 체계 및 제어 장치의 설치가 필요하게 되었다. 또한 합리적 의사결정을 위한 필요성 때문에 조직 활동에서 적절한 판단과 의사결정에 도움이 될 수 있는 정보를 수집·분석·가공·처리하여 제공하는 시스템이 필요하게 되었다. 그리고 정보 서비스 욕구의 증가로, 신기술·신제품 연구에 필요한 모든 정보를 적절한 때 입수하여 연구자에게 제공해 주는 전문적인 정보 서비스도 필요하였다.

(3) 정보 자원 관리의 구성 요소

정보 자원을 정보 자체로 보느냐, 아니면 정보 기술 혹은 정보 시스템으로 인식하느냐의 차이이다. 접근 방법의 차이로는 관리적 방법과 정보 시스템적 접근방법이다. 먼저 관리적 접근 방법은 조직이 효율적이고 효과적인 목적 달성을 위하여 정보 및 정보 기술의 관리뿐만 아니라 예산·인력·조직 관리 등과의 연계에 비중을 둔다. 그러나 정보 시스템적 접근방법은 정보 자원 관리의 효율성 및 효과성에 비중을 두고 정보 시스템 기능 간 연계성을 강조한다(문신용, 1999: 10-11).

① CIO(chief information officer, 최고 정보 책임자): 조직 전반에 걸쳐 정보 기술·정책·계획·관리·구매에 관하여 책임을 담당하는 CIO가 선정되어야 한다.

② 계획: 조직의 목적을 반영하고 중앙 및 분산 기술을 포괄하며, 최종 사용자를 포함한 신기술의 잠재성을 평가할 수 있도록 정보 시스템 및 기술에 대한 계획을 수립해야 한다.

③ 보안: 접근 통제·데이터 보안·보안 인식 제고·재난 복구 계획 등이 포함된 종합적인 보완 대책이 마련되어야 한다.

④ 기술 통합: 정보 처리·정보 통신 및 사무자동화를 포함한 정보 기술에 대한 종합적이고 통합적인 접근방법이 이루어져야 한다.

⑤ 자문위원회: 고위 관리자와 사용자가 시스템 및 기술적인 문제를 자문할 수 있는 자문위원회가 조직되어야 한다.

⑥ 통합 모델: 문서 처리 절차·개발 방법론·시설 및 정보의 목록·조직 전반에 걸친 기술 표준·자동화 개발 도구에 관련한 통합 모델이 정립되어야 한다.

⑦ 정보 통합: 데이터 및 응용 시스템의 통합으로 사용자 간에 데이터가 공유

되어야 한다.

⑧ 데이터 관리: 데이터 사전의 활용 및 데이터 소유권에 대한 관리 등 조직 전반에 걸친 데이터 구조 및 데이터 관리 기능이 설정되어야 하고, 이는 데이터베이스 관리자에 의해 관리되어야 한다.

(4) 효율적인 정보 자원 관리를 위한 요인

효율적이고 성공적인 정보 자원 관리를 위해 필요한 요소는 다음과 같다(문신용, 1999: 12-13).

첫째, 정보 자원 관리의 변화가 관리층, 특히 최고 관리층의 리더십과 지휘 아래 이루어져야 한다. 최고 관리층의 관여는 정보 자원 관리에 관련된 의사결정을 통합하는 것을 정당화하고 벤치마킹을 통해 정보 자원 관리의 수행 기준을 정하며, 정보 자원 관리에 대한 책임을 조직 라인에 부과하는데, 장·단기 전략 모두 사용한다.

둘째, 정보 자원 관리에 대한 의사결정을 전략적인 관리 과정에 통합한다. 대부분의 조직은 계획·예산·성과 평가로 이루어지는 전략적인 관리 과정이 있는데, 여기에 정보 자원 관리를 적용하고 통합하는 것이 바람직하다는 것이다.

셋째, 성과 관리를 통해 조직의 임무 목표와 정보 자원 관리의 결과를 연결하는 것으로, 성과 측정을 통해 정보 자원 관리가 조직 목표 달성에 어느 정도 기여했는가를 알아보아야 한다는 것이다.

넷째, 성공적인 조직에서는 정보 자원 관리와 관련된 비용을 단순히 비용적인 차원이 아닌 조직에 장기적인 효용을 주는 투자로 간주하며, 구체적으로 재무·인사·정보 자원 관리와 관련된 프로젝트의 승인 여부를 기여도·위험·편익과 비용을 기준으로 결정한다.

다섯째, 정보 자원 관리를 효율적으로 수행하기 위해 조직의 전반에 걸쳐 업무 재설계(BPR, business process redesign)와 같은 혁신적인 조치를 수반한다. 성공적인 조직은 정보 기술의 도입과 함께 업무의 재설계를 수행하는데, 현재의 업무와 성과를 측정하고, 자원의 한계와 개선 가능성을 인식한 후 정보 자원 관리와 연계하여 업무를 개선한다.

여섯째, 조직의 리더십과 기술적인 요소를 고려하여 정보 자원 관리의 담당자와 인간관계를 효율적으로 정립한다. 즉, '고객과 공급자 관계'를 통해 서로 협력하고, 라인 조직에 있는 구성원은 정보 자원 관리 담당자의 지원을 받아 실제로 프로그램을 수행하고 조직 목표 달성에 대한 책임을 지며, 정보 자원 관리 기술의 개발을 위해서 양측이 모두 참여하여 서로 보완한다.

(5) 정보 자원 관리의 장점 및 단점

정보 자원 관리의 장점으로, 업무 처리의 효율성(업무의 자동화에 따른 비용 절감과 시간 절약은 물론 서비스 인력과 자원을 보다 직접적인 서비스에 연결)과 정보 교류의 활성화(정보 호환의 용이성)이다. 조직 업무의 전산화를 통해 타 조직 간 자연스러운 정보 공유가 가능하여 서비스 간 연계가 비교적 용이하다. 또한 정보의 활용으로 조직 간 공유된 정보와 조직에서 오랫동안 누적되어 온 기존 프로그램의 활동양식을 보고 업무에 활용할 수 있으며, 미래에 대한 계획을 수립할 수 있다.

단점으로는 비밀 보장의 어려움(전산화로 인하여 모든 정보가 공유되기 때문)과 정보의 소외 현상(정확하고 적절한 정보를 얻기 위해서는 정보 기술에의 접근이 용이해야 하는데, 이때 컴퓨터를 잘 다루지 못하는 사람은 정보로부터 소외)이 있다. 또한 서비스의 지나친 일반화 또는 잘못된 정보의 습득으로 기관에서 정보를 공유할 때, 잘못된 정보를 그대로 받아들인다거나, 기존의 정보를 바탕으로 하기 때문에 새로운 욕구나 요구가 무시될 수도 있다. 그리고 기준 행동의 유발이 있다. 이는 전산화된 일정 형식에 의거하여 조사하거나 자료를 정리할 때 발생할 수 있는 문제로, 더 많은 조사를 행할 수 있지만, 보편적으로 그 틀에 의거하여 '이 정도면 ~ 된다'라고 나름의 기준을 결정하게 된다는 것이다.

4) 경영 정보 체계와 행정 정보 체계

(1) 경영 정보 체계(MIS)의 의의

경영 정보 체계(MIS, management information system)는 행정이나 경영에 필요한 정보를 신속히 제공하기 위해 설계된 종합 관리 정보 체계이다. 기업 경영에서 의사결정의 유효성을 높이기 위하여, 경영 내외의 관련 정보를 필요에 따라 즉각적으로 그리고 대량으로 수집·전달·처리·저장·이용할 수 있도록 편성한 인간과 컴퓨터와의 결합 시스템으로 정의된다.

(2) 행정 정보 체계(PMIS)의 의의

행정 정보 체계(PMIS, public management information system)는 행정의 구조와 기능 및 정보 체계가 고도화됨에 따라 변화·발전한 개념이다. 이는 공공 부문 내에 있는 조직의 경영 정보 체계라 하며, 조직의 운영·관리·분석 및 의사결정 기능을 지원하기 위하여 정보를 제공하는 통합적 사용자·기계 시스템이다.

(3) 경영 정보 체계와 행정 정보 체계의 비교

표 12-1 경영 정보 체계와 행정 정보 체계의 비교

구 분	경영 정보 체계(MIS)	행정 정보 체계(PMIS)
자료 수집	적극적	소극적
정보 해석·대안 탐색	합리적 모형	점증 모형·만족 모형
목표 설정	일원적·단기적 목표	다원적·무형적·추상적·장기적 목표
평가 기준	경제성·능률성 등 명확한 사업 평가 기준	불명확·변동적 평가 기준 → 민주성·형평성·대응성에 중점
경쟁성과 대기 비용	치열한 경쟁성 대기 비용 상승	독점성 대기 비용 대면화

(4) 행정 정보 체계의 순기능과 역기능

행정 정보 체계의 순기능으로는 작고 효율적인 정부 수립을 촉진하며, 고객 중심적 행정체계 강화이다. 또한 행정 정보화는 행정에 대한 시민 참여 강화와 국제 간 정보 유통으로 행정의 글로벌화이다. 이와 반대로 역기능은 조직 내 행정 관리의 비인간화 현상의 초래와 정보의 집중으로 인한 사생활 침해이다. 또한 국제 간 정보화의 발달 격차에 따른 문화적 제국주의와 그 희생 국가의 등장, 컴퓨터 범죄, 기능 정지로 인한 행정 체계의 공황 등이 발생할 수 있다.

2 문서 관리

1) 문서의 개념

일반적 개념과 달리 사무 관리에 있어서의 문서는 조직체의 활동과 관련하여 작성 또는 접수된 문서로서 사무 처리상의 일정한 절차를 진행 중이거나 완료한 일체의 기록물이라고 정의할 수 있다.

문서의 개념은 광의와 협의의 개념으로 구분할 수 있다. 첫째, 광의의 개념은 문서 또는 이에 대신할 수 있는 읽을 수 있는 부호를 사용하며, 어느 정도 영속할 수 있는 물체 상에 기재된 의사 또는 관념의 표시이다. 둘째, 협의의 문서는 광의의 문서 가운데 발음 부호를 쓴 것을 의미한다(신복기 외, 2002: 344). 과거에는 지면에 의한 문자 기록만을 인정하였으나, 최근에는 도화, 부호, 마이크로 필름, 디스켓, 테이프, 광 디스켓 등도 문서로 인정하고 있다.

2) 문서의 필요성

조직의 행정 관리에서 문서의 필요성은 업무 내용이 복잡하여 문서 없이 처리가 곤란할 때와 사무 처리 내용을 명확히 해야 할 때로서, 사무 처리 형식 또는 체제상 문서가 필요할 때이다. 또한 사무 처리 결과를 보존하여 활용할 필요가 있을 때와 사무 처리 결과의 증빙 자료로 남겨야 할 때 등이다.

3) 문서의 종류

문서의 분류는 작성 주체와 유통 대상 그리고 문서 처리 단계와 문서의 성질을 기준으로 구분할 수 있다. 먼저 작성주체에 의한 분류로서, 행정기관(기업체) 또는 공무원(임직원)이 그 직무상 작성 또는 접수한 공문서와 개인이 사적인 목적을 위해서 작성한 사문서로 나눈다. 또한 유통 대상에 의한 분류로서, 조직체의 내부에서 지시·명령하거나 협조하기 위해서 또는 보도·통지하기 위하여 오고가는 내부 문서와 국민이나 단체 및 다른 행정기관에 오고가는 대외 문서로 나누어진다. 그리고 문서 처리 단계에 의한 분류로서, 다양하게 구분할 수 있으나 사회복지기관에서 많이 사용하는 것만을 살펴보면 다음과 같다(신복기 외, 2002: 344-345).

① 접수 문서는 외부에서 접수되는 문서로서 문서 주관 부서에서 일정한 절차에 의하여 접수되는 문서이다. 기안 문서(결재 문서)는 사전에 결재권자의 결재를 얻기 위하여 기안 서식에 따라 사무 처리 초안을 기재한 문서이다.

② 시행 문서(발송 문서)는 결재 문서의 내용을 시행하기 위하여 규정된 서식에 의하여 작성한 문서이다. 보존 문서는 자료적 가치가 있어 보존할 필요가 있는 문서이다.

③ 합의 문서는 기안 문서 중 그 내용과 관계되는 다른 부서와의 협조를 얻기 위하여 합의하는 문서이다. 폐기 문서는 보존 기간이 종료되어 문서의 가치가 상실되어 폐기 처분되는 문서이다.

④ 마이크로필름 문서는 지면이 아닌 마이크로필름에 중요한 내용의 문서나 영구 보존의 필요성이 있는 문서를 담아 놓은 문서이다.

⑤ 문서의 성질에 따른 분류로는 법규 문서(헌법·법률·대통령령 등 각종 시행령·시행규칙·조례·규칙 등 법령이나 법규를 총칭)와 지시 문서(행정기관이 그 하급기관 또는 소속 공무원에 대하여 일정한 사항을 지시하는 문서로서 훈령, 지시, 예규 및 일일 명령 등), 공공 문서(행정기관이 일정한 사항을 일반에게 알리는 문서로서 고시, 공고 등)이다. 또한 비치 문서(일정한 사항을 기록하여 기관 내부에 비치하면서 업무에 활용하는 비치 대장, 비치 카드 등을 의미)와 민원 문서(민원이나 행정기관에 대하여 허가, 인가, 기타 처분 등 특정한 행위를 요구하는 문서와 그에 대한 처리 문서) 그리고 일반 문서(위 각 문서에 해당되지 않는 일반적으로 처리되는 문서로서 회보, 보고서 등)가 있다.

4) 문서 관리의 원칙

문서 관리의 원칙은 문서 관리의 전반에 걸쳐 기본적으로 지켜져야 하는 것으로 다음과 같은 원칙이 있다(신복기 외, 2002: 345-347).

첫째, 문서 집중 관리의 원칙이다. 문서 사무는 대부분 어느 한 부서에서 전체 문서를 집중 처리해야 한다. 이는 집중 처리에는 문서만을 전담하는 전담 처리 원칙이 실현되어야 함을 의미하고, 대부분의 문서 보관은 부서별로 집중 관리하고 보존에 넘기는 문서는 한 곳에서 집중 관리한다.

둘째, 기계화 및 사무자동화의 원칙이다. 문서 사무는 통일된 양식과 정연한 체계가 요구되며 아울러 신속·정확을 도모하기 위하여 기계화 및 사무자동화가 요구된다. 정보 형태는 계수 정보와 비계수 정보로 나누며, 비계수 정보에는 다시 문서 정보, 원형 정보, 음성 정보로 나눌 수 있다. 비계수 정보의 문서 정보는 워드프로세스, 퍼스널 컴퓨터, 전자타자기, OCR기기이다. 계수 정보는 범용 컴퓨터, 퍼스널 컴퓨터, 미니 컴퓨터, 탁상용 계산기 등이고, 원형 정보는 팩시밀리, 복사기, OHP, VTR 기기, 음성 정보는 음성 분석, 합성 장치, 전화기, 녹음기 등이 사용된다.

셋째, 표준화 및 간소화의 원칙이다. 먼저 표준화란 수행되어야 할 가장 최선의 방법을 찾아서 이를 확정하고 이행하는 것으로 가장 합리적이고 꼭 필요한 유일한 것을 의미한다. 단순한 추측이나 주관적인 판단이 아니라 과학적 방법으로 최선의 방도를 찾는 것이 관리의 임무이며, 동시에 관리자의 임무이다. 문서 사무에서 표준화의 대상은 문서 처리, 문서 취급, 문서 작성, 문서 정리 및 보관 등이다. 또한 간소화의 원칙은 사무 처리의 절차나 방법 등을 간결하고 요약된 합리적인 것으로 만들고자 하는 원칙이다. 간소화의 원칙은 표준화의 원칙을 촉진·실현함은 물론, 비생산적인 작업을 제거하고 시간과 힘 또는 정신적 스트레스를 감소시켜 간소화된 작업에서 보다 능률적인 처리를 가능하게 한다.

넷째, 즉일처리의 원칙이다. 그날로 할 수 있는 처리는 반드시 그날 중에 끝내야 하는 것이다. 문서는 내용 또는 성질에 따라 그 처리 기간이나 방법이 다를 수 있으나 효율적인 업무 수행을 위하여 그날로 처리하는 것이 바람직하다.

다섯째, 법령 적합의 원칙이다. 문서에서 중요 요건의 결함은 문서의 신뢰성을 저해하거나 법령 위반 등의 문제를 발생시키기도 한다. 문서는 법령의 규정에 따라 일정한 요건을 갖추어야 하며, 권한 있는 자에 의해 작성되고 처리되어야 한다.

여섯째, 책임자 처리의 원칙이다. 문서 처리에서 어느 선까지 결재를 받을 것인가 또는 내용에 따라 다른 부서와의 관련성 등을 고려하여 필요한 조치를 취하여야 한다. 문서는 일정한 절차와 여러 단계를 거쳐서 처리되기 때문에 정해진 사무 분장에 따라 직무의 범위 내에서 책임을 가지고 관계 규정에 따라 신속·정확하게 처리해야 한다.

일곱째, 신속성과 정확성의 원칙이다. 먼저, 신속화의 원칙으로는 사무 간소화의 원칙을 실현함으로써 비합리적·낭비적·형식적·비생산적 요소를 제거하고 처리 방법을 합리화하여 가장 최선의 방법으로 실천하도록 함으로써 사무에 소요되는 시간을 보다 단축하고자 하는 것이다. 정확성의 원칙은 문서를 착오 없이 바르게 처리하는 원칙을 의미한다.

5) 문서 관리의 실제

(1) 기안문의 구성

전자 문서인 경우에는 두문·본문·결문 및 붙임으로 구성하거나 표제부와 본문부로 구성할 수 있다. 표제부와 본문부로 구성하는 경우 표제부는 두문, 본문의 제목 및 결문으로, 본문부는 제목·내용 및 붙임으로 구성한다.

① 두문은 행정기관명 및 수신자로 한다. 수신자가 많아 본문의 내용을 기재할 난이 줄어들어 본문의 내용을 첫 장에서 파악하기 곤란한 경우에는 두문의 수신자란에 "수신자 참조"라고 쓰고, 결문의 발신명의 밑의 왼쪽 기본선에 맞추어 수신자란을 설치하여 수신자명 또는 수신자 기호를 표기한다.

② 본문은 제목·내용 및 붙임으로 한다. 다만 전자 문서인 경우에는 제목 및 내용으로 할 수 있다.

③ 결문은 발신명의, 기안자·검토자·협조자·결재권자의 직위 또는 직급 및 서명(전자문서서명·전자이미지서명 및 행정전자서명을 포함한다), 생산등

록번호와 시행일자, 접수등록번호와 접수일자, 행정기관의 우편번호·주소·홈페이지주소·전화번호·팩스번호, 공무원의 공식 전자우편주소 및 공개 구분으로 한다.

(2) 기안의 순서

첫째, 준비 단계는 기안의 목적, 필요성, 내용 등 안건과 관련된 문제를 파악하고 관련 규정과 과거 선례를 숙지하고 필요시 회의 등을 통하여 관계자의 의견을 수렴한다.

둘째, 작성 단계는 기안 문서의 형식과 논리의 구성 및 전개 방법을 결정하고 초안을 작성한다.

셋째, 검토 단계는 문장 표현의 적정성 검토와 오자, 탈자, 계수 착오 등을 시정한다.

(3) 기안문 작성 시 유의 사항

사무관리규정 제4조에 의해 기안문의 내용은 그 조직체의 의사를 상대방에게 전달하는 것이 대부분이므로 문서의 올바른 작성은 정확한 의사소통이 될 뿐 아니라 문서의 품격을 높이며 대외적인 권위와 신뢰에 영향을 미치게 된다. 그러므로 문서의 구성은 법령이나 규칙에 정해진 서식에 따라 형식을 갖추되 문자의 표현은 자유의사에 따라 쉽게 작성한다.

첫째, 정확성(바른글): 내용, 설명, 기록이 틀리지 않아야 한다. 업무 내용을 잘 파악하여 자료의 수집과 선별 능력을 갖추어 사실에 초점을 두고 작성한다. 용어 및 문장부호의 정확한 사용으로 수신자가 문맥과 뜻을 정확히 파악하도록 작성하며, 애매모호한 표현과 과장은 피해야 한다.

둘째, 신속성(이해가 빠른 글): 문장은 짧게 항목별로 표현하고 복잡한 내용일 때는 먼저 결론을 내리고 이유를 설명한다.

셋째, 용이성(쉬운 글): 1건 1매의 원칙에 따라 핵심 내용만 간략하게 작성하며, 형식적인 자료 인용이나 배경설명, 지나친 수식 등은 생략한다. 읽기 쉽고 알기 쉬운 말을 사용하고 받는 사람의 이해력과 독해력을 고려해야 한다.

넷째, 경제성(경비 절약): 사용하는 서식을 통일하고 용지의 지질과 규격을 표준화하며 일상 반복적인 업무는 표준 기안문 제도를 도입한다.

(4) 기안문 작성 방법

표 12-2 기안 문서의 예시

<table>
<tr><td colspan="6" align="center">행 정 기 관 명</td></tr>
<tr><td colspan="6">수신자 ( )
(경유)
제목</td></tr>
<tr><td colspan="6" align="center">발 신 명 의 (직인)</td></tr>
<tr><td>기안자(직위/직급)</td><td>서명</td><td>검토자(직위/직급)</td><td>서명</td><td>결재권자(직위/직급)</td><td>서명</td></tr>
<tr><td>협조자(직위/직급)</td><td>서명</td><td></td><td></td><td></td><td></td></tr>
<tr><td colspan="6">시행 처리과명-일련번호 (시행일자) 접수 처리과명-일련번호 (접수일자)
우 주 소 / 행정기관 홈페이지 주소
전화 ( ) 전송 ( ) / 공무원의 공식 전자우편주소 /공개구분</td></tr>
</table>

① 행정기관명: 그 문서를 기안한 부서가 속한 행정기관명을 기재한다.

② 수신자 ( ): 수신자명 또는 수신자 기호를 먼저 쓰고, 이어서 괄호 안에는 처리하는 자(보조기관 또는 보좌기관을 말한다)의 직위를 쓰되, 처리할 자의 직위가 분명하지 않은 경우에는 ○○업무담당과장 등으로 쓰며, 수신자가 많아 본문의 내용을 기재할 난이 줄어들어 본문의 내용을 첫 장에서 파악하기 곤란한 경우에는 두문의 수신자란에 "수신자 참조"라고 쓰고, 결문의 발신명의 밑의 왼쪽 기본선에 맞추어 수신자란을 설치하여 수신자명 또는 수신자 기호를 표시한다.

③ (경유): 경유문서인 경우에 (경유)란에 "경유기관의 장은 ○○○이고, 최종

수신기관의 장은 ○○○입니다."라고 표시하고, 경유기관의 장은 제목란에 "경유문서의 이송"이라고 표시하여 순차적으로 이송하여야 한다.

④ 제목: 문서의 내용을 쉽게 알 수 있도록 간단·명확하게 기재하여야 한다.

⑤ 발신명의: 행정기관 또는 행정기관 장의 명의를 기재하고, 보조기관 또는 보좌기관 상호 간에 발신하는 문서는 그 보조기관 또는 보좌기관의 명의를 기재한다.

⑥ 기안자·검토자·협조자·결재권자의 직위/직급: 직위가 있는 경우에는 직위를 온전하게 쓰고, 직위가 없는 경우에는 직급을 온전하게 쓰고, 기관장과 부기관장의 직위는 간략하게 쓴다.

⑦ 시행 처리과명－일련번호 (시행일자) 접수 처리과명－일련번호 (접수일자): 처리과명을 기재하고, 일련번호는 연도별 일련번호를 기재하며, 시행일자와 접수일자란에는 연월일을 각각 마침표(.)를 찍어 숫자로 기재한다. 다만 민원 문서는 필요한 경우에 시행일자와 접수일자란에 시·분까지 기재한다.

⑧ 우·주소: 우편번호를 기재한 다음, 행정기관이 위치한 주소를 기재하고, 사무실이 위치한 층수와 호수를 기재한다. 예를 들면, 우110-03 서울시 광진구 구의*동 2**-2* 10*호라고 적는다.

⑨ 홈페이지 주소: 행정기관의 홈페이지 주소를 기재한다.

⑩ 전화 ( ) 전송 ( ): 전화번호와 팩스번호를 각각 기재하되, ( ) 안에는 지역번호를 기재하고, 기관 내부 문서는 내선번호를 기재한다.

⑪ 공무원의 공식 전자우편주소: 행정기관에서 공무원에게 부여한 전자우편주소를 기재한다.

⑫ 공개구분: 공개·비공개로 구분하여 표시한다. 부분 공개·비공개인 경우에는 공공기관의기록물관리에 관한 법률 시행규칙 제16조의 규정(별표 11)에 의한 공개여부 구분번호를 선택하여 ( ) 안에 표시한다.

⑬ 관인생략 등 표시: 발신명의의 오른쪽에 관인생략 또는 서명생략을 표시한다.

⑭ 기안자·검토자 및 결재권자(직위/직급) 서명: "기안자·검토자 및 결재권자"의 용어는 표시하지 아니하고, 기안자·검토자 및 결재권자의 직위/직급을

쓰고 서명한다.

⑮ 협조자(직위/직급) 서명: "협조자"의 용어를 표시한 다음, 이어서 직위/직급을 쓰고 서명한다.

⑯ 전결 및 서명표시 위치: 사무관리규정 제16조 제2항 및 동규정 시행규칙 제19조 제1항의 규정에 의하여 결재권이 위임된 사항을 전결하는 경우는 행정기관 장의 결재란을 설치하지 아니하고 전결하는 자의 서명란에 "전결" 표시한 후 서명한다.

⑰ 전결·대결 및 서명 표시 위치: 사무관리규정 제16조 제3항 및 동규정 시행규칙 제19조 제2항의 규정에 의하여 위임전결사항을 대결하는 경우에는 행정기관 장이 결재란을 설치하지 아니하고 전결하는 자의 서명란에 "전결" 표시를 한 후 대결하는 자의 서명란에 "대결" 표시를 하고 서명하며, 위임전결 사항이 아닌 사항을 대결하는 경우에는 행정기관의 장이 결재란을 설치하지 아니하고 대결하는 자의 서명란에 "대결" 표시를 하고 서명한다.

6) 문서의 시행

문서의 시행이란 조직이나 기관의 의사를 외부에 표시하는 단계로서 문서가 효력을 발생하는 절차를 말한다. 시행 방법으로는 인편, 우편, 전자 문서, 전화, Fax 등이 있다. 예를 들면, 사회복지기관 및 시설에서 시·군·구청에 보조금을 신청할 경우 "기안문 작성 → 기관장의 결재 → 시설의 문서발송대장 또는 문서등록대장에 등록 → 작성된 기안문은 시설의 문서철에 사업별로 구분하여 편철 보관 → 기안문을 토대로 시행문 작성 → 시설의 직인 날인 → 시·군·구청으로 발송 → 이렇게 작성된 문서의 시·군·구청 도달 → 문서접수대장에 등록하여 접수번호 부여 → 주무과 결재권자의 선결을 마치면 → 최종적으로 업무 담당자가 처리한다. 일단 행정기관에 공식적으로 접수되면 사문서가 아닌 공문서로서의 효력을 발생하고, 공식적인 접수 이전의 문서는 사문서로 본다.

7) 문서의 보존과 폐기

문서의 보존이란 문서를 생산한 생산 기관·보존 기관·생산 연도 및 분류 번호별로 구분하여 관리하는 것을 의미하며, 문서 보관 부서는 보관되는 문서의 기록 대장을 작성하여 비치하여야 한다. 보관이 끝난 문서는 1년간 처리과에서 보존한 다음(보존 기간이 3년 이상인 문서는 인계·이관의 절차를 거쳐), 보존 기관에 따라 문서과의 문서보존실 또는 정부기록보관소에 보관한다.

문서는 그 보존 기간을 영구·10년·5년·3년·1년의 6종으로 구분한다. 문서의 종류별 보존 기간 책정 기준은 총리령으로 하고, 문서의 보존 기관 기산일은 당해 문서를 처리·완결한 날이 속하는 해의 다음 해 1월 1일로 정한다. 행정기관의 장은 매년 1회 당해 기관에서 보존하고 있는 문서의 보존 기간 변경 필요성을 검토하고, 행정 여건의 변화 등에 따라 그 보존 기간을 연장 또는 단축할 필요가 있다고 인정되는 경우 총리령이 정하는 바에 따라 그 보존 기간을 연장 또는 단축할 수 있다.

기출 및 예상문제

01 조직의 정보관리체계에 관한 설명으로 적절하지 않은 것은? (7회 기출문제)

① 정보관리체계의 도입으로 인해 클라이언트의 비밀보장에 대한 논란이 생겨났다.
② 정보관리체계의 도입으로 클라이언트에 대한 정보를 체계적으로 관리할 수 있게 되었다.
③ 적극적이고 체계적인 정보수집과 피드백으로 목표지향적 성과가 더욱 강화되었다.
④ 컴퓨터를 활용한 전산화가 안 되면 정보관리가 불가능하다.
⑤ 사회복지 정보관리체계의 구축으로 사회복지기관의 효과성이 더욱 증대되었다.

정답 : ④
전산화를 통해 업무의 효율성을 기할 수 있지만 반드시 전산화를 해야 정보관리가 되는 것은 아니다.

02 사회복지기관에서 정보관리시스템을 구축. 운영하는 과정에서 고려해야 할 사항이 아닌 것은?

① 정보시스템 구축에서 소프트웨어, 하드웨어의 구입 외에 직업훈련 비용까지 고려한다.
② 클라이언트의 비밀보장을 고려하여 데이터베이스 시스템을 구축한다.
③ 정보시스템 구축 전에 어떤 자료를 수집하여 어떻게 분석할 것인가를 고려한다.
④ 정보시스템이 상황의 변화에 따라 어떻게 유연하게 대처할 수 있는가를 고려한다.
⑤ 정보시스템 구축에 대해 클라이언트로부터 하락을 받는다.

정답 : ⑤
클라이언트 정보에 대한 비밀보장의 의무는 있지만, 정보시스템 구축 자체에 대해 클라이언트로부터 별도의 허락을 받아야하는 것은 아니다.

03 사회보장정보시스템의 운영을 통해 기대할 수 있는 효과가 아닌 것은?

① 통합사례관리 방식을 통한 서비스의 누락 방지
② 각 부처의 복지사업 정보를 연계하여 개인별 가구별 서비스이력 관리
③ 복지급여 및 서비스의 중복수급을 방지하여 복지재원의 누수를 차단
④ 중앙정부 집중형 사회복지 전달체계의 마련
⑤ 복지급여 및 서비스 신청에 대한 결정 처리기간 단속

정답 : ④

사회보장정보시스템은 복지급여를 통합 관리함으로써 급여 및 서비스의 중복, 누락을 방지하고, 수요자 중심으로 서비스를 제공하는 데에 그 목적이 있으며, 더불어 지방자치단체의 복지업무 효율화를 꾀하고자 한 것이다.

04 복지정보체계를 구축할 때 고려해야 할 사항으로 틀린 것은?

① 강력한 리더십
② 정보화 사업과 행정개혁의 연계
③ 직무분석, 직무재설계
④ 정보 공유 마인드
⑤ 정보 공유 불가와 리더십 부재

정답 : ⑤

복지정보체계를 구축할 때 고려해야 할 사항으로 ① 강력한 리더십 ② 정보화 사업과 행정개혁의 연계 ③ 직무분석, 직무재설계 ④ 정보 공유 마인드가 있어야 한다.

05 사회복지조직에서 정보관리체계가 필요한 이유를 모두 고른 것은? (13회 기출문제)

ㄱ. 유관기관 간 서비스 연계
ㄴ. 조직성과의 대내외적 제시
ㄷ. 서비스 질에 대한 모니터링
ㄹ. 상시적인 평가와 환류

① ㄱ, ㄴ, ㄷ
② ㄱ, ㄷ
③ ㄴ, ㄹ
④ ㄹ
⑤ ㄱ, ㄴ, ㄷ, ㄹ

정답 : ⑤

사회복지조직에서 정보관리시스템은 기본적인 관리업무를 통합하고 구성원의 업무수행을 지원하기 위해 활용될 수 있으며, 유관기관의 자료를 정보화하여 프로그램 운용 및 서비스 제공에 활용할 수 있으며, 조직성과를 대내외적으로 알려 사회복지서비스의 책임성을 검증받기 위해 활용될 수 있다.

06 정보관리시스템에 관한 설명으로 옳지 않은 것은?

① 초기의 시스템은 생산에 있어서의 비용절약에 초점을 두었다.
② 가장 종합적인 의미의 정보관리시스템은 MIS이다.
③ 지식기반 시스템을 통해 방대한 정보를 다양하게 가공할 수 있다.
④ 조직의 각 계층마다 요구되는 정보관리시스템이 다를 수 있다.
⑤ 업무수행지원시스템은 최고관리자의 기획 업무를 지원하기 위한 것이다.

정답 : ⑤

업무수행지원시스템은 일을 수행하는 절차나 지시사항 등을 정확하게 처리할 때 효과적인 시스템으로, 현장에서 서비스를 직접 제공하는 일선 사회복지사의 업무성과를 높이는 데 초점을 두고 도입할 수 있다.

07 정보체계 구축으로 인한 순기능으로 틀린 것은?

① 클라이언트 변화의 효율적인 측정
② 성과 측정의 과학화
③ 자원의 효과적인 관리
④ 과학적인 정보의 제공
⑤ 기관의 정보 독점

정답 : ⑤
사회복지청보체계의 구축으로 인해 기관 간의 정보 공유가 가능해져다. 이로 인해 기관 간 네트워크, 의뢰 등에 있어 불필요한 절차가 간소화되는 장점이 있다.

08 사회복지조직에서 사회복지정보시스템을 구축할 때 고려해야 할 정보의 유형에 대해 잘못 연결한 것은?

① 서비스 정보-서비스와 관련된 활동, 이용자 수 등
② 지역사회 정보-인구통계, 경제적 특성 등
③ 직원정보-사업수행에 참여한 시간, 도움을 준 클라이언트의 수 등
④ 클라이언트 정보-개인력, 서비스 수혜 유형 등
⑤ 자원할당 정보-프로그램에 대한 만족도 측정 등

정답 : ⑤
자원할당 정보에는 전체비용, 예산 및 결산 보고서 작성에 필요한 자료 등이 포함된다.
프로그램에 대한 만족도 측정에 관한 자료는 클라이언트 정보에 포함된다.

09 사회복지조직에서 정보관리시스템을 도입함에 따라 얻을 수 있는 이점과 거리가 먼 것은?

① 프로그램 운용에 대한 모니터링 용이
② 보고 및 결재 절차의 간소화
③ 클라이언트의 개인정보 보장
④ 유관기관 간 정보 공유
⑤ 일상적 업무처리의 표준화

정답 : ③
정보관리시스템 도입에 따라 클라이언트의 개인정보가 유출되거나 지나치게 공개될 수 있다는 문제가 제기되고 있다. 이에 따라 유출방지를 위한 시스템 구축에 대한 고려와 함께 정보의 유형과 성격에 따라 정보에 대한 접근을 적절히 제한하는 것을 고려할 필요가 있다.

Chapter 13

사회복지서비스 전달체계[1)]

1 사회복지서비스 전달체계(delivery system)의 개념

사회복지행정에서 전달체계란 급여 또는 서비스를 효율적으로 클라이언트에게 전달하기 위하여 어떠한 조직을 통해서 실천할 것인가에 대한 전략을 선택하는 것이다. 공급자는 전달체계를 통하여 수요자에게 사회복지 급여와 서비스를 제공하고, 수요자는 전달체계를 통하여 원하는 급여나 서비스를 제공받는다. 따라서 사회복지서비스의 전달체계란 사회복지서비스의 공급자와 클라이언트를 연결시키기 위한 조직적 장치(organization arrangements)라고 할 수 있다(Gilbert and Specht, 1986: 119).

길버트(Gilbert)와 스펙트(Specht)는 사회복지서비스 전달체계의 구성 요소를 다음과 같이 4가지로 언급하였다. 즉, 할당(누가 급여를 받을 것인가?), 급여 제공(무엇을 받을 것인가, 이를테면 현금, 재화와 서비스 등 급여의 전달형태), 전달(사회복지정책이 결정되고 난 후 어떠한 방식으로 전달할 것인가의 문제), 재정(재정조달 방식을 의미)이다.

---

1) 사회복지서비스 전달체계란 사회복지서비스의 공급자와 소비자(수혜자, 고객, Client)를 연결하는 조직적 장치이다.

2 사회복지서비스 전달체계의 분석 방법(분류 방법)

서비스 전달체계는 관점에 따라 다양하게 구분할 수 있는데, 크게 구조·기능적 분석과 운영 주체적 분석으로 구분할 수 있다.

1) 구조·기능적 성격

사회복지서비스를 공급하는 자(정부, 기관, 시설, 단체, 개인 등) 상호 간에 구조와 기능이 어떻게 나누어져 있는가를 보는 것이다. 서비스 공급자의 구조와 기능 분화에 의해 전달체계는 크게 행정체계(계획, 지원, 관리)와 집행체계(서비스 직접전달)로 나눌 수 있다(성규탁, 1993: 407). 대부분 일선 사회복지조직은 서비스 전달체계의 집행체계에 속하는 것들이다.

표 13-1 서비스 전달체계의 구조·기능적 분석

서비스 전달체계	기 능	적용의 예
행정체계	서비스 전달을 기획, 지휘, 지원, 관리하는 기능(간접 지원 기능)	국민기초생활 보장의 경우 보건복지부, 특별시·광역시·도, 시·군·구
집행체계	전달자가 서비스를 소비자에게 직접 전달(직접 제공 체계)	국민기초생활 보장의 경우 읍·면·동과 생활보장대상자 관계이며, 대부분의 일선 사회복지조직

2) 운영 주체별 분석

서비스 전달체계를 누가 운영하는가에 의해 민간(사적) 전달체계(개인, 민간단체)와 공공 전달체계(중앙정부, 지방자치단체, 각 공단 등)로 구분할 수 있다.

표 13-2 서비스 전달체계의 운영 주체적 분석

체 계	구 성
공공 전달체계	• 보건복지부를 중심으로 한 정부 조직 관련 부서의 위계적인 체계망 • 보건복지부 → 특별시·광역시·도 → 시·군·구 → 읍·면·동 → 국민기초생활 보장 수급자 • 특별시·광역시는 자치구, 도는 시·군·구
민간 전달체계	개인, 민간단체(복지재단, 자원봉사단체, 사회복지협의회, 이용 및 수용시설) 등의 수평적인 체계망

3 사회복지서비스 전달체계의 원칙

사회복지서비스가 효과적으로 실행되고 있는지에 대해 알아보기 위해서는 크게 두 가지의 접근 방법이 있다. 첫째, 개별 서비스 조직이 효과적으로 서비스를 전달하고 있는지를 파악하는 것이다. 둘째, 국가사회 전체적으로나 지역사회 전체적인 측면에서 효과적으로 수행되고 있는지를 파악하는 것으로, 이 방법이 서비스 전달체계에 대한 사정이다. 서비스 전달체계를 사정하기 위해서는 먼저 효과적인 서비스 전달체계가 갖추어야 할 원칙을 설정하는 것이 필요하다. 사회복지서비스 전달체계를 구축할 때 고려하여야 할 8가지 원칙을 제시하면 다음과 같다(최성재·남기민, 2001: 88-92).

1) 전문성(professionalization) 원칙

복지서비스의 주요 핵심 업무는 전문적인 서비스이므로 반드시 전문가(professional)가 담당하여야 한다는 원칙이다. 사회복지 분야에는 사회복지사, 의사, 간호사, 보육사, 물리치료사, 영양사 등 여러 전문가가 있으나, 가장 보편적인 전문가는 사회복지사이다.

2) 적절성(충분성, comprehensiveness)의 원칙

사회복지서비스는 지역사회의 대인적 혹은 사회적 문제를 해결하기 위해 충분한 양(quantity), 충분한 질(quality), 충분한 기간 등의 서비스 제공이 이루어져야 한다는 원칙이다. 예를 들면, 소득보장을 위한 급여가 최저생계비 수준에도 못 미친다거나, 상담 서비스가 단순히 타이르고 조언하는 정도에 그친다거가, 서비스 제공기간이 너무 짧으면 소비자는 욕구를 충족할 수 없을 뿐만 아니라 나아가서는 서비스의 목표를 달성하기 어려울 것이다.

3) 포괄성(inclusiveness)의 원칙

소비자의 다양한 요구나 문제해결을 위해서는 다양한 서비스를 포괄적으로 지원해야 한다는 원칙이다. 예를 들면, 노인의 소득증대 문제는 노인을 위한 직업훈련이나 취업알선, 질병치료, 가족 문제 등과 연관되어 있으므로 소득증대를 위해서는 이같이 다양한 서비스 프로그램이 필요하다.

4) 지속성(continuity)의 원칙

전달체계 내의 모든 프로그램과 기관이 각기 얼마나 밀접한 근접성을 갖추고 있는지를 나타내는 것을 의미한다. 한 개인의 문제나 욕구를 해결하는 과정에서 필요한 서비스의 종류와 질이 달라져야 하는 경우가 많은데 한 개인이 필요로 하는 다른 종류의 서비스와 질적으로 다른 서비스를 지역사회 내에서 계속적으로 받을 수 있도록 그러한 서비스가 상호 연계되어야 한다. 예를 들면, 노인의 소득증대를 위해서 직업훈련 프로그램은 있는데 직업알선 프로그램이 없거나 있어도 직업훈련 프로그램과 연계되어 있지 않으면 서비스 전달체계의 불연속성(discontinuity)이 발생한다. 따라서 소득증대를 위해서는 직업훈련 프로그램 시행 직후 직업알선 프로그램과 연결되도록 해야 한다.

5) 통합성(unification)의 원칙

클라이언트의 문제는 한 가지일 수도 있지만 대부분 다양한 문제를 포함하고 있는 경우가 많다. 따라서 다양한 문제를 해결하기 위해서 필요한 서비스 프로그램들이 서로 연관되어야 한다는 것이 통합성의 원칙이다.

6) 평등성(equity)의 원칙

평등성은 두 가지의 개념이 있다. 첫째, 절대적 평등(absolute equity)으로 성별·연령·소득·종교·지역에 관계없이 모든 국민에게 복지서비스를 제공하는 것이다. 둘째, 상대적 평등(comparative equity)으로 소득수준(국민기초생활 보장의 경우)이나 연령(의무교육 제한, 국민연금의 가입연한을 18~60세로 규정), 직업에 의한 제한(산재·고용보험의 경우 사업장 근로자만 가입)이 있다.

절대적 평등이 적용되는 경우에는 모든 국민에게 발생할 수 있는 문제이다. 예를 들면, 부부간 문제, 청소년 비행 문제, 장애 문제 등이 있다. 복지서비스는 절대적 평등을 원칙으로 하되, 예외적으로 공익에 필요한 한도 내에서 상대적 평등이 적용된다.

7) 책임성(accountability)의 원칙

사회복지조직은 국민의 권리로 인정한 사회복지서비스를 소비자에게 전달하도록 위임받은 존재이므로 서비스 전달에 책임을 져야 한다는 원칙이다. 여러 원칙 가운데 가장 중요한 원칙이라 할 수 있다.

8) 접근 용이성(accessibility)의 원칙

서비스를 필요로 하는 사람이 서비스를 활용하는 데 아무런 장애가 없어야 한다는 원칙이다. 클라이언트가 서비스에 접근하는 데에는 여러 장애 요인이 있을 수 있는데, 서비스에 관한 정보의 결여 또는 부족, 지리적 장애(예: 원거리 또는 교통의 불편 등), 심리적 장애(예: 자신의 문제 노출에 대한 두려움, 수치감), 선정절차의 장애(예: 자산조사의 엄격한 적용, 시간이 많이 걸림), 자원 부족(예: 금품이나 상담자의 자질 부족) 등이 있다.

4 사회복지서비스 전달체계의 현황

1) 공적 사회복지서비스 전달체계

(1) 공적 전달체계 이론

공적 전달체계의 대표적인 주체는 국가기관으로, 중앙정부와 지방자치단체로 크게 분류된다. 중앙집권 국가에서 지방은 지방행정기관에 불과하지만, 지방자치를 실시하는 국가에서 지방은 자치권을 가진다. 지방이 자치권을 가지면서 중앙과 새로운 관계설정이 필요하고, 관계 설정의 방향에 따라 공공 분야의 사회복지서비스 전달체계도 달라질 수밖에 없다. 따라서 공적 사회복지서비스 전달체계도 달라질 수밖에 없다. 이는 중앙과 지방의 정부관계(IGR, intergovernmental relation) 이론으로 정리된다(Wright and Deil, 1988; 허만영, 2004).

정부 간 관계유형은 종속형, 대립형, 파트너 모형이 있다.

첫째, 종속형은 중앙에서 결정된 사회복지 급여나 서비스가 광역자치단체를 경유하여 기초자치단체에 내려가고, 기초자치단체에서는 사회복지 대상자에게 전달되는 경로를 가진다. 광역자치단체나 기초자치단체는 자치권이 최소화되어 있는 것이 특징이다.

둘째, 대립형은 중앙정부와 광역자치단체가 독자적으로 시민에게 사회복지 급여나 서비스를 제공한다. 중앙정부는 직접 사회복지 대상자에게 급여나 서비스를 제공하고, 광역자치단체는 중앙정부와 무관한 상태에서 사회복지정책을 결정하며, 제공하기로 결정한 급여나 서비스를 사회복지 대상자에게 제공한다.

셋째, 파트너형은 중앙정부, 광역자치단체 그리고 기초자치단체가 독자적으로 사회복지 대상자에게 서비스를 제공한다. 독자적으로 급여나 서비스를 제공하지만 파트너로서 협의체제를 유지한다. 협의체제가 유지되면 제공되어야 할 서비스의 공백이 최소화될 뿐만 아니라, 중복 급여가 최소화된다. 파트너형에 의하면 중앙정부는 일관성 있게 시민에게 사회복지 급여나 서비스를 제공할 수 있고, 자치단체는 지역 경제 여건을 고려하여 지역 특성에 맞추어 사회복지 급여와 서비스를 제공할 수 있다. 파트너형은 경쟁과 협조를 동시에 이끌어 낼 수 있는 모형이다(강용규 외, 2007: 235-236).

(2) 공적 사회복지서비스 전달체계의 구조

현대사회에서 사회복지는 공식적으로 조직된 활동으로 법률에 의해서 제도화되고 조직체계를 통하여 전달된다. 여기서는 사회복지 업무와 직접적으로 관련된 보건복지부를 중심으로 살펴본다(강용규 외, 2007: 236-237).

현재의 보건복지부는 1948년 정부수립과 더불어 발족한 사회부가 그 시초였다. 그 이듬해 사회부의 기능 중 보건에 관한 업무를 분리하여 보건부를 신설하였다. 그러나 1955년 정부의 조직 통·폐합 작업에 따라 보건부와 사회부가 합쳐져 보건사회부로 개편되었고, 1994년에는 보건사회부를 보건복지부로 개칭, 이명박 정부가 출범하면서 보건복지가족부가 되었으며, 다시 2010년 보건복지부와 여성가족부로 분리하였다.

행정부의 지방 하위 조직인 시·군·구 단위에는 사회복지과 혹은 가정복지과 산하에 사회복지계, 가정복지계, 부녀복지계, 청소년복지계 등이 설치되어 있다. 이들의 업무는 다시 일선 조직인 읍·면·동 단위의 사회복지계나 소속 사회복지 전담 공무원으로 이어진다. 사회복지행정 부서의 업무를 보조하며, 중요사항을 자문하거나 심의하기 위하여 전달체계의 각 단계(중앙, 시·도, 시·군·구)마다 위원회를 두고 있다.

중앙정부의 국무총리 산하에는 사회보장위원회가, 보건복지부 산하에는 국민기초생활 보장위원회, 아동복지위원회, 장애인복지위원회 등이 있다. 지방자치단체(시·도, 시·군·구)에는 보건복지부 산하 위원회와 유사하며, 읍·면·동에는 자원봉사직의 정부 위촉위원으로 복지위원과 아동위원이 있다.

한편, 정부에서는 1995년 7월부터 전국 5개 지역을 대상으로 2000년 7월까지 '보건복지사무소'를 설치하여 시범사업을 실시하였다. 이는 복지사무 집중화를 통한 업무효율 향상과 조직통합으로 인한 방문보건서비스 제공 및 활성화를 위한 긍정적 효과의 파급이라는 성과에도 불구하고 여러 가지의 문제점과 정치적 이해관계로 말미암아 전국적으로 확대되지 못하였다.

2003년 7월 30일 사회복지사업법 개정안이 공포되어 2004년 7월 31일부터 새로운 사회복지사업법이 시행되었다. 사회복지서비스의 지방화에 대한 대비의 성격으로 개정이 이루어진 것으로 지방정부 수준(시·군·구 및 시·도)에서 사회복지서비스 공급이 이루어지는 제도적인 환경에 변화를 시도한 것이다. 개정 사회복지사업법에서는 지역사회복지협의체를 구축하기 위해 지방정부로 하여금 지역복지계획수립, 지역사회 보호 서비스의 강화, 지역사회복지협의체의 설치 등을 강제하고 있다.

(3) 공적 사회복지서비스 전달체계의 문제점

공공 부조와 복지서비스 업무는 정책결정은 보건복지부에서, 집행은 행정부 소관인 지방자치단체에서 담당하는 이원화된 형태이다. 따라서 전달체계 조직 구조상의 문제와 서비스 제공의 책임성, 전문성, 효율성, 효과성 등의 문제가 제기되고 있다. 이러한 공적 전달체계의 문제점을 정리해 보면 다음과 같다.

첫째, 상의하달식 수직 전달체계의 문제이다.

보건복지부 → 지침하달 → 중간 및 하부기관의 이러한 형태의 수직적 전달체계 내에서 중간 및 하부기관은 클라이언트의 욕구에 능동적, 자율적인 대처가 어렵다(적절성, 통합성, 포괄성 문제).

둘째, 사회복지행정을 지방의 일반 행정체계에 편입한 것이다.

서비스 전달을 위한 행정체계가 행정부의 지방 행정체계에 편입되어 사회복지 전문성을 살리지 못하고 있으며, 일선 전문요원의 경우 일반 행정업무를 겸함으로써 전문성을 발휘하기 어렵다. 따라서 서비스 전달 업무의 효과성, 책임성, 업무 만족도가 저하되고 쉽게 소진될 수 있으며 결국 서비스의 효율성이 저하한다.

셋째, 전문인력 관리의 미흡과 전문인력의 부족이다.

사회복지 전담 공무원은 승진의 기회가 적어서 사기가 저하되고, 일반직 공무원이 사회복지직으로 전환되고 있는 실정이라 서비스의 효과성을 악화시킬 수 있다. 또한 국민기초생활보장법의 실시 이후 사회복지 전담 공무원의 업무는 더욱 과중되었으나, 인원의 보충은 부족한 상태이므로 결국 서비스의 질을 저하시키고 효과성을 악화시킨다.

넷째, 서비스 통합성의 결여와 각종 위원회의 활동 부진이다.

공적 사회복지 전달체계의 관련 부서는 분리되어 설치되어 있으며 통합성이 낮고, 결국 서비스의 단편성을 초래하여 서비스 효과성을 악화시킨다. 또한 전달체계 내에 자문위원회, 심의위원회 등 다양한 위원회가 존재하지만 형식적으로 운영이 되고 있어 서비스의 효과성, 효율성 향상에 도움이 되지 못하고 있다.

(4) 공적 사회복지서비스 전달체계의 개선

공적 사회복지 전달체계의 문제점에 대한 해결방안은 다음과 같이 제시될 수 있다(김형식 외, 2001: 84).

첫째, 전달체계 계층의 단순화이다.

전달체계의 과다한 계층적 접근 방법에 따른 보고, 지시, 감독, 통보 등을 완화하여 계층의 수를 줄이는 방법이다.

둘째, 사회복지서비스 업무를 하급기관으로 이양한다.

상급기관에서 업무를 기획, 조정, 통합하고 고도의 전문성과 기술을 요하거나 꼭 필요한 것 외에는 가능하면 많은 업무를 하급기관으로 이전하도록 하고, 중앙정부에 의한 획일적이고 수직적인 행정체계보다 지역의 특성에 맞도록 운영될 수 있도록 사회복지서비스 업무는 지방정부에 위임하는 것이 바람직하다.

셋째, 사회복지서비스 전달체계를 수직적·지시적·감독적·후견적 관계에서 보완적·수평적·협동의 관계로 전환하고, 사회복지행정체계의 필요성은 지역주민의 사회복지 욕구를 효율적이고 효과적으로 충족시키는 데에 있다.

넷째, 정부 담당 업무 중 민간부문에서 담당해야 할 업무는 민간 조직의 활성화를 위하여 이양하고, 민간 사회복지시설이나 기관의 활성화 방안을 적극적으로 추진해야 한다.

다섯째, 사회복지서비스의 효과성과 효율성을 위해 사회복지 관련 위원회를 그 조직과 운영 면에서 활성화시켜야 한다.

여섯째, 전문인력을 충원하여 클라이언트에게 서비스 제공이 효율적으로 될 수 있도록 사회복지 전담 공무원을 전달체계 내에 확대 배치하여야 한다.

일곱째, 이와 같은 개선 점을 종합적으로 실현하기 위해서는 사회복지서비스를 통합적으로 제공할 수 있는 전담기구의 설치가 조속히 이루어져야 한다.

2) 사적 사회복지서비스 전달체계

(1) 사적 사회복지 전달체계 이론

사적 사회복지 전달체계에서는 순수한 시장원리에 따라 사회복지 재화를 구매할 수도 있지만, 공공재로서의 성격을 감안하여 정부에서 시장에 개입할 수 있는 여지를 남겨두고 있다(허만영, 2004: 246-248).

첫째, 순수 시장원리에 의한 사적 전달체계는 시장원리에 사회복지 재화의 공급을 맡기는 것을 의미하는데, 수요자의 자유 선택에 의하여 수요자의 비용으로 서비스를 전달받도록 하는 시스템을 말한다. 공급자로서의 사회복지사가 시장 요금을 적용하여 사회복지서비스를 원하는 고객에게 제공하는 경우로서, 우리나라에서 자신의 비용으로 실버타운에 입주하거나 상담 클리닉에서 임상 사회복지사로부터 상담 서비스를 받는 경우가 해당한다.

둘째, 자격 있는 자만이 재화나 서비스를 공급할 수 있도록 하는 시장진입 규제가 사적 전달체계에 대한 정부의 개입 유형이다. 미국처럼 임상 사회복지사 자격이 있는 경우에 한하여 상담 클리닉을 열어 상담 서비스를 제공하도록 하는 경우가 해당한다. 우리나라에서는 사회복지법인만이 사회복지기관이나 사회복지시설을 운영할 수 있도록 하는 경우가 해당한다.

(2) 사적 사회복지서비스 전달체계의 기능

사적 사회복지 전달체계는 공적 사회복지 전달체계를 보완하는 역할을 하며, 다음과 같은 기능을 담당한다(최성재·남기민, 1993: 95-86).

첫째, 정부 제공 서비스 비해당자에게 서비스를 제공한다.

정부에서 제공하는 서비스 대부분은 클라이언트의 자격기준을 심사하여 선별하기 때문에 서비스가 필요함에도 불구하고 누락되는 경우가 있다. 사적 사회복지 전달체계는 이들에게 서비스를 제공하기 위하여 존재한다.

둘째, 정부가 제공할 수 없는 서비스를 제공한다.

클라이언트의 욕구가 날로 다양해지는 현실에서 정부는 서비스의 1차적인 욕구충족에 목표를 두고 있는 만큼 민간 사회복지 전달체계에서 보다 다양하고 질 높은 서비스를 제공할 수 있다.

셋째, 동종 서비스에 대한 선택의 기회를 제공한다.

정부에서 제공하는 서비스와 동일할 경우 지리적·기호적으로 시간상 편리한 여건을 선택할 수 있게 하여 공사기관의 경쟁을 유발함으로써 서비스의 질을 높일 수 있다.

넷째, 사회복지서비스의 선도적 개발과 보급 기능을 한다.

사적 체계는 행정적으로 융통성이 있고 의사결정 라인이 신속하므로 환경의 변화와 클라이언트의 새로운 욕구를 민감하게 파악하고 새로운 프로그램을 개발, 보급하는 데 유리하다.

다섯째, 민간의 사회복지 참여 욕구를 수렴하는 기능을 한다.

지역사회 내 인적·물적자원을 쉽게 동원할 수 있고 자원봉사자, 후원자의 형태로 민간의 사회복지 참여를 유도할 수 있다.

여섯째, 정부의 사회복지 활동에 대한 압력단체의 역할을 한다.

민간기관의 경우 연합체를 형성하여 정부의 서비스를 감시하거나 건의할 수 있고 새로운 서비스를 위한 영향력을 행사할 수 있다.

일곱째, 국가의 사회복지 비용을 줄일 수 있다.

국민의 복지 욕구는 나날이 높아가지만 서비스의 공급은 한정되어 있는 실정에서 민간 사회복지 전달체계가 대신하므로 비용의 절약을 가져올 수 있다.

(3) 사적 사회복지서비스 전달체계의 구조

사적 사회복지조직은 '영리를 목적으로 하지 않는 주민 조직 그리고 사회복지법인, 재단법인 및 사단법인, 종교단체, 법정단체 및 기타 특수법인, 등록단체나 그 법인 또는 단체가 사회복지사업을 목적으로 운영하는 시설과 기관'을 총칭하는 것으로 본다(이정호, 1987: 49).

지역사회 조직 사업 분야에서 협의회는 3가지 유형이 있다(신복기 외, 2002: 168).

첫째, 전통적인 사회복지기관 협의회(council of social agencies)이다.

이는 사회복지기관이나 사회복지를 담당하는 위원회 및 부서를 가진 여타의 단체로 구성되는데, 일반적으로 대도시에 존재하는 복지협의회 대부분은 이러한 형태이다. 한국사회복지사협의회의 전신(前身)인 한국사회사업연합회나 한국사회복지관협회도 이 유형에 속한다고 볼 수 있다.

둘째, 지역사회복지협의회(council of social welfare)이다.

이는 전문 혹은 비전문 개인회원과 사회복지기관의 단체 회원으로 구성되며 포괄적인 의미의 사회복지 증진에 관심을 갖고 사회행동(social action) 등에도 참여한다. 우리나라의 한국사회복지협의회와 각 시·도 사회복지협의회가 이러한 유형에 속한다.

셋째, 전문분야협회(specialized councils)이다.

이 협의회는 앞서 논의한 두 협의회 유형 중 하나가 기능적인 형태로서 소협의회 또는 독립기구로서 존재할 수 있다. 예를 들면, 한국사회복지사협회, 가정 및 아동복지협의회, 레크리에이션과 집단 지도협의회, 보건 문제, 정신위생, 재활, 청소년 비행 예방, 청소년 서비스 분야 등의 기관협의회를 들 수 있다. 우리나라의 사회복지 분야 직능단체협의회, 예를 들면 사단법인 한국아동복지시설협회, 한국노인복지시설협회, 한국장애인복지시설협회, 한국정신요양복지시설협회, 한국여성단체협의회 등이 여기에 속한다.

(4) 사적 사회복지서비스 전달체계의 문제점

사적 사회복지서비스 전달체계의 문제점을 조직 구조적 측면, 관리 운영적 측면, 전달 인력적인 측면으로 살펴보면 다음과 같다(신복기 외, 2002: 171-173).

① 조직 구조상 문제점

첫째, 대부분의 사적 사회복지기관이나 시설은 그 운영에 필요한 재정의 상당 부분을 정부의 보조에 크게 의존하고 그 운영도 지도·감독을 받아야 하기 때문에 클라이언트의 요구보다는 정부의 '지시'에 따르는 경향이 두드러진다. 이 때문에 민간부문의 장점인 자율성과 창의성의 제약이 뒤따르게 되는 결과를 가져온다.

둘째, 사적 사회복지시설 중 생활 시설에 대한 정부의 지원 수준이 낮고 시설의 종별·지역별 분포가 불균형하며, 재정 상태 및 전문인력 확보가 미비한 실정이다. 이용 시설인 사회복지관의 경우도 도시지역에 편중·분포되어 있으며, 전문인력의 부족과 재정의 취약성으로 시범적이고 포괄적인 프로그램을 지속적으로 제공하지 못하고 있으며, 몇몇 독창적인 프로그램을 제외하고는 기관별로 유사한 프로그램만을 제공하는 실정이다.

셋째, 사적 사회복지시설 중 생활 시설은 지역사회에 바탕을 두고 지역주민의 참여와 함께 시설의 개방화, 사회화가 이루어져야 함에도 불구하고 그렇지 못한 실정이다. 또한 시설의 서비스와 지역사회의 서비스가 제대로 연계되지 않아 수용자가 통합적인 서비스를 받지 못하고 있다.

② 관리 운영상 문제점

첫째, 사회복지조직 협의기구는 조정자로서의 역할과 기능이 미약하다. 생활시설협의회의 경우 재정적으로 정부 보조금에 의존하고 있기 때문에 사회복지시설의 이슈나 문제에 대해서 정부나 국민에게 사실을 홍보하고 정책 건의를 하는 데에는 많은 한계가 있다. 이용 시설은 기관 간 협의 조정체계가 구축되어 있지만 실질적인 운영에 어려움이 있고, 서비스 간 연계가 부족하여 프로그램의 중복과 누락 현상이 발생하고 있다.

둘째, 생활 시설은 재원이 빈약하여 대부분 만성적인 재정난에 봉착해 있다. 특히 단순 수용보호 사업만으로는 클라이언트의 건전한 인격 형성, 사회생활 적응 능력의 배양, 자립, 자활과 같은 복지 목표를 기대하기 어렵다.

③ 전달 인력의 문제점

첫째, 생활 시설 대부분은 빈약한 운영비 때문에 적합한 전문인력을 고용할 수 없거나, 취업공고를 내도 근무 여건이 열악하여 전문 사회복지사가 취업을 기피하고 있어 전문적인 프로그램의 제공에 어려움이 있다. 이용시설도 전문 사회복지 인력이 많은 복지관일수록 프로그램의 전문성이 나타나고 있으므로 전문 사회복지사의 충원과 이를 위해 정부 부담 인건비의 증액이 요구된다.

둘째, 사적 사회복지조직은 근무하고 있는 직원의 처우가 일반기업이나 전문

종사자 직원에 비해 낮을 뿐만 아니라 장시간의 근무 등 열악한 근무 환경으로 말미암아 그들이 전달체계의 원칙인 전문성과 책임성을 추구하는 데는 한계가 있다. 이러한 상황에서 사회복지 시설에 종사할 전문인력을 유지하고 확보하기란 매우 어려운 실정이다.

(5) 사적 사회복지서비스 전달체계의 개선 방향

첫째, 사회복지협의회의 효율적인 사업수행을 위해 조직기능을 강화시킨다. 그 방안으로 중앙사회복지협의회의 사무처와 각 부서의 기능을 강화하고 전국의 시·군·구 지역에 지방기초단체협의회를 구성한다.

둘째, 사회복지기관, 시설 운영 조직의 강화가 필요하다. 민간 사회복지사업의 공정성 확보, 자주성 존중, 경영 조직의 확립, 재정 기반의 강화 및 공사 사회복지사업의 협동 기능을 강화하고 이를 위해서는 법인의 이사회 기능을 강화할 필요가 있다.

셋째, 전문성을 강화해야 한다. 사회복지협의회, 생활 시설 및 이용 시설 모두 전문적인 수준을 높이기 위해서는 많은 전문 사회복지사가 생애직으로 받아들여 책임을 가지고 근무할 수 있도록 종사자에 대한 처우와 근무 환경이 크게 개선되어야 한다.

넷째, 민간 사회복지의 자립을 위해 주민 참여를 통한 복지 자원을 동원해야 한다. 정부나 지방자치단체의 보조금만으로는 한계가 있는 실정에서 지역사회 주민들을 참여시켜 복지 자원을 동원하기 위한 방법을 모색해야 한다. 예를 들면, 지역사회의 공동모금회를 활성화하거나 기업과 종교단체의 참여를 유도하여 자원봉사자를 효율적으로 관리하는 것 등이다.

5 사회복지 영역에 따른 전달체계

1) 공공 부조의 전달체계

공공 부조는 빈곤층에 제공되는 현금(cash) 혹은 현물(in-kind) 급여를 의미한다. 이는 국가의 일반회계 예산으로 예산 규모가 결정되기 때문에 국가사업이라고 할 수 있다. 공공 부조의 전달체계는 국가에서 사회복지 대상자에게 전달된다는 특징을 가진다.

국민기초생활보장은 대표적인 공공 부조 프로그램으로서 최저 생계수준 이하의 삶을 살아가는 빈곤층에게 생활보장과 자활지원을 목적으로 한다. 국민기초생활보장 사업을 담당하는 주무 부처는 보건복지부이며 정책을 결정하고, 예산을 편성하고, 사업을 감독하는 역할을 한다. 집행은 행정부가 담당하고 있다. 집행 기능은 행정부의 하부 조직인 광역자치단체 → 기초자치단체 → 읍·면·동을 거쳐 빈곤층에게 전달된다. 현행 전달체계는 정책 기능과 집행 기능으로 이원화되어 있을 뿐만 아니라, 전달단체가 많아 제때에 필요한 서비스를 원하는 고객에게 전달하지 못하는 적시성(timeliness)의 문제가 제기되고 있다.

2) 사회보험의 전달체계

사회보험의 전달체계는 사회보험 보험자와 피보험자의 관계를 통하여 사회보험 급여를 전달한다. 사회보험 보험자는 정부 기관일 수도 있고, 사회보험을 관리하기 위하여 설립한 법인체일 수도 있다. 민간 기업이 사회보험의 주체인 경우 민간 기업이 보험자 역할을 한다.

우리나라의 대표적인 사회보험은 국민연금, 국민건강보험, 산업재해보상보험, 고용보험으로 이에 대한 전달체계를 설명하면 다음과 같다(남기민, 2004: 218-250).

첫째, 국민연금제도: 공무원, 군인, 사립학교 교직원 등과 같이 특수 직역에 종사하는 자를 제외한 모든 국민은 단일한 연금체계에 편입하여 관리하고 있다. 국민연금제도의 운영과 관련하여 정책결정에 책임을 지고 있는 부서는 보건복지부 사회복지정책실 연금보험국이다. 국민연금관리공단은 보건복지부장관의 위탁을 받아 국민연금사업을 운영하는 집행기관으로서 국민연금 가입자에 대한 이력 관리, 연금보험료의 징수, 연금급여 지급, 기금 운용, 가입자 및 수급자를 위한 복지 시설의 설치·운영 등과 같은 복지증진사업 등 보건복지부장관이 위탁한 사업을 수행함으로써 직접적으로 국민연금을 관리·운영하는 기관이다.

둘째, 국민건강보험제도: 1998년 10월, 227개의 지역의료보험조합과 공무원 및 사립학교 교직원 의료보험관리공단이 통합하여 국민의료보험관리공단으로 발족하였다. 2000년 7월에는 사업장 근로자를 대상으로 하고 있는 139개 직장조합과 국민의료보험관리공단을 통합하여 국민건강관리공단을 발족시켜 중앙집중관리 방식으로 전환하였다. 이어 2003년 7월에는 재정까지 완전히 통합하여 4대 사회보험 중 유일하게 분산 관리·운영체계를 유지해 왔던 국민건강보험은 완전한 중앙집중 관리 운영체계를 갖추었다.

셋째, 산업재해보상보험제도: 산재보험 업무는 노동부 산재보험과에서 직접 관리·운영하다 1995년 7월 1일부터 근로복지공단으로 이관하여 현재는 근로복지공단에서 위탁 관리·운영하고 있다. 근로복지공단은 노동부장관의 위탁을 받아 보험 가입자 및 수급권자에 대한 기록의 관리·유지, 보험료, 기타 이 법에 의한 징수금의 징수, 보험급여의 결정 및 지급, 산재보험 시설의 설치 운영, 근로자의 복지증진을 위한 사업 등을 수행하고 있다.

넷째, 고용보험제도: 고용보험제도 및 운영에 관한 주요 사항의 결정이나 기획에 관한 업무는 노동부 본부에서, 집행 업무는 지방 노동관서 및 근로복지공단에서 이루어지고 있다. 노동부의 고용보험과 밀접한 관련이 있는 부서는 고용정책실이다.

3) 사회복지서비스 전달체계

사회복지서비스 전달주체는 지방자치단체와 같은 정부기관과 민간단체로 구분할 수 있다. 지방자치단체가 주체가 되어 사회복지서비스를 전달하는 경우 지방자치단체가 직접 주민에게 다양한 서비스를 제공하거나, 지방자치단체가 경로당이나 사회복지기관을 지원하고 그 지원금으로 지역주민에게 사회복지서비스를 제공하는 두 가지의 형태가 있다.

사회복지서비스는 사회복지를 목적으로 형성된 민간 네트워크가 주체가 되어 서비스를 제공하는 경우가 많다. 노인복지 분야에서 실버넷, 빈곤 아동을 위한 국가단체로 "Free the Children"[2] 등이 있다(허만영, 2004: 255-256).

6 전달체계의 통합

서비스 전달체계가 처한 다양한 문제 중에서 가장 두드러지는 것은 서비스의 비연속성과 파편성의 문제이다. 이것은 전달체계 내에 위치한 기관이나 프로그램 간에 다양한 형태의 교류를 위한 연결이 느슨하게 이루어져 있을 때 발생하게 된다. 해결책으로 '서비스 통합(service integration)'이 요구되는데, 이는 클라이언트의 욕구를 보다 종합적으로 다루기 위해서 둘 이상의 서비스 공급자를 함께 묶는 것을 말한다.

서비스 통합의 방법은 크게 두 가지로 나눌 수 있는데, 완전 통합과 단순 조정의 방법이다.

첫째, 완전 통합(integration)의 방법은 각각의 조직에 의해 제공되던 서비스를 통합하기 위해 이들 조직을 묶어서 완전하게 새로운 단일 서비스 구조를 만들어내는 것이다.

둘째, 단순 조정(coordination)의 방법은 각 조직이 자신들의 인적·물적자원과 구조 등은 계속해서 독립적으로 유지하면서, 서로 간의 관계를 보다 밀접하게

2) Free The Children(이하, FTC): 전 세계 아이들을 가난과 착취로부터 보호하고, 아이들에게 발언권과 통솔력 훈련 그리고 지역적인 작은 것에서부터 국제적인 수준까지 아이들에게 영향을 미치는 이슈에 대해 스스로가 사고하고 대처할 수 있는 기회를 제공해 주는 일을 하고 있는 단체이다. FTC는 빈곤한 아이들의 어려움을 해결해 주는 프로그램을 운영할 뿐만 아니라 젊은이들을 이런 프로그램에 참여하도록 장려함으로써 전 세계에 걸친 아동학대를 제거하는 데 노력하고 있다. FTC는 모든 아이들이 지적, 신체적, 정서적, 사회적으로 완전한 성장을 할 권리가 있다고 믿는다. 이러한 기본적인 인권은 전 세계 아이들에게 영향을 주는 문제의 해결책을 찾는 데 참여할 권리와 책임까지를 포함한다. FTC는 전 세계 35개국 이상의 나라에 존재하는 비영리 자선아동단체로, 주로 18세 이상의 젊은이들에게는 선도자와 보호자의 역할을 하며 관리와 리더십 개발을 돕는다(출처: http://www.freethechildren.com).

개선하고자 하는 것이다.

대부분의 경우 서비스 통합을 말할 때는 완전 통합의 방법보다는 단순 조정의 방법을 의미하는데, 이미 분리되어 발달하던 조직을 하나의 구조로 묶는다는 것이 쉬운 일이 아니기 때문이다. 또한 획일적인 구조가 보다 더 효과적인 서비스 전달을 보장한다는 것도 지나치게 단순한 논리이다. 획일적인 구조의 적용은 다양성과 창의성이 강조되는 휴먼 서비스의 발전에 오히려 역효과를 초래할 수 있다는 주장도 만만치 않다. 획일적인 구조를 적용하면 불연속성과 파편성의 문제를 효과적으로 개선할 수 있지만, 획일적 구조는 대개 접근 용이성을 약화시키고, 장기적으로는 자유로운 서비스 발전을 저해해서 충분성과 책임성에 대한 궁극적인 문제를 야기할 수 있다.

전달체계를 통합하는 방법은 다음과 같다.

첫째, 종합 서비스센터의 운영이다. 하나의 서비스 분야를 두고서 그와 관련된 복수의 서비스를 모두 한 곳에 모아 제공할 수 있게 한다. 한 지역의 장애인 이용서비스를 종합적으로 제공하는 장애인종합복지관이나 지역사회 관련 제반 욕구에 대한 서비스를 모아 놓은 지역사회종합복지관이 그 예이다.

둘째, 단일화된 인테이크(intake)의 공동 창구 개발이다. 전달체계 내의 조직이 인테이크를 전담하는 공동 창구를 개발하는 방법이다. 이 창구는 클라이언트의 다양한 욕구에 대해 종합적으로 평가하며, 그에 따른 적절한 서비스 계획을 개발하는 역할을 수행한다. 전달체계 내의 모든 서비스 실천 기관은 이러한 공동 인테이크 창구를 통해 클라이언트를 공급받고, 비록 부분적이지만 이것 역시 조직 간에 일정한 정도의 구조적인 통합을 요구하므로, 이것은 종합 서비스센터 다음으로 집중화의 강도가 높은 서비스 통합 전략이다.

셋째, 종합적인 정보와 의뢰 시스템의 구축이다. 조직 간의 구조적인 통합을 시도하지는 않지만, 조직은 각자의 독립성을 유지한 상태에서 단지 클라이언트의 교환이나 서비스 간의 연결을 목적으로 정보와 의뢰 시스템을 강화하는 방법이다.

넷째, 사례 관리(case management)이다. 조직 간에는 느슨한 네트워크를 구성하면서도 개별 사례를 중심으로 서비스 간의 조정 효과를 나타낼 수 있는 단순 조정의 한 방법이다. 이것은 조직 간의 구조적인 연계를 시도하는 것이 아니라, 사례 관리자가 중심이 되어 개별 조직에 분산되어 있는 서비스를 클라이언트의 욕구에 맞추어서 연결하고 관리해 주는 것으로, 조직 간의 구조적인 통합이나 조정이 현실적으로 어렵다는 점을 감안한다면, 전달체계의 통합이나 조정을 위해 현실적으로 가장 유력한 대안이 될 수 있다.

다섯째, 기타 방법으로 트래킹 시스템과 크리밍 현상이 있다. 트래킹 시스템(tracking system)은 클라이언트의 행적을 제공하는 시스템으로, 동일한 수혜자에 대한 서로 다른 기관이 정보를 공유하는 시스템이다. 크리밍(creaming) 현상은 조직이 순종적이고 성공 가능성이 높은 클라이언트만을 선발하고, 비협조적이고 성공 가능성이 낮은 클라이언트는 배척하는 것이다.

기출 및 예상문제

01 (　　) 란 서비스의 제공자와 클라이언트를 연결시키기 위한 체계적이고 조직적인 장치이다.

정답 : 전달체계

02 다음 중 사회복지 전달체계를 통합하기 위한 방법이 아닌 것은?

① 거점조직 창설　　② 트래킹
③ 사례관리　　④ 종합서비스센터 설립
⑤ 인테이크의 다양화

정답 : ②
사회복지전달체계를 통합하기 위해서는 인테이크를 다양화하기보다 인테이크를 전담하는 창구를 단일화하는 방법이 효율적이다.

03 (　　) 란 서로 다른 각각의 기관과 프로그램에서 다루었던 클라이언트에 대한 정보를 서로 공유할 수 있게 하는 시스템이다. 이 시스템을 행하면 클라이언트가 받은 서비스의 경로와 행적을 추적해서 정보를 알 수 있게 된다.

정답 : 트레킹

04 사회복지 전달체계의 기본원칙으로 옳은 것은? (4회 기출문제)

ㄱ. 통합성	ㄴ. 접근성	ㄷ. 적절성	ㄹ. 진실성

① ㄱ, ㄴ　　② ㄱ, ㄷ　　③ ㄴ, ㄹ
④ ㄹ　　⑤ ㄱ, ㄴ, ㄷ, ㄹ

정답 : ①
ㄹ. 진실성은 사회복지사가 클라이언트를 대함에 있어 요구되는 것이기는 하지만, 사회복지 전달이라는 행정적 측면에서의 기본 원칙으로 보기는 어렵다.

05 서비스의 통합성을 증진시키기 위한 전략 중 다음에서 설명하는 것은 무엇인가?

시·군·구 단위에 동문복지사례관리지원단을 설치하여 공공 사회복지 전달체계 내의 서비스 통합성을 제고하고자 하였다.

① 트래킹
② 사례관리
③ 인테이크의 단일화
④ 종합서비스센터
⑤ I&R

정답 : ②

① 트래킹: 서로 다른 기관과 정보를 공유하도록 하는 시스템이다.
③ 인테이크의 단일화: 초기상담 창구를 별도로 만드는 방법이다. 클라이언트의 다양한 욕구를 종합적으로 판단하여 적절한 서비스 계획을 세운다.
④ 종합서비스센터: 종합사회복지관처럼 하나의 서비스 기관 내에서 여러 서비스가 제공될 수 있도록 하는 방법이다.
⑤ I&R: 전달체계들을 단순 조정하는 방법으로 각기 독립성을 유지하면서 서비스의 통합적 제공을 강화하는 방법이다.

06 소득보장을 위한 급여를 일정 수준 이상이 되도록 하는 이유는 사회복지서비스의 전달에 있어 어떤 원칙을 충족시키기 위함인가?

① 서비스의 포괄성
② 서비스의 적절성
③ 서비스의 통합성
④ 서비스의 지속성
⑤ 서비스의 전문성

정답 : ②

서비스의 적절성은 클라이언트의 욕구충족이나 문제해결 및 서비스의 목표를 달성하기에 충분한 양과 질의 서비스가 제공되어야 한다는 원칙이다.

07 다음은 사회복지서비스 전달체계의 원칙 중 어떤 원칙을 강조하고 있는가?

자활훈련기관에서는 클라이언트의 자활을 촉진시키기 위해서 노동부의 직업훈련 프로그램을 성공적으로 이수한 클라이언트에게 취업알선 프로그램이나 직업적응훈련 프로그램을 의뢰한다.

① 전문성
② 지속성
③ 적절성
④ 접근성
⑤ 평등성

정답 : ②

'자활'이라는 하나의 욕구를 해결하기 위해 여러 서비스가 끊어지지 않고 이어져야 하는 원칙이므로 지속성에 해당한다.

08 사회복지조직에서 서비스를 제공함에 있어 한 명의 클라이언트가 가진 다양한 문제에 대해 다각도로 접근해야 함을 강조하는 원칙은 무엇인가?

① 지속성
② 포괄성
③ 평등성
④ 적절성
⑤ 전문성

정답 : ②

① 지속성: 서비스가 끊어지지 않고 제공되어야 함을 강조하는 원칙이다.
③ 평등성: 모든 클라이언트에게 평등하게 제공되어야 함을 강조하는 원칙이다. 이때의 평등은 절대적 평등과 상대적 평등의 개념을 모두 포괄한다.
④ 적절성: 클라이언트의 욕구충족을 위해 충분한 양과 질의 서비스가 제공되어야 한다는 원칙이다.
⑤ 전문성: 서비스 제공자는 전문가여야 한다는 원칙이다.

09 사회복지서비스 전달체계의 원칙에 관한 설명으로 옳지 않은 것은?

① 서비스 이용 비용을 높게 책정하는 것은 서비스 접근성의 방해 요인이 될 수 있다.
② 서비스의 지속성을 높이기 위해서는 유관기관과의 연계체계를 구축할 필요가 있다.
③ 통합성 및 포괄성을 향상시키기 위한 방법으로 사례관리를 도입할 수 있다.
④ 전문성을 높이기 위한 전략이 책임성을 향상시키는 효과를 가져오기도 한다.
⑤ 서비스 제공을 위한 비용은 최소한으로 책정하여 적절성을 확보해야 한다.

정답 : ⑤

적절성은 클라이언트의 욕구충족이나 문제해결을 위해 양과 질의 서비스가 제공되어야 한다는 원칙이다.

10 공공부문에 비해 민간부문이 갖는 취약성은 무엇인가? (6회 기출문제)

① 서비스의 안정성
② 서비스의 탄력성
③ 서비스의 전문성
④ 서비스의 독창성
⑤ 서비스의 자율성

정답 : ①

민간부문은 클라이언트의 욕구변화에 빠르게 대응할 수 있는 탄력성과 전문성, 자율성 등은 있지만 재정과 프로그램의 안정성이 취약하다.

11 사회복지서비스를 통합적으로 제공하기 위한 노력으로 거리가 먼 것은?

① 서로 다른 기관에서 클라이언트의 서비스 이력을 공유할 수 있는 시스템을 구축한다.
② 사례관리자를 중심으로 지역사회 네트워크를 활용한다.
③ 하나의 기관 내에서 다양한 서비스가 제공될 수 있도록 한다.
④ 다양한 욕구를 종합적으로 파악할 수 있도록 인테이크 전담창구를 마련한다.
⑤ 아웃리치를 통해 기관을 홍보하고 클라이언트를 발굴할 수 있도록 한다.

정답 : ⑤

아웃리치는 서비스 기관이나 담당자들이 직접 이용자를 찾아나서는 방법이다. 서비스의 통합성 증진과는 큰 관련성이 없다.

12 우리나라 사회복지행정에 관한 설명으로 옳은 것은? (12회 기출문제)

① 시·군·구 단위로 지역사회복지협의체가 구성되어 있다.
② 기초연금은 광역시·도에 신청한다.
③ 사회복지전담공무원은 별정직이다.
④ 국민연금은 시·군·구에서 담당 전달한다.
⑤ 사회복지서비스는 공공조직에서 제공한다.

정답 : ①

② 기초연금은 주소지 관할 읍·면·사무소 및 동 주민센터, 국민연금공단 지사(주소지 무관)에 신청한다.
③ 사회복지전담공무원은 일반직이다.
④ 국민연금은 국민연금공단에서 담당, 전달한다.
⑤ 사회복지서비스는 공공조직뿐만 아니라 민간조직에서도 제공한다.

13 사회복지서비스 전달체계의 원칙에 관한 설명으로 옳지 않은 것은? (12회 기출문제)

① 통합성: 상호연관된 서비스를 종합적으로 고려한다.
② 책임성: 핵심업무는 반드시 전문가가 담당한다.
③ 지속성: 필요한 여러 서비스를 중단 없이 제공한다.
④ 적절성: 서비스의 양과 질이 욕구충족을 위한 수준이어야 한다.
⑤ 평등성: 소득이나 지위에 관계없이 평등하게 서비스를 제공한다.

정답 : ②

핵심업무는 반드시 전문가가 담당해야 한다는 것은 전문성의 원칙이다. 책임성의 원칙은 사회복지조직은 서비스 전달에 있어 법률적, 사회적, 도덕적 책임을 저야 한다는 것이다.

14 대기자 명단제도의 도입이나, 교통이 불편한 곳에 사무실을 설치하는 서비스 배분 전략은?

① 크리밍
② 수용억제 전략
③ 공급억제 전략
④ 서비스 희석화
⑤ 트래킹

정답 : ②

① 크리밍: 성실하고 성공 가능성이 높은 클라이언트를 선발하고 비협조적일 것으로 예상되는 클라이언트를 기피하는 현상을 말한다.
③ 공급억제 전략: 공급을 억제하여 서비스 배분을 효율화하기 위한 방안으로 수혜자격 요건을 강화하는 방법과 서비스 희석화 방법이 있다.
④ 서비스 희석화: 클라이언트와의 접촉시간을 단축하거나 사례를 조기종결함으로써 더 많은 사람들에게 서비스를 제공하기 위한 방법이다.
⑤ 트래킹: 전달체계 개선을 통해 서비스를 통합하는 방법 중 하나로 서로 다른 각각의 기관과 프로그램에서 다루었던 클라이언트에 대한 정보를 서로 공유할 수 있게 하는 시스템이다.

15 사회복지전달체계의 주요 원칙들에 관한 설명으로 옳지 않은 것은? (14회 기출문제)

① 전문성, 통합성과 같은 전달체계 구축의 원칙들은 상호 영향을 줄 수 있다.
② 거리뿐만 아니라 서비스 이용비용도 접근성에 영향을 준다.
③ 책임성을 높이는 전략이 접근성을 높이기도 한다.
④ 서비스 지속성을 높이려면 서비스 간 연계도 강화되어야 한다.
⑤ 비전문적 업무를 전문가가 담당하면 조직운영의 효율성을 높일 수 있다.

정답 : ⑤

전문가가 전문적 업무에 집중하여 자신의 능력을 발휘할 수 있도록 하는 것이 조직운영이 효율성을 높일 수 있다.

16 사회복지서비스 전달에서 공공과 민간의 상대적 장점을 고려할 때 바람직한 역할분담으로 옳지 않은 것은? (14회 기출문제)

① 공공재적 성격, 외부효과가 강한 서비스는 정부가 제공
② 개별화가 강한 서비스는 민간이 제공
③ 재원 안정성이 중요한 서비스는 정부가 제공
④ 표준화가 용이한 서비스는 민간이 제공
⑤ 기초적인 대규모 서비스는 정부가 제공

정답 : ④

표준화가 용이한 서비스는 공공 전달체계를 통해 제공되는 것이 바람직하다.

PART

04

사회복지 프로그램 개발과 평가

Chapter 14

사회복지 프로그램의 개발과 관리

1 사회복지 프로그램의 개념과 중요성

1) 사회복지 프로그램의 개념

프로그램이란 '의도된 계획에 따라 어떤 목적을 달성하기 위해 인적·물적자원을 활용하는 일련의 집합적인 행동'이라 할 수 있다. 프로그램은 그 성격상 집합적인 활동이며 일련의 진행 과정에 따라 인간과 환경 간의 다양한 상호작용을 보여주는 역동적인 활동이다(허만영, 2004: 379). 즉, 프로그램은 서비스 전달을 위한 도구이며, 정책이 의도하는 변화를 실천에 옮기는 모델로서의 역할을 수행한다. 정책이 주로 '무엇이 되어야 하는가'라는 당위성을 다루고 있다면, 프로그램은 '어떻게 그것을 실현할 것인가'에 대한 방법론을 담고 있는데, 사회복지를 다루는 사회정책은 '개인을 공동체에 통합시키려는 데' 주된 목적을 두고 있으므로, 사회복지 프로그램은 공동체 통합의 목적을 위해 쓰이는 방법론적인 도구로 간주할 수 있다.

사회복지 프로그램은 일종의 변화 모델로서, 사회적으로 무엇이 바람직한지 혹은 바람직하지 않은지에 대한 가치판단이나 이를 통해 바람직한 상태로의 변화라는 목적이 결정되고, 그러한 목적 상태에 도달하기 위해 필요한 실천적인 과정을 주도하는 것이 프로그램이다. 즉, 사회복지 프로그램이란 의도적인 개입을 통해 개인이나 집단 혹은 사회에 대한 변화를 시도하는 것이다(김영종, 2007: 248).

2) 사회복지 프로그램의 중요성

사회복지행정에서 프로그램의 중요성은 현대사회의 복잡성, 사회복지기능의 확산 그리고 그러한 기능을 실현하기 위한 실천 활동 등에서 기획, 실행, 평가 및 수정 등을 포함하는 실천 활동은 사회복지조직과 프로그램을 통해 수행되며, 그중에서도 사회복지 목표를 달성하는 데 프로그램이 직접적으로 관여하기 때문에 프로그램의 유지와 관리가 사회복지행정의 주요한 과제이다. 이러한 중요성은 빈약한 프로그램과 충실한 프로그램의 비교를 통해 보다 명확하게 이해될 수 있다.

(1) 빈약한 프로그램

사회복지현장에서의 빈약한 프로그램은 직원과 관리자는 가장 작은 것에서 가장 많은 것을 요구한다. 그리고 직원과 클라이언트의 기대, 목적이 명확하지 않아 무엇을 위한 프로그램인지 구분이 되지 않게 된다. 또한 다른 기관, 클라이언트, 주민이 갈등이 있는 프로그램의 목적, 원인에 대하여 알지 못한다.

그리고 기부자는 과업의 비현실적인 기대를 알기 어렵게 되며, 조직의 힘에 비해 실천이 개선되지 못하고, 창의적인 프로그램의 개입이나 탐색이 회피되고 선택된다.

(2) 충실한 프로그램

사회복지현장에서의 충실한 프로그램은 사려 깊은 설계를 통해서 결점을 약화시키며, 효과성·능률성을 높여 직무 만족도가 좋다. 또한 조직체로부터 많은 지지를 확보할 수 있으며, 조직의 실천 행위를 개선할 수 있다.

2 사회복지 프로그램의 분류

사회복지 프로그램은 사회 정책을 실현하기 위한 전략적, 조직적인 요소로서, 사회 정책은 의도적인 재분배의 문제를 주로 다룬다. 그에 따라 사회복지 프로그램은 대개가 전형적인 정치학 문제를 다루게 된다.

사회복지 프로그램은 크게 두 가지 방법으로 분류할 수 있다. 첫째, '누구'에 관한 문제로서, 서비스 대상자를 결정하는 프로그램 자격 기준에 따라 구분할 수 있다. 둘째, '무엇'에 관한 문제는 제공되는 서비스 형태에 의해 구분한다(장동일, 2006: 216-218).

1) 자격 요건에 의한 분류

프로그램의 자격 요건이란 '누가' 서비스의 수혜자인가를 결정하는 것으로, 정책에서 의도한 욕구에 부합하는 상황이나 사람이 누구인지를 판단하기 위해 몇 가지 조작적인 기준이 동원된다(김영종, 2007: 252-256).

(1) 생활수단 – 검증(means-tested) 기준

이 기준은 주로 공적 프로그램과 같은 선별적 프로그램에서 나타나는 기준이다. 자산이나 소득을 근거로 집단의 평균이나 중간값에 대비해서 일정한 위치에 속하는 사람을 선별하여 기초생활보장이나 의료보호 등 서비스 대상자를 책정할 때 적용되는 대부분의 기준이 해당한다.

(2) 지위(status) 기준

지위 기준은 주로 보편적 프로그램에서 사용한다. 특정 연령 집단, 특정 지역사회 거주자 등과 같은 개인의 지위에 따라 자격 요건을 설정하는 것으로, 즉 개인적인 특성보다는 그 개인이 속한 집단의 특성에 의한 분류이다. 이 기준은 노인수당, 가족수당 등에 적용된다.

(3) 보상적(compensatory) 기준

보상적 기준은 '누가 사회적인 기여를 했는가' 혹은 '누가 사회에 의해서 손해를 입었나' 등에 기준해서 보상적 차원에서 이루어지는 것이다. 사회보험이나 보훈 관련 프로그램이 그 대표적인 경우이다. 공동체 사회의 상호 의존성이라는 원칙에 의거하여, 한 개인이 공동체 사회를 위해 기여한 정도에 따라 보상 수준을 결정하는 것이 보상적 기준이다. 연금이나 의료보험, 고용보험, 산업재해보상보험 등과 같은 사회보험은 개인이 국가 공동체를 위해 헌신한 노력에 대한 보상이므로 그 자격 기준은 '얼마나 일을 했는지'와 주로 관련되어 있다.

(4) 진단적(diagnostic) 기준

진단적 기준은 대인적 사회 서비스 프로그램에서 많이 사용한다. 이 기준은 프로그램의 자격 요건을 결정하는 데 사용되는 여러 기준 중에서 가장 까다로운 방법이다. 다른 기준은 대개 사전에 명백한 규정을 갖고 있으면서 그에 비추어 적합성의 여부를 판단하는 데 비해, 이 기준은 표준화된 규정을 미리 만들어 두기가 어렵다. 법원의 결정, 정신과 의사나 일반의의 평가, 인테이크 케이스워커의 결정 등 많은 부분이 진단적 기준이 적용되는 경우이다. 사전에 객관적으로 규정된 엄격한 자격 요건이 존재하기 어려운 까닭에, 대부분 이 기준을 적용하는 프로그램은 전문가를 필요로 한다.

사회복지 프로그램은 서비스 수혜자의 자격 요건을 판단하는 데 한 가지의 기준만을 사용하지 않고, 대부분 두 가지 이상의 기준을 혼용하여 자격 요건을 판단한다.

2) 서비스 급여에 의한 분류

사회복지 프로그램은 다양한 유형의 급여를 갖추고 있다. 서비스에서 제공되는 급여의 질적인 특성에 따라 사회복지 프로그램은 다음 유형으로 나눌 수 있다(김영종, 2007: 256-261).

(1) 기회(opportunity) 제공

유형의 재화나 서비스가 아니라 기회와 같은 잠재적, 무형의 급여를 제공하는 것으로 어떤 개인이나 집단에 대해 이전에는 부정되었던 급여의 접근을 가능하게 만드는 것이다. 비록 무형적이기는 하지만 중요한 사회 정책의 목적은 때로 이러한 기회 전략을 통해서 성취되는 경우가 많다. 이러한 급여는 단지 잠재적 수급자에 대해 가능성이나 기회를 제공하는 것이므로, 그들이 실제로 그러한 가능성을 활용하는지에 대해서는 통제할 수 없다.

(2) 현금 이전(cash-transfer)

한 개인이나 제도로부터 다른 개인이나 제도로 일정 금액이 이전되어 할당되는 것이 현금 이전이다. 임금이나 이용 요금 등과 다른 점은 이런 식의 급여는 반대급부가 없이 이루어진다는 것이다. 기초생활 보장과 같은 공공 부조 프로그램은 국민이나 주민들로부터 거두어들인 세금이 저소득층의 수급자에게 현금 이전되는 것으로, 계층 간 이동의 대표적인 경우이다. 국민연금이나 의료보험과 같은 사회보험 프로그램에서는 계층 간에 급여가 이동한다기보다는 계층 내에서 시간적으로 이동하는 경향이 높게 나타난다.

(3) 현물(in-kind) 제공

현금으로 지급되는 서비스가 갖는 문제점으로 인해, 수혜자에게 의도되는 서비스 급부를 현물로 지급하는 것이다. 부식비의 명목으로 현금을 지급하는 대신에 부식이 되는 쌀이나 반찬을 직접 제공하거나 이와 유사한 효과를 내는 교환권 등을 지급할 수도 있다. 프로그램이 의도했던 목적에 적합하게 자원이 쓰이도록 통제하려는 것이다. 다음의 두 가지 전략은 현물 서비스의 성격에 가깝다.

① 신용(credit) 전략

특정 재화나 서비스의 소비를 권장 혹은 억제하고자 하는 경우나, 수급자를 최대한 통제하려고 할 때 사용된다. 세금 제도가 신용 전략의 수행을 위한 주요 도구로써 사용될 수 있다. 각종 소득세, 재산세, 부가가치세, 연금이나 의료보험비 등의 세금을 조절함으로써 특정 재화나 소비에 대한 통제를 가하는 방법이다.

② 바우처(voucher, 인환권) 전략

현재 이루어지는 소비가 특정한 상품이나 서비스로 한정되도록 하기 위한 것이다. 인환권은 일종의 교환을 보증하는 증서를 말한다. 상품권, 식권, 건강보험증, 경로버스표 등이 이러한 인환권에 속한다. 비록 구입될 수 있는 특정 재화나 서비스의 종류는 명시되어 있지만, 어떤 서비스 공급자를 선택할 것인지는 수급자가 결정하게 된다.

(4) 사회 서비스

사회 서비스는 보다 직접적인 서비스 제공의 형태로 문제에 대한 직접적인 개입을 시도한다. 자활이 목적이라면 자활이 가능하도록 사람에게 직접적으로 개입하여 변화를 시도하는 것이다. 자활에 필요한 심리·사회적 태도의 변화, 취업 교육, 취업 알선 등을 재활 대상자에게 제공함으로써 자활의 목적에 도달한다.

① 보편적 사회 서비스

보편적이고 제도적인 사회복지 개념과 밀접히 관련되는 의료, 교통, 주택, 취업 등과 같은 일반적인 사회 서비스가 여기에 포함된다. 대인적 사회 서비스들 중에서 발전이나 사회화의 강화 등을 강조하는 '사회 공익성'의 성격을 띤 프로그램이 여기에 속한다.

② 선별적 사회 서비스

대부분의 대인적 사회 서비스가 여기에 해당한다. 이러한 서비스는 사회 공익성 모델이 아니라 '사회적 개입'의 모델을 사용한다. 개인의 사회에 대한 부적응 문제, 질환, 어려움 등에 대처하기 위한 서비스이다.

3 사회복지 프로그램의 재정

사회복지 프로그램의 재정을 지원하는 데는 다양한 방법이 사용될 수 있다. 사회복지서비스를 제공하는 데 따르는 비용을 누가 지불하는가의 문제는 프로그램 재정 원천을 결정하는 데 중심적인 고려 사항이다. 개별 서비스 프로그램의 관점에서는 자원이 어떻게 동원되는가를 기준으로 재정 자원의 원천을 구분한다(김영종, 2007: 261-266).

1) 재정 원천의 유형

(1) 이용자 요금 부담

서비스를 이용한 사람이 직접 그에 대한 비용을 부담하는 것으로, 보편적 사회 서비스에서 이 방식을 많이 채택한다. 교육, 의료, 주택, 보육 서비스, 유료 양로 등이 대표적인 예이다. 서비스에 대한 이용료는 서비스 이용 정도에 따른 차등적인 요금 산정 방식을 적용하는 것이 일반적이다. 그러나 대부분의 사회복지 프로그램은 이용자 수입만으로는 자립적이지 못하고, 공공기관이 제공하는 자금으로 보조되는 것이 보통이다. 또한 사회적으로 특히 권장되는 서비스에 대해서는 이용자가 지불하는 요금을 소득세에서 공제해 주는 등의 방식으로 간접 보조되기도 한다. 보육이나 의료, 교육비 등에 대한 소득 공제가 대표적인 경우이다.

(2) 민간 조직 제공

자선활동에 대한 기부를 목적으로 하는 조직이 프로그램에 재정 지원하는 것이다. 지역사회의 각종 공동모금 기구나 개인·기업의 출연금에 의한 복지재단이 이에 해당한다. 미국의 경우 적십자나 유나이티드웨이(UW)와 같은 공동모금 조직이 사회 서비스 조직을 지원하는 비중은 상당히 크다. 이들 조직은 기업의 출연금, 개인의 기탁금 등과 같은 각종 자원에 대한 모금 활동을 전담하는 데,

이렇게 해서 모아진 자원을 지역사회의 사회 서비스 프로그램에 배분하는 역할을 수행한다.

(3) 제3자 제공 방식

서비스 이용자의 요금을 제3자가 대신해서 서비스 제공기관에 지불하는 방식이다. 건강보험과 같은 경우가 대표적이다. 의료기관이 환자에게 제공한 서비스에 대해 그 요금의 전액 혹은 일부를 제3자인 국민건강보험공단이 지불하는 방식이다.

(4) 보험 원칙

보험 원칙은 '지금 지불하고, 나중에 혜택을 받는 것'이다. 연금과 같은 각종 사회보험 프로그램은 기금이 정부기관에 의해 수집되고, 이 기금은 고용주나 근로자 혼합에 의해서 불입된다. 대부분의 주요 사회보험은 그 규모로 인하여 이것을 행정 관리하는 데 거대 관료제적 조직을 필요로 한다.

(5) 정부 지원

우리나라의 경우 생활시설이나 이용시설 할 것 없이 대부분의 민간 사회복지기관은 정부 보조금에 의해서 운영 자금을 획득한다. 정부 지원에는 특정한 서비스 제공에 대한 보상 방식과 서비스 조직의 유지와 운영을 위한 지원 방식이 있다. 인건비를 비롯한 경상 운영비 위주로 제공되는 정부 보조금 방식은 후자에 속한다.

2) 정부 지원의 형태

대부분의 사회복지서비스 프로그램의 주된 재정 자원의 원천은 정부 지원에 의존한다. 정부 지원은 크게 보조금 지원과 서비스 구입의 형태로 이루어진다.

(1) 보조금 지원

지방정부단체나 민간기관의 서비스 제공에 대해 중앙정부나 지방정부가 이를 일정 부분 보조해 주는 것이 보조금이다. 정부 보조금 방식은 특별 교부금과 일반 교부금으로 나눌 수 있다. 사용처가 미리 정해진 제한적인 보조금을 특별 교부금이라 하고, 일반 교부금은 사용처가 비지정된 보조금이다. 보조금 방식에 전적으로 의존해 운영되는 사회복지 프로그램의 문제점은 보조금 관리를 위해 소요되는 행정 사무 비용이 많다는 것이다.

(2) 서비스 구입

자원을 가진 조직이 서비스 대상자에게 직접적으로 서비스를 제공하는 것이 아니라 서비스 제공 능력을 가진 조직으로부터 서비스를 구입하여 간접적으로 서비스를 제공하는 방식이 서비스 구입이다. 이 방식은 보조금 지원 방식보다 자금 제공과 업무수행의 가이드라인이 엄격하고, 서비스의 실패에 대해서는 보다 강한 책임을 물을 수 있다. 민간 기관에서 서비스를 구입하는 것이 정부 조직의 관료제적인 경직 구조에 얽매이지 않고 서비스가 조직되고 전달될 수 있어서 보다 높은 유연성과 창의성을 가질 수 있기 때문에 정부 기관이 직접 서비스를 전달하는 것보다 효과적이다.

4 프로그램 개발의 고려 사항

사회복지 프로그램은 참여자가 잠재 능력을 가지고 있고 시간의 경과에 따라 성장·변화할 수 있다는 기본 전제 하에서 만들어져야 한다. 프로그램을 개발할 때 고려 사항으로는 '가치, 실현가능성, 합리성, 효율성' 등 여러 가지가 있다. 이는 5P(person, problem, purpose, process, place)를 들 수 있는데, 그 내용은 다음과 같다(신복기 외, 2002: 380-382).

1) 사람(person)

능력 수준과 흥미에 대한 적합성으로 프로그램 내용 선정에 있어서 가장 중요한 것이 대상자에 대한 고려이다. 프로그램의 내용은 대상자의 필요와 흥미 또는 능력 수준을 고려하여 친밀감이 있는 것으로 선정하여야 하고, 대상자뿐 아니라 대상자와 관련된 가족 등도 포함하여야 한다.

2) 문제(problem)

프로그램의 통합성이란 프로그램에 참여하는 대상자의 문제 해결이나 목표 달성을 위하여 단편적인 서비스의 제공만이 아니라 인간의 경제적·사회적·심리적·문화적 제반 측면을 통합적으로 고려하는 프로그램을 제공하여야 한다. 즉, 비행 청소년이나 범죄자의 경우 비행의 감소, 재범 방지 및 사회 복귀에만 그치는 것이 아닌, 대상자와 그 가족의 사회적 관계망 유지와 회복, 정서적인 안정, 자립 및 갱생에 도움이 될 수 있는 대인적 서비스도 고려되어야 할 것이다.

3) 목적(purpose)

합목적성 및 일관성으로, 프로그램의 내용은 목표에 입각하여 결정되어야 한다. 참여자로 하여금 협동심을 고취시킨다는 목표를 세워 놓고 그 내용에는 경쟁 상태의 활동 내용만을 포함시켰다면, 프로그램의 내용과 목적이 일치하지 않는 경우이다. 따라서 프로그램 내용에 지나치게 치중하여 목적이나 목표에 전도되는 '목표 전치' 현상이 발생하지 않도록 유의하고, 프로그램을 진행하는 도중에 목적과 목표에 대한 점검이 필요하다.

4) 과정(process)

프로그램의 지속성과 네트워크화로 프로그램은 지속성과 안전성을 확보하여야 한다. 프로그램은 일시적·일회적 내용이 아닌 장기적·체계적인 계획 아래

제도화되어야 하며, 공공시설, 기업, 민간, 종교단체 등 다양한 인적·물적자원과 연결시키는 체계적인 네트워크 시스템을 구축해야 한다.

5) 장소(place)

프로그램은 지역적인 특성을 고려해야 한다. 지역복지의 측면에서 지역의 문화적 특성이나 전통, 관습, 방언 등을 발굴하여 프로그램명이나 집단명으로 활용할 때, 프로그램 참여자나 팀 구성원 및 지역사회 주민이 프로그램에 보다 쉽게 접근할 수 있고 호응을 얻을 수 있다.

5 프로그램 개발 과정

사회복지 프로그램은 종류가 매우 다양하며, 규모 또한 단시간 내 이루어지는 단편적인 것에서부터 장시간의 시간을 필요로 하는 매우 복잡하고 광범위한 내용으로 이루어지는 프로그램도 있다. 이러한 프로그램을 얼마나 효과적으로 잘 개발하는가의 문제는 효과적인 사회복지실천과도 직접적으로 관련된다.

프로그램 개발의 과정은 '문제 발견, 욕구 분석, 포괄적인 목적과 구체적인 목표의 조작·설정 및 목적과 목표 달성을 위한 실행체계'이다. 프로그램 개발 과정은 PROGRAM 단어를 활용한 7단계로 구분하여 설명할 수 있다(신복기 외, 2002: 385). 이 과정은 보통 기획 과정과 비슷하다.

1) 문제와 욕구 사정(problem and need assessment)

프로그램 개발 과정은 문제와 욕구 사정에서부터 시작하며, 문제의 분석을 통해 프로그램의 목적이 설정된다. 사회복지 프로그램은 목적이 불분명하다는 점에서 많은 비판을 받아왔는데, '삶의 질 개선'과 같은 매우 추상적인 목적에서부터, '지역사회의 빈곤 해소'와 같은 지나치게 의욕적인 목적을 제시하는 데 따른 문제점이다. 이러한 불분명한 목적 설정은 철저하지 못한 문제분석에서 비롯된다.

(1) 문제의 구체화

문제 분석은 무엇이 문제인지를 규정하는 과정으로, 이를 통해 목적 설정이나 노력의 방향, 투입될 자원의 할당에 대한 근거를 제시한다. 얼마나 명확하게 문제를 분석하는가에 의해서 프로그램의 목적이 보다 명확하게 나타날 수 있다. 불분명한 문제 분석은 모호한 목적 설정과 부적절한 개입 전략으로서 부정확한 서비스의 대상을 만들어 자원의 낭비를 초래하고 해결되지 않는 문제를 축적한다.

① 사회문제의 규정

사회문제란 '사람이나 사람이 속한 환경의 바람직하지 않은 조건'으로 규정한다. 바람직하지 않은 조건이란, 어떤 것의 존재나 성격을 바람직하지 않게 변경시키려는 현상을 의미한다. 사회문제의 경우에 열악한 건강 상태, 실업, 낮은 소득, 신체 학대 등 조건은 사람의 존재 자체나 혹은 성격에 바람직하지 않은 변화를 일으킨다. 서비스란 그러한 사회문제를 해결하기 위한 것으로, 조건과 서비스는 구분되는 것이며, 서비스의 부재가 곧 사회문제는 아니다.

한 조건이 사회문제로서 규정되기 위해서는 최소한 공공의 의견 합치가 필요하다. 왜냐하면 한 사람의 눈에 문제로 보이는 것이 다른 사람의 눈에는 그렇게 보이지 않을 수도 있기 때문이다. 따라서 한 조건이 사회문제가 되기 위해서는 다음이 충족되어야 한다. 첫째, 그 조건은 상당히 많은 사람에 의해 바람직하지 않은 것으로 인식되어야 한다. 둘째, 다른 조건보다는 훨씬 더 바람직한 해결 방안을 가진 것으로 인식되어야 한다. 셋째, 사람으로 하여금 기존의 상황을 변화시키고자 하는 동기를 유발하기에 충분할 만큼 중요해야 한다.

② 문제 분석의 틀

사회문제의 복잡성으로 인해 사회문제를 분석하기란 쉽지 않지만, 프로그램 설계를 위해서는 사회문제에 관한 기본적인 요소를 확인할 필요가 있다. 그것이 프로그램의 본질적인 성격을 규정하는 기반이 되기 때문이다. 첫째, 사회에 대한 문제이다. 사회에 대한 자원 비용의 문제, 사회 구성원의 건강과 안전에 대한 위협, 사회 통합과 같은 사회적 가치에 대한 위협 등이다. 둘째, 개인에 대한 문제이다. 건강과 체면 유지를 위한 최저 기준의 박탈, 학대와 착취의 위협, 완전한 사회적 참여에 대한 장애 등이다. 셋째, 문제의 존재나 유포에 기여하는 요인이다. 개인, 가족, 지역사회, 역사적·정치적 요인에 의한 생물학적·물리적, 행동적, 사회적, 심리적, 경제적 조건이 있다.

1차적으로 문제가 사회에 귀속되었는지 혹은 개인에 귀속되었는지를 확인하는 것이 필요한데, 대부분의 문제는 개인과 사회적 차원에서 동시에 발생한다. 따라서 문제의 분석은 어떤 형태의 사회적 문제와 개인적 문제가 유발되는지를 함께 분석해 보는 것이 보통이다.

(2) 욕구 사정

욕구 사정은 한정된 지역 안에서 사람의 욕구 수준을 확인하고 이를 수량화하는 방법이다. 사회복지 프로그램이 효과적으로 기획, 집행, 평가되기 위해서는 서비스 욕구에 대한 체계적인 분석에 근거해야 한다.

① 욕구의 개념

욕구 사정을 이해하기 위해서는 먼저 욕구의 개념을 명확히 해야 할 필요가 있다. 욕구(need)라는 용어는 개인적인 필요나 원함(want)이 아닌 사회적 욕구를 의도하는 것이다. 즉, 개인이나 집단이 사회인으로서 기능하기 위한 잠재성을 충분히 발휘하는 것을 제한하는 것으로 확인된 경제·사회·심리·신체적 조건을 말한다.

이러한 단순한 개념에서 조금만 더 들어가면, 욕구와 관련해서는 다양한 규정이 존재함을 알 수 있는데, 인간의 욕구를 설명하기 위해서는 크게 두 가지 접근 방법이 사용된다. 모든 인간이 갖는 보편적인 욕구를 보는 심리학적 접근과 사회문화적 영향에 의한 욕구의 다양성을 보는 사회학적 접근이 있다.

첫째, 보편적인 욕구를 보는 심리학적 욕구로, 매슬로우(A. Maslow)의 5단계 욕구 이론, 알더퍼의 ERG 이론, 맥클리랜드의 성취 동기 이론이 있다. 매슬로우는 인간의 욕구를 5가지로 분류하는데, 즉 ① 생리적 욕구, ② 안전의 욕구, ③

사랑의 욕구, ④ 존경의 욕구 ⑤ 자아실현의 욕구이다.

표 14-1 매슬로의 5단계 욕구

구 분	내 용
5단계 자아실현의 욕구 (self-actualization need)	1~4단계의 모든 욕구가 충족되면 자아실현에 대한 욕구가 발생한다. 자아실현은 자신이 성취할 수 있는 모든 것을 이루려는 욕구를 말한다. 예컨대, 자아를 실현한다는 것은 자신의 재능, 능력, 잠재력을 충분히 발휘하여 자기가 원하는 종류의 사람이 되는 것이다.
4단계 존경의 욕구 (self-esteem need)	존경의 욕구는 사랑을 받고 남을 사랑하려는 욕구로서, 자기존중과 타인으로부터의 존경이다. 이것은 능력, 신뢰감, 자신감, 자기계발, 긍정적인 자아관 등을 포함한다.
3단계 사랑의 욕구 (love need)	사랑의 욕구는 주로 생리적, 안전의 욕구가 충족되었을 때 나타나며, 즉 동기부여된 개인은 타인과의 애정 관계, 준거 집단, 사회적 관계 등을 갈망하는 욕구를 가지게 된다.
2단계 안전의 욕구 (safety need)	일단 생리적 욕구가 만족되면 개인은 새로운 안전 욕구에 관심을 갖게 되고, 이러한 동기는 개인의 환경 내에서 안전성, 안락함, 평정, 평온 등을 보장받고자 하는 욕구이다.
1단계 생리적 욕구 (physiological need)	인간의 욕구 중에서 가장 기본적이고 강하며 분명한 욕구이다. 예를 들어, 배고픔, 갈증, 수면, 성욕, 피로 등 감각적 자극에 대한 욕구 등이다.

위에서 살펴본 이론에 의하면, 인간의 욕구는 인간 생활의 깊이와 관련되어 있다. 욕구의 발생은 특정 집단에의 접근, 이탈, 저항, 대항, 대결 등을 초래하기도 하고 타인의 도움을 통해 개인의 욕구 충족을 해소하기도 하는 등 단순한 생존이 아니라 개인의 성격(personality)을 개발하고 형성하는 데 중요하다. 이와 같은 개인의 성장은 전반적인 사회활동을 통해서 이루어진다. 예를 들면, 우정, 동료관계, 결혼, 취업 활동, 이웃 관계, 자원봉사 활동, 교회 활동 등 상호 관계적 경험을 통해 자신의 성격이 바람직하게 형성되고 사회의 일원으로 성장하는 것이다.

둘째, 사회학적 욕구의 대표적인 것은 브래드 쇼(J. Bradshaw)의 4가지 욕구(규범적 욕구, 인지된 욕구, 표현된 욕구, 상대적 욕구)가 있다.

표 14-2 브래드 쇼의 4가지 사회 욕구

구 분	내 용	예 시
규범적 욕구 (normative need)	전문가가 주어진 상황에서 욕구라고 정의한 것으로, 즉 바람직한 수준이 정해지고 실질적으로 존재하는 수준과 비교하여 개인이나 집단이 바람직한 수준에 미치지 못하면 그들은 욕구 상태에 있다고 본다. 규범적 욕구는 쉽게 수량화될 수 있어서 구체적 표적을 제시할 수 있다는 것이 장점이다. 단점은 이 욕구의 기준이 사람에 따라 달라질 수 있고, 시간에 따라 변화할 수 있다는 것이다.	• 정부가 정한 절대빈곤 수준이나 최저임금 수준 • 어린이 영양 기준
느낀 욕구 (felt need)	개인이나 집단의 욕망(want)과 동일시되는 욕구로, 느낀 욕구는 욕구의 주관적 지각에 초점을 맞추고 있다. 따라서 느낀 욕구는 그 자체만으로 '진짜 욕구(real need)'를 적절하게 측정하기 위한 기준이 될 수 없다.	• 개인에 따라 기준이 달라 진실한 욕구 파악이 중요하다.
표현된 욕구 (expressed need)	느껴진 욕구가 행위로 전환된 것이 표현된 욕구이다. 즉, 사람이 어떤 서비스가 필요하다고 느끼면서, 욕구가 충족되기를 요청하거나 요구하는 행동을 취하는 경우의 욕구를 말한다. 따라서 서비스를 이용하려는 사람의 수와 서비스 이용자의 수가 많을수록 욕구가 더 크다는 것을 반영한다. 표현된 욕구는 휴먼 서비스에서 가장 통상적으로 사정되는 욕구이다.	• 사회복지서비스 분야에서 활용한다.
상대적 욕구 (comparative need)	상대적 욕구는 각기 다른 인구 집단에 존재하는 서비스의 수준 차이를 설명하기 위해 도입된 개념으로, 집단들 간의 상대적인 비교를 통해 욕구의 존재를 확인하려는 것이다.	• 사람, 지역에 대한 서비스 수준 차이 비교에 활용한다.

사회적 욕구는 인간이 지닌 기본 욕구가 개인적 차원에서가 아니라 사회적 차원에서 발생 가능하다는 인식에서 존재한다. 즉, 사회적 욕구는 기본적 욕구 중에서 사회적 맥락을 지닌 욕구를 지칭하는 욕구로, 사회복지에서 관심을 가지는 사회적 욕구는 기본적 욕구의 사회적 특징을 반영하고 있다. 따라서 사회과학의 발달은 사회변동으로 인한 욕구 불만족의 원인을 개인적인 것에서 사회적인 것으로 인식할 수 있는 안목을 제공하였다. 특히 빈곤 문제는 개인의 결함으로 인식하였는데, 초기 빈곤 이론이 시간이 흐름에 따라 점차 가족에서 집단 혹은 지역사회 및 국가와 세계 수준에 이르기까지 확장되어 왔다. 이러한 맥락에

서 빈곤 문화 이론, 사회 해체 이론, 세계 체제론 등이 나오게 되었다. 예를 들어, 빈곤의 원인에 대한 해석이 고대 사회로 거슬러 올라갈수록 개인 책임으로 규정한 반면, 현대사회로 오면서 점차 가족, 집단, 지역 혹은 국가나 국제사회 등으로 확대해 가는 경향을 발견할 수 있다.

② 욕구 사정의 정치 경제학

욕구 사정이란 해당 지역 안에 있는 사람의 욕구 수준을 확인하고 이를 수량화하는 것을 말하며, 욕구 확인과 욕구 추산을 포함한다. 이는 특정한 상황에서 욕구가 규정되는 구체적인 과정과 그 안에서 이루어지는 작용, 즉 정치적 영향력과 경제적 자원이 지역사회와 조직에 조달, 할당되는 과정과 영향 등에 대해 잘 설명해 줄 수 있어 사회복지를 중심으로 하는 휴먼 서비스 프로그램이나 조직의 이해에 유용하다.

이 관점은 욕구를 분배적 개념으로 해석하는 것이 특징이다. 결국 정치 경제학 관점의 욕구란 개인이나 집단이 갖는 결핍이나 박탈이 사회의 정치 경제적 역학 관계를 통해서 사회적으로 인정되고 배분이 허용되는 상태를 뜻하는 것이다.

욕구 개념에는 두 가지 차원이 있다. 욕구를 분배의 개념으로 해석하면, '누가 무엇을' 필요로 하는가를 결정하는 것이, 곧 욕구 분석이다. '누가'에 해당되는 부분은 욕구의 주체적 개념이고, '무엇을'에 해당되는 부분은 욕구의 객체적 개념이다. 첫째, 욕구의 주체란 빈민, 장애인, 아동, 노인 등과 같은 사회적 약자, 문제나 욕구를 지닌 특정 지역이나 집단을 의미한다. 둘째, 욕구의 객체란 의식주, 취업, 의료, 재활, 보육, 양로 등과 같은 재화나 서비스를 의미한다.

이처럼 정치 경제학적 관점의 욕구에 대한 분석은 정치적 영향력과 경제적 자원의 배분과 관련된 역학 관계를 통해서 욕구가 어떻게 인정되고, 규정되고, 이해되며, 개입을 요구하는 문제로 결정되는지 등에 대해 다룬다.

③ 욕구의 확인과 추산

욕구 사정은 크게 두 가지로 구분할 수 있다. 욕구를 확인하는 과정과 확인된 욕구를 추산해내는 과정이다. 욕구 확인은 어떤 종류의 사회적·경제적·인간적 조건을 조직적 개입의 요청을 통해 결정하는 것이다. 욕구 산출은 욕구를 가진 사람의 수를 헤아리거나 혹은 그러한 조건을 완화시키기 위해 필요한 서비스 단위의 수를 헤아리는 과정이다. 첫째, 욕구 확인(need identification)은 욕구 사정의 1차적인 과정이다. 욕구 확인은 개인과 사회의 안녕에 중요한 것으로 간주되는 인간적·사회적 존재의 '질적인' 상태를 확인해 내고 표시하는 것으로서, 이러한 상태는 '박탈' 혹은 '장애' 등으로 규정될 수 있고, 정치적 과정과 문제 해결의 기술이 가능할 때 기대될 수 있는 결과와 대비해서 나타난다. 둘째, 욕구 추산(need enumeration)은 욕구 확인이 문제의 규정과 관련한 질적인 단계라면, 욕구 추산의 과정은 추상적인 문제 규정을 조작화하고 수량화하는 '양적인' 단계이다. 이 단계는 박탈이나 소외와 같은 문제에 대해 적정선을 긋는 작업과도 같으며, 선은 자연적이며 생물학적으로 주어진 것이 아니라 인위적인 작업으로 결정되는 것이다. 인간 욕구의 상위 단계로 올라갈수록 이러한 수량화된 선을 긋는 작업은 점차 복잡한 과정이 된다.

④ 욕구 사정의 기법

욕구 사정이란 주어진 인구 집단이 다양한 삶의 영역에서 적절한 수준에서 기능할 수 있음을 보장하기 위해 무엇이 요구되는지를 규정하려는 시도이다. 경험적이고도 설명력 있는 자료를 수집하는 것은 무엇보다도 중요하다.

욕구 사정의 기법은 자료가 도출되는 원천에 따라 ㉠ 간접 자료조사법(기존 자료의 활용), ㉡ 사례조사법(서비스 제공자의 정보), ㉢ 직접 관찰법(지역사회 서베이), ㉣ 지역사회 포럼 등이 있다.

㉠ 간접 자료조사법(기존 자료의 활용, 규범적 욕구 파악)

이것은 기존의 기록이나 자료를 활용하는 방법이다. 사회 지표 분석 방법, 행정 자료 조사방법, 이차적 자료 분석(개인 기록 자료 조사방법), 비활용 자료 분석방법 등이 있다. 이 방법은 당면한 욕구 사정 조사를 위해 직접적으로 자료를 수집하는 것이 아니라, 다른 1차적인 목적에 의해 수집된 각종 사회조사나 예전에 수행된 연구 자료를 활용하여, 지역사회의 욕구를 추정할 자료를 얻는 방법이다. 따라서 신속하고 저렴한 것이 장점이나, 문제는 개별 욕구 사정의 상황에 적합한 구체적인 자료를 얻기가 쉽지 않다는 것이다.

㉡ 사례조사법(서비스 제공자의 정보, 표현된 욕구 파악)

현재 서비스를 제공하고 있는 기관에서 정보를 획득하는 방법이다. 클라이언트의 수와 특성, 서비스 성격과 분포, 서비스 활용의 특성, 서비스 전달체계의 적합성과 충분성, 미충족된 욕구에 대한 추정, 비서비스 지역 등에 관한 정보 획득에 유용하다.

자료 수집의 도구에 따라서 첫째, 인터뷰 방법이 있다. 대략적인 주제를 정하여 정형화된 질문과 응답 없이 자유롭게 인터뷰를 수행한다. 장점은 비용이 적게 들고 신속하고, 심도 있게 추적해 들어가면서 예상치 못했던 자료를 획득할 수 있는 재량도 갖지만, 단점은 자료 간의 일관성 부족과 어떤 인물을 선택할 것인가와 그들이 필연적으로 갖고 있는 편견을 어떻게 발견해서 배제할 것인가 등의 문제가 있다. 둘째, 서베이 조사방법이 있다. 구조화된 설문지나 인터뷰를 하여 기관으로부터 정보를 수집한다. 장점으로는 개별화된 선택의 문제가 배제되어 있기 때문에 수집된 자료가 종합적인 관점을 유지할 수 있다는 것이다. 단점으로는 비용이 많이 든다는 점이다. 설문 제작, 인터뷰에 드는 시간, 우편 비용, 후속 조사, 자료 분석 등에 드는 비용이 만만치 않고, 심도 있고 세밀한 정보를 얻기도 어렵다. 셋째, 서비스 이용 자료 조사가 있다. 서비스 조직이 클라이언트에 관해 축적해 놓은 데이터를 활용하는 것으로, 이 방법의 장점은 저렴한 비용으로 자료를 얻을 수 있다는 것이다. 또한 지역사회 주민의 욕구와 서비스 경향 간 관계를 분석하는 데도 유용하게 쓰일 수 있다. 하지만 클라이언트 정보에 대한 기밀 보호성 때문에 외부 기관이 이러한 자료에 접근하는 것이 쉽지 않고, 서비스 이용 자료는 대개 경영 통제와 책임성 등의 목적으로 만들어지기에 욕구 사정의 목적으로 활용하기가 힘든 경우가 많다.

㉢ 직접 관찰법(지역사회 서베이, 인지된 욕구 파악)

해당되는 개인들에게서 직접적으로 자료를 얻는 방법으로, 장점은 사회지표들과 같은 2차적 자료의 한계가 극복되며, 특정 서비스 제공자들이 갖는 공급자의 편견과 특정 서비스를 염두에 두고 하는 욕구산출을 피할 수 있다. 또한 서비스를 받을 사람들의 의견과 인지를 직접 끌어낼 수 있게 하지만, 단점은 시간과 비용이 많이 들고, 전문 인력을 필요로 한다. 또한 장기간에 걸친 서베이로 욕구의 성격이 변화할 수 있고, 프로그램에 대한 지역사회의 기대감을 상승시키는 부정적인 효과가 있다.

㉣ 지역사회 포럼

지역사회 포럼(forum, 공청회)은 지역사회의 다양한 구성원으로부터 가치나 태도, 의견 등을 직접 청취해서 자료를 수집하는 방법으로 직접 관찰법이다. 장점은 자유로운 의견을 도출할 수 있고, 지역사회 전체 분위기를 파악할 수 있으며, 비용이 적게 든다는 점이다. 단점은 자료가 지나치게 방만하거나 협소한 측면만을 다룰 수 있으며, 대표성을 가진 인물을 확보하기 어렵고, 의사 진행이 어렵다는 점 등이다.

표 14-3 욕구 사정의 기법

제 목	내 용	예 시
1) 서베이(survey) (직접 관찰법)	지역사회 전체를 대표할 수 있는 일부 표본을 선정하여 질문지 또는 면접을 통한 욕구 조사	지역사회 복지관 욕구 조사
2) 주요 정보 제공자 조사(사례조사법)	기관의 서비스 제공자, 관련 전문가 등 지역사회 전반의 문제를 알고 있는 사람을 대상으로 쉽고 편리하게 할 수 있는 욕구 조사	자문위원회, 주민 참여 운영위원회
3) 사회 지표 조사 (간접 자료조사법)	이미 사회적으로 인정된 측정 지표를 통하여 경향이나 그 추이를 통해 욕구 파악	소득 수준, 빈곤 인구율, 실업률, 5년 단위 인구센서스
4) 2차적 자료 분석 (간접 자료조사법)	지역사회 내 복지관의 클라이언트와 관련된 자료를 검토하여 욕구 파악	인테이크 자료, 면접 기록표, 업무일지, 서비스 대기자 명단, 상담 기록지
5) 지역사회 공청회 (직접 관찰법)	지역사회 주민이 참여하여 욕구나 문제에 대한 공개적인 논의를 하는 방법	지역사회 토론회
6) 델파이법	지역사회의 특정한 문제 및 욕구에 대해	학교 폭력에 대한 전

제 목	내 용	예 시
(직접 관찰법)	소수의 전문가에게 설문지 등의 방법을 사용하여 의견을 반복적으로 묻고 분석하여 일정한 정도의 합의점에 도달하면 그것으로 욕구 파악	문가 내방 조사

또한 자료 수집방법은 표 14-4와 같다.

표 14-4 자료 수집방법의 예시

구 분	내 용
1. 직접 관찰법	욕구를 특정 집단을 대상으로 직접 조사 1) 서베이 방법 2) 델파이 방법 3) 관찰법 4) 직접 경험 5) 지역사회 공청회 5) 대화와 집단 토의 7) 체크리스트 8) 테스트 등
2. 사례조사법	관계를 맺고 있는 제3자를 접촉하여 조사하는 방법 1) 프로그램 운영자 및 서비스 제공자 조사방법 2) 주요 정보 제공자 조사방법 3) 결정적 사건 분석방법 4) 직무 분석 5) 서비스 이용 통계치 활용방법 등
3. 간접 자료조사법	기존의 기록이나 지표 또는 자료 활용 1) 행정 자료 조사방법 2) 2차적 자료 분석방법 3) 비활동 자료 분석방법 4) 사회 지표 분석방법

2) 자원 체계의 확인

자원 체계의 확인(resource system identification)이란 해당 프로그램에 클라이언트 집단, 인적·물적자원, 기관에 대한 조건 파악을 포함한다.

(1) 클라이언트집단의 파악

① 일반집단

프로그램에 관련되는 전체 대상을 지칭한다. 예를 들어, 프로그램이 '저소득 치매 노인의 일상생활 수행 능력 향상 프로그램'이라면 일반집단은 ○○시 △△구에 거주하는 65세 이상 노인으로 설정된다.

② 위험집단

일반집단 중 프로그램이 겨냥하고 있는 해당 문제에 노출 위험이 있거나 취약한 상태에 있는 사람을 지칭한다. 예를 들어, 위기집단은 ○○시 △△구에 거주하는 치매 노인으로, 즉 우리나라 치매 유병률 5~7%에 비추어 △△구 거주 치매 노인 숫자를 ***명이라고 추정할 수 있다.

③ 표적집단

위험집단 중 프로그램의 직접적인 수혜자가 될 적격성을 갖춘 사람을 말하는데, 즉 위험집단 중에서 프로그램이 구체적인 개입 대상으로 삼을 만한 사람을 말한다. 예를 들어, 위기 집단 중에서 저소득 치매 노인으로 대상이 설정되면 △△구 국민기초생활보장법 수급권자는 ****여 명으로 이 중 30%인 약 ****명이 노인 비율이다. 여기에 다시 치매 유병률에 비추어 저소득 치매 노인의 숫자를 ***명 이상이라고 추정한다.

④ 클라이언트집단

표적집단 중에서 실제 프로그램에 참여하는 사람을 말한다. 예를 들어, 표적집단 중에서 당사자가 희망하거나, 가족 또는 기관의 의뢰를 받은 경증 치매 노인(**명)이다. 경증 치매의 기준은 사회생활이나 작업상의 능력이 상실되더라도 아직 독립적인 생활을 영위할 수 있고, 적절한 개인 위생을 유지하며, 비교적 온전한 판단력을 보유하고 있는 상태를 말한다. 경증 치매의 판단은 본 기관의 자문위원인 재활의학과 및 정신과 의사의 판단으로 결정한다.

(2) 인적·물적자원 검토

첫째, 사회복지서비스 자원의 성격이다. 사회복지 프로그램은 자원을 어떻게 동원·관리하느냐에 따라 계속 유지되거나 또는 프로그램이 폐지될 수 있다. 스테이너(R. Steiner)는 특히 '휴먼 서비스 조직의 존재, 생존, 성장, 소멸 등이 그 조직의 자원을 좌우할 수 있는 능력에 의존한다'고 보았다(Richard Steiner, 1977: 152). 이들 자원이 외부환경에 의해서 결정된다는 것을 감안한다면, 조직을 움직이는 결정 요인은 '그들의 직접적인 통제 바깥에 있는 환경에서 운영된다'고 볼 수 있다.

예를 들어, 청소년의 약물 남용 예방 프로그램의 경우에서 청소년의 약물 남용 문제가 파악되면, 예방 프로그램 시행에 필요한 자금이 확보되었는지(재정), 필요한 인원 동원이 가능한지(인력), 프로그램 장소의 확보 여부(시설), 프로그램에 필요한 장비 등이 준비되어 있는지(장비) 등을 세밀히 검토해야 한다.

둘째, 내부 자원과 외부 자원의 파악이다. 내부 자원을 획득하는 과정은 주로 정규적인 예산 과정을 통해 이루어지는 것이 보통이며, 외부 자원을 획득하는 것은 기관 내부의 자원 부족으로 인해서 혹은 보다 혁신적인 프로그램 개발을 위해서 사용하는 방안이다. 외부 자원에 대한 장점으로는, 지역사회에서 프로그램의 권위를 확보하는 데 도움이 되고, 기관에서의 위치 강화와 혁신적인 서비스를 시범할 수 있다. 또한 서비스 확장에 도움을 줄 수 있지만, 외부 자원의 주된 단점은 안정적이지 못하다는 데 있다. 외부 자원의 확보에서 중요하게 고려할 것은 외부 자원은 지속적이 아니라 일회적, 단기간에만 지원되므로 외부 자원 확보에 따르는 이익과 비용에 대한 현실적인 평가가 필요하고, 보조금 기관의 목적과 목표에 귀속되기 쉽고, 각종 보조금 집행과 관련한 보고서 제출 등 실질적인 행정 비용이 추가된다. 또한 적어도 외부 자금 지원에 따르는 프로그램 목적과 목표의 변화는 기관이 추구하는 목적과 목표에 배치되지 않아야 한다.

(3) 기관의 조건 검토

기관의 조건 검토를 분석하기 위해 이른바 스와트(SWOT; strength－강점,

weakness－약점, opportunity－기회, threat－위협) 분석을 통해 체계적으로 파악할 수 있다.

표 14-5 스와트(SWOT) 분석

구 분	내 용
strength (강점)	• 조직 내부 강점을 연결함(적극적 업무, 우월한 프로그램) • 기관(프로그램)의 목적을 효과적으로 달성시키는 데 도움을 줄 수 있는 요소를 규명 • 기관의 모든 강점 목록화
weakness (약점)	• 기관 내부의 취약점에 초점(예: 봉사자의 사기, 재원 부족 등) • 기관의 모든 약점 목록화
opportunity (기회)	• 기관의 목적 달성과 운영에 도움이 되는 요소 • 기관의 발달에 기여할 수 있는 요소(국가의 재정 지원 강화, 사회문제의 비중이 큼)
threat (위협)	• 조직 발달에 불리한 외부 환경 요소(외부 재정 지원의 감소, 유사 프로그램 존재, 조직의 인지도 낮음)

3) 목적 및 세부 목표 설정

목적(goal)이란 조직이 어떤 활동을 통해 달성하고자 하는 미래의 상태를 의미하며, 목표(objective)란 목적을 달성해 가는 단계이다. 목적은 프로그램의 개입으로 인해 성취될 결과를 의미하므로, 목적을 기술할 때에는 문제의 분석에서 도출해야 하고 성과지향적이어야 한다. 또한 현실적이며, 명확하게 기술되고, 클라이언트 인구에 대한 언급을 담고 있어야 한다. 그리고 추후에 관찰되고 측정될 수 있는 것이어야 하며, 긍정적이어야 한다. 목표는 주어진 시간 안에 프로그램이 성취하기를 의도하는 결과와 영향을 기술하는 것으로, 대개 하나의 목적성취를 위해 다수의 목표를 설정한다. 목표는 목적과 관련되어 있어야 하며, 단일한 기준(숫자, 퍼센트, 비율)을 설정해야 하고, 측정 가능해야 한다. 또한 시간 요인(제정 연도, 프로그램 연도, 분기 등 표기)을 갖고 가능한 클라이언트에 대한 성과 위주로 기술한다. 그리고 명확해야 하며, 긍정적이면서 현실적이어야 한다.

4) 자료 수집과 대안 선택

프로그램 설계자는 대상 집단이나 대상 문제와 관련한 프로그램, 그리고 해당 기관과 타 기관 및 시설의 유사한 경험이나 프로그램, 외국의 실례 등을 조사해 본다.

5) 실천 계획의 수립

실천 계획의 수립이란 앞에서 결정된 프로그램에 대해서 실제 활동할 수 있도록 사업 내용을 구체화하는 작업이다. 구체적으로 해야 할 일을 선정하고, 할 수 있는 범위를 단계적으로 정하여 목적, 목표, 프로그램을 기술한 기본 계획 및 활동 시간, 장소, 예산, 업무 분담 등 구체적 실천 방안을 기술한 실천 계획서를 만들어야 한다.

6) 프로그램의 실천 활동과 시행

프로그램의 실행이란 앞서 고려한 사항을 염두에 두고 정해진 시간 내에 계획한 서비스를 실시하는 것을 의미한다. 프로그램을 실행하면서 특히 유의해야 할 것은 프로그램 계획에 지나치게 얽매여서 목표 전치가 발생하지 않도록 한다. 프로그램은 효율적이고 효과적인 서비스를 제공하기 위한 도구이지 그 자체가 목적은 아니며, 프로그램 실행에는 탄력적으로 운영할 수 있는 융통성이 필요하다. 때로는 목적 달성을 위하여 프로그램의 실행 계획이 수정될 수도 있음을 꼭 명심해야 한다.

(1) 오리엔테이션 및 사전 연습

보통의 경우 이상의 작업이 끝나면 관계자는 곧바로 프로그램 실시에 들어가는데, 때로는 보다 효과적인 프로그램 수행을 위해 사전 훈련 작업을 갖는 것도 필요하다. 사전 훈련은 프로그램 관계자가 모여 협력과 의사소통 그리고 책임감과 문제 해결 기술 등에 대해 합의를 하는 경우와 시행착오를 하지 않기 위해 전문가나 유사한 프로그램을 실시한 기관의 관계자로부터 설명 또는 조언을 듣는 형태를 취하기도 한다.

(2) 슈퍼비전

매일 매일의 프로그램을 마치고 프로그램 관계자는 프로그램 관리자나 슈퍼바이저와 함께 그날의 일을 토의하거나 조언을 듣는다. 이러한 슈퍼비전은 프로그램이 진행되는 동안 중간 과정의 형성 평가에 해당되는 활동으로 매우 중요하다.

기출 및 예상문제

01 지역사회의 문제와 욕구를 파악하기 위해 10명 내외의 지역사회에 영향력이 있는 사람들과 관련 전문가들을 한 자리에 모아 의견을 나누고자 한다. 이때 활용된 욕구조사 방법은 무엇인가?

① 지역사회포럼
② 지표분석
③ 핵심정보제공자 기법
④ 비공식 인터뷰
⑤ 명목집단 기법

정답 : ③

① 지역사회포럼: 몇몇 토론자들이 하나의 주제에 대해 의견을 제시하고 청중으로 참여한 지역주민들이 의견을 듣는 방식으로 진행된다. 지역사회 내 다양한 구성원의 의견을 직접 청취하여 수집하는 것이 주된 목적이다.
② 지표분석: 정부기관이나 다른 기관에서 조사된 자료를 분석하여 욕구를 파악하는 방법이다.
④ 비공식 인터뷰: 조사자들이 지역주민들과 특정한 시간과 장소를 정하지 않고 자연스럽게 만나 정보를 수집하는 방법이다.
⑤ 명목집단 기법: 한 장소에 모이지만 상호 간의 영향력을 줄이기 위해 무기명으로 의견을 적어내어 진행된다는 특징이 있다.

02 학교부적응 청소년들을 대상으로 집단 또는 개별 프로그램을 실시하려고 할 때 비용적 측면을 고려하여 그 성과를 비교하는 것은 어떠한 가치에 입각한 것인가?

(3회 기출문제)

① 효과성
② 효율성
③ 접근성
④ 통합성
⑤ 포괄성

정답 : ②

투입 대비 산출의 비용적 측면을 고려하는 것은 효율성의 가치에 해당한다.

03 동문아동복지시설에서 아동들을 위해 미술 프로그램과 음악 프로그램을 준비했는데, 미술 프로그램은 20명이 신청한 반면 음악 프로그램은 5명의 아동만 신청하였다. 이를 통해 사회복지사는 아동들이 미술 프로그램에 대한 욕구가 더 크다는 것을 알게 되었다. 이와 관련 있는 욕구는 무엇인가?

① 표출적 욕구
② 인지적 욕구
③ 제도적 욕구
④ 규범적 욕구
⑤ 사회적 욕구

정답 : ①

브래드쇼의 욕구 유형
- 규범적 욕구: 전문가의 판단에 의해 규정된 욕구
- 인지적/감촉적 욕구: 사회조사를 통해 알게 되는 욕구, 사람들이 필요하다고 생각하는 것
- 표출적 욕구: 서비스의 수요에 기초한 욕구, 방문자 수나 신청자 수로 파악
- 상대적/비교적 욕구: 다른 사람이 받는 서비스, 타 지역에서 제공되는 서비스와 비교에 따른 욕구

04 브래드쇼가 제시한 욕구 유형에 대한 설명으로 옳은 것을 모두 고른 것은?

ㄱ. 전문가에 의해 규정된 욕구는 규범적 욕구에 해당한다.
ㄴ. 표출적 욕구는 실제 욕구를 가진 사람들을 모두 파악할 수 있다.
ㄷ. 인지적 욕구는 때에 따라 다른 결과가 나올 수 있다는 단점이 있다.
ㄹ. 상대적 욕구는 형평성보다는 효율성의 측면이 강조된다.

① ㄱ, ㄷ, ㄹ ② ㄱ, ㄷ ③ ㄷ, ㄹ
④ ㄱ, ㄴ, ㄷ ⑤ ㄴ

정답 : ②

ㄱ. 규범적 욕구는 전문가의 판단이나 정부의 정책에 의해 규정된 욕구이다.
ㄷ. 인지적 욕구는 사회조사를 통해 사람들의 선호도를 파악하는 방식으로 파악되기 때문에 참여한 사람들의 개인차에 따라 결과가 다르게 나타날 수 있는 단점이 있다.

05 프로그램의 이동 흐름을 바르게 나타낸 것은? (8회 기출문제)

① 투입-목표-전환-산출-성과 ② 목표-투입-전환-산출-성과
③ 투입-전환-산출-목표-성과 ④ 목표-전환-산출-성과-투입
⑤ 성과-산출-전환-투입-목표

정답 : ②

프로그램의 목표를 바탕으로 '투입-전환-산출-성과'를 인과관계에 따라 파악한다.

06 프로그램 논리모형(logic model)에 관한 설명으로 옳지 않은 것은? (11회 기출문제)

① 체계이론을 기반으로 한다.
② 모든 프로그램은 목적과 목표를 갖는다.
③ 프로그램 요소들을 '투입-활동-산출-성과'로 구조화한다.
④ 프로그램 요소들 간의 인과관계를 가정한다.
⑤ 성과는 활동을 통한 직접 산출물을 의미한다.

정답 : ⑤

활동을 통한 직접 산출물은 산출에 해당한다. 성과는 프로그램의 종결에 따라 나타난 클라이언트의 변화 등에 초점을 둔다.

07 프로그램의 설계 과정에 대한 내용 중 옳지 않은 것은?

① 목표가 수립되면 그 목표를 달성하기 위한 개입전략을 검토하여 선정한다.
② 프로그램이 구성되면 조직의 장단기 목표를 토대로 예산을 편성한다.
③ 문제확인 및 욕구사정이 종료된 후에는 구체적인 목표를 수립해야 한다.
④ 여러 목표들은 우선순위 및 구체적 내용에 따라 단계별로 구분한다.
⑤ 프로그램의 평가 계획은 프로그램이 모두 종료된 후에 시작한다.

정답 : ⑤
프로그램에 대한 평가는 프로그램이 종결된 후에 실시하기도 하지만 과정 중에 실시할 수도 있다. 따라서 프로그램 설계과정에서 어느 시점에, 어떤 방식으로 진행할지에 대해 평가 계획을 세워야 한다.

08 프로그램 논리모델에서 산출(outputs)을 나타내는 기준으로 적절하지 않은 것은? (13회 기출문제)

① 이용자의 서비스 참여 횟수
② 서비스 종료 여부
③ 서비스에 소요된 비용
④ 서비스 제공자와 이용자 간 접촉 건수
⑤ 이용자가 서비스를 활용한 총시간

정답 : ③ 서비스를 위해 투입된 비용은 투입에 해당된다.

09 다음 중 프로그램의 목표를 성과를 중심으로 서술한 것은?

① 참여자들에게 교통비와 식사비를 제공한다.
② 참여자의 출석률을 90% 이상으로 한다.
③ 교육 프로그램과 관련하여 별도의 상담을 제공한다.
④ 참여자의 취업률을 70% 이상으로 한다.
⑤ 상담시간을 최소 20시간 이상으로 한다.

정답 : ④
① ③-활동목표, ② ⑤-산출목표

10 프로그램의 목표를 설정하는 SMART 기준에 해당하지 않는 것은?

① 시간은 되도록 길게 잡아야 한다.
② 현실성이 있어야 한다.
③ 구체적으로 명료하게 작성해야 한다.
④ 상황적 요건을 고려하여 달성 가능한 수준으로 제시해야 한다.
⑤ 수량적으로 표현하며 목표달성을 쉽게 측정할 수 있도록 해야 한다.

정답 : ①

SMART 기준에 있어 시간 관련 기준은 목표달성을 위한 시간을 구조화해야 한다는 것, 즉 시간 계획을 세워야 함을 의미한다.

11 사회복지기관에서 프로그램을 설계하는 과정에서 수행되어야 할 업무가 아닌 것은?

① 이미 진행되고 있는 프로그램들과의 유사성을 파악하여 중복되지 않도록 한다.
② 프로그램 진행에 필요한 과업을 세분화하여 각 실무자에게 업무를 분담한다.
③ 프로그램의 적정성을 알아보기 위해 형성평가 및 총괄평가를 실시한다.
④ 욕구사정이 종료된 후에는 목표를 구체화하여 실현 가능성을 높이도록 한다.
⑤ 해당 프로그램이 지역사회를 위해 왜 필요한지에 대한 분석을 진행한다.

정답 : ③

설계 과정에서 평가를 언제, 어떻게 실시할지를 결정할 수는 있지만, 평가 자체는 프로그램이 실시 혹은 종료된 이후에 진행된다.

12 참여자 간 영향력을 차단하기 위해 의견을 무기명으로 제시한 후 토론을 진행하는 자료수집 방법은 무엇인가?

① 비공식 인터뷰　② 참여관찰
③ 초점지반 기법　④ 포럼
⑤ 명목집단 기법

정답 : ⑤

명목집단 기법은 한 자리에 토론 참여자들을 모아 진행되지만, 상호 간의 영향력을 최소화하기 위해 무기명으로 의견을 제시하도록 한 후 사회자가 제시된 의견을 정리하여 합의가 이루어질 때까지 토론과 투표를 진행한다.

13 ( ) 프로그램을 통해 궁극적으로 달성하고자 하는 포괄적이고 추상적인 지향점이다.

정답 : 목적

14 ( ) 목적을 좀 더 구체화하여 방향성을 제시하는 것이지만 여전히 추상적인 용어로 표현되며, 장기적인 ( )를 의미한다.

정답 : 목표

Chapter 15

사회복지 프로그램 평가

1 평가의 이해

1) 평가의 개념

(1) 평가의 의의

최근 사회복지환경이 변함에 따라 평가(evaluation)는 사회복지행정의 중요한 관심사로 대두하였다. 1997년 개정된 사회복지사업법 제43조 제1항 및 동법 시행규칙 제27조 제1항에는 보건복지부 장관 및 시·도지사가 3년마다 1회 이상 시설에 대한 평가를 실시해야 한다고 규정하고 있다. 이는 사회복지사업법의 적용을 받는 모든 사회복지조직에 강제하는 것을 의미한다. 이에 따라 보건복지부는 1999년도에 한국보건사회연구원에 용역을 주어 8개 유형(아동, 장애인, 여성, 노인, 부랑인, 정신요양, 장애인종합복지관, 종합사회복지관)의 사회복지시설에 대한 평가 지표를 개발하고, 정신요양시설과 장애인복지관을 대상으로 실제 평가를 실시한 바 있다(장동일, 2006: 240). 평가 기준은 입소 정원의 적정성, 종사자의 전문성, 사회복지기관 환경, 입소자에 대한 서비스 수준 등이다.

(2) 평가의 정의

사회복지에서의 평가(evaluation)란 사회복지 프로그램 혹은 기관의 계획, 수행, 활용 등 포괄적인 활동을 체계적으로 판단하는 것을 의미한다(정무성 외,

2001: 207). 즉, 평가란 프로그램의 목적과 목표를 달성하기 위해 선정된 활동을 기초로, 클라이언트의 행동 변화를 성취하는 실행 과정과 최종 성과를 평가하는 것이다. 사회복지실천에서의 정의를 규정해 본다면 평가란 공·사 사회복지조직의 목적과 각 조직에서 실시되고 있는 프로그램의 목표가 어느 정도 효과적이고 효율적으로 달성되었는가를 알아보기 위한 것으로, 사회복지조직과 사회복지 프로그램의 가치와 의의를 판단하는 사회적 과정이라고 할 수 있다.

2) 평가의 목적과 필요성

(1) 평가의 목적

평가의 목적은 평가자의 의도나 평가 대상에 따라 다양하게 제시될 수 있기 때문에 평가의 목적을 구체적으로 제시하는 데 많은 어려움이 있다. 일반적으로 제시되고 있는 평가의 목적은 환류 기능과 책임성, 사회복지이론의 형성이다. 이를 구체적으로 살펴보면 다음과 같다(성규탁, 1988: 157-160).

① 환류 기능

프로그램의 평가는 프로그램의 기획이나 실행에 필요한 정보를 제공할 목적으로 수행되는 환류 기능(피드백, feedback)이다. 평가는 프로그램의 중단, 축소, 유지, 확대 등의 여부를 결정하는 데 필요한 정보를 제공하고, 프로그램의 내용을 수정하거나 보다 효율적인 운영에 필요한 정보를 제공한다. 프로그램의 효과성·효율성에 대한 평가 결과는 그 프로그램의 유지·확대, 중단·축소에 관한 판단 근거가 된다.

② 책임성

프로그램의 평가는 사회복지조직의 책임성을 이행할 목적을 갖는다. 오늘날 사회복지활동은 사회복지조직이 사회로부터 사회복지활동을 할 수 있도록 인가받았고, 인가를 받은 사회복지조직은 사회에 대하여 책임을 져야 한다는 의미이다.

③ 사회복지이론의 형성

프로그램의 평가는 사회복지이론의 형성에도 기여하는 목적을 갖는다. 프로그램의 평가는 기획으로부터 성과에 이르는 인과관계를 검토·확인·검증하는 활동을 수행한다. 검증 결과 타당성이 확인된 가설은 이론으로 발전하고, 그렇지 못한 경우라도 이론을 수정하는 데 기여한다.

(2) 평가의 필요성

평가는 프로그램(혹은 조직)이 의도한 목적을 실현하였는지를 알기 위한 것으로, 평가의 결과는 다양한 입장에서 달리 사용할 수 있다. 자원의 할당을 결정하는 기획의 입장(민간 기관에 자원을 제공하는 기관)에서는 평가의 결과는 특정 프로그램에 대한 지원을 계속할 것인지 혹은 중단할 것인지, 확대할 것인지 혹은 축소할 것인지 등에 관한 의사결정의 합리성을 높이는 데 사용한다. 서비스 기관이나 업무자의 입장에서 평가 결과는 자신의 업무 수행에 대한 피드백(feedback)으로 활용하여 프로그램의 개선, 서비스 전달체계와 조직 구조의 변화 필요성과 방향을 파악하는 데 도움이 된다. 클라이언트의 입장에서는 특정한 프로그램이나 기관이 자신의 욕구에 적합하게 활동하고 있는지 등을 평가하는 데 활용한다.

2 평가의 유형

1) 일반적 평가

넓은 의미의 평가와 좁은 의미의 평가로 살펴볼 수 있다. 넓은 의미의 평가는 프로그램 진행 과정의 목표에 관심을 두기 때문에 프로그램 제안서나 계약서상에 명시된 바대로 과정적인 절차와 활동이 잘 이루어지고 있는지를 평가한다.

좁은 의미의 평가는 효과성과 효율성의 평가이다. 첫째, 효과성 평가는 프로그램에 의해 의도된 결과나 급부가 성취되었는가에 주된 관심이 있으며, 크게 두 가지의 정보가 효과성 평가에 의해 도출된다. ① 프로그램이 의도한 목적이 성취되었는가에 대한 정보이다. 프로그램이 초기에 설정했던 목적이나 혹은 추후에 설정한 바람직한 성과 기준에 의해서 프로그램의 결과가 비교된다. ② 만약 일정한 성과가 발견된다면, 과연 그것이 프로그램 때문이라고 볼 수 있는가에 대한 정보이다. 이는 다른 프로그램이나 우연한 사건에 의해서 그러한 성과가 도출된 것이 아니라, 반드시 프로그램의 개입 효과에 의해서 나타난 것인가에 대한 판단이다. 둘째, 효율성 평가는 프로그램이 활용한 자원에 대한 정당성의 여부에 주로 관심이 있다. 서비스를 통해 나타나는 급부는 과연 비용에 견주어 합당한 것인가, 동일한 목적을 달성하기 위해 더 효율적인 방법은 없는가, 얼마나 경제적으로 목적을 성취하고 있는가 등을 파악하려 한다.

2) 사용 목적에 따른 평가 유형

(1) 형성 평가

형성 평가(formation evaluation)는 프로그램을 개발하기 위한 목적으로 실시한다. 프로그램을 개발하는 과정이나 진행 과정 중에도 수행할 수 있는데, 이 평가는 프로그램의 개선과 관련한 정보를 수집하고 평가하는 활동을 주로 한다. 흔히 과정 평가라고 하는데, 이름에서도 알 수 있듯이 프로그램이 집행 과정에 있으며, 여전히 유동적일 때 프로그램을 개선하기 위하여 수행하는 평가이며, 프로그램의 개념화와 설계를 위한 평가로서(노화준, 2001: 67), 프로그램의 결과나 목적 성취에 초점을 두는 목적 지향적 평가와는 구분한다.

(2) 총괄 평가

총괄 평가(summative evaluation)는 프로그램이 종료된 후에 실시한다. 프로그램의 결과에 해당하는 성과의 발생 여부와 그 성과에 수반된 비용 문제에 관심을 갖는데, 프로그램의 목적과 목표가 얼마나 효과적·효율적으로 달성되었는지를 알고자 하는 것이다. 과정 지향적인 형성 평가와는 달리 총괄 평가는 목표

지향적으로, '평가'라고 하면 이러한 목표 지향적인 평가를 뜻하며, 여기에는 효율성 평가와 효과성 평가, 공평성 평가가 대표적이다(정무성 외, 2001: 210-211).

(3) 통합 평가

통합 평가는 형성 평가와 총괄 평가를 통합한 것이다. 두 방법의 장점을 사용한 통합 모형은 프로그램의 발전 및 시행 단계마다 나타나는 특성이나 문제에 적절한 평가방법을 융통성 있게 사용할 수 있다.

표 15-1 사용 목적에 따른 평가방법

구 분	내 용
형성 평가	• 프로그램 운영 도중에 이루어지는 평가(과정 평가) • 프로그램 형성에 초점을 둔 평가 • 서비스 전달 체계 향상 및 서비스의 효율성 증진 도모
총괄 평가	• 프로그램의 종료 후 실시(종결 평가) • 프로그램의 지속, 중단, 확대 등에 관한 총괄적인 의사결정을 할 경우 • 효율성·효과성을 판단하기 위한 평가
통합 평가	• 형성 평가 + 총괄 평가

3) 기타 평가 유형

(1) 평가 대상에 따른 분류

기관 평가와 개인 평가가 있다. 기관 평가는 프로그램을 평가하고 서비스 전달의 진행 상황을 확인한다. 개인 평가는 프로그램 운영자 개인에 대한 평가로 자기 평가, 동료 평가, 행정가에 의한 구두 평가 등이 있다.

(2) 평가 규범에 따른 분류

효과성 평가와 효율성 평가 그리고 공평성 평가가 있다. 효과성 평가는 프로그램의 목적 달성 정도를 평가한다. 효율성 평가는 투입과 산출의 비교 평가, 즉 비용 최소화와 산출 극대화에 대한 평가이다. 그리고 공평성 평가는 프로그램의 효과와 비용이 사회집단 간에 공평하게 배분되었는지를 평가한다.

(3) 평가 범위에 따른 분류

단일 평가와 포괄 평가가 있다. 단일 평가는 표적 문제의 개념화 및 개입의 설계와 관련된 평가, 프로그램 집행의 평가 그리고 프로그램 효용성에 대한 평가를 각각 분리하여 어느 하나에 대해 행하는 평가이다. 포괄 평가는 표적 문제의 개념화 및 개입의 설계와 관련된 평가, 프로그램 집행의 평가 그리고 프로그램 효용성에 대한 평가와 모두를 행하는 평가이다.

(4) 평가 시점에 따른 분류

사전 평가와 사후 평가가 있다. 사전 평가는 프로그램이 시행되기 이전에 행하는 평가로 적극적 평가라고도 한다. 사후 평가는 프로그램이 종료된 후에 행하는 평가로 소극적 평가라고도 한다.

(5) 평가 주체에 따른 분류

자체 평가와 내부 평가 그리고 외부 평가가 있다. 자체 평가는 프로그램 담당자 스스로 행하는 평가로, 많은 정보를 얻을 수 있고 비용면에서 절약되지만 공정성 확보에 문제가 있을 수 있다. 내부 평가는 프로그램을 직접 담당하지 않는 기관의 내부자에 의해 이루어지는 평가이며, 외부 평가는 조직 외의 제3자에 의해 이루어지는 평가이다.

3 평가의 접근 방법

1) 양적 접근과 질적 접근

평가의 방식은 크게 양적 접근과 질적 접근으로 분류할 수 있다. 양적 접근과 질적 접근 방식은 사회복지 프로그램에 대한 평가뿐만 아니라 다른 분야의 평가에도 많이 시도되는 방법이다. 양적 접근과 질적 접근방법의 장·단점이 다르기 때문에 특정한 방법을 제시하기보다는 프로그램의 성격에 맞는 접근 방식을 선택한다.

사회복지 프로그램에 대한 양적 접근은 사전에 의도된 목표와 결과에 대한 인과적 관계를 양적 접근방법을 통해서 수량화하여 평가하는 방식이다. 양적인 측면에서 목표가 어느 정도 달성되었는지가 관심 사항인 반면, 프로그램 평가에 대한 질적 접근은 양적 접근의 문제점을 보완하는 방향에서 출발하였다.

그러나 질적 평가는 양적 평가에 비하여 많은 어려움이 있고, 질적인 접근은 주관적이고 개인적인 요소가 많이 포함되어 있으므로 객관적인 평가 지표를 개발하는 것이 무엇보다 중요하다. 질적 평가를 위해서는 자연적인 상황, 사건, 사람, 상호작용, 기타 행동을 관찰하여 자세히 문장으로 기술해야 하고, 참여하고 있는 사람의 흥미, 경험, 태도, 신념, 사고, 욕구, 관심 등을 관찰하거나 대화를 통해 수집하여 직접 인용한다. 또한 보관하고 있는 여러 기록과 제작물을 분석해야 한다. 질적 평가 자료는 정형화된 질문지나 면접보다는 개방적인 면접, 참여 관찰, 참여자의 기록이나 제작물 등을 포함한다.

2) 절대 평가와 상대 평가

절대 평가란 개인별로 목표 수준의 달성 정도를 평가한다. 사회복지 프로그램에서 절대 평가는 프로그램별로 계획상 목표의 도달 정도를 평가하는 방식이다. 절대 평가는 계획했던 프로그램의 장·단점을 평가해 주는 역할을 하며, 상대 평가는 표준화된 검사를 통해 개인의 위치를 전체와 비교하여 상대적으로 평가하는 방법이다. 상대 평가는 전체 집단의 평균치와 같은 값을 기준으로 하고, 개인의 위치를 기준과 관련하여 점수화하고 해석하는 것이라고 하여 관련 평가(검사)라고도 부른다. 상대 평가는 입학 시험과 같이 선발 인원수가 제한된 경우에 주로 활용된다.

4 평가의 과정

프로그램 평가는 사회복지조직체의 프로그램을 특별한 목적으로 평가하는 것이므로 일반 평가 절차와는 다른 역동적이고 상호 연관된 과업과 결정 상황이 많이 있다. 프로그램 평가는 다음과 같은 단계를 거쳐 이루어지는 것으로 볼 수 있다(최성재·남기민, 1993: 331-337).

첫째, 평가 목적 및 대상의 결정이다. 일단 프로그램 평가를 하기로 결정하였다면 무슨 목적으로(총괄 평가 또는 형성 평가), 어떤 프로그램을 평가할 것인지(특정 프로그램, 일부 프로그램, 전체 프로그램) 그리고 어떤 내용을 위주로 평가할 것인지(노력, 효과성, 효율성, 예상치 못한 결과 중의 일부 또는 전체) 등을 결정해야 한다. 본 단계의 결정을 할 때에는 평가를 위한 비용, 인원, 시간, 그리고 평가 결과의 실제 이용자 등이 고려되어야 할 것이다.

둘째, 프로그램 책임자 및 담당자의 이해와 요청이다. 프로그램의 평가는 그 프로그램의 운영을 책임지고 있는 사람과 프로그램을 실제적으로 수행하고 있는 담당자가 평가의 목적, 방법 등을 잘 이해하고 협조를 해야 가능하다.

셋째, 프로그램의 목표 확인이다. 프로그램의 목표에 대한 실제적인 달성 정도를 측정하는 것이므로 목표를 명확히 하는 일은 매우 중요하다. 프로그램의 목표는 명확하고, 구체적이고 측정 가능하도록 설정되어야 하고, 많은 경우에 프로그램의 목표는 '생활을 향상시킨다', '정서적 발전에 기여한다'는 등 막연하고 추상적이며 측정이 어렵게 설정되고 있다.

넷째, 조사 대상자의 선정이다. 프로그램 평가의 중심적인 내용은 효과성인데, 효과성은 구체적인 과정 및 기술 그리고 그 과정을 통하여 실제적으로 클라이언트에게 나타난 변화가 프로그램에서 예상되었던 평균적 변화에 비하여 어느 정도였는지를 평가하는 것이다. 즉, 개입 자체 및 이와 관련된 사항 그리고 클라이언트의 특성 등의 영향에 의하여 클라이언트의 태도, 지식, 행동, 기술, 조건 등에 변화가 생길 것으로 가설을 설정하고, 그 가설을 검증하기 위한 경험적인 조사를 실시하는 것이 평가 조사의 핵심이다. 이러한 의미에서 평가 조사에는 독립 변수(independent variable),[1] 매개 변수(intervening variable)[2] 그리고 종속 변수(dependent variable)[3]가 있다.

본 단계에서는 독립 변수, 매개 변수 및 종속 변수를 확인하고 사업(프로그램) 평가의 목적 및 내용과 관련하여 어떤 변수를 선정할 것인지를 결정한다. 종속 변수는 개입의 실제적인 결과이므로 당연히 선정되어야 할 것이지만 독립 변수와 매개 변수에 있어서는 종류가 많기 때문에 적절한 것을 택해야 하고, 종속 변수인 개입의 결과 측정은 평가 조사에서 가장 핵심적인 유의 사항이라고 할 수 있다.

다섯째, 이용 가능한 자료의 측정 도구 결정이다. 선정된 변수에 따라 그것을 측정하기 위하여 어떤 자료를 이용 가능한지 그리고 특정 변수를 측정하기 위하여 기존의 측정 도구가 있다면 이를 이용할 수 있는지 등을 검토하여 결정한다.

여섯째, 새로운 측정 도구의 개발이다. 선정된 변수를 측정하기 위하여 기존의 측정 도구를 이용할 수 없다면 기존의 측정 도구를 일부 변경시키거나 새로운 측정 도구를 개발하여야 한다.

일곱째, 적절한 조사 설계 형태의 결정이다. 조사 설계는 독립 변수의 통제 가능성 및 종속 변수에 영향을 미칠 기타 변수의 통제 가능성 여부에 따라 어느 특정한 설계 형태를 택할 것인지를 결정해야 한다. 조사 설계는 표본 추출과 직결되므로 조사 설계의 단계에 포함시켜 적절한 대상자를 선정하여 조사를 실시할 준비를 갖추어야 한다.

여덟째, 조사의 수행이다. 앞의 7단계까지의 계획에 의하여 실제로 자료를 수집하는 조사 활동을 수행하는 것으로, 평가 조사는 일반 조사와는 달리 조사 수행 과정에서 프로그램 관련자의 관계, 역할 등에 갈등이 있을 수 있으므로 계속적인 이해와 협조 체제를 유지하는 데 유의한다.

아홉째, 결과의 분석 및 해석이다. 실제적인 조사 활동을 통하여 자료가 수집

---

1) 독립 변수(independent variable)는 종속 변수의 결과를 예측하거나 차이를 설명하기 위한 변수로서, 영향을 미치는 변수를 독립 변수라고 한다. 원인 변수, 설명 변수, 예측 변수라고도 한다.

2) 매개 변수(intervening variable)는 종속 변수의 결과에 영향을 미칠 수 있는 변수로, 그 영향력이 일정한 독립 변수와는 달리 내면적, 비지시적 역할을 하는 변수이다.

3) 종속 변수(dependent variable)는 독립 변수의 영향으로 나타나는 결과가 되는 변수로, 주로 분석의 대상이 된다. 결과 변수, 피설명 변수, 피예측 변수라고도 한다.

되면 이를 편집하여 적절한 통계 절차를 이용하여 분석하고 통계 결과가 무엇을 의미하는지를 명확히 해석한다.

마지막으로, 결과의 보고 및 실제적 이용이다. 조사의 결과는 조사 및 통계를 모르는 사람도 이해할 수 있을 정도로 서술, 보고되어야 한다. 그리고 보고서는 일반 조사 보고서의 양식에 따라 보고될 수도 있지만, 그것이 공개적으로 출판되지 않는 경우에는 보다 일반적인 언어로 조사 보고자의 재량에 따라 적절한 양식을 택할 수도 있으며, 프로그램 평가와 관련된 건의사항 등을 반드시 포함한다.

5 평가의 기준

어떤 목적을 위한 평가인가에 대한 결정이 특정한 평가의 유형과 정보의 종류를 만드는데, 프로그램 평가의 종류를 평가 목적과 관련하여 분류하면 다음과 같다(김영종, 2007: 431-436).

첫째, 노력(effort) 평가이다. 노력이란 기관이 얼마나 많은 활동을 했고 서비스를 제공했는가 하는 사업의 산출을 평가하는 것으로, 프로그램의 노력 혹은 업무 수행과 관련한 일종의 일원적인 기술식 자료와 설명이다. 일원적이란 하나의 개념이나 변수를 다룬다는 의미이고, 다양한 프로그램 활동을 대변하는 각각의 변수를 요약하는 축약적 의미를 지닌 수치나 자료로 나타내는 것이다. 프로그램에 대한 참여도, 수행된 활동의 양이나 질, 투입된 자원의 정도 등의 효과성과 효율성 평가를 위한 기초 자료로 사용된다.

표 15-2 서비스 평가 단위(unit)

① 클라이언트의 수(count): 프로그램 혜택, 서비스 이용자로 단순 참여자 수 예) 매월 신규 상담 이용자 수
② 사건(event): 워커, 이용자의 구체적 활동 수 예) 전화, 케이스 상담, 심리 검사, 치료 등

③ 이용자 지위의 변화(status of change): 프로그램 중 이용자의 지위 상태의 총 변화 횟수
예) 취업 신청, 취업 승낙, 완전 취업 등

④ 에피소드(episode): 공통된 초점 혹은 목표를 가진 일련의 활동의 종결(종료된 일련의 이용자 수)
예) 입양된 아동의 수, 취업된 장애인의 수

⑤ 시간(time): 이용자가 소비한 시간, 워커가 프로그램을 위해 사용한 시간
예) 치료 시간, 상담 시간

출처: 정무성·정진모(2001). 사회복지 프로그램 개발과 평가. p.219.

둘째, 효과성 평가이다. 효과성이란 일반적으로 목표 달성의 정도로 정의된다. 프로그램의 효과성은 목표 자체가 성취되었는가 그리고 만약 그런 성과가 발생했다면 그것이 개입에 의한 효과인가 등을 말하는 것으로, 평가방법 및 도구는 기록물을 시계열적으로 분석하거나 인테이크 당시의 이용자 상태에 관한 기록물과 추후자료를 비교함으로써 프로그램의 효과를 알 수도 있다. 또한 이용자의 기능과 만족도를 주관적으로 측정하는 질문지 조사법과 프로그램의 실시 전과 후의 두 시점을 비교하는 실험 설계 그리고 수혜 집단과 비수혜 집단을 비교하는 등의 실험 조사 설계방법과 수혜자 상태의 개선에 대한 전문가의 진단이 주요 평가방법으로 사용될 수 있다.

셋째, 효율성 평가이다. 효율성은 '경제적 합리성'과 동의어로 사용된다. 최소의 자원 투입으로 최대의 산출을 냈는가에 초점을 두고, 프로그램의 자원 활용에 따른 정당성의 여부에 주로 관심을 갖는다. 즉, 프로그램이 주어진 자원(인력, 자산, 공간 등)을 경제적이고 효율적인 방법으로 적절하게 활용했는지, 서비스의 급여는 과연 비용에 견주어서 합당한 것인지, 동일한 목적을 달성하기 위해 더 경제적인 방법은 없는지를 확인하기 위한 것이다.

흔히 효율성은 두 가지 방법으로 사용된다. 보통 투입과 산출(input-output)의 관계를 나타내는 것으로 쓰이지만, 투입과 성과(input-outcome)와 같은 프로그램 목표 획득에 드는 비용과의 관계에 쓰일 때도 있다.

효율성을 측정하기 위한 자료에는 프로그램 산출물의 단위와 관련한 비용으로, 예를 들면 한 아동의 입양에 드는 비용이다. 또한 프로그램 목표를 성취하는 데 부과된 비용으로, 인력, 재료, 장비 등이다. 그리고 상대적 비용으로 같은

산출물을 위해 사용될 수 있는 다른 종류의 접근 방식에 의한 비용이 있으며, 프로그램 전달 비용에 따른 비용과 편익의 화폐 가치로의 환산 등이 있다.

넷째, 영향 평가이다. 영향 평가의 기준은 프로그램의 개별적인 성과와는 구분되는 개념으로, 주로 기획 차원에서 검토되는 것이다. 하나의 프로그램이 주어진 목표에 대해 특정한 성과를 나타내고 있다면, 그것이 원래 의도했던 폭넓은 사회문제 해결에 어느 정도의 영향을 미쳤는지를 파악하는 것이다. 이때 영향을 평가하기 위해서는 복잡한 추론 과정이 필요한데, 하나의 단일 프로그램에 의해 평가될 수 있는 영역을 벗어나 있기 때문이다.

다섯째, 서비스 질 평가이다. 서비스의 질이란 프로그램에서 '전문적인 기준이 채용되는 정도'를 가리키는 것으로, 서비스의 질을 나타내는 전형적인 지표는 프로그램을 수행하는 직원의 전문적인 교육과 경험의 수준으로 나타낸다. 예를 들어, 직원이 프로그램 수행을 위한 적절한 자격을 갖추고 있는지를 평가하는 것이다. 서비스의 질 평가방법으로는 동료 평가, 이용자의 서비스 만족 조사, 단일 사례 분석, 대외적 근거 자료(정부·단체 등에서 인정하는 자격증, 수료증, 증서 획득 등) 등이 있다. 이 방법은 전문 평가 분석가는 그다지 선호하지 않는 방법인데, 그 이유는 경험적으로 검증되지 않았기 때문이다.

여섯째, 과정 평가이다. 한 프로그램의 성공이나 혹은 실패에 대한 이유를 밝히려는 것으로, 이것을 통해 프로그램의 조정 방향이나 다른 환경에로의 복제 가능성을 제시할 수 있다. 과정 평가는 그 초점을 어디에 두고 있는지에 따라 4가지로 구분할 수 있다. ① 프로그램 자체의 속성에 초점을 두고, 프로그램의 구성 부분을 접근, 방법, 직원, 여타 속성으로 나눈다. 그리고 프로그램에서 나타나는 문제가 과연 어떤 속성과 관련되어 있는지를 파악한다. ② 서비스 인구에 초점을 두고, 프로그램이 각기 다른 서비스 인구 집단에 대해 어떤 차별적인 효과를 나타내는지를 파악한다. 예를 들어, 한 프로그램이 남자보다 여자 클라이언트에게 더 잘 실행되었는지, 그 가운데서도 젊은 세대가 노인 세대보다 효과가 더 높게 나타났는지 등을 밝히는 것이다. ③ 프로그램이 제공되는 여건 등 환경 조건에 초점을 두고 계절별로 차이가 있는지, 주변에 경쟁 프로그램이 있는 경우에는 어떠한지, 프로그램이 속한 모조직의 영향은 어떠한지 등을 평가의 대상으로 삼는다. ④ 효과의 본질에 초점을 두고 프로그램이 성취한 효과의 유형을 구분한다. 예를 들어, 프로그램의 효과가 인지적인 것인지, 태도와 관련된 것인지 혹은 행동적인 것인지 등을 분석한다. 이는 효과의 지속성이나 그 효과로 인한 영향은 어떤 것인지 등을 밝힌다.

일곱째, 공평성 평가이다. 공평성(equity)을 기준으로 하는 평가는 급여(혹은 서비스)가 인구 집단에 공평하게 배분되었는지를 평가한다. 이 기준은 정책이나 기획 차원의 평가에서 주로 검토된다. 이는 합리적이기보다는 정치적인 고려에 의해 채택되는 경우가 많고, 자원의 배분이나 절차에 대한 공평성의 근거는 대체로 '일관성'에 의한 기준에 의거한다.

6 평가 결과의 활용

프로그램 평가를 위하여 많은 자원을 투자하고 그로 인해 많은 정보를 수집했다 하더라도, 프로그램 운영자가 그 정보를 적절하게 활용하는 것은 또 다른 문제이다. 자칫 많은 시간과 비용을 들여 내놓은 공식적인 평가 결과가 프로그램의 행정적 과정에 적절하게 적용되지 못한다면 그것은 문제가 되고 행정 관리자는 평가 결과를 조직과 프로그램의 개선을 위해 적절하게 활용하기 위해서는 평가 정보를 적절히 활용할 수 있는 조직적 환경을 구축하는 노력을 기울여야 한다. 그러기 위해서는 행정 관리자 스스로가 이러한 정보의 가치를 높이 인식하는 것이 중요하다. 평가 결과의 활용에서 다음과 같은 이슈가 흔히 나타난다(김영종, 2007: 439-442).

첫째, 외부 평가의 의의이다. 조직이나 프로그램에 대한 공식적인 평가는 외부 기관에 의해 수행되는 경우가 많다. 이 경우 많은 문제점이 도출되는데, 프로그램 내부자와 외부 평가자의 시각 차이 문제가 나타나기도 한다. 또한 평가 자체의 목적이나 방법에 대해서도 내부자와 외부자 간의 시각이 일치하지 않을 수 있으며, 내부 행정 관리자의 입장에서는 당장 체계적인 평가의 필요성과 의의를 찾기 힘들 때가 많다. 평가를 위해 들이는 비용만큼의 효과를 찾기 힘든 자원의 낭비라고 내부자는 느끼고, 외부 평가자의 입장에서는 프로그램의 결함과 행정적 오류의 노출을 꺼린다는 이유에서 내부자가 평가 조사를 좋아하지 않는다고 느낄 수 있다. 그리고 외부 평가자에 대한 불신으로 인해 내부 행정 관리자는 타당도와 신뢰도에 문제를 가지기도 한다.

둘째, 평가와 기준 행동이다. 사회복지 프로그램에서 평가가 궁극적으로 지향하는 바가 서비스 수급자의 복지 향상에 있다 하더라도 평가 본래 목적을 상실하고, 방법 자체에만 충실하는 경향이 있다. 이 경우 서비스 수급자의 복지는 오히려 후퇴할 수 있고, 수행이나 성과와 관련한 평가 정보를 측정하기 위해 계량화를 시도할 때, 그것이 업무자에게 바람직하지 못한 결과를 초래할 가능성도 있다. 사회복지행정 관리자는 제반 평가의 기준이 업무자와 클라이언트에게 초래할 수 있는 영향에 지속적인 주의를 기울여야 하는데, 평가 본연의 목적이 클라이언트의 복지 증진과 관련한 서비스 효과성의 제고에 있다는 것을 잊지 말아야 하고, 이러한 본연의 목적에서 평가의 과정이나 방법이 이탈되고 있는지를 감시할 필요가 있다. 이는 평가가 평가만을 위한 것으로 인식되면 그것은 이미 평가의 본질로부터 벗어난 것임을 의미한다.

셋째, 평가 결과의 공개이다. 공식적인 평가에 대해서는 그 과정과 결과를 외부에 공개하는 것이 바람직하며 이로 인해 예기치 않은 외부의 관심과 간섭을 초래할 수도 있지만, 오히려 많은 이점을 얻을 수도 있다. 다양한 외부 이해 집단은 프로그램에 대해 흔히 갈등적인 이해관계 속에 있는데, 평가 결과의 공개 과정에서 프로그램에 대한 각 이해 집단의 요구를 자연스럽게 표출시킬 수 있다. 또한 공개하지 않을 경우 조직이나 프로그램 내부로 쏟아질 수 있는 비난을 공개함으로써 오히려 그것을 외부로 돌릴 수 있다. 평가의 과정과 결과에 대한 공개는 조직과 프로그램의 개선에도 도움을 준다. 불명확하거나 막연하게 규정해 두었던 목표, 방법적 기술, 성과의 측정 등에 관심을 갖게 하고, 효과성이나 효율성에 관련한 정보를 수집하고 분석하게 한다. 비록 시간과 비용의 문제는 여전히 남아 있지만, 프로그램 개선을 위한 객관적인 정보의 축적은 사회복지서비스의 장기적인 수준 향상을 위해서는 빠뜨릴 수 없다.

기출 및 예상문제

01 (　　)는 프로그램의 수행 및 전달 과정 중에 실시하는 평가로 과정평가라고도 한다. 사업내용의 수정·변경 여부의 결정에 도움을 주고, 사업의 효과나 부작용의 경로를 밝힘으로써 총괄평가를 보완하는 기능을 수행한다.

정답 : 형성평가

02 (　　)는 프로그램 투입에 대한 총체적인 판단을 내리기 위한 평가이다. 주로 사업이 종료된 후 그 사업이 지역사회에 미치는 영향을 추정하는 조사활동이다.

정답 : 총괄평가

03 다음에 해당하는 평가기준은? (12회 기출문제)

> • 프로그램의 전문성을 강조하며 제대로 된 서비스가 주어졌는지 여부를 판단하는 것
> • 서비스의 우월성과 관련된 전반적인 판단

① 효율성(efficieny)　② 효과성(effectiveness)
③ 영향(impact)　④ 질(quality)
⑤ 노력성(effort)

정답 : ④
질(quality)은 제공된 서비스들이 전문적인 지식과 기술을 가진 직원들에 의해 제공되었는지 여부와 서비스를 제공받은 사람들의 신체적·정서적·인지적·사회적·경제적 욕구를 충족시킬 수 있는 수준으로 제공되었는지를 평가하는 기준이다.

04 참여자들의 서비스 만족도와 목표달성도 등을 파악하여 프로그램을 평가하는 것은 어떤 평가기준을 중심으로 한 것인가?

① 효율성　② 전문성　③ 노력성
④ 공평성　⑤ 효과성

정답 : ⑤
효과성은 제공된 프로그램 혹은 서비스를 통해 애초에 의도했던 목표들이 달성되었는지를 평가하는 기준이다. 클라이언트의 만족도 및 참여도 등 간접 자료를 통해 파악하기도 하며, 클라이언트의 취업률 향상 등 직접 자료를 통해 파악하기도 한다.

05 평가에 관한 설명으로 옳지 않은 것은? (14회 기출문제)

① 비용-편익(cost-benefit) 분석은 효과성을 측정하며 타 프로그램과의 비교를 포함한다.
② 평가의 목적 중 하나는 사회적 요구를 파악하는 것이다.
③ 평가의 부작용으로 새로운 시도를 어렵게 할 수 있다.
④ 평가는 서비스에 대한 책임성을 향상시킬 수 있다.
⑤ 형성평가는 프로그램의 수정·변경·중단에 대한 여부를 결정한다.

정답 : ①

비용-편익(cost-benefit) 분석은 효율성을 분석하기 위한 방법으로 프로그램에 따른 결과를 모두 비용으로 환산하여 평가하는 방식이다.

06 다음 중 평가방법에 관한 설명으로 옳은 것은?

① 총괄평가는 프로그램에 관한 정보 유출을 막기 위해 내부평가로 진행해야 한다.
② 지난해 실시한 평가의 과정과 내용을 분석하기 위해 모니터링을 한다.
③ 프로그램 종료 후 형성평가를 통해 효율성과 효과성을 검토한다.
④ 형성평가는 성과의 발생 여부에 초점을 두는 과정지향적 평가이다.
⑤ 형성평가를 위해 양적 방법과 질적 방법을 혼용할 수 있다.

정답 : ⑤

① 총괄평가는 프로그램에 대해 보다 전문적이고 과학적인 분석이 진행되어야 하므로 내부평가보다는 외부평가를 진행하는 경우가 많다.
② 평가에 대한 평가는 메타평가이다. 이미 실시되었던 평가의 과정이나 방법, 평가자 등을 분석함으로써 다음 평가를 위한 자료로 삼을 수 있다.
③ 형성평가는 프로그램 진행 중에 실시한다.
④ 형성평가는 프로그램 과정 중 피드백을 위해 실시하는 과정지향적 평가이다. 성과의 발생 여부에 초점을 두는 것은 총괄평가이다.

참고문헌

강용규 외(2007). **사회복지행정론**. 경기: 공동체.

강용규·문영규(2014). **사회복지행정론**. 서울: 형지사.

강철희(1998). "후원 활동에 참여하는 사람들의 일반적 특성과 그들의 후원노력에 영향을 미치는 요인들에 관한 연구". 「한국사회복지학」 통권 35호. 서울: 한국사회복지학회.

김귀환·나직균 공저(2009). **사회복지정책론**. 경기: 21세기사.

김규정(2001). **행정학원론**. 경기: 법문사.

______(2002). **행정학원론**. 경기: 법문사.

김기태 외(2005). **사회복지행정론**. 서울: 대왕사.

김상환(2001). '사회복지기관 직원의 동기부여: 소진(Burnout)에 대한 이해를 중심으로'. 한국사회복지행정학회 2001년 추계학술대회 및 Workshop.

김연경(2002). **서비스 경영-전략·시스템·사례-**. 경기: 법문사.

김연성 외(2002). **서비스 경영-전략·시스템·사례-**. 경기: 법문사.

김영종(1998). **사회복지행정**. 서울: 학지사.

______(2007). **사회복지행정**. 서울: 학지사.

______(2010). **사회복지행정**. 서울: 학지사.

김익균·고순철(1997). **한국지역사회복지론**. 서울: 대학출판사.

김형성 외(2001). **사회복지행정론**. 서울: 동인.

김형식 외(2001). **사회복지행정론**. 서울: 동인.

김형식·이영철·신준섭(2013). **사회복지행정론**. 양서원.

나직균·임정문 공저(2009). **사회복지행정론**. 경기: 21세기사.

남기민(2004). **사회복지정책론**. 서울: 나남출판.

남재일(2004). **사회복지행정론**. 서울: 현학사.

노화준(2001). **정책평가론**. 경기: 법문사.

문신용(1999). "**공공정보 자원 관리의 활성화 방안**". 한국행정연구원.

박경일(2000). '사회복지 프로그램진행과 관리기법'. 사회복지평가제도의 진단과 개선방향—2000년도 추계학술발표 및 워크숍자료집. 한국사회복지행정학회.

박내회(1997). **인사관리**. 서울: 박영사.

박연호(1995). **행정학신론**. 서울: 박영사.

박용치(1998). **현대 행정학원론**. 서울: 경세원.

박차상(1999). **한국사회복지행정론**. 서울: 대학출판사.

______(2002). **한국사회복지행정론**. 서울: 대학출판사.

박차상·이경철·오세영(2008). **사회복지행정론**. 경기: 창지사.

사회복지교육연구센터(2010). **사회복지행정론**. 서울: 나눔의집.

__________________(2011). **사회복지행정론**. 서울: 나눔의집.

__________________(2012). **사회복지행정론**. 서울: 나눔의집.

__________________(2013). **사회복지행정론**. 서울: 나눔의집.

__________________(2014). **사회복지행정론**. 서울: 나눔의집.

__________________(2015). **사회복지행정론**. 서울: 나눔의집.

__________________(2016). **사회복지행정론**. 서울: 나눔의집.

__________________(2017). **사회복지행정론**. 서울: 나눔의집.

__________________(2018). **사회복지행정론**. 서울: 나눔의집.

__________________(2019). **사회복지행정론**. 서울: 나눔의집.

__________________(2020). **사회복지행정론**. 서울: 나눔의집.

성규탁(1988). **사회복지행정론**. 경기: 법문사.

______(1993). **사회복지행정론**. 경기: 법문사.

신복기 외(2002). **사회복지행정론**. 경기: 양서원.

________(2004). **사회복지행정론**. 경기: 양서원.

신복기 · 박경일 · 이명현(2013). **사회복지행정론**. 경기: 공동체.

신철우(1998). **조직행동론**. 서울: 문영사.

양용희 · 김범수 · 이창호 공저(1997). **비영리조직의 모금전략과 자원개발**. 서울: 한국사회복지사협회.

우종모 외(2004). **사회복지행정론**. 경기: 양서원.

윤혜미(1991). '사회복지전문요원의 직무만족. 이직의도. Burnout에 관한 연구'. 한국사회복지학 vol.18.

이봉주 · 이선우 · 백종만(2012). **사회복지행정론**. 서울: 나남.

이유재(2000). **서비스 마케팅 제2판**. 서울: 학현사.

이유재 · 이준엽(1997). "서비스 품질에 관한 종합적 고찰: 개념 및 측정을 중심으로". 경영논집(서울대학교) 제31권 3호.

이윤정(1997). **의사결정론**. 서울: 대광문화사.

이재규 · 김성국 · 권중생(1996). **최신 인적자원 관리론**. 서울: 문영사.

이정호(1987). "**한국사회복지행정 조직체계의 개선방안에 관한 연구**". 서울: 경희대학교 대학원 박사학위논문.

장동일(2006). **사회복지행정론**. 경기: 법문사.

장인협 역(1984). **사회복지조직론**. 서울: 집문당.

장인협 · 이정호(1999). **사회복지행정론**. 서울: 서울대학교출판부.

장천식(2006). **사회복지행정의 이해**. 서울: 창지사.

정무성 외(1999). '사회복지 프로그램 지원 신청서 작성'. <한국사회복지행정학회 제1차 Workshop> 한국사회복지행정학회 교육전문위원회.

________(2001). **사회복지 프로그램 개발과 평가**. 경기: 양서원.

총무처 직무분석기획단(1997). **신정부혁신론**. 서울: 동명사.

최성재 · 남기민(1993). **사회복지행정론**. 서울: 나남출판.

____________(2001). **사회복지행정론**. 서울: 나남출판.

최창호(2005). **새행정학**. 서울: 삼영사.

한국사회복지행정학회(2014). **사회복지행정론**. 경기: 양서원.

허만영(2003). **사회복지행정론**. 경기: 법문사.

홍부길 역(1994). **사회마케팅－공중행동변화를 위한 전략**. 서울: 대영사.

홍부길 편(1988). **비영리조직 마아케팅과 사회 마아케팅**. 서울: 이화여자대학교출판부.

홍현미라·정진경·이은정·심선경·김가율·함수연(2004). **사회복지행정론**. 경기: 공동체.

황성철 외(2003). **사회복지행정론**. 서울: 현학사.

황성철·정무성·강철희·최재성(2014). **사회복지행정론**. 경기: 정민사.

황진수·이종모(2014). **사회복지행정론**. 서울: 대영문화사.

川村·立岡·千葉·櫻井(2013). 福祉サイービスの組織と経営. 久美株式會社.

Ables, Paul & Murphy, Michael J.(1981). *Administration in the Human Services*. Englewood Cliffs. N.J: Prentic-Hall.

Austin, D. M.(2002). *Human Service Management*. Columbia University Press.

Cronin, J. J. & Taylor, S. A.(1992). "*Measuring Service Quality: Reexamination and Extension*". Journal of Marketing.

Davis, G. B. & M. H. Olsen(1984). *Management Information Systems*. New York: McGraw-Hill.

Donnison. D.(1964). *Social Policy and Adminstration*. Allen & Unwin.

Etzioni, A.(1964). *Moden Organizations. Englewood Cliffs*. N.J.: Peentice-Hall.

Fayol Henry(1918). *Administration industrielle et general. et Appendice Tableau No.3*. Paris: Dunod.

Fine, S. H. (1992). *Marketing the Public Sector*. New Brunswick. NJ: Transaction Publishers.

French, W. L.(1987). *The Personnel Management Process*. Boston M.A.: Houghton Mifflin Co.

Fulmer, R. M.(1988). *The New Management*(2nd ed.). New York: Macmillan Publishing Co.

Gilbert Smith(1970). *Social Work and Sociology of Organization*. London and Boston: Routledge & Kegan Paul.

Gilbert, N. & Specht, H.(1986). *Dimensions of Social Welfare Policy*(2nd ed.). Englewood Cliffs. N.J.: Prentice-Hall. p.119.

Greenfield, J. M.(1991). *Fund-Raising*. New York: John Wiley & Sons.

Harieigh B. Tracker(1977). *Social Work Administration: Principles and Practice*. New York: Association Press. pp.148-150.

Harieigh B. Tracker, H. B.(1971). *Social Work Administration*. New York: Association Press.

Harold Wilensky and Charles Lebeaux(1986). *Industrial Society and Social Welfare*. New York: Free Press.

Harry A. Schatz ed.,(1970). *Social Work Administration*. Council on Social Work Education. Inc.

Hasenfeld, Y. 저, 성규탁 역(1985), **사회복지행정조직론**. 서울: 박영사.

Hasenfeld, Y.(1992). *Humans Services as Complex Organizations*. Newbury Park: Sage Publications. Jack Robin. Marcia B. Steinhauer ed., Handbook on Human Services Administration. New York: Marcel Decker. Inc. 1988.

Hasenfeld, Yeheskel(2010). *Human Services as Complex Organizations*(2nd ed.), SAGE Publications. Inc.

Helen Perlman(1957). *Social Cacework: A Problem-Solving Process*. Chicago IL: The University of Chicago Press.

___________(1986). 'The Problem Solving model'. In F. Turner(Ed). *Social Work Treatment: Interlocking Theoretical Approach*(3rd ed,). New York: Free Press.

John Turner(1974). *Developmental and Participation: Operational Implication for Social Welfare*. New York: UN International Council on Social Welfare.

Kettner, p.M.(2002). *Human Service Organization*. Allyn and Bacon.

Kidneigh J. C.(1957). "*Adminstration of Social Agencies*". Social Work Yearbook.

Kinnear, T & K. L. Bernhardt.(1990). *Principles of Marketing*. IL: Scott. Foresman. & Company.

Kotler, P.(1985). *Marketing for Nonprofit Organizations*. Englewood Cliffs. NJ: Prentice Hall.

_______(1991). *Marketing Management - Analysis. Planning. and Control*(6th. ed.). Englewood Cliffs. NJ: Prentice Hall.

Lewis, Judith A., Packard R., & Lewis, Michael D.(2011). Management of Human Service.

Lohmann, R. A., Breaking Even 저, 신섭중·부성래 역(1989). **사회복지기관의 재무관리**. 서울: 대학출판사.

Marc L. Miringoff 저, 성규탁 역(1985). **사회복지행정론**. 서울: 한국사회개발연구원.

Myron E. Weiner(1990). *Human Services Management. Belmont. California*: Wadsworth Publishing Company.

Neil Gilbert and Harry Specht(1986). *Dimensions of Social Policy*(2nd). Englewood Cliffs. N.J: Prentice-Hall.

Neugeboren, B.(1985). *Organization. Policy and Practice in the Human Services*. NY: Longman

Oberoi, U. & Hales, C.(1990). "Assessing the Quality of the Conference Hotel Service Product: Towards an Empirically Based Model". *The Service Industries Journal* 10(4).

Parasuraman, A., Berry, L., & Zeithaml, V. A.(1985). "Problems and Strategies in Services Marketing". *Journal of Marketing*. Vol. 49(Spring).

______________________________________(1988). "SERVQUAL: A Multiple-Item Scale for Measuring Consumer Perceptions of Service Quality". *Journal of Retailing* 64(1).

______________________________________(1991). "Refinement and Reassessment of the SERVQUAL Scale". *Journal of Retailing* 67(4).

Patti, R. J.(2000). *The Handbook of Social Welfare Management*. SAGE Publications. Inc.

________(2008). *The Handbook of Human Service Management*. SAGE Publications. Inc.

Posavac & Caret(1980), 신복기 외(2002). **사회복지행정론**. 경기: 양서원.

Programs. 5th edit. Brooks.

Rex A. Skidmore(1995). *Social Work Administration*. Boston. Allyn and Bacon.

Richard L. Edwards & John A. Yankey ed., *Skill for Effective Human Services Management*. NASW Press. 1991.

Richard Steiner(1977). *Managing the Human Service Organization.* Beverly Hills, CA: Sage Publications.

Rion J. Patti(1983). *Social Welfare Administration: Managing Social Programs In A Developmental Context*. Englewood Cliffs. N.J: Prentic-Hall.

Skidmore, R. A.(1990). *Social Work Administration: Dynamic Management and Human Relationship.Englewood Cliffs*. N.J: Prentice-Hall.

________________(1995). *Social Work Administration: Dynamic Management and Human Relationship.Englewood Cliffs*. N.J: Prentic-Hall.

Spencer. S.(1959). *The Administration Method in Social Work Education.* New York: Council on Social Work Education.

Titmuss. R.(1974). Social Policy. Allen & Unwin.

Vandamme, R. & Leunis, J.(1993). "Development of a Multiple-Item Scale for Measuring Hospital Service Quality". *International Journal of Service Industry Management* 4(3).

Webster, C. & Hung, Li-Chu(1994). "Measuring Service Quality and Promoting Decentring". *The TQM Magazine* 6(5).

Weinbach. R. W.(1990). *The Social Worker as Manager: Theory and Practice*. N.T.: Longman.

Weiner, M. E.(1990). *Human Services Management: Analysis and Application*(2nd ed). San Francisco. CA: Wadworth.

Wright, Deil S.(1988). *Understanding Intergovernmental Relation. Pacific Grove*. California: Brooks/Cole Publishing Company.

Zeithaml, Parasuraman & Berry(1985). "Problems and Strategies in Services Marketing". *Journal of Marking Vol. 49*(Spring).

찾아보기

본문색인

인명색인

저자소개

■ **임정문**

성결대학교 사회복지학 박사
현 포천다문화가정지원센터 부소장, 경민대학교 교수
전 EBS교육방송 강사, 경복대학교 겸임교수, 베뢰아국제대학원대학교 교수

저서 EBS사회복지학개론(2006), 정신건강론(2006, 공저), 사회복지실천기술론(2010, 공저), 자원봉사론(2011, 공저), 사회복지현장실습(2018, 공저), 노인복지론(2017, 공저), 가족복지론(2018, 공저), 사회복지의 이해(2020, 공저), 사회복지정책론(2020, 공저), 사회복지학개론(2021, 공저), 사회복지조사론(2022, 공저), 사회복지법제와 실천(2023, 공저) 외 다수

■ **박선태**

대구가톨릭대학교 사회복지학과 사회복지학 박사
현 수성대학교 보건복지경영과 학과장
사회복지법인 인권지킴이 단원
지역사회보장협의체 대표위원
영천시 의료급여심의위원

저서 노인복지론, 인간행동과 사회환경, 사회복지법제와 실천, 가족복지론 외 다수

■ **박지유**

경성대학교 사회복지학 석사
경성대학교 사회복지학 박사수료
현 성운대학교 사회복지계열 전임교수

저서 사회복지실천기술론, 사회복지행정론, 복지국가론 외 다수

■ **신미애**

대진대학교 행정학 박사
현 대진대학교 미래평생교육융합대학 휴먼케어평생교육학과 교수
일반직공무원 심사위원
포천시 주요업무 평가위원
미래융합통섭학회 대외협력이사
보훈학회 대외홍보이사
대진대학교 탄소중립지원센터 연구위원 및 정책자문위원

저서 한국의 사회문제, 지역사회복지론, 가족복지론 외 다수

■ **신용식**

명지대학교 행정학과 행정학 박사
현 경동대학교 사회복지학과 부교수

저서 국가발전론, 청소년활동론, 청소년정책 및 육성제도론, 청소년지도방법론, 청소년프로그램 개발과 평가, 사회복지정책론

■ **최용희**

초당대학교 사회복지학과 사회복지학 박사
현 고구려대학교 사회복지학과 조교수
목포시 장애인종합복지관 관장, 강진군장애인복지관 관장, 한국장애인 고용공단

저서 사회복지법제

사회복지사 1급 대비
사회복지행정론

초판 1쇄 발행 / 2020년 8월 30일
초판 5쇄 발행 / 2025년 8월 30일

•

공저자 / 임정문 · 박선태 · 박지유 ·
신미애 · 신용식 · 최용희
발행인 / 이 중 수
발행처 / **동 문 사**

•

서울특별시 서대문구 홍제원 1길 12
(홍제동 137-8)
Tel: 02)736-3718(대), 736-3710, 3720
Fax: 02)736-3719
등록번호: 1974.04.27 제9-17호
가격: 22,000원

•

ISBN: 979-11-6328-203-7 (93330)
E-mail: dong736@naver.com
www.dongmunsa.com